Maricla Boggio

L'ANIMA TRAGICA

14 drammi fra cronaca e storia

B e a T
entertainmentart

Il titolo *L'anima tragica*
è ripreso da
L'anima tragica di Maricla Boggio
presentazione di Franca Angelini
per *Spax*

© *2012*
Enrico Bernard entertainmentart
Svizzera
entertainmentart@gmx.net
isbn cartaceo; 9783038411406
isbn ebook: 9783038411413

PRESENTAZIONE

Questi scritti sono stati tratti da presentazioni di testi dell'autrice in occasione di pubblicazioni e rappresentazioni.
Ci è sembrato che essi offrissero elementi di interpretazione dell'intero complesso delle opere qui pubblicate.

Un teatro visionario radicato nella realtà

Franca Angelini

Il teatro di Maricla Boggio si lascia a stento definire: non solo perché ricco di proposte molteplici e diverse e insieme aperto a futuri esiti, ma per la qualità delle proposte.

Storia, mito, antropologia, attualità: a prima vista catalogabili entro questi saperi e in queste zone, i drammi di Maricla Boggio sfuggono invece alle gabbie che imbrigliano cataloghi e categorie.

Il lampo, il flash, il frammento, la visione sembrano la cifra stilistica di questo teatro; che potrebbe anche definirsi, perciò, epico. Un teatro cioè che si avvale di una costruzione drammaturgica per brevi esposizioni narrative che interrompono il flusso continuo dell'evento e consentono la riflessione, il giudizio. Interrompono costruendo, motivando, creando nuovi spazi per capire i personaggi e le loro vicende.

Teatro a prima vista epico, quello di Maricla. E certo le referenze al mito, alla storia, all'attualità (storia anch'essa, ma dettata da altre emozioni), spingono verso questa sommaria definizione. Mito, storia, attualità, tre modi di raccontare il mondo.

Ma a guardare meglio, tutto sfugge alla definizione, sfuma i contorni, chiede altri modi di leggere e di guardare questo teatro.

La vita, l'ansia di raggiungerla e di afferrarla, il desiderio radicatissimo di far scoccare la scintilla che nasce dalla frizione tra presente e passato, visibile e invisibile, corpo e anima, destino e libertà; tutto questo lievita in questi drammi e li pone in un personalissimo palcoscenico.

Il più epico, "Schegge" (Premio IDI 1986), potrebbe far pensare al "Nost Milan" di Carlo Bertolazzi.

Non solo per il valore e la funzione architettonica delle "scene", momenti che si separano senza disperdersi, anzi costruendo un mondo; quello della marginalità, cui è negato il progetto e dove invece regna il frammento, la vitalità disperata destinata a raggiungere la morte. Dove dunque regna un tempo non della storia, fatto di costruzione e ragione, svolgimento e compimento, ma del mito o della leggenda, tempi di sospensioni e ripetizioni, senza compimento se non quello del desiderio e dell'amore.

La scena è dunque, in "Schegge", la forma necessaria per rappresentare personaggi e luoghi tagliati fuori dalla storia e immersi nella profondità del loro voler vivere, ad ogni costo: come si legge nella prima didascalia del dramma:

"Un quartiere di periferia di una grande città. Oggi. Le scene in ordine alfabetico rappresentano prevalentemente episodi di vita di gente di

quartiere. le scene numerate sono lo sviluppo di una storia singola, vissuta prevalentemente attraverso le riflessioni e i dialoghi dei due personaggi...".
Ma l'autrice aggiunge - e mi sembra che stia proprio qui il segno insieme di una costruzione "aperta" e priva di didatticismo o ideologismo e di una profonda pietà per quanto è rappresentato -: *"Mentre le scene numerate devono essere rappresentate secondo l'ordine numerico, quelle in ordine alfabetico potrebbero venire spostate tra loro, anche se la successione suggerita offre un tipo di conclusione condivisa dall'autore; tuttavia la materia trattata possiede intrinsecamente una forza di movimento, e può presentare motivi di interesse spostare certe scene: ne deriva una visione diversamente finalizzata dell'insieme, e riflessioni diversificate di tale universo in divenire".*

Non si potrebbe dire meglio quanto congiunge e disgiunge il teatro di Maricla Boggio da una nozione tradizionale (di Bertolazzi e di altri, fino a Brecht) di "epico": costruzione per scene e tessuto narrativo molto argomentato e insieme apertura e spostamento così della visione teatrale come dell'interpretazione e del giudizio. Costruzione e frammento, organizzazione e dispersione si inseguono, proprio come fanno i personaggi e le loro vicende.

Così, sembra suggerire la Boggio, si comporta un teatro che ambisca a rappresentare non la città ma la borgata, non il centro ma la periferia, e con essa la disgregazione sociale e la nobile disperazione-dispersione dei personaggi. Un teatro che abbia tale ambizione deve assumere dentro di sé la struttura della materia rappresentata. Qui, lo dice la Boggio, la dialettica è tra storie individuali e condizione collettiva, tra personaggi e coro; in altri drammi, dove il protagonismo è il femminile, le cose non cambiano di molto. (...)[1]

Spax - l'anima tragica di Maricla Boggio

Franca Angelini

L'esse del titolo *Spax* ha forse valore privativo: sta per "sine" - sine pax, senza pace; ma il suono suggerisce qualche cosa di più, che ha a che vedere con il disvalore assoluto, la negatività dell'informe, in questo caso lo sfacelo dell'idea di "pace". Così si connotano i nostri giorni, segnati da un tipo di guerra assolutamente distruttivo, che si pone nello spazio del negativo e nello sfacelo delle regole elementari della convivenza umana, tra guerra e terrorismo. E' per la Boggio una conferma del suo specifico talento, capace di coniugare realtà e fantasia o meglio di rappresentare sublimando, anche l'orrore. E questa volta capace di creare un fulmineo cortocircuito tra "arcaicità e ultramodernità", come si legge nel testo. Ora la Boggio riesce a rappresentare il conflitto dei nostri giorni e insieme a cantare un poema che rappresenta cielo e terra, con gli uomini, i giudici, gli angeli, dal basso all'alto, ma soprattutto con le donne e i bambini, in assurdo conflitto e in penosa negazione del loro ruolo giusto, di dare la vita e di viverla. Pietre dello scandalo, dunque, la donna che uccide e i bambini destinati al

---

[1] Il brano è tratto dalla presentazione al libro *Maricla Boggio - La monaca portoghese, Schegge, Storia di niente, Olimpia,* Collana Teatro Italiano Contemporaneo, Editori & Associati, Roma, 1991).

massacro: così si rappresenta la fine della pacificazione, l'oscuramento dell'arcobaleno che dovrebbe segnalare la pace tra cielo e terra. I Messaggeri, anziché annunciare la pacificazione, annunciano i lutti delle due parti, ognuna delle quali argomenta le sue ragioni, sterili nella conclusione obbligata che l'odio non può che generare odio: " Un uomo ucciso ne genera dieci per vendetta e quei dieci altri cento/ e i cento mille in un moltiplicarsi inarrestabile./ Popolano la terra sotterranea in crescita trionfante/ infiniti cadaveri straziati, cancellati i volti." I personaggi che si interrogano - donne, vecchi, soldati, madri, la kamikaze e lo studente suo innamorato ucciso - sono insieme reali e simbolici, strumenti per disegnare un grande affresco; popolo contro popolo, ognuno con oggetti che li connotano e anche oggetti che sono "non si sa di quale popolo". Il dramma inizia con una ragazza kamikaze che vuole vendicarsi ma non esegue il suo gesto terrorista paralizzata dalla possibilità di uccidere anche dei bambini; alla fine la Divinità lascia un testamento, un velo e le parole " E' in voi la grazia, è in voi la dannazione". Così - da un episodio della cronaca a un testamento divino - il particolare diventa universale, ogni episodio va letto come " exemplum" e serve a costruire un affresco, come una visione medioevale illustrata però da episodi dei nostri giorni. Non una " divina commedia" ma una commedia umana che ritrova la sua antica forma di tragedia. Così la dilatazione progressiva dello spazio, che finisce con il disegnare un polittico, nelle variazioni virtualmente infinite di un tema unico, la morte e il massacro reciproco. E' questo un teatro " di poesia" nel senso pasoliniano: un teatro di parole che argomentano e costruiscono via via scene esemplari, dette da parole che percuotono il pubblico perché entrano " dentro" le ragioni del conflitto e disegnano un labirinto di argomenti di pensieri e di sentimenti, quei pensieri e sentimenti che rimuoviamo quando leggiamo o vediamo in televisione il rendiconto - l'esterno - della tragedia. Cosa pensa un kamikaze nell'atto di procurare una strage? Dove sta ora il suo cuore, il suo sentimento, il suo rapporto con il mistero della morte? Cosa pensa un giudice, il più vicino a noi nell'obbligo di pronunciare una condanna? ("Voglio parlarmi, sentire che cosa dice/ questa mia persona, senza la stampella della legge dello Stato"). Con questi irrisolti quesiti il testo sembra raggiungere i motivi dei non-motivi, il cuore del non-cuore. Così il testo propone un nuovo tipo di allegoria, rappresentando quanto i nostri giorni offrono alla nostra indignazione, oltre il terrore e la pietà, come chiede la catarsi aristotelica per la tragedia greca. Ma lo spazio mobile e quasi provocato dalla luce, l'allegoria moderna anzi contemporanea, la statura umana e allegorica dei personaggi, l'intreccio di casi personali e condizione umana fanno pensare - con tutte le differenze - ai *Paravents* di Genet, un testo mosso come questo da una causa immediata, nel francese la guerra di Algeri, e da una visione generale del mondo: la organizzazione scenica, la simbologia degli oggetti, la capacità di rappresentare un conflitto totale e senza soluzione se non nella volontà degli uomini invitano a rivedere la convinzione del XX secolo che la tragedia sia un genere obsoleto e improponibile se non in forma ironica. *Spax* sembra dimostrare che la tragedia è proprio oggi un genere, o una forma che ci rappresenta e funziona come uno specchio fedele dei nostri giorni. [2]

---

[2] La presentazione di Franca Angelini è pubblicata nel volumetto che contiene il

La dura opacità di un mondo chiuso

Luigi M. Lombardi Satriani

Schegge, un fitto intreccio di esistenze che si consumano in un universo segnato decisamente da antiche e nuove povertà, dall'emarginazione, dalla solitudine. Ragazzi – disoccupati e senza futuro, cui è stata sottratta ogni forma di progettualità – e adulti – impotenti a creare condizioni di esistenza diverse – si incontrano dicendo implicitamente l'aspirazione a una vita più clemente, l'amore che pur resiste a tanta violenza, la disperazione perché niente riesce a intaccare la dura opacità di questo mondo chiuso: attraverso diciassette scene brevi, Maricla Boggio ci dà la rappresentazione della vita in un quartiere romano di periferia.Un drogato che rimedia i soldi della dose con scippi; un ricettatore ultima risorsa per procurarsi comunque i soldi per la droga; donne unico sostegno di famiglie disgregate; ragazzette con "loock" alla moda e trucco violento, che sognano il matrimonio; un marchettaro che col ricavato delle sue prestazioni pensa di metter su casa; un ragazzo che fa "giudo" nella palestra dei carabinieri e che si arruolerà da loro, malvisti nel quartiere, perché è il solo lavoro onesto cui è possibile pensare; la ragazzina che per spregio chiamano "a bocchinara" soltanto perché suo fratello si buca; un giovane che ha tentato medicina all'università ma ha dovuto andarsene – ai poveri non è consentito di fatto neppure la pratica in ospedale – e si è messo a fare il pescatore; un vecchio, stupito che le sue pastiglie di Roipnol facciano gola a un ragazzetto che gliele ricompra ad alto prezzo; una madre – moderna madonna addolorata – su cui si abbatte la morte dei due figli; intrecciato a queste storie di snoda un amore che dall'incanto del primo incontro precipita nell'urlo della separazione. Nella vita non è vero ciò che è tale nell'ideologia: omnia vincit amor resta frase lapidaria, tratta dalla retorica con la quale trucchiamo la realtà; la diversità socio-economica crea barriere quasi sempre insormontabili e l'amore tra l'obbiettore di coscienza – idealista, in buona fede ma irretito dai suoi astratti furori – e la ragazza – capace di un impegno concreto nella vita del quartiere – si rivela presto impossibile in questa società retta da leggi cui non è dato sottrarsi. Mira Nair ci ha dato con Salaam Bombay! una rappresentazione lucida e partecipe dei bambini abbandonati nelle strade di Bombay; Maricla Boggio ci dà una rappresentazione, non meno lucida e partecipe, di altre esistenze abbandonate, nella periferia di una città che orgogliosamente si disse caput mundi ma non sa garantire un futuro – e quindi un presente – vivibile a tutti i suoi abitanti. Di queste esistenze, oppresse dalla loro datità, non resterebbe memoria se non ne venisse resa, con l'intensa suggestione dell'espressione letteraria, testimonianza, se non venissero dichiarate nella loro scandalosa presenza e irriducibile verità.Viene così reso quanto accade oggi in un quartiere romano di periferia, ma anche altrove, con analoghe valenze, drammi, crisi di identità, frustrazioni, speranze e solitudini. Attraverso un linguaggio – denso di espressioni gergali e di termini scurrili, magma

---

testo *Spax*, nella Collana Inediti del Teatro italiano Contemporaneo, a cura della SIAD - Società Italiana Autori Drammatici, Bulzoni Editore, Roma, 2004.

dialettale nel quale sono confluiti disordinatamente spezzoni e rottami linguistici – pienamente aderente alla realtà che è chiamato a esprimere, Maricla Boggio narra, con laica religiosità, questa Vita di quartiere.[3]

Se la cronaca diventa denuncia

Domenico Danzuso

Non è facile inscrivere in uno dei tanti schemi di comodo la drammaturgia di Maricla Boggio, fors'anche per le anomalie che la distinguono da tant'altra produzione italiana. Può accadere infatti che (data la materia abitualmente trattata da questa scrittrice) possa apparire congrua la definizione di Teatro-cronaca, anche se subito ci si accorge come il legame intenso della sua problematica con l'attualità o almeno con avvenimenti di essa, non abbia molto a che vedere con l'esemplarità del testo che spesso non racconta fatti, ma esprime opinioni. Così scopriamo che quello della Boggio è teatro di denuncia, che prende avvio dalla cronaca, ma nel quale l'evento di suggerimento è solo suggestione per una poetica ricostruzione di equilibri della personalità, o – se si vuole – per un riscatto morale nel quale la poesia della vita prende il sopravvento sulle macerie che la morte ha prodotto. Un discorso generale che non è affatto incidentale, ma esplicatissimo di un particolarissimo modo di vedere la scena come luogo di comunicazione civile che investe e tende a far evolvere, almeno idealmente, determinate situazioni di costume, di tradizioni e di incredulo cinismo. E' questa la via che Maricla Boggio va perseguendo da anni. Ora investendo momenti di asocialità come nel caso dell'istituzione psichiatrica (Santa Maria dei Battuti, 1968), ora il dramma della droga (Mamma Eroina, 1983), o la tragedia dell'Aids (Laica Rappresentazione, 1992) o ancora l'emarginazione giovanile (Schegge, 1989). In Gardenia, proposta a "Taormina Arte" il tema affrontato – ma non è la prima volta – è quello della mafia, visto però stavolta in dimensione quasi favolistica. Da un lato incredibile come nel mondo delle fate e degli elfi, dall'altro terribile come negli incubi in cui certi sogni fiabeschi si sostanziano. Del resto, come nei casi prima citati, "Gardenia – sette giornate e un tramonto" prende avvio da un terribile fatto di cronaca, l'uccisione per mano e decisione mafiose di un esemplare magistrato (e Agnese Borsellino presente a Palazzo dei Congressi, ha seguito commossa gli sviluppi del dramma, mentre padre Giuseppe Bucaro ne ricavava nuova forza per la propria lotta antimafia non labiale), vista però da una angolazione onirica[4]. La rivisitazione degli avvenimenti è infatti compiuta da una ragazza che da decenni è "conclusa" come un bocciolo di rosa – una Gardenia appunto, come suona il suo nome – entro la più irreale delle realtà: in un'oasi di pace, di lusso e di illusioni cioè, costruitale attorno per indubbio amor filiale, da una tipica famiglia di boss nella quale potere e morte sono la regola. Di tutto ciò – della negata realtà, cioè – la fanciulla prenderà cognizione per episodi, per strane casualità e per mirifici incantamenti, ritrovandosi però, prima istintivamente e poi con piena convinzione, coinvolta nella protesta popolare

---

[3] Lo scritto è tratto dal programma di sala dello spettacolo *Schegge – vite di quartiere* messo in scena dal Teatro di Roma con l'Accademia d'Arte Drammatica nel 1989.
[4] Lo spettacolo andò in scena in prima nazionale al Festival di Taormina nel 1995, protagonista Rosa Di Lucia, regia di Bruno Mazzali.

per l'uccisione di quel giudice, fino al punto di assumerne in una sorta di esaltazione salvifica la toga. Un discorso sulla mafia, certamente. Ma totalmente diverso da tanti altri per tono e circostanze drammaturgiche, dove il sogno, il non sapere o il negare (e negarsi) eventi tanto abnormi da apparire incredibili, da un lato restituisce pulizia a una generazione trovatasi involontariamente coinvolta in tanti delitti e dall'altro avvia quella stessa generazione – se sostenuta dai necessari presidi sociali e statuali – a un riscatto. Tema di grande rilevanza morale e – per certi aspetti – antropologica, cui Rosa Di Lucia ha dato semplicità e discorsività di eloquio, ricreando un mondo di giochi infantili e di racconti fatati, ma anche di misteri: prima intuiti, poi sofferti, e solo alla fine pienamente compresi. Un monologo a molteplici voci dunque è quello che ci è stato dato di ascoltare e penetrare: un monologo al quale gli stacchi luminosi e sonori, fissati dal regista Bruno Mazzali per scandire le "sette giornate e un tramonto", davano coerenza e vigore di coinvolgente e tragico "crescendo" musicale.[5]

---

[5] Lo scritto è tratto dal libro *Gardenia - sette giornate e un tramonto*, ed. Novecento, 1997.

MARISA DELLA MAGLIANA[6]

personaggi:

LEI, MARISA
LUI, IL FIDANZATO
RAGAZZO
SORELLA
TRE UOMINI, come JUDITH, MARIANNA, BENEDETTA dalle pance sanguinanti
RAGAZZINO

Lui era carpentiere, però vendeva stoffe in giro nei mercati. Ci siamo conosciuti così. Io ero andata in un ufficio, vicino via della Conciliazione, e cercavo la fermata dell'autobus. Arrivo e c'era un cerchio di persone e, non so, così, come attirata da una cosa inspiegabile, da tanti che ce n'erano, mi sono rivolta proprio a lui.
Dico: Scusi, che sa la fermata del sessantaquattro?
Allora lui m'ha detto:
LUI - E' qui dietro ma è un poco complicato. L'accompagno io.
Insomma, m'ha accompagnato alla fermata dell'autobus, poi ha insistito per offrirmi un caffè, non mi pareva una cosa sconveniente, mi è sembrato naturale accettare, poi ha preso l'autobus assieme a me...
LEI - Ma gli amici non l'aspettano?
LUI - Nonnò, stanno a chiacchierà tutti quanti, manco s'accorgono se ci sono o non ci sono.
LEI - Ma lei che mestiere fa?
LUI - Vendo stoffe in giro, nei mercati. Veramente sarei carpentiere, ma adesso mi arrangio così. E lei che fa?
LEI - Vado in un ufficio, qui vicino, a via della Conciliazione.
LUI - Dattilografa?
LEI - Bè, veramente no.
LUI - Segretaria?
LEI - Si vede dalle mani il lavoro mio! Faccio le pulizie.
LUI - Mbè, che c'è da vergognarsi? I miei vendono le erbe su un banchetto al mercato.
Io mi sono rincuorata. Dico Bah, allora anch'io posso parlare di me che sono sempre stata povera, posso parlare della mia famiglia. A dieci anni guardavo gli altri più piccoli di me, che erano cinque. Mamma era sempre via, a fare la balia ai figli dei signori. Io facevo tutti i giorni il giro dei ricchi del paese per chiedere una fetta di pane bianco per fare il pancotto alla bambina più piccola. Loro erano troppo su per negarmi questa fetta di pane, ma me la davano in un modo che mi umiliava, me la facevano pesare come un'elemosina. Anche se io ero una bambina, maledivo quella situazione. La maledivo perché ciavevo questa fetta di pane in mano, avrei voluto addentarla perché avevo fame anch'io, e non potevo perché dovevo fare 'sto pancotto.
LEI - Ecco, siamo arrivati.

---

[6] *Marisa della Magliana* e *Marianna* sono due testi dello spettacolo *Mara Maria Marianna*, regia di Maricla Boggio, testi di Dacia Maraini, Edith Bruck e suoi, con cui è stato inaugurato a Roma, nel 1973, il Teatro della Maddalena, caratterizzato dalla rappresentazione di testi femministi. Protagonista di *Marisa della Magliana* era Lina Bernardi, di *Marianna* era Saviana Scalfi.

LUI - Abiti qui?

LEI - Più lontano di così! Siamo in campagna ormai.

LUI - Domani se vuoi ti vengo a prendere.

LEI - Per fare che?

LUI - Ti accompagno al lavoro.

LEI - Bè, tanto per gradire...

Il giorno dopo l'ho ritrovato lì davanti, confesso che m'ha fatto piacere, mi sono subito innamorata di lui. Per me era un uomo bellissimo, poi era più vecchio di me e mi pareva di aver trovato un po' il padre. Ciaveva i suoi trentadue anni e io ne avevo diciotto.

Dopo un anno che eravamo sposati è venuto il primo figlio. Ma mio marito s'è fatto un'altra donna, si era addirittura stabilito in casa di questa, e non c'era più niente da fare. Così siamo rimasti io e il bambino. Ho fatto venire mia madre, lei guardava il pupo, io andavo a lavorare. Dopo cinque anni che ero divisa da mio marito ho conosciuto un altro. Ho scoperto che in fondo si può voler bene anche a un'altra persona, anche se prima pensavo che potevo voler bene soltanto a mio marito. Era un ragazzo; aveva tre anni meno di me, ma poi non era maturo per niente anche se si occupava di politica. Proprio per una cosa di politica ci eravamo conosciuti. Dunque è successo così. C'è stata l'occasione della casa, che è stata la prima volta che mi sono accorta di non aver vissuto per niente fino a quel momento, vissuto con una coscienza, voglio dire. Un giorno mi vedo arrivare un ragazzo che mi bussa alla porta e mi presenta un volantino.

Entra un ragazzo con un megafono e un pacco di volantini.
Ne dà uno a Marisa.

RAGAZZO - Tiè. Vieni oggi alla manifestazione?

LEI - Di che?

RAGAZZO - Della casa, no? Per ottenere una casa. La vuoi una casa vera o no?

LEI - Sì che la voglio.

RAGAZZO - Allora vieni. Alle sei, a piazza San Giovanni.

LEI - Ma qui che c'è scritto? Che è?

RAGAZZO - "Compagni se saremo uniti otterremo la casa. Venite tutti alla grande manifestazione in piazza, oggi alle sei". Allora ci vieni sì o no?

LEI - Vengo, vengo.

Era il primo volantino che vedevo nella mia vita. Questo fatto della lotta insieme l'ho capito poco per volta. Lottare non significa lottare con violenza. Lottare significa rivendicare i propri diritti. Davanti a questo volantino lì per lì io rimango perplessa. Dico, ma questo dice da vero o dice per scherzo? Perché io non è che ci credevo molto a 'sta lotta. Dice, lottiamo per ottenere la casa dallo Stato. Ma per me lo Stato era lo Stato, la polizia era la polizia, guai a chi li toccava ma per l'amor diddio, ma scherzi?! Con la mia ignoranza non capivo che invece sono toccabili eccome, non nel senso de sfotte ma proprio per dirgli in faccia le cose come stanno. Insomma mi metto a frequentare queste riunioni, queste assemblee, anche perché c'era 'sto ragazzo dei volantini che mi piaceva. Siamo andati a vivere assieme. Dove stavamo non era proprio una baracca, ma non c'erano servizi igienici, pagavamo venticinquemila lire al mese, le persiane se n'andavano a pezzi, c'erano macchie d'umidità dappertutto, ma noi stavamo bene assieme, non ce n'accorgevamo nemmeno.

Intanto la questione della casa aveva messo tutti in movimento. Con la gente se ne parlava sempre, della casa. Si andava a fare la spesa, se ne parlava, uno si

incontrava sull'autobus se ne parlava, diventava una cosa di tutti assieme. La casa è arrivata veramente. Ci hanno assegnato un alloggio a tutti. Dalla borgata di Pratorotondo siamo andati a finire alla Magliana, alle case comunali. Era tutta un'altra zona, abbiamo dovuto lasciare i nostri lavori, gli amici, ma almeno non abitavamo più nelle baracche. La casa invece di unirci a me e al mio ragazzo ci ha divisi. Lui è rimasto a Pratorotondo, io sono andata alla Magliana col bambino. Litigavamo sempre, la politica non l'aveva maturato, era diventata per lui un modo per fare carriera, quello che contava soprattutto era l'interesse suo. Così avevamo deciso di stare lontani per un po' di tempo, per vedere se ci importava di vivere assieme o se era meglio dividersi. Io mi sono messa nel comitato di quartiere, ho seguito sempre di più le riunioni, le assemblee. Allora ho cominciato veramente a sentire i problemi sociali. Prima credevo che erano una cosa che interessava alle persone che stanno in alto, che hanno da difendere i loro beni, invece no, tutto sbagliato, sono proprio cose che interessano noi, gente povera e sfruttata. Dopo tante riunioni ho capito finalmente perché sono una persona oppressa e così mi sono vergognata di essermi vergognata della mia condizione quando credevo che le persone migliori sono le persone più ricche, come mi aveva insegnato mia madre, poveretta, ignorante come me.
Il ragazzo mio intanto continuava a farsi vedere, non stava ai patti.
LEI - Ma questa è una situazione che non può durare! Una volta ti incontro sottocasa, un'altra volta ti incontro dove lavoro. O ci rimettiamo insieme oppure facciamo la prova, ma allora facciamola veramente!
LUI - Mi ero abituato a dormire con te. Sai che mi sveglio abbracciato al cuscino come uno scemo!

Insomma era una cosa che non andava né avanti né indietro. Mi faceva anche ridere. Certe volte mi spiava. Ma non si avvicinava. Scappava via e rideva.
Poi è successo che faccio una telefonata alla sorella di lui per farle gli auguri, che si doveva sposare.
LEI - Ti sposi domenica, eh?
SORELLA - Noo, che credevi, abbiamo rimandato.
LEI - Un'altra volta? Attenta, che quello lì si stanca!
SORELLA - Non ti preoccupare: E' solo per i soldi. Ci mancano ancora troppe cose. Ci sposiamo ad aprile.
LEI - Se non ti sbrighi, può darsi che mi sposo prima io!
L'avevo detto per scherzo, ma lei , tale e quale, l'ha riferito al fratello. La mattina alle sei lui s'è presentato qui da me.
LUI - Ma che fai? Ti sposi?
LEI - Io mi sposo? Ma sei matto?
LUI - Massì, che l'hai detto a mia sorella: E con chi ti sposi? Adesso me lo presenti. Me lo fai conoscere. Ma come, è poco tempo che noi due ci siamo lasciati e tu ti sposi?!...
LEI - Noo! L'ho detto a tua sorella mentre je telefonavo...
LUI - Appunto. E allora se te sposi vuol dire che quello là lo conoscevi quando stavi con me!
Poi lui ha cominciato a sentirsi male, a sbiancarsi...
LUI - Oddio me sento male me viene lo svenimento me manca il core, me scenne un velo davanti agli occhi, oddio reggime reggime che vado giù...
Io a quel punto mi sono intenerita, certo, non era una persona estranea, siamo stati insieme cinque anni. Non sapevo nemmeno io che fargli per tenerlo su, un cognac, un caffè...Poi ha avuto una reazione di pianto, je faceva rabbia che io avevo capito

che lui a me ci teneva. Fatto sta che ci siamo trovati lì, soli, che intanto mio figlio era andato a scuola, insomma siamo stati assieme. Così per quell'unica volta da quando ci eravamo lasciati, sono rimasta incinta. Lui voleva che abortissi, ma io non ero d'accordo. Dice:

LUI - Eh! Ma abortisci al primo mese, non succede niente!

LEI - Non è vero, uno o abortisce e dice ho abortito o non abortisce per niente.

LUI - (*allontanandosi*) Guarda che io 'sto figlio nun te lo mantengo. Eppoi chissà se è mio... E la gente che dice quando sa che aspetti un fijo e nun sei sposata? Eh?! I poveri l'aborto lo pagano con il carcere, i poveri lo pagano con la morte. I ricchi invece possono farlo comodamente, senza rischi. La legge è ingiusta perché colpisce solo i poveri, quindi va cambiata, va tolta.

Portando davanti a loro delle sagome di pance sanguinanti gli attori maschi riportano alcune testimonianze di donne che hanno abortito.

JUDITH - Io non volevo abortire. Volevo tenermi il bambino per andare contro questa società che ti critica se hai un figlio senza essere sposata.

Avevo una paura terribile di abortire perché sapevo che cosa ti può succedere con le leggi attuali. Il mio uomo sembrava che mi volesse molto bene. Ma quando gli ho detto che ero incinta, si è ritirato come fanno tante volte gli uomini. Mi ha detto: Di figli come il tuo la mia vita è piena. Donne ne ho ingravidate tante. Il tuo problema le altre donne l'hanno risolto da sole.

MARIANNA - Sono un'operaia, lavoro in una fabbrica di bibite. Durante la gravidanza soffrivo molto. Mangiavo e con il boccone in bocca correvo a letto perché non riuscivo a stare in piedi. Lavoravo dalle sette della mattina alle dieci di sera e stavo proprio sul nastro di imbottigliamento. Ero sempre con i piedi nell'acqua e con le mani bagnate tutto il giorno. Ho deciso di abortire per non perdere il lavoro. Appena si accorgono che una è incinta cercano il motivo per licenziarla. Per non pagare i mesi di maternità. Se abortisco invece, con tre giorni di ospedale e un giorno di riposo a casa, posso tornare a lavorare.

BENEDETTA - Ho fatto tanti aborti nella mia vita che nemmeno li conto più. Io non avrei potuto mantenere più dei due figli che ho, e non sapevo come fare per non rimanere incinta. Il primo aborto l'ho fatto a diciotto anni. Non ero sposata e vivevo con i miei. Il mio fidanzato era lontano e io non sapevo come fare per mandarglielo a dire. I miei leggevano le lettere che spedivo e ricevevo, non avevamo il telefono. Così ho fatto tutto da sola. Ho parlato con una donna anziana che chiamavano la "medichessa". Le donne ricorrevano a lei per abortire di nascosto dagli uomini che pur sapendolo non lo avrebbero ammesso mai. Abitava in una casa vecchissima fuori dal paese. Ci andai una mattina presto per non farmi vedere da nessuno. La sua porta era aperta. Senza voltarsi mi ha detto Siediti. Poi ha fatto bollire del prezzemolo, ha cominciato a svegliarsi e a mormorare non so se preghiere o bestemmie, o tutte e due assieme... Io non sapevo che dire e ho cominciato a piangere. Ho preso il decotto per tre o quattro giorni. Poi ho abortito da sola, a casa. Quando il mio fidanzato è ritornato a Pasqua, gli ho raccontato tutto e lui mi ha detto che ero una svergognata e che queste cose non si dovevano fare.

LEI - Per me era una questione di coscienza, e così mi sono presa le mie responsabilità. Dopo mi sono spaventata di quello che poteva pensare la gente, avevo paura che potessero criticarmi. Su di lui non ho proprio contato più, ho capito che nemmeno un figlio l'avrebbe cambiato. Così mi sono rimboccata le

maniche, ho preso coraggio, ho cominciato a dirlo a tutti. I compagni del comitato di quartiere mi hanno detto:
- Ti saremo vicini!
- Lo ameremo tutti questo bambino!
- Ti aiuteremo noi!
- Non avrà solo una mamma e un fratello. Questo bambino avrà tutti quanti noi.
Mio figlio invece quando gliel'ho detto mi fa:
RAGAZZINO - A mà, adesso so' affari tua! Mò farai un figlio matto!
Matto certo, com'era matto il padre, anche se mio figlio l'aveva detto in tono affettuoso, così, per dire, bizzarro, capriccioso, che varia da un momento all'altro. E 'sto padre era proprio bizzarro. Adesso andava dicendo che l'avevo rovinato, che avevo rovinato la sua esistenza, la sua coscienza, il suo futuro, che lui aveva altri scopi nella vita, che insomma lui aveva un'altra ragazza, una fidanzata.
LUI - Sì, mi sono fatto una fidanzata.
LEI - I miei complimenti, sinceramente!
LUI - Si può voler bene a due persone consecutive.
LEI - Ma sei così espansivo di calore! Credevo che fossi un po' più raccolto di sentimenti!
LUI - Ma io di sentimento ce n'ho tanto. E lei è una bambina, indifesa, innocente, ha bisogno di me. Se ce penso me sento male, me manca il respiro, me batte il core irregolare...
Allora comincia una cosa strana fra noi. Lui viene a prendermi sul lavoro, mi porta a casa, si confida con me, come faceva una volta quando stavamo assieme. Mi racconta del padre, del fratello, della sorella. Mi racconta pure di questa ragazza, di questa nuova fidanzata.
LUI - Che delusione! Ma 'na delusione che me so' sentito svenì. Io credevo che questa qua era diversa.
LEI - Diversa da chi?
LUI - Ma dalle altre, no? Tutte uguali le donne! 'Na santa me pareva, non voleva nemmeno che la toccavo. Invece aveva avuto due ommeni prima de me!
LEI - Forse aveva paura di dirtelo.
LUI - Ma se l'ho sempre trattata come una madonna! Non facevo all'amore con lei per rispetto alla sua innocenza!
LEI - Ah! perciò volevi farlo con me!
LUI - Ma tu sei una persona superiore, sei una donna che dà tranquillità, un essere intelligente, con cui si può anche stare a parlare...
Io per lui ero diventata una sorella maggiore, ero diventata una grande amica a cui confidava tutti i suoi affliggimenti. E non si parlava più della nostra situazione, si parlava della sua...
LUI - E con chi ne devo parlare se non con te?! Solo tu mi capisci...
Mi dava lo zuccherino. Ma quando stava per nascere il bambino, si è fatto trasferire fuori Roma.
Il bimbo è nato male, quasi al decimo mese, forse non voleva venire fuori sapendo tutte le disgrazie del mondo. Era piccolo piccolo e calava ogni giorno... L'ho lasciato all'ospedale per un mese, lo tenevano nell'incubatrice. Intanto io avevo ripreso a lavorare. Tre volte al giorno gli portavo il latte mio che era l'unica cosa che prendeva. Ma il bambino deperiva, aveva l'ittero fisiologico, non respirava bene. Insomma in quella circostanza ho fatto una cosa che mi sono meravigliata io stessa e che non avrei mai fatto.

Compare la Madonna in manto rosso e aureola, reggendo fra le mani falce, martello e stella, un'immagine che ricorda le madonne della nostra iconografia pittorica e le matrioske russe arricchite dai simboli della rivoluzione.

MADONNA DEL DIVINO AMORE, *apparizione muta*
Sono andata alla Madonna del Divino Amore e le ho detto:
Compagna Madonna, faccio un voto. Tu lo sai, sono stata operata da poco, il bambino mi ha lasciato una ferita. Ma se tu lo salvi, questo bambino. io faccio tutta la strada a piedi, da Roma a qui.
Avevo preso talmente a credere a questo voto, che ancora adesso non saprei dire se è vero o non è vero, però io questo voto l'ho sentito e l'ho fatto. Mi sono unita a un gruppo di notte, l'ho fatta a piedi, fino alla Madonna del Divino Amore, e sono stata benissimo. Di notte, perché di giorno dovevo andare all'ospedale a togliermi il latte per darlo al pupo. Ha fatto un mese d'agonia 'sto ragazzino, era diventato piccolissimo, un morticello, aveva un collo secco secco, tutto aggrinzito, proprio una cosa da non potersi vedere. Poi ha cominciato a mettere un po' di ciccetta, a diventare due chili e poi due chili e cento, contavo i grammi, tutti i giorni domandavo quanto sarà cresciuto? cinque grammi dieci grammi...il bambino si incominciava a formare. Dopo due mesi che era nato, torna lui da fuori Roma. Dice che era venuto a conoscere il bambino.
LUI - Sì, sono venuto a conoscere il bambino.
LEI - Eccolo il bambino.
LUI - Ah carino, mi somiglia pure! E cose sta, sta bene?
LEI - Sissì, sta bene, è sempre stato bene.
LUI - Ah meno male perché io me so' precipitato.
LEI - Assì, dalla stazione alla sala-parto?!
LUI - Bè nun comincià a sfotte, che io ciò dei problemi seri.
LEI - E sarebbe?
LUI - Problemi organizzativi, problemi politici. Eppoi io sono stato fuori, lo sapevi no? Bè, io mica potevo sta' solo, a fartela breve ho conosciuto una donna ma talmente in gamba, talmente in gamba!
LEI - E la fidanzata?
LUI - Noo! Che fidanzata! Quella m'aveva ingannato, l'ho piantata. Ma senti, te dicevo de 'sta perla. Bella, lavoratrice, coscienziosa! Pensa a che punto: dunque io 'na sera tra una cosa e l'altra je racconto de te e der pupo e lei sai che cosa m'ha detto?
LEI - Che t'ha detto lei?
LUI - M'ha detto corri, corri subito dal bambino, vai a trovare tuo figlio, ed eccomi qua!
LEI - Eppoi?
LUI - Che altro ce dev'esse?
LEI - Ah, niente, ero io che credevo.
LUI - Una cosa ci sarebbe...
LEI - Cioè?
LUI - Ecco io ho pensato ho pensato, me so' fatto venì proprio er mal de testa a pensà a 'sto ragazzino, a quello che potevo fà pe' lui, e m'è venuta in mente una cosa bellissima.
LEI - Sarebbe?
LUI - E se je dessi er nome? Eh? Che ne dici? Non è una bella idea? Dì dì che ne pensi, senza complimenti!

LEI - Scusa, perché tu pensi che il bambino non ce l'ha il nome? Ecché il nome mio non è nome? Semmai di un padre avrebbe bisogno, ma di padri chi ne ha visti in giro? Sono rarissimi, e poi nun s'inventano così da un momento all'altro...
Lui è rimasto pensieroso, e quando lui prende quell'atteggiamento lì è capace che gli succede di tutto...
LUI - Oddio me sento male, ciò la gastrite, il fegato, la testa me scoppia, mò svengo, casco, me moro...

Lei lo prende fra le braccia, lo accarezza, lo coccola.

LEI - Che devo fare? Se lui non si prende le sue responsabilità...Mica lo posso cambiare io. Ma 'sto figlio me lo cresco e je lascio il nome mio!

MARIANNA

Insomma una sera - saranno state le dieci le undici - io ero lì in casa da sola - perché il padre della bambina viveva con la sua famiglia regolare - ho preso un plaid Lanerossi, l'unico che avevo per mia figlia, l'ho avvolta lì, io non mi sono presa niente, avevo addosso una cosa, una giacchetta, ho preso la bambina sono uscita di casa ho lasciato le chiavi ho lasciato tutto ho sceso le scale.

L'importante è che io sono riuscita a uscire di casa. Sono stata lì - mi ricordo che era d'inverno, stavo dalle parti di corso Firenze a Milano così - cosa faccio!, l'importante è che non devo risalire le scale, non devo risalire, non devo rientrare. Perché se rientro mi fotto. Perché quello vuol dire che accetto tutto questo rapporto ipocrita, nascondere scappare correre fingere, lui che cià la famiglia vera quella reale, lui che deve salvare le apparenze!

Insomma arrivata a quel punto la cosa che mi importava di più era non risalire le scale. Cosa faccio?! Intanto ho cominciato a camminare. Camminavo camminavo mi allontanavo sempre di più. Perché era già un fatto positivo alla fine. Cosa faccio per passare la notte? Vado alla stazione, così cominciavo a andare in un posto dove di lì si parte. E' un punto di partenza, non posso più tornare indietro.

Sono andata qua e là per la stazione e poi, dopo mezzanotte, sono entrata in una sala d'attesa, mi sono seduta. Cosa faccio? ho pensato. Tanto adesso sto qua, al caldo, la bambina dormiva, e io non dico che mi sono addormentata, ma praticamente ho passato la notte lì, seduta, su 'sta sedia.

Poi è arrivata l'alba e ho detto "qua i treni partono!" uno lo devo prendere anch'io! Insomma guarda, è una cosa da Grand Hotel, ma adesso bisogna che io decida che prenda un treno.

Che poi, c'è un lato razionale e un lato inconscio, perché il fatto di salire e scendere le scale è proprio un fatto legato alla nascita, cioè se tu riesci a salire e scendere le scale, a seconda del punto dove sei, è come dire che torni alle origini, capisci? E io ero già riuscita a tornare a questo punto di partenza.

Vabbè, prendo un treno, arrivo dove stanno i miei, in un paese. Perché insomma dico, scusate, io faccio tanti discorsi, che lui non deve essere ipocrita, che deve dire la verità alla famiglia, avere il coraggio delle proprie azioni, e allora lo devo avere anch'io questo coraggio, mi devo prendere anch'io delle responsabilità, è inutile che faccio delle prediche a lui se non sono io la prima a mettere in pratica questa cosa, ne abbiamo discusso per tanti mesi, adesso lui deve sapere come mi comporto io.

Difatti scendo al paese dei miei, vado in albergo telefono a casa, risponde mia cognata. Dico guarda sono io sono qua sono all'albergo. "Oh! in albergo ma come?". Sissì sono in albergo, ho bisogno di parlarti, vieni.

Infatti mia cognata arriva su. Dico guarda, così e così, ciò una figlia. Mia cognata dice "Va bè...", è un'altra mentalità da quella dei miei, no? Dice vabbè, ti mando la mamma, il lato più debole, i sentimentalismi, forse quella che capisce di più.

Insomma mia cognata torna a casa mi manda la mamma. Anche lì una scena da fumetto. La mamma bussa alla porta, io tutta contenta felice - la bambina dormiva sul letto matrimoniale - io felice e contenta perché poi volevo farmi trovare su di giri, e farmi dire che non c'era discussione, che mia figlia veniva accettata. Vado ad aprire la porta, la mamma entra dentro, non mi guarda neanche, va lì, si getta sul letto " Ah! povera bambina!", io guarda! ti giuro perché era mia madre ma l'avrei picchiata, è stato l'unico momento in cui non dico che ho odiato mia madre ma l'avrei ammazzata di botte. Mi ci sono scaraventata contro: "Ma cosa dici povera bambina!", è successo un litigio!, poi mi sono pentita perché mia madre non aveva le facoltà per poter capire la mia situazione. Poveretta una come lei, il principe azzurro nove figli la famiglia patriarcale tutte le regole le leggi stabilite, improvvisamente si trova una figlia che ti sbatte la nipote in faccia, poveretta ha fatto molto a non farsi venire un infarto. Però "Povera bambina! figlia di nessuno!", sai quelle cose lì, e io "Mamma se lo sento dire ancora da te ti ammazzo!", le ho detto, cose di fuoco. Piangeva. Piangeva lei piangevo io. " Sono contenta io sai!", ero diventata di una cattiveria incredibile perché mi faceva rabbia, dico: "Possibile, io ho questa forza dentro di me, e tu non ce l'hai?! Sei tu che devi avere forza, devi avere forza per me, se domani succedesse una cosa così a mia figlia io non so cosa farei per aiutarla...". Lei temeva il marito, le chiacchiere dei cattolici, la gente del paese, gli amici in su, capisci, perché i miei amici stanno tutti a livelli alti, bastava che io seguissi questa strada oggi chissà dove sarei perché insomma non ti vorrei far nomi, ma è tutta gente che sta lì, lì al governo, capito?, stanno lì.

Comunque passo il Natale a casa. Dice mia madre: "Bè insomma vai a confessarti fai la comunione così sei in pace con Dio con tutti, per la bambina per noi". Io un po' l'ho fatto perché vabbè un po' l'ho fatto per fare un piacere a lei un po' perché ho detto forse psichicamente starò più tranquilla, per un fatto di liberazione, un fatto psicologico, sai una specie di scaricamento, come andare dallo psicanalista. E difatti vado con mia cognata. Ci mettiamo in fila, in chiesa, a un certo punto è arrivato il mio momento, ma io non avevo niente da dire, che poi mi faceva ridere, cosa andavo a raccontare, comunque ho raccontato la cosa, ma non secondo me, secondo loro, mi sono adeguata.

Dico "Ho avuto un rapporto così e così". "Ah ah ah! Bè allora da questo rapporto?". " Da questo rapporto ho avuto una figlia". "Ah, una figlia?". "Sì sì". "Però lei si deve pentire, si è pentita di aver fatto una figlia?". "Io pentita? No affatto". Dice: "Se lei non si pente non le do l'assoluzione". "Guardi mi può chiedere tutto ma non mi può chiedere di pentirmi di aver fatto una figlia". Dico: "L'ho pensata l'ho voluta l'ho allevata la voglio crescere in un certo modo...". "Lei è matta!". "Il matto è lei, scusi". Abbiamo fatto un casino dentro a quel confessionale, mia cognata fuori era tutta preoccupata. Insomma alla fine gli ho sbattuto lì, dico guardi si tenga l'assoluzione la tonaca i sacramenti tutto, vada a farsi benedire, io di aver fatto una figlia non mi pento né adesso né mai, ha capito? No, perché se io avessi detto guardi sono andata a fare la marchetta con uno, "Bè, insomma figliola cerca di non farlo più", il discorso finiva lì. Capito? Invece ti dico, ti parlo d'amore, ti parlo di presa di coscienza, che voglio una figlia, ma siamo impazziti?

Dunque io ritorno a Roma e dico, dove la mando 'sta figlia adesso? Perché io dovevo anche lavorare e di giorno non potevo sempre tenerla con me. Come faccio? Vabbè, la manderò all'asilo. Però quale asilo? Asili pubblici. Però l'asilo pubblico fa un orario che non mi va tanto, un orario corto, vediamo un asilo che faccia un orario più lungo, dove la bambina possa stare bene e io possa stare tranquilla. Vabbè le suore, mi informo, ci sono le suore, ah! le suore di Névers, delle suore che stanno all'Eur. Guarda, hanno un palazzo meraviglioso, giardini, un edificio bellissimo tutto di vetro luminoso, guarda, veramente una cosa splendida. Vado là a vedere e difatti era l'ideale. Va bè, dico, decido, la mando lì. Vado a sentire da queste suore. Mi presento, c'era la madre superiora, sì sì, questa madre, un bellissimo studio, tutte delle pratiche. "S'accomodi prego". "Vorrei mandare la mia bambina...". Allora comincia, tira fuori un libro mastro dove sembrava ci fossero tanti quiz, come si chiama quanti anni ha, bidibinbidiban ha il conto in banca ha la macchina...Insomma mi ha fatto delle domande stranissime, io ho detto ma scusi il conto in banca cosa c'entra. Eh sì c'entrava, perché volevano sapere se io potevo pagare, capito? "Ha la macchina?". "Ma io veramente, ho detto, la macchina non ce l'ho". "Va bè, va bè" dice, e alla fine di tutto sto' formulario di quiz dice "Allora il padre come si chiama". Dico "Guardi, per il momento...la bambina - dico - siamo in causa...stiamo svolgendo la causa per l'affiliazione, per il momento la bambina ha il mio cognome". "Non è possibile, perché qui è a contatto con le altre, qui ci sono le altre...". "Cosa dice?!". "Guardi mi dispiace" blum!, e chiude sto' librone dove aveva annotato tutto. "Ma sorella è impazzita?!". "Sì sì ci penseremo ma guardi prevedo proprio...". "Ma scusi il Vangelo l'ha mai letto?!". Dice: "Ci penseremo" sai come fanno loro... dice: "Guardi ci penseremo potrebbe essere, lei stia tranquilla vedrà...".

Prima aveva già detto di no, quando gli tiro fuori la storia del Vangelo che glielo sbatto lì, "Ma, penseremo vedremo ma può essere perché in fondo poi l'ambiente chissà cosa dicono le mamme degli altri bambini sa qui la bambina si troverebbe male perché parlano della mamma e del papà. "Basta ! - le ho detto - Basta, stia lì seduta per favore che esco da sola, stia lì seduta perché sennò le salto addosso e la mangio". Sono uscita, ho preso il 97 che parte dall'Eur, non ho fatto altro che piangere per tutto il percorso, ma non era... cioè non era un pianto di dispiacere non so come dire, mi sembrava talmente grossa, questa cosa di rifiuto era una cosa mostruosa, per cui il mio pianto era un pianto di rabbia di odio non ti so esprimere, ecco non era un pianto di dispiacere, era un pianto di rabbia e di odio... Com'è possibile una cosa del genere, non esiste non può essere, era una cosa veramente mostruosa. Sono arrivata a casa e piangevo ancora, la gente mi guardava... era un pianto freddo senza suoni... mi scendevano le lacrime e io stavo tranquilla, lì, ferma, però con dei lacrimoni grossi così...

MAMMA EROINA[7]

Entra dal fondo Ina. E' molto agitata. Viene avanti correndo. In mano tiene il bocchettone di un aspirapolvere. Il grembiule grigio da inserviente le svolazza mezzo sbottonato sulla gonna.

INA – Rosa!...Rosetta!...
Ecco c'è mamma tua...so' qua non avere paura sto arrivando!...Rosetta dove sei?!...
Dove l'avete portata a Rosa mia? L'avete vista?
Eh signò: qualcuno l'ha veduta? Una bella figliola alta bionda tutta riccia...No... non l'ha vista nessuno...Eppure è qua che l'hanno portata! La telefonata diceva San Camillo!
Fatemi entrare è là! E' dietro quella porta me lo sento!
Ma perchè non volete farmi entrare ?!...
Rosa mia ha bisogno di me... Io le devo parlare, io sola la conosco, e così non possiamo andare avanti... No dite... adesso no... non è possibile... non può parlare...
Ed è sempre così...
Si, fate presto a dire "Parlateci dopo a vostra figlia"...
Dopo non si può più...
Non c'è più l'occasione...
C'è di nuovo l'attesa che succeda qualcosa di terribile...

Ina tace, chiusa nel suo mistero. Si rende conto, guardandosi intorno, di essere in mezzo a della gente che la sta osservando.
Si aggiusta il vestito. Si accorge di stringere in mano il bocchettone dell'aspirapolvere.

INA - Eh sì. Stavo a fa' le pulizie quando m'han telefonato di venire...

Ina appoggia il bocchettone, si sfila il grembiule, lo ripiega con cura e lo appoggia allo schienale di una sedia, dove si siede.

INA – Ma non le pulizie di casa mia, quelle le lascio quando resta tempo. Le pulizie con l'impresa!
All'ora che prendono servizio gli impiegati, già siamo passate noi: tutto pulito!
E' un'impresa importante la mia, pagano pure bene.
Però il lavoro è duro, gli orari sono brutti, quando mai mangio a casa con i miei figli?
Come dice signora? Certo che io il caffè me lo piglio al bar, dopo che sto a combattere tre ore con le cicche schifose degli uffici... Ma lei signora mia, il caffè se lo prepara con le mani sue, se lo beve nella sua poltrona comoda, e magari si guarda la televisione!... Ah! E no che non lo sapevo che sta a casa perché l'azienda ha chiuso... Cassa integrazione... Le donne so' le prime, manca il lavoro...

---

[7] La prima rappresentazione di *Mamma Eroina* è avvenuta al Teatro della Maddalena nel 1983, protagonista Lina Bernardi.
Tradotto in più lingue e rappresentata, oltre che in Italia, a Parigi, ad Amsterdam, a Praga, è un testo che ha continuato per decenni a interessare le platee più diverse, dai teatri e teatrini, a centri sociali e festival di partiti.

Io per me, ringraziando Dio, per ora di lavoro ce n'ho perfino troppo. Però mi piacerebbe, delle volte, restare a casa, e sistemare, mettere tutto in ordine, fare da mangiare...

Per quanto poi, se vai a fare la spesa, ti tocca di comprare tutto già pronto, sennò chi te lo dà il tempo? Noi una volta avevamo il podere, la roba la trovavi tutta lì.

E ogni giorno era mamma a fare da mangiare, che sembrava da ricchi, per come lei sapeva cucinare!...

Aveva imparato da ragazza, lei era stata cuoca nella villa dei signori del paese, che avevano un'azienda lì vicino.

Così le era rimasta questa voglia di far tutto perfetto, perfino nel servire, come li presentava i piatti!

La sapete la ricetta dei ravioli di patate come li faceva mamma mia? Avete ragione, non potete saperla, non ve l'ho detta ancora... Ma guarda, vi dò del voi!, come si usava dalla parti nostre quand'ero una bambina... sarà perché parlavo di mia madre...

Insomma lei lessava le patate e poi le schiacciava al passatutto.

Poi le immischiava con noce moscata e un sugo di salsiccia arrotolata, e questo sugo, poi lei lo metteva insieme a del formaggio, con le erbette e gli odori, e alla fine ci metteva il pomodoro.

Questo è il ripieno dei ravioli di patate. Dopo si fa la sfoglia e si formano i ravioli.

La pasta era fatta con le uova delle galline nostre; la farina era del grano del campo.

Poi lei faceva un sugo speciale.

Ci metteva manzo, ci metteva maiale, ci metteva del pollo. Tritava tutto e poi condiva quei ravioli quand'erano ben cotti e ben scolati.

Spargeva sopra del formaggio grattugiato, ed era pronto! Un piatto gustosissimo, non mangiavamo altro, ci serviva da primo e da secondo...

Lei signora le patate ce le mette, ma insieme alla carne triturata... Noi la carne la mettiamo nel sugo... Lei il sugo lo fa col pomodoro, il basilico e basta... E' gustoso senz'altro, certo però un po' meno sostanzioso!...Vorrei rifarli, i ravioli di patate... E il pomodoro in bottiglia per il sugo. Ma a casa mia non ho spazio davvero... Non c'è manco un balcone. E non mi va di fare sporco in terra, che già in cucina non ci si rigira, e il pupo passa e porta le pedate per tutta casa. Sì, ho anche un ragazzino, ha sei anni soltanto, c'è una bella distanza dalla Rosa, ma è arrivato e me lo sono tenuto...

Ma io me stavo a ricordà come mamma faceva le bottiglie...

Dunque lei spezzava i pomodori, li metteva dentro alle bottiglie, chiudeva le bottiglie con la ceralacca e le bolliva nella conca del bucato. Una foglia di basilico per ogni bottiglia, ogni bottiglia la involtava in uno straccio e poi le sistemava tutte in piedi nella caldaia. Faceva tre o quattro bolliture di queste bottiglie, e poi le metteva in cantina, una accanto all'altra, sopra degli scaffali che aveva tirato su mio padre.

Erano bottiglie con il collo duro in cima, perché nel pigiare il tappo, il vetro non saltasse: quelle, anche a bollirle, non ti si rompevano...

Sibilo lacerante di sirena da autoambulanza. Ina sobbalza e si rialza di scatto dalla sedia.

INA- Oh Dio Rosa mia! Voglio vedere! Fatemi passare!
Ina di slancio fa alcuni passi. Poi torna alla sedia e vi si accascia.

INA – Ma no che faccio? Quando sento la sirena dell'ambulanza mi viene subito il pensiero della Rosa, che le sia capitato qualche cosa di brutto… Ogni volta che sento la sirena, ogni volta, è più forte di me. Perché signora? Non lo so… Come un presentimento… Ma adesso è qua, la figlia mia, ce l'hanno già portata, altro non può succedere… Perché sta qua, chiedete? Eh… che volete? E' la vita…

Parole incomprensibili amplificate e distorte da un altoparlante. Ina si guarda intorno.

INA- Ah!, è il nome vostro questo che sta a gracchià l'altoparlante? Oddio vostro padre ve l'hanno trasferito al san Filippo e manco ve l'han detto! Adesso lo sapete!, dopo tutta una mattinata, che aspettate sperando di vederlo! Ah! Questa è verità, al San Filippo son più attrezzati per il cuore… La cardiochirurgia… ma almeno dirlo al figlio!
Quanto ce vuole ad andarce de qua? Che mezzi? E' un viaggio!
Un viaggio proprio, caro mio! Un viaggio perlomeno di due ore.
Ce l'avete la macchina? E allora ci vogliono tre auti.
Ma si che ve li insegno, è capitato pure a me di andarci, quando una mia perente del paese s'era fatta mandare per le analisi.
Dunque, il primo auto passa da qua sotto, è comodissimo, il ventotto, lo sapete.
Col ventotto vi fate un pezzo della via Portuense, poi tutto il viale Trastevere, poi il corso Vittorio Emanuele, da lì almeno una volta ci passava… Come che sia 'sto giro, a un certo punto vi trovate sulla piazza Cavour, lì non sbagliate proprio, perché dovete scendere , è capolinea. Sulla piazza c'è il quarantanove , è un altr'auto, che dovrebbe essere? Questo si fa piazza Risorgimento, poi quella via coi muri alti e spessi…"mura del Vaticano" proprio quella!... poi un tratto dell'Aurelia, che sarebbe una bellezza a passarci con quegli alberi grandi che ci stanno, ma pare un finimondo per il traffico.
L'auto però scappa via veloce perché è grosso e passa avanti a tutti e alla fine si fa la via Boccea.
Piazza Capecelatro: lì scendete. Ma non siete arrivato.
Sulla piazza vi prendete il duecentoquarantasette: questo poi è disgraziato perché parte a orario, - si fa per dire - parte ogni mezz'ora pressappoco. 'Sto duecentoquarantasette infila per un tratto Torrevecchia, poi una strada che non mi ricordo com'è il nome, e sbuca sulla piazza Millesimo: lì scendete, vi trovate di fronte due strade, voi prendete la strada sulla destra, perché dritto dopo un po' ci sta Casal del Marmo, dove mettono chiusi i ragazzi per correggerli.
Voi invece andate a destra e dopo poco finalmente arrivate all'ospedale…
Andate subito e sperate di trovare gli aiuti, sennò è un macello, non vi fanno più entrare perché è passata l'ora.
Ma che mi ringraziate!, pensate a fare presto!...

Ina si abbandona sulla sedia.

INA - Ah fatemi riposare un poco, anch'io sto sempre a correre…
E di autobus ne ho già presi più d'uno stamattina…

Ina si rassetta i capelli, si sprimaccia l'abito.

INA- A me piacerebbe invece, qualche volta, che so... andà dal parrucchiere, farmi 'na bella piega…o cucirmi un vestito a casa mia.

Lei signora ci ha una maglietta che è un amore, una lana!, un disegno!...Se l'è fatta
da lei? Ah! "Benetton!"E' una marca di gran moda, l'ho sentita pure io... E'
fortunata, che può comprarsela una cosa bella, se le piace.
Io sapevo fare tate cose, in famiglia si usava...
Si adoperava addirittura il fuso, a casa mia, s'era ripreso negli anni della guerra...
Noi prendevamo la lana dai guanciali... quella dei materassi, era tutta a fiocconi,
l'avevamo comprata dalla montagna, dove c'erano le pecore, che poi si tosavano...
Come le facevano correre giù fino al fiume, a lavare, prima che si tosassero!
Loro belavano e si davano spintoni, sembravano delle persone che vanno a prender
l'auto!...
Nell'acqua lo sporco più pesante se ne veniva via... Poi, fiocco per fiocco,
passavano la lana per far uscire i bruscolini che ci stanno impigliati...
E non era la lana solamente che filavamo da noi.
Si ricamava, si cucinava. Passavamo tanto di quel tempo in questo modo! E quante
cose si raccontavano, mentre lavoravamo! Gli incontri... le storie con i
giovanotti...le speranze!...

*Ina rivive intensamente il passato, tuffandosi in una parentesi che le cancella per
poco l'angoscia del presente.*

INA- Quando mi sono sposata, mia sorella mi ha preparato lei tutto il corredo...
La sottoveste bianca, le mutandine che mettevano le ragazze quando andavano a
sposarsi, con il gambaletto e il pizzo intorno, che faceva ricchezza, come un
fiore...
Poi la camicia da notte, lunga fino ai piedi, di seta ricamata e bianca, e la vestaglia
uguale: tutto lei, mia sorella, è stato il suo regalo...
E mi sono tenuta addosso tutto, quella notte, perché con mio marito ce ne eravamo
andati fuori, per il viaggio di nozze. A Fiuggi, che mi ricordavo d'esserci stata
quand'ero bambina, con tutti quei giardini colorati, e le fontane con lo zampillo in
mezzo...
E mi piaceva ritornarci sposata.
Così, in quella pensione, in un giardino a Fiuggi, è stata la prima volta che ho
dormito con mio marito.
Dormito proprio, sì, perché eravamo così stanchi, di tutto il trambusto di quei
giorni...
E ho dormito vestita, perché lui diceva "Non è come a casa da noi, può essere
sporco".
Quella doveva essere la nostra prima notte, ma io mi sono addormentata
beatamente fra le sue braccia...
Eravamo anche tanto ingenui, e timidi, è stato bellissimo così.
Poi di tempo ce n'è stato per l'amore, e ne sono venuti i figli, e tutto il resto...

*Ina si prende la testa fra le mani. Il ricordo dei figli le ha riproposto la realtà
preoccupante del presente.
E' la constatazione della durezza della situazione attuale che la fa ribellare,
riportandola ancora al passato.*

INA- E pensare che, fino a quando mi sono sposata, il mondo per me era tutto tra
la casa e il paese.
Giusto la mamma se ne andava più lontano: una volta la settimana arrivava in città.
Lavava, sì.

Per le signore, che venivano a far la passeggiata di domenica.
Dove stavamo noi c'era tutto un ruscello, delle cascate fresche, insomma un'acqua
così bella !...
E i nostri panni stesi sopra il prato…
Queste signore avevano chiesto a mamma se gli poteva lavare anche per loro,
almeno le lenzuola e i capi grandi.

Ina chiude gli occhi, quasi sorridente.

INA- Come faceva il bucato mia madre, me lo ricordo bene.
Tornava con i panni sporchi e li metteva in una vasca grande.
Li insaponava nell'acqua fredda, aveva un conca di coccio, grandissima, e ci
metteva dentro, ben distesi, questi panni.
Poi a ogni strato ci buttava la liscivia. In cima alla conca stendeva un panno spesso
e ci versava dentro quattro o cinque mestoli di questa cenere, che levava dal forno
quando faceva il pane, e insieme ci metteva delle foglie di alloro.
Ah! Quel profumo! Mi par di risentirlo tanto era intenso!...
L'acqua lei la bolliva in una caldaia enorme, che metteva sopra un fuoco a legna.
Quando l'acqua era calda, la versava dentro a un catino – aveva un recipiente
apposta, con il manico lungo - ; quest'acqua la prendeva volta a volta, quando
sentiva che era alla temperatura al punto giusto…

Ina è come se risentisse le sensazioni di quel tempo.

INA – La cenere era asciutta, fine come una cipria… Certe volte ne prendevo un
pugno, poi, piano piano, me lo facevo scorrere sul viso… era una sensazione
fresca, molto bella…
Io seguivo ogni movimento che faceva mamma, mi piaceva guardarla, faceva un
gesto e io già sapevo che cosa avrebbe fatto dopo.
Quando lei buttava l'acqua sulla cenere, quella cenere faceva da filtro…
Di sotto, questa conca aveva un buco, aprivi e ci scorreva quell'acqua che tu avevi
versato dal di sopra.
Mamma continuava a prendere l'acqua di sotto e a buttarla di sopra, finché l'acqua
non veniva calda dappertutto, perché i panni alla fine dovevano restare tutti
nell'acqua a bollore. Lei poi lasciava ogni cosa così, e il giorno dopo sciacquava i
panni nell'acqua corrente.
Tutto il risciacquo si faceva a mani nude, anche d'inverno. Delle volte c'era il
ghiaccio, delle volte la neve, mia madre stava sempre lì, a questo lavatoio, e
lavava. Se pioveva, allora il fuoco lo faceva in cucina. Per stendere poi questo
bucato, mamma tirava dei fili per tutta l'aia fino ai campi…
Noi bambini ci giocavamo in mezzo, quei lenzuoloni ci servivano a nasconderci…
Correvamo dentro e fuori da quella roba stesa… Quand'era asciutto, aiutavamo
mamma a ripiegare. Ogni pezzo, ben ben ripiegato, lei lo chiudeva dentro i sacchi.
Ad ogni pezzo si metteva un filo. Rosa, giallino, un filino celeste, un altro verde
che pareva erba, oppure rosso, ogni colore un sacco: di chi erano i panni, la
mamma lo sapeva dal colore del filo.
Poi metteva i sacchi sul carro e portava in città.
Delle volte, scherzando con mio padre, diceva "io guadagno più di te!".
Ogni giorno della settimana me lo ricordo con i tempi del bucato.
Martedì mia madre insaponava e metteva nella conca. Mercoledì finiva con i pezzi
più piccolini e delicati che restavano sopra. Bolliva il giovedì, e venerdì

sciacquava e stendeva ad asciugare. Sabato i panni erano già tutti ripiegati, e la domenica riposavano nei sacchi per fare il viaggio il lunedì sul carro. Mamma lavorava sodo, ma ci teneva d'occhio a tutti quanti. A me magari faceva lavare i fazzoletti, oppure mi dava dei piccoli cenci strappati e diceva " Stai lì"…

Ina torna bruscamente alla realtà.

INA –Certo, mia figlia, finché era una bambina, me la portavo dietro. E anche l'altro, il più piccolo, lo tenevo con me. Dormiva dentro a una cesta, nessuno se ne accorgeva che me lo trascinavo appresso. Ma un bambino che ha bisogno di correre, che vuole giocare, come te lo tieni, mentre tu pulisci i cessi degli uffici? E che ricordo può avere, lui, di sua madre che lavora?
Dei suoi gesti, dei posti, degli odori?...
Ah, la signora fa la commessa. E anche lei, per tutta la giornata, i figli non può averli vicino…Voi due tenete una drogheria… Tutti e due dovete starci, è naturale, la signora al banco, e il marito porta la roba nelle case… Quanti ne avete? Due: la ragazza di sedici… e diciannove il maschio… Un'età brutta. Una volta non avrei detto così, ma adesso ve lo dico, il perché lo so io… Un'età come quel ragazzo laggiù, che si avvicina a tutti e gli chiede qualcosa. Che dice quel ragazzo? Fatemelo sentire…

Ina si alza dalla sedia, e fa alcuni passi avanti, nello sforzo di percepire le parole appena mormorate di un ragazzo lontano, tra la gente della sconfinata sala d'aspetto dell'ospedale in cui si trova.

INA – Dice che non ha i soldi per il biglietto del treno…che lui deve tornare dalla famiglia a Napoli… Dice che ha fame… che gli servono soldi per un panino… Dice che ha sua madre malata e non ha denaro per comperare delle medicine… Io lo so che cos'è quel ragazzo…
L'ho capito da com'è pallido e magro…
dagli occhi che sono lucidi… dalle mani che tremano… So che quello che chiede non è quello che vuole…No! Non dategli niente!
Quei soldi lui li vuole per ammazzarsi ancora un poco!
Io lo so! Non dategli quei soldi!
Non dateglieli anche se può sembrarvi crudele!
Non sapete quanto mi costa dire quanto dico.
Non sapete quello che ho patito io per avere il coraggio di parlarvi così!
Lo so io quanto ho patito!... lo so io… lo so io…

Ina torna alla sedia e vi si abbandona tenendosi il capo fra le mani. L'ambiente intorno ne riprende l'attenzione.

INA – Eh? Che volete? Se ho un gettone?
Sì forse, ce ne ho sempre nelle tasche… Come farei sennò a chiamar casa dagli uffici, quelli ci mettono i lucchetti nei telefoni loro, non si fidano quando vanno via… E io scendo alla cabina, che m'importa? Io mi organizzo…

Ina si fruga nelle tasche, alla ricerca del gettone.

INA – E sì che è proprio tardi… Tardi sì, signora mia, e se la donna che v'aiuta se ne va a quest'ora, state tranquilla che non v'aspetta, ci avrà pure lei i figli suoi da andare a prendere… Oddio, e mio figlio? Chi lo va a ritirare dalla scuola?

Ina si alza dalla sedia, e va verso il fondo del palcoscenico.

INA – Chiamo Rosaria, è la bidella, un'amica mia, e le dico di pensarci lei. Ecco il gettone io ve lo regalo, però mi fate fare la chiamata a me per prima sennò passa l'orario, la scuola chiude e io che faccio?

Ina telefona.

INA – Rosaria meno male che t'ho ancora trovato. Sì so' Ina. Eh! Sono all'ospedale. Per Rosa sì…
'Na volta o l'altra doveva capitare, ancora non so niente… Speriamo in Dio… Leandro mio sta lì? Meno male che tu eri di servizio, l'ultima ora non gliel'hanno fatta perché l'insegnante se n'è andata? E quelle povere creature che hanno fatto? Giocavano in cortile? Con 'sto freddo? Tientelo tu Leandro, per piacere, appena torno me lo vengo a prendere. Mi raccomando, sai che è delicato, preparagli la fettina col vapore, eppoi le vitamine… c'è il tubetto nel cestino della merenda che gli ho dato io…
Fagli fa' il riposino che poi vengo…
Ti saluto Rosaria, e tante grazie!

Ina torna alla sedia, vi si siede e si guarda intorno.

INA - E mia figlia che fa?
Ma perché vi dovrei dire proprio tutto!
Vi ho già raccontato tante cose della mia vita, a voi che in fondo non m'avete detto niente.
Questo è vero, che so' io la prima che me metto a parla'! Ma ci ho una voglia, delle volte, di sfogarmi...
Perché tutte quelle ore, di lavoro a sfregare, non è che uno scambi parola con qualcuno…
Poi a casa chi trovi? Sì, Leandro mio, ma è piccolino…E mia figlia? Mia figlia a casa…

Ina ride.

…ci viene a farsi il bagno, quando le conviene… a cambiarsi il vestito quando è zozza…
A mangiare quando non ha soldi…
Un bagno pubblico, ecco che è diventata casa mia. Un ristorante. Un albergo dove c'è una serva. Nient'altro. Sì. E' così. E' inutile che vi inventi scuse.

Ina urla.

INA – Sì. Mia figlia si buca!
Io sono qui per questo.
Un'altra volta si è sentita male, per la strada.

E' cascata dentro 'na pozzanghera dietro a un benzinaro, è rimasta lì per ore e ore.
Poi della gente l'ha tirata su, me l'han portata a casa in piena notte, era tutta una
piaga nelle vene.
Che posso dirgli, a Rosa mia?
Che non deve bucarsi? Son parole, non servono.
E non è certo un gioco, ormai, per lei, bucarsi…
Anche se forse, al principio, è stato un gioco…
Io di tutto ho provato, per farla uscire fuori.
Regali, quello che potevo le compravo.
Ma niente, era peggio di prima.
E i soldi le sparivano. Rubava.
Io lo sapevo, ma non volevo ammetterlo.
Lei negava, io mi sforzavo di crederle.
Mi diceva che s'era perduta il portafogli, e io le credevo…
Poi le avevano scippato l'orologio… Poi le han preso la Vespa, che le serviva per
andare a scuola. Perché Rosa studiava, faceva le magistrali, e quella Vespa gliela
avevo comperata perché potesse alzarsi un pochino più tardi la mattina… Da quel
giorno che la Vespa è sparita, Rosa alla scuola non ha voluto andarci più.
Restava a casa, sdraiata sul divano.
Un periodo guardava la televisione, poi c'erano soltanto più le cassette della
musica con i cantanti che vanno di moda…
Lei si metteva la cuffia, ascoltava da sola, di fuori non si sentiva niente… Certe
volte io non sapevo nemmeno dove stava Rosa mia, perché magari era distesa
dietro il tavolo… con quella cuffia nera, zitta zitta… solo ogni tanto, clic,
cambiava la cassetta e continuava ad ascoltare quella musica, in silenzio… Poi
una sera torno dal lavoro, lei era tutta sottosopra, m'ha raccontato che c'erano stati
i ladri in casa, s'erano presi tutta la roba di valore, lo stereo, la macchina
fotografica… solo la televisione non se l'erano pigliata, mentre invece s'eran
portati via l'unico anello che m'aveva regalato mio marito per il fidanzamento, con
un topazio giallo tutto a spicchi tenuto su da quattro graffe d'oro.
I cassetti, li avevan rovesciati… la roba stava a terra…perfino l'armadio di cucina,
giù, sul pavimento con tutte le padelle, come a sfregio… un macello davvero… e
uno spavento!
E anche quella volta lì, ho creduto.
Ma come potevo immaginare che una figlia volesse dare tanto dolore a sua madre?
E perché poi. Perché? Ma il dispiacere forte, l'ho provato un'altra volta. Mi stavo
a fare il bagno, una giornata bella di sole, una domenica tranquilla, che mi
riposavo finalmente.
 E mi tolgo la collana di perle vere – son perline, ma autentiche – che era di
mamma e la portavo sempre, come ricordo suo.
La metto lì, sul tavolo in cucina. E me ne vado al bagno.
 Il mio primo pensiero, dopo che m'ero asciugata, automatico, è stato di rimettere
le perle. Ma non c'erano più! Nun ce stavano!
 E il posto preciso me lo ricordavo, dove le avevo messe.
Rosa era sdraiata dietro il tavolo, con la sua cuffia, non s'era mossa mai.
Le ho detto che le perle eran sparite.
Lei ha alzato le spalle, m'ha guardato brutto, s'era offesa come se avessi detto che
era lei.
 Poi ha fatto un cenno verso il gatto di casa, poteva essere che se l'era prese lui.
A quella bestia poveraccia l'ho perfino ribaltata, ma so' rimasta come una stupida,
non sapevo che pensa', che fare…

La collana mi arrivava dalla mamma mia. Era la dote per i tempi neri, perché in quegli anni le contadine, quando arrivava la carestia, impegnavano gioielli per far fronte alla miseria.

E la padrona di mia madre, quando lei era a servizio come cuoca, le aveva fatto la collana. Era una collana a cinque fili. Io e la mia sorella s'è diviso alla sua morte. Due li ho presi io, quelli più lunghi, e i tre più corti li ha tenuti la Lina. Quando le cameriere si sposavano, a quei tempi, i padroni gli facevano anche il corredo della biancheria. La signora l'aveva fatta ricamare alle contadine. C'erano le sue cifre, tutte arzigogolate, sull'asciugamano che poi andava con un fiocco di seta sul lavabo, nella camera della sposa.

E le federe uguali… e il lenzuolo… quello buono, che si metteva quando venivano al mondo i figli: nel giorno che una partoriva, le cambiavano il letto e le mettevano questa bella biancheria ricamata, perché il vicinato andava a farle visita.

Io quelle lenzuola le avevo avute da mia madre, e le tenevo in una cassapanca, piegate e chiuse. E' un'usanza, da noi, di passarsi di madre in figlia queste lenzuola ricamate, da usare solo nelle grandi ricorrenze della famiglia. Io le avevo messe nel mio letto quand'era nata Rosa, e dopo un'altra volta, quand'era stato il turno di Leandro…

Da anni poi eran rimaste lì. Ogni tanto io le tiravo fuori… mi piaceva guardarle, le lavavo qualche volta perché non rimanesse quel segno giallo che viene nella piega quando la tela è buona e per troppo tempo rimane chiusa non adoperata. Ma un giorno che volevo riguardarmele, le lenzuola non le ho trovate più, eran sparite assieme alle federe, non c'era neppur più l'asciugamano ricamato. Era rimasto il fiocco di seta rosa, tra la carta strappata, sul fondo della cassa…

Ina si lascia andare sullo schienale della sedia, sfinita.

INA – Da quel giorno ho cominciato a pensare che mia figlia doveva entrarci, quando spariva la roba dalla casa.

Ma lei, niente. Rideva. Oppure si arrabbiava.
Mi insultava, diceva che la offendevo a pensare che la ladra poteva essere lei. Addosso, lei portava sempre gli stessi jeans, e due o tre magliette colorate, non spendeva quasi niente per vestire, mangiare mangiava a casa: e allora, che poteva farci, con tutti quei soldi? No, non era lei, pensavo, non poteva esser lei.
E poi, perché?
Ma un giorno, ho dovuto accettare.
Una mattina, faceva ancora scuro, io esco presto, per l'orario mio, la sera non l'avevo vista entrare, e volevo aspettarla, ma era stata più forte la stanchezza, e m'ero addormentata sul divano. Appena ha fatto luce, sono andata a vedere nella stanzina sua, se lei dormiva, ma non c'era…
Stava lì, tra i lenzuoli, soltanto l'orsacchiotto che di notte lei tiene stretto, fin da quando era bambina.
E Rosa mia dov'era?
Me so' sentita male. Vado al bagno e me la trovo a terra pallida, una morta. E sangue dappertutto. Nel lavabo. Sulle piastrelle.
E a terra intorno a lei.
La scuoto. Grido "Rosa che è stato? Che ti senti figlia mia?"
Lei gemeva, ma gli occhi erano chiusi, pareva che dormisse e non reagiva.
Quella mattina al lavoro non ci sono andata.
Rosa è rimasta in quello stato per ore ed ore.

Poi ha preso un po' di vita, ma non voleva che chiamavo nessuno, piangeva e si arrabbiava se insistevo che volevo chiamare il medico, qualcuno… Sono uscita poi tardi, per andare a comprare qualche cosa per darle da mangiare anche se lei in quel suo dormiveglia diceva che non voleva niente. Appena una corsa giù al mercato, che ai banchi mi conoscono che ho sempre fretta, e son tornata su.

Ma lei era sparita. E lì per terra, al posto suo, una siringa da iniezione, e altra roba che non capivo perché stava dentro al bagno, una striscia di gomma, il cucchiaino della colazione e dei vetri di fiala tutti in briciole… Era così evidente.

Ma mia figlia drogata io non volevo ammetterlo, era più forte di me, e mi imbrogliavo da me stessa, inventavo le scuse più incredibili, mi vergognavo, questo era il punto.

Mi vergognavo, sì, che mia figlia si bucava.

E non sapevo da che parte prendere.

Quella volta Rosetta non l'ho vista per tre giorni.

Io il lavoro l'avevo poi ripreso, ma con che cuore potete figurarvelo.

E' tornata, una sera.

Sporca, strappata. S'è buttata al letto.

Me la son presa tra le braccia, come quando era piccola piccola. Lei non mi voleva.

Ma s'era attaccata a me e singhiozzava.

Gridava che non voleva vivere, che non ce la faceva più a resistere. Io non capivo quello che diceva, ero soltanto disperata e basta.

Poi son venuti a prenderla.

Era la Polizia. Aveva scippato - dice - una signora, le avevano trovato la borsetta.

Quella volta sono andata al carcere.

L'ho guardata negli occhi, poi le ho detto: "A questo punto, figlia?". Lei stava zitta, poi s'è messa a gridare. Bestemmiava.

Si scuoteva tutta dai singhiozzi. Tremava. Era verde. "Che fate? – io dicevo alle guardie che mi stavano intorno – La lasciate così? Sta male. Vi scongiuro aiutatemi. E' figlia mia, chiedetemi qualunque cosa, ma sta male, aiutatela!".

Quelli ridevano, si strizzavano l'occhio tra di loro.

Rosa gridava "Muoio". La voce tutt'a un tratto le si era fatta fine, appena appena la potevo sentire…

Mi chiedeva qualcosa, io non capivo. "Una dose…" diceva.

E io, il mattino appresso, gliel'ho portata, ché sennò moriva.

Ina chiude gli occhi per la sofferenza del ricordo rievocato.

INA – Lo so signora l'ho capito dopo, che gli davo la morte anch'io, in quel modo. Ma l'affetto a noi madri porta a fare cose pazze alle volte, se non ci si ragiona… E io pensavo solamente a darle quello che lei chiedeva, anche la dose, per compensarla che non stavo con lei… E' stata quella volta sola, ve lo giuro, poi ma più, e mai più lo rifarei.

 Perché, credetemi, con quella polverina, non c'è più la persona che ragiona.

Tu ti ritrovi una creatura che tu non la conosci.

Non c'è niente in quella faccia, di tua figlia.

Ha fatto pochi giorni, la mia Rosa. Poi è uscita.

Perché la signora della borsa – che la Polizia l'aveva ritrovata, per via dei documenti -, è stata proprio 'na signora buona.

Quando ha visto la Rosa, ha avuto pena, la borsa ha detto che l'aveva perduta, che Dio la benedica. Rosetta mia è tornata ch'era peggio di prima.

Perché in prigione 'sti ragazzi cadono disperati, e si bucano anche più che fuori. Come fanno?

No, non son sempre le madri, a portare la droga ai loro figli, non mi guardate a me per accusarmi, io ve l'ho voluto di' il peccato mio, ma non è quello il punto!... E' in prigione che ci stanno i peggio spacciatori, perché il ragazzo in prigione è isolato, è più solo che fuori, e allora fa di tutto, pur di avere la "roba".

Ina grida, in preda ad una disperazione atroce.

INA - Non mi fate ricordare!

Non voglio raccontarti quello che ho poi saputo, dalla bocca della figlia mia. Me l'ha gridato in faccia, per rabbia, per vendetta, non lo sapeva nemmeno lei perché, le cose che ha accettato pur di avere la roba...

Certe volte me prende 'na sfiducia, di questo mondo nostro che io speravo più bello della campagna, e invece come vorrei tornare indietro, con mia madre che canta mentre stende il bucato...

Anche allora, e prima ancora, di cose brutte ce ne stavano eccome. In campagna, ai tempi di mia nonna, se nascevano storpi, i ragazzini si facevano morire.

Lo sapevate? No? Eran le donne a decidere queste cose, agli uomini dicevano poi che il bambino era nato già morto.

Uno che nasceva sciancato, come campava poi se manco poteva lavorare il campo?

Ecco, in questo il nostro mondo è meglio, perché quante cure, quante, a quelli che sono – come si dice? – indicappati, e le scuole per loro, e la pensione, e le maestre specialiste...

Ho visto un bel film alla tivvù, saran state le undici passate e tutti stavano già a dormire, ma era proprio bello quel servizio, c'era 'na ragazza a intervistare che sapeva 'ste cose, pareva che se volevano così bene, andava tutto liscio... Ah! lei, signora, un figlio indicappato ce l'ha ma se lo tiene a casa, a scuola i compagni lo disprezzano, e la maestra che doveva starci appresso, ancora dal ministero non ce l'hanno mandata...

Ma com'è, non c'è una scuola apposita? Ah c'era, e adesso non c'è più perché hanno detto che era meglio metterli tutti assieme, i normali e quelli coi problemi. Certo è un'idea giusta, questo è vero. Ma dal dire al fare, ce ne passa, signora mia, sì, purtroppo è così...

Così è stato per la figlia mia. Ho smesso di aspettare che qualcuno da fuori mi aiutasse. Mi son presa un mese di permesso.

Certo non mi pagavano, ma il padrone ha accettato, gli ho detto che mia figlia stava male e dovevo curarla.

L'ho portata in campagna, c'era rimasta mia sorella nella casa di quando ero bambina. E lì stavamo un po' cominciando a venirne a capo di 'sta storia. Sì, in compagnia ci siamo parlate, finalmente, con mia figlia.

Gli ero mancata io!

Le avevo dato da mangiare e vestiti, giochi, dischi, ma non avevo capito quanto bisogno aveva che l'ascoltassi, e parlassi con lei.

Soltanto allora mi rendevo conto di quanto eravamo state lontane tra noi, anche se abitavamo nello stesso tetto!...

Eh! Quei giorni in campagna sono stati già un momento bello.

Ina si perde in quel ricordo, nuovamente lontano rispetto all'angoscia del presente. Poi avverte di nuovo le persone intorno a lei.

INA – Anche lei, signora, ha una nipote che si buca?... E le ha provate tutte, ci ricasca ogni volta... Anche mia figlia aveva preso il metadone, ma non è servito a niente... Rosa mia se lo beveva per tenersi un po' su, altro che smettere, così trovava la forza di andare a cercasi la "roba" buona... Una volta l'avevo anche messa in una clinica.
E mi costava, ma speravo nel miracolo.
Lì le facevano fare la cura del sonno.
Lei sembrava rifiorita in quel periodo, mangiava e dormiva solamente, la tenevano sempre in una stanza, ma quando l'hanno fatta uscire, quella sera ch'era tornata a casa è andata a bucarsi un'altra volta, non era cambiato niente, e restava il problema.
Anche voi la stessa cosa? La clinica...
La cura del sonno... Ah! Lei ha provato lo psicanalista... perché cià una sorella che si buca... quante storie mio Dio, son tutte uguali... Quanti dolori.... quanti.!.. Io mi sentivo in colpa perché mia figlia si drogava... Ma poi ho riflettuto... Che colpa era la mia?
Era che non capivo, questo sì...

Ina si abbandona sullo schienale della sedia, gli occhi perduti lontano.

INA – Ah! Potessi tornare indietro! Per starti vicino...
Per farti capire tutto quello che avevo sempre avuto dentro, per te!... Io, nei miei limiti, nel mio possibile, ti ero vicino... Però hai ragione tu...
Perché anch'io, forse, avrei sentito così, se mia madre fosse stata con me come son stata io con te.
Un momento in campagna ci era stato in cui cominciavamo a capirci.
Ma poi tutto è tornato come prima.
Troppo poco quel tempo, per darti l'affetto, per darti l'attenzione che non ti avevo dato in tanti anni. Anche voi... come me... Anche voi... per un figlio... il fidanzato... una cugina... un amico... la sorella... vostra figlia, signora, come me...

Ina si guarda intorno, scoprendo quante persone stanno vivendo nella sua stessa situazione.
Rumore di altoparlante che amplifica parole distorte.

INA – Oh! Ma cos'è? Hanno detto il mio nome?!
Zitti per piacere! Reparto animazione?
Forse ha ripreso conoscenza...
O sta peggio e non c'è più niente da fare...
Oddio no...Rosetta aspettami!

Ina si alza dalla sedia, corre tornando verso la direzione da cui era venuta all'inizio.

INA – Aspettami Rosetta! Io lo so! Ce la fai!
Rosetta aspettami!
Forza Rosetta!

La voce si affievolisce nella lontananza.

FINE
DONNE DI SPADE

SABELLINA FLORA OLIMPIA[8]

SABELLINA

lo ho capito che non ero figlia di quella che credevo mia madre, quando avevo già qualche anno. Me ne stavo nel cortile, a giocare con gli animali, ed è arrivata quella signora che ogni tanto veniva e mi portava regali, poi mi abbracciava e se ne andava. Invece questa volta si ferma davanti a me, e mi dice: "Sabellì, piglia la tua roba che partiamo!". lo non capivo. Per me non aveva nessun significato sentir dire: "Partiamo", ero sempre vissuta in mezzo ai campi, pensavo che il mondo tosse tutto lì. C'erano dei bambini più grandi di me, che credevo i miei fratelli, con cui giocavo: io parlavo come loro, non come la signora arrivata da fuori, che adesso diceva "Sabellì partiamo". Poi è arrivata mia madre, cioè la donna che credevo fosse mia madre, mi ha gridato: "Vattene dentro! ". Hanno cominciato a discutere, tra loro, si accaloravano e sembrava che nessuna delle due volesse cedere. lo me ne stavo in cucina, a guardare dalla porta socchiusa. Mi stava venendo paura e cominciai a succhiarmi il dito, avevo bisogno di sfogare la mia inquietudine in qualche modo. Dopo un po', silenzio. Mia madre è rientrata, è salita di sopra, poi è tornata con una valigia di roba, mi ha preso per mano e mi ha detto: "Vai con la signora. E' tua madre. Devi volerle bene. Ma ricordati che io continuo a volerti bene come a una figlia". lo continuavo a non capire. La signora mi prese per mano e mi trascinò via. Tenevo la testa voltata indietro per vedere mia madre, con il mio dito in bocca a trattenere uno stupore che diventava angoscia, ancora non sapevo che cosa fosse quel senso tremendo di abbandono, ma ora lo so. Ora so tante cose, ora so tutto. Anche sulla macchina fino alla stazione, anche sul treno, anche nella casa bella e lucida con tanti scalini per arrivarci, mi rimase negli occhi l'immagine di quel volto di contadina dagli occhi fissi nei miei; mi rimase quel gesto, della sua mano che si muoveva lenta a salutarmi, e il movimento leggero del mento, verso l'alto, come a dirmi "Vai", a rassicurarmi, nonostante il distacco, che lei era con me perché mi aveva cresciuta, e non mi poteva cambiare da quello che ero diventata imparando da lei parole, gesti e affetti.

Sabellina tace. Passa un tempo fra la prima fase del racconto e quello che dirà successivamente.

---

[8] Scritte per il teatro, dopo l'esperienza di Maricla Boggio al CeIS – centro italiano di solidarietà, intorno alla metà degli anni Ottanta, da cui i libri sul tema della droga e i filmati per la RAI, *Sabellina, Flora, Olimpia – donne di spade*, furono rappresentate al Teatro Rendano di Cosenza, nel 1984, ad apertura di un convegno sul tema della tossicodipendenza promosso dalla Regione Calabria, la cui relazione introduttiva è stata tenuta da Luigi M. Lombardi Satriani.

Queste storie sono emblematiche di quelle di tanti giovani incorsi nella droga attraverso situazioni banali, non sorretti da un dialogo con la famiglia, poi uscitine attraverso l'impegno personale, aiutati dal confronto con altri giovani riscattati da una buona comunità terapeutica.
Nel comportamento delle protagoniste e in parallelo nel lavoro degli operatori della comunità terapeutica, emerge un periodo storico ancora carico di idealità e di speranze.

Poi, sono passati degli anni e io sono diventata grande, andavo all'università. Appena nata, mia madre mi aveva dato a balia perché non poteva tenermi, era stata operata alla schiena, diventava subito stanca, non aveva il latte. Mio padre era un buon uomo, faceva il funzionario dello Stato e lo mandavano sempre fuori per dei lavori. Mia madre aveva già avuto una figlia prima di me. Quella bambina l'aveva rovinata, se la portava sempre in braccio non sapendo dove lasciarla, la sua schiena s'era piegata. Insomma, non potrei condannarla, aveva dovuto lasciarmi a balia, pensava che in campagna sarei cresciuta meglio che in città.

Ma quando tornai, in quella casa dove ero nata ma che non sentivo come mia, mi pareva di essere - e lo ero - un'estranea.

E c'era quella mia sorella. Bella, buona, dolce, studiosa. Le volevo bene e me ne voleva lei, cercava di aiutarmi, perché aveva intuito le mie difficoltà. Ma io avevo il mio orgoglio. E più lei era buona, più io volevo essere diversa da lei, provare a tutti che non avevo bisogno di loro, e avevo un mondo mio. Tante volte avevo desiderato di tornarmene in campagna, ma i miei avevano risposto con il silenzio alle mie richieste, come se quella mia infanzia laggiù fosse stata un episodio da non ricordare in alcun modo, da dimenticare, anzi, come se quel periodo non fosse mai esistito.

Poi, da una donna che veniva a fare le pulizie, avevo saputo - me lo aveva detto lei a mezza voce, guardandosi intorno per non essere scoperta - che "quella donna" era morta. Mi aveva portato un filo d'oro e di coralli avvolto in un fazzoletto ricamato con le cifre di lei: "Per suo ricordo a te", mi aveva sussurrato scappando via, inseguita da un'occhiata di mia madre entrata improvvisamente nella stanza.

Così, andavo all'università. Per non succhiarmi più il pollice avevo preso a fumare, una sigaretta dopo l'altra.

In quell'epoca mi illudevo, speravo di fare delle battaglie per cambiare la società. La rassegnazione mi indispettiva, mi pareva che persone come la mia madre di campagna meritassero una vita diversa. Ma erano troppo umili, troppo rassegnate, per ottenere qualcosa. Ero impaziente e disillusa. La violenza mi appariva come l'unica soluzione per raggiungere la giustizia. Mi buttai in politica. Quel gruppo di ragazzi con cui stavo, lo avevo sostituito alla mia famiglia. I miei, li sentivo sempre più lontani, diversi da me. Indistintamente avvertivo un senso di acredine nei loro confronti. Mi avevano voluta su questa terra, e poi mi avevano dato via per farmi star meglio: ma un figlio quando lo fai, è per te, non puoi cederlo come un pacco, diventerà di quelli a cui lo dai, ti rimarrà estraneo per sempre. Così era successo a me. Ora, nei discorsi appassionati del mio gruppo di lotta, mi pareva di aver trovato uno scopo, e un sollievo alla mia solitudine. Si passavano nottate interminabili insieme, a studiare piani di azione. C'era fumo e rumore in quelle riunioni. Non sapevamo che cosa fosse stanchezza né fame. Non c'erano orari, me ne ero andata da casa. Studiare, non davo quasi più esami, era il sogno della rivolta che mi affascinava. Mano a mano che il tempo passava, ci ritrovavamo sempre più in pochi, ma ognuno di noi sentiva crescere le sue responsabilità nel gruppo. Si cominciò a tracciare una linea di azione, dei piani non più soltanto legati ad una strategia astratta, da libro, ma con obbiettivi concreti. Dovevano essere delle prove - dicevano i capi - della nostra capacità di intervento. Una volta si svaligiò un negozio. Almeno, i giornali chiamarono così la nostra azione. Noi volevamo soltanto dimostrare che era necessario un prezzo "politico" per prodotti di prima necessità. Prendemmo pacchi di pasta, lattine d'olio, scatole di zucchero, bottiglia di pomodoro. Caricammo tutta questa roba e la portammo alla gente delle borgate. Questi però erano sospettosi. Afferrarono quei pacchi e li nascosero sotto i letti, dentro gli armadi. Poi ci chiusero le porte in faccia. Non volevano concertare con noi nessun piano di azione. Avevano fame e basta. Volevano mangiare, non combattere. Soprattutto non volevano andare in galera per qualche chilo di pasta. Ce ne andammo amareggiati. Qualcuno di noi capì gli errori di quell'impostazione. Molti compagni se ne andarono. Cercarono il posto fisso, diedero esami per dei concorsi, le ragazze si sposarono e fecero le insegnanti a orario ridotto, o le casalinghe. Altri si buttarono ancora più intensamente per la strada della lotta violenta. Io ero incerta. Non accettavo che si potesse essere nelle condizioni di uccidere. Quando mi chiesero di usare, se ce ne fosse stato bisogno, quella pistola che avevo imparato ad adoperare nelle esercitazioni che facevamo sulle montagne fingendo di organizzare una gita, io non risposi subito. Avevano deciso di dare il via al piano di una rapina in banca. "Che differenza c'è, in fondo - aveva detto qualcuno di loro - tra il prezzo proletario e la spesa gratuita da una parte, e l'espropriazione di capitali frutto di plusvalore in una banca? ". C'era la differenza - pensavo io - che in un supermercato non ti spara nessuno, se rubi un sacchetto di mele; ti troverai, al massimo, a lottare per uscire se cercheranno di fermarti, ma armi non ne hai e tutto finisce lì. Ma se porti la pistola, è già come se tu l'avessi usata. In banca poi, si sa, ci sono le guardie giurate che al primo allarme puntano il fucile senza aspettare che sia tu a tirar fuori la tua arma. Non andai a quell'appuntamento; comunicai la mia scelta, non glielo dissi in faccia ma feci in tempo a farglielo sapere, perché nessuno pensasse poi che mi ero tirata indietro per vigliaccheria, e li avevo traditi all'ultimo momento. Due ne morirono. Gli altri scapparono, con il bottino. Si cominciò a parlare di brigatisti.

Io mi ritrovai sola. I miei cercavano ancora di vedermi. Volevano che andassi a casa almeno la domenica. Ma io sentivo che avrei dovuto fare qualcosa che meritasse la loro ammirazione. per farmi rivedere. Forse non mi sentivo degna. Avevano sbagliato nei miei confronti, per amore - questo l'avevo capito -, ma non è sufficiente capire per riuscire a perdonare. Bisogna essere all'altezza. E io sentivo dolore e ira, non carità, come oggi capisco che dovevo.

Gli studi? Più che su quei libri, su cui avrei dovuto preparare gli esami, avevo passato le ore sugli scritti dei nostri teorici. E adesso mi trovavo lontana dagli studenti con cui avevo iniziato l'università. Quelli ormai erano quasi alla laurea, io mi sentivo spaesata e vecchia. Vecchia a vent'anni e poco più. Passavo delle ore da sola, a rigirarmi tra le mani quella carta scritta che mi pareva ormai retorica e vuota, ridicola esortazione a cose abiette e stupide ammantate di importanza.
Vedevo qualche amico. Ma il mio ragazzo era rimasto con il gruppo, e a me pareva di sporcarmi a andare con un altro. Poi l'ho fatto, per reagire, per sentirmi viva, per fingere di provare dei sentimenti. Non c'era niente per cui sentissi interesse, ma dovevo cercare di guadagnare almeno i soldi per continuare a vivere, anche se non mi piaceva, aspettavo che qualcosa cambiasse, che ci fosse un barlume di gioia, per un caso, magari, una luce, sì, una speranza.

Uno di questi uomini che incontravo ogni tanto mi dava qualche soldo. Non era che mi facessi pagare, per starci assieme. Ma lui trovava il modo di lasciare dei denari in un libro o sotto il portacenere, senza dirmi niente. Io me ne ero accorta, le prime volte, quando se n'era andato via, e mi era sembrato un pensiero delicato, mi ero perfino commossa. Poi avevo cominciato a prenderci l'abitudine; quando stava ancora da me, e magari era andato nel bagno, dopo l'amore, io cercavo dappertutto, vicino al letto, finché trovavo i soldi. Li lasciavo dove lui li aveva messi, ma quando ritornava accanto a me e si vestiva per andarsene, io lo abbracciavo con un trasporto bello; gli volevo bene, mi pareva un padre che pensa a una figlia e non la vuole offendere.

A poco a poco veniva anche più spesso delle prime volte; io ero contenta, stavo bene con lui; non pensavo al domani, e l'avvenire mi pareva più roseo.

Poi, d'un colpo, di soldi non ne ho trovati più. Io non dicevo niente. Non avevo detto niente prima, non potevo parlare adesso. E lui lo stesso. Tutti e due sapevamo, ma tutti e due non parlavamo. Quando stavo per essere io a chiedere - perché avevo bisogno, bisogno veramente, non c'era più una lira in casa, e le calze, l'ultimo paio, si erano smagliate, e al posto della carta igienica avevo messo gli ultimi fazzoletti della scatola di klinex -, lui, dopo essere tornato dal bagno dove s'era fatto la doccia, tutto fresco e rilassato, mi dice: "Ma tu, sai che cos' è una spada?". Io non capivo, ho cominciato a succhiarmi il pollice, non sapevo se faceva sul serio o se scherzava. "Siediti qui, vicino a me - continua lui - così ti spiego io". E comincia a raccontarmi di com'è bello non avere più problemi, non dover pensare a come fare per trovare i soldi... E io tra me e me pensavo: "Chissà dove vuole arrivare", e collegavo quei discorsi al fatto che di soldi lui non ne aveva più tirati fuori, ma quella era la prima volta che parlava chiaramente di denaro. Poi, come se avesse voluto girare intorno all'argomento che gli stava a cuore, mi dice che un mezzo c'era, sicuro e facile, per avere tanti soldi. E tira fuori una bustina e tanti altri oggettini; si mette a fare dei preparativi, lì, sul tavolino accanto al letto. Tira fuori una bustina, una fiala con un liquido chiaro, accende una fiammella, ci mette sopra un cucchiaino, mescola quella polvere bianca che stava dentro alla bustina, la scioglie dentro l'acqua, poi tira fuori una siringa, tutto questo in silenzio. Io ero affascinata, non avevo mai visto niente di simile a quello che vedevo. Con la siringa in mano, finalmente mi guarda, dritto dritto negli occhi e poi dice: "Ecco, vedi, questa è una spada. E la spada ferisce, ma questa... " - e me la ficca nella vena del braccio - questa è una ferita dolce, vedrai come ti piace... ". Ho gridato, sono stata male. Poi mi sono calmata, ho cominciato a sentire un senso di benessere. E soprattutto, non m'importava più di niente. Quei problemi che mi facevano male, - trovare i soldi, solitudine, noia, non sapere che fare, il fallimento, gli studi andati a male, la famiglia lontana, i contrasti di casa, i compagni lasciati, la lotta che mi aveva delusa - tutto, tutto era come lontano, e a poco a poco, non esisteva più: non c'era! Un sogno buffo, da guardare di fuori. Io non c'entravo, non era   la   mia   vita.   Io   stavo   bene.   E   mi   addormentai.

Era mattino quando mi svegliai. Lui era sparito. Non ricordavo quasi niente. Poi mi cadde lo sguardo sul lenzuolo. C'era un segno di sangue. Sul braccio, un punto rosso, al centro della vena. E per terra, la spada.
Guardavo la siringa con ribrezzo e attrazione, oscillavo tra queste sensazioni. Si sapeva ancora così poco, a quel tempo, della droga. Lui tornò il giorno dopo. Con un pacchetto. Disse che dovevo portare quelle buste a certe persone, mi diede gli indirizzi. E dei soldi, per il lavoro. Non parlò molto. Non mi diede altre spade. Se ne andò senza fare l'amore.
Io andavo in giro come un automa, suonavo alle porte, aspettavo nei bar, telefonavo per segnalare che sarei stata all'angolo di una strada, tutto come dalle istruzioni che trovavo scritte insieme alle bustine da consegnare. E i soldi, alla fine della giornata. Mangiare, dormire, andare, consegnare, e i soldi alla fine. Forse lui aveva più tempo, un giorno, oppure si voleva soltanto divertire un poco: tornò con una spada; me la fece vedere agitandola in aria, come un giocattolo in regalo,

festoso, beffardo? Lo guardai come per una sfida: gli stesi il braccio. Ero di nuovo "fatta" e felice. Quel giorno fece l'amore con me, come un premio; il lavoro andava bene, e lui era sicuro di tenermi in pugno, sempre di più, sempre molto di più   di   quanto   non   pensavo   io.

Andò avanti così per tanti mesi. Estate autunno inverno e primavera. Una stagione dopo l'altra, l'anno intero. Io non me ne accorgevo. Venne un giorno mia sorella. Mi chiamò da sotto, non era mai salita lì dove abitavo. Quella volta arrivò fino al cortile per chiamarmi; finché io non mi affacciai. insonnolita, stupita anche, per quell'insistenza. Si era laureata, voleva che andassi alla sua festa. Le gridai qualche cosa, che dovevo partire, non lo so.
Richiusi. Mi buttai sul letto, esausta. Per la prima volta, dopo tanto tempo, ripensavo ai miei progetti del passato. Era cambiato tutto. E solo allora mi rendevo conto che tanti altri, come me, dimenticavano la loro vita senza accorgersi che il tempo passava, e tutto veniva perduto, per sempre, irrimediabilmente. Ripensai alle facce di quelli che incontravo ogni giorno; portando le bustine che ognuno aspettava con una ansietà irrefrenabile. Facce buie, spente, facce senza sguardo, Senza pensieri tranne che quello della droga. Persone di cui si poteva fare quello che si voleva, perché non erano più padroni di se stessi. Anch'io ero come loro. Peggio di loro. Perché li aiutavo a morire. Decisi di non fare più quel lavoro. E glielo dissi, a lui. Calma, senza scena, quel giorno quando venne con il solito pacco. Sorrise appena, senza insistere se ne andò via, dicendo: "Come vuoi. Sai dove trovarmi". Mi]asciò sopra il tavolo tre bustine e tre spade. "Un regalo per te",   aggiunse   poi,   quando   già   era   sulla   porta,   a   scomparve.

Quel giorno uscii al sole. Non lo facevo da tempo, le mie ore erano quelle della notte, quando si incontrano solo quelli che sai, non la gente che frequentavo un tempo. La luce solare del mattino mi faceva male agli occhi. Arrivai fino all'università. Qualcuno che mi conosceva, mi lanciò un'occhiata strana. Ero dimagrita, 1 capelli mi ricadevano lisci e disordinati, avevo la pelle gialla, e i denti guasti: ero diventata brutta: mi vidi in una vetrina, ero un'altra da Sabellina. Eppure ero quella, al collo avevo la piccola collana d'oro e di coralli, la toccai per accertarmi se quell'immagine e la mia persona erano la stessa cosa. Avrei voluto andare a chiedere lavoro, traduzioni, non so, un posto in una galleria, ma con quell'aspetto   non   era   neanche   il   caso   di   provare.
A casa mi feci io una spada. Lui mi aveva insegnato, ma da sola non avevo mai provato. Fu facile e breve, mi stupii dell'esattezza con cui feci ogni cosa. Mi piacque perfino quel piccolo dolore del colpo dell'ago nella mia vena. Dopo aspettai l'effetto, e finalmente scomparve la mia immagine imbruttita, e il disagio della giornata. Fu la stessa cosa per due giorni successivi. E lo stesso anche dopo, quando "la roba" dovetti riuscire a trovarmela da me, perché le bustine erano finite, ma io non potevo farne ormai più a meno.
Avevo cominciato a sentire dei dolori quando l'effetto della dose finiva: ero assuefatta, entravo in crisi di astinenza quando non mi facevo un'altra dose in tempo. Allora uscivo, di solito stava venendo scuro. Facevo piccole commissioni a quelli che avevo conosciuto quando gli portavo le dosi: messaggi, debiti da saldare... Qualcuno mi chiedeva se volevo stare con lui per quella notte. Io accettavo, per non tornare a casa nella solitudine, magari rimediavo qualche spada, chi voleva stare con me "si faceva" e "faceva" anche me; ci si addormentava insieme, ma non c'era nessuna forma di amore, solo un aiuto come quando si è in guerra.

Un giorno che non trovavo proprio niente per "svoltare", che mi torcevo dai dolori e non riuscivo a trovare nessuno, mi sono strappata quella collanina e l'ho portata a uno che sapevo. Lui l'ha un po' pesata nella mano, poi m'ha buttato davanti una bustina e ha chiuso la collana nel cassetto. Io ho preso quella busta e non sono neppure andata a casa. C'era, lì dietro, un angolo di chiesa, con dei gradini riparati da un arcone, molti andavano lì a bucarsi, ci passavano anche la notte. A terra ho trovato una siringa, era sporca di sangue, ma bucava lo stesso. Così mi sono fatta quella spada, che già un altro aveva colpito.

Non ricordo il passaggio del tempo. Le ore, i mesi, prima di "quel" giorno. Ricordo bene di essere arrivata alla sua casa perché ero certa che lei mi avrebbe aiutato. Era la donna che faceva i servizi a casa dei miei, la donna che tanti anni prima mi aveva portato quella collanina, e l'ultimo ricordo di mia madre. Sì, lei mi avrebbe aiutato, ne ero sicura. Mi fece entrare. Nessun commento sul mio aspetto sciupato, sui miei vestiti sporchi, sul mio silenzio imbarazzato. Mi diede degli abiti puliti, mi preparò la vasca piena d'acqua calda, come aveva fatto tante volte quando ero bambina. Mi diede da mangiare, e non mi chiese niente. Mentre mangiavo mi sistemava il letto, le lenzuola bianche, ricamate, e una coperta calda, cose che avevo dimenticato. Poi tutto successe come in un sogno. O meglio, no, non è così: certo io non capivo la gravità di quello che facevo, ma ero io a muovermi, io a decidere; soltanto che ero sotto l'effetto della droga. Perché appena lei se ne andò a dormire, nella stanza accanto, io mi ero fatta una spada, l'ultima che avevo. Ma quel senso di pace che volevo ottenere non arrivava. Era già un po' di tempo che ogni volta aspettavo quella pace, e non veniva, anche la dose non bastava più. Lucida, tesa, ragionavo. Sapevo che dovevo fare qualche cosa. Prendere i soldi della donna: "Tanto non mi denuncia. E vivo qualche giorno". Vado piano in cucina, apro il cassetto, trovo un po' di biglietti. Poi nel bagno, la vera d'oro - era vedova - che lasciava sul lavabo quando andava a dormire, e la crocetta con la catenella. Nient'altro che servisse. in quella casa. Ero inquieta, cominciavo a star male, vedevo luci nell'oscurità, sentivo suoni e tutto era silenzio. Presi la mia sacchetta dove tenevo i documenti e poche cose, e la pistola - quella delle esercitazioni del gruppo, che mi portavo dietro se dormivo fuori, ma era scarica, sapevo, poteva servire per intimidire -; stavo mettendoci quelle cose dentro, quando lei apre la porta e mi guarda con aria di rimprovero. "Tu mi hai rubato? - mi diceva - Ma perché? Ti avrei dato ogni cosa, ma perché mi hai rubato, figlia mia?". A me pareva che mi prendesse in giro, e quel tono dolce, di rimprovero, mi sembrava una beffa; forse prendeva tempo, voleva chiamare qualcuno; in prigione io non ci volevo andare. Tirai fuori dalla sacca la pistola: sarebbe stata zitta, volevo solo spaventarla. Ma lei mi si buttò sopra, aveva paura, gridava "cosa fai", e in quel momento dalla pistola è partito un colpo. Lei non ha detto niente, è scivolata giù. lo credevo a un'allucinazione. Come i suoni che sentivo nell'aria, come le luci, come i lampi a tratti, forse quel colpo non c'era stato. Ma lei era lì, sul pavimento. E c'era un filo, sottile, di sangue che faceva una macchia sulla sua camicia.
Riuscii a rivestirmi, presi ogni cosa intorpidita, incredula.
Era ancora notte e stavo a casa mia. Dormii, concentrandomi tutta nel voler prendere sonno. Speravo che al mattino l'incubo se ne sarebbe andato. Il giorno dopo, sulla sedia accanto al letto, c'era la sacca: io la svuotai febbrile, dentro c'erano i soldi, e l'anello, e la crocetta con la catenina, e la pistola.

Uscii di casa. I soldi bastarono per una busta doppia. A casa scrissi un biglietto ai miei: di restituire l'anello e la crocetta ai figli della donna; di perdonare a me quello che avevo fatto, e che non avrei voluto, così come non avevo cercato quella vita, che invece a poco a poco mi era venuta tra le mani, storta; di ricordarmi con affetto a mia sorella, perché avrei voluto essere come lei e non c'ero riuscita, ma non era colpa di nessuno tranne che mia, e solo allora lo capivo.

Poi mi feci quella spada. Desideravo ardentemente sentire quel calore quando comincia a scorrere la "roba" nella vena. Non tolsi l'ago, perché il liquido fluisse lento fino alla fine. Mi addormentai così.

Sabellina guarda la gente davanti a lei. Sorride con semplicità, impenetrabile.

Sì, sono morta. Ma non giudicatemi, vi prego. Perché a molti, a tutti, per bisogno di amore, può accadere di sbagliare.

FLORA

Se riuscissi a mettere in qualche altra cosa l'energia che tiravo fuori per rimediare l'eroina, io potrei essere un capo di Stato, un genio, un premio Nobel. Ma nessun'altra cosa interessa come quella. Tu, le energie, te le distribuisci tra il lavoro, la famiglia, i divertimenti, lo sport, l'amore... che ne so... lo studio... il cinema... le gite e un sacco di interessi; ma diventa tutto frazionato, non c'è niente che ti coinvolga tanto da farti dire "rinuncio a questo rinunci a quello" pur di avere quella cosa là; ognuno di quegli interessi, tu lo puoi sostituire, perfino con gli affetti, è così: se ti muore qualcuno, tu stai male ma poi ti rassegni, ti consoli, ci sono gli altri che ti riportano dentro la vita. M la "roba", quando c'è lei c'è solo lei. Tutto te stesso lo concentri in quell'idea, e quindi è chiaro che diventi un genio; ti inventi delle cose che, a pensarci dopo, ti paiono impossibili.

Per esempio, come andare dal gioielliere davanti a casa tua e dirgli: " Oh Dio, sono rimasta senza chiavi di casa, mi fa telefonare alla donna per dirle che mi venga ad aprire? Perché ha le chiavi lei, abita qui vicino, e in un salto può arrivare fino a qui... Perché tra l'altro ho dimenticato anche il libretto degli assegni nell'altra borsa che è rimasta nell'ingresso, quindi sono senza una lira...".
Io facevo il numero di casa mia, non quello della donna, così ero sicura che non rispondesse nessuno.
"Pronto!...Pronto!... Oh! Che disgrazia! La donna è uscita, sarà andata dalla figlia, in campagna! Fa sempre così quando ha finito i lavori, non tornerà fino a domani...". Finta tragedia...
"Oh Dio, che posso fare?".
Mai chiedere soldi. Aspettare, montare bene la situazione.
"Mamma è a Parigi con papà... per quel lavoro... combinato anche con gli States...".
Ricordare il proprio livello sociale, i genitori importanti... E a un certo punto io sapevo con esattezza che lui avrebbe detto:
"A casa mia non la posso ospitare... ma, se lei permette... andrà a dormire in albergo per stasera... Mi ha detto che i soldi li ha lasciati a casa, non ci sono problemi, son qua io...".
E avrebbe messo mano al portafogli.

A quel punto io arrivavo a giocare sulla situazione. Ormai ero tranquilla di avercela fatta, di essere a posto per quel giorno, e così mi divertivo ancora un poco, come fa il gatto con il topo prima di mangiarselo.
"Ma no... ma no che dice!... Non ho neppure il libretto degli assegni!... ah non si offenda!... Eh no! Non volevo dire che non si fidava! Sì sì, lei me li dà anche senza assegno, ma io sono fatta così, perfino con gli amici, e mi succede di non avere soldi certe volte!, io viaggio sempre senza, così almeno non me li rubano, però gli assegni, ah! quelli sempre con me!... E se poi mi dimentico di renderglieli! Che vergogna se poi non mi ricordo!...".
Insomma, per quella volta era fatta, lui ti chiedeva perfino scusa perché non ti ospitava a casa sua! E anche quella sarebbe stata una bella "svoltata", perché sai le cose che ci sarebbero da rubare nell'appartamento di un gioielliere, figlio di gioiellieri, che si fida di te e in certe stanze non ci va per mesi... Meglio però non rischiare inutilmente, prendevo la sommetta buttandomela in borsa e me andavo via con un sospiro "per la mia testolina di svampita".

Adesso sento tutta la vergogna di quelle scene da burletta. Allora sapevo già che quei soldi non li avrei mai restituiti. Il gioielliere abitava proprio in faccia a casa mia, e ogni volta che ci passavo davanti, per me, dopo, era una tragedia. Cercavo le ore in cui il negozio era già chiuso, oppure correvo fingendo che qualcuno mi chiamasse, o leggevo la posta, o il giornale, o imponevo alla donna di uscire con me portando un grosso pacco che anch'io reggevo tutta intenta a non farlo cadere...

E poi, più passai il tempo e tu vai avanti a bucarti, più il bisogno che ne hai ti aumenta. All'inizio ti pare di poterti "fare" quando vuoi. Una volta al mese, oppure quando sei con quel gruppo di amici e vuoi stare proprio bene, senza angosce... Poi cominci a concederti qualche aggiunta, anche se sei da sola, anzi a maggior ragione proprio per questo, tu dici che è una scusa "buona": gradualmente vai a crearti quel rapporto tra te e la "roba", che esclude perfino quelli con cui hai cominciato... E così, mentre prima ti bastavano i soldi che tua madre ti passava ogni mese, poi ti metti a vendere tutto quello che ti puoi vendere di te, ti vendi tutto quello che ti puoi vendere di tua madre, di tutta la famiglia, dei ragazzi che circolavano per casa mia, tutto il vendibile degli amici, dei conoscenti... dei parenti che andavo a trovare proprio per rimediare i soldi per a dose.

C'erano periodi in cui "mi facevo" più di un grammo al giorno, arrivavo a un grammo e mezzo, che è un quantitativo mostruoso. Una dose così vuol dire una crisi di astinenza che vai in coma profondo. Non hai neanche più la crisi, appena ti cala il tasso dell'oppio nel sangue non riconosci più né il padre né la madre, ti devono fare la morfina loro, in ospedale, se no te ne vai.
Ci volevano centinaia di migliaia di lire al giorno, per quelle bustine... E la mia fantasia girava... girava... non si fermava mai... non si fermava finché non aveva trovato la soluzione quotidiana; ogni soluzione era sempre più tremenda eppure io la trovavo sempre accettabile, perfino divertente.

Una volta sono andata a trovare una zia di mia madre, che rimaneva prozia per me: una signora che doveva essere stata molto bella in gioventù, e anche alla sua età – oltre gli ottanta – conservava una eleganza, sempre con i suoi scialli di pizzo, le sue gonne lunghe di velluto e di raso, e i capelli alti con lo chignon appoggiato sulla nuca... Le pareti del suo appartamento parevano quelle di una cappella

votiva, piene di oggetti preziosi, acquasantiere d'argento, miniature incorniciate in ebano e in avorio... piatti di peltro... smalti orientali dai disegni a labirinto...
Mia madre mi ci portava da bambina. Adesso, quelle poche volte che ci andavo, lei era così contenta che, per dimostrarmi la sua gratitudine, diceva: " Ecco, questo te lo lascerò quando sarò morta... e anche questo, se sarai buona e obbediente e vicina alle cose di Dio". Erano sempre gli stessi oggetti che mi mostrava, libretti da messa con la costura in madreperla, il servizio dei bicchieri da champagne – "della mia festa di fidanzamento" – e un rosario dalle avemarie di granati, i paternostri di ametista e la catena tutta anelli d'oro. Il rosario stava chiuso in una tasca di raso rosso ricamata a spighe di grano, papaveri e fiordalisi; la tasca – una specie di borsellino delle monache – lei la apriva per mostrarmi il rosario, poi ce lo richiudeva e riponeva il tutto in un'acquasantiera di ceramica azzurra appesa accanto al divanetto dove eravamo sedute tutte e due. Poi la zia diceva: "Ti preparo il tè", e mi lasciava sola continuando a parlarmi dalla cucina, mentre metteva sul vassoio le tazzine e il piatto dei biscotti sempre pronto.
E' stato un attimo, e così naturale quel gesto: la taschina dall'acquasantiera è volata nelle mie mani; il rosario è scivolato nella mia borsa con un suono tintinnante subito attutito da sciarpe e fazzoletti.
"Questo rosario in fin dei conti è mio – pensavo, lucida, convinta -, lei me lo ha destinato; perché aspettare quell'evento così triste che è la morte? Adesso, può servirmi, adesso molto più che per una preghiera fra dieci anni".

Sono andata avanti così per qualche anno. Non mi sembra neppure vero che quel periodo sia durato tanto, come abbia potuto, giorno dopo giorno, rimediare la roba, e sopravvivere.
I miei continuavano ad andare e venire per i loro affari. Non stavano più insieme, non c'erano mai stati veramente, tranne i primi tempi, fino a quando ero nata io. Però continuavano a vivere nella stessa casa, non tanto per me – ormai io me ne andavo un po' di qua un po' di là -, quanto per il lavoro; discutevano sempre, erano telefonate interminabili con gente importante, telegrammi dall'estero, partenze improvvise e un sacco di soldi che giravano. Per questo loro erano così generosi con me, potevano permetterselo, e per loro era un sollievo sentire che così stavano a posto, - loro lo credevano, in buona fede -: i soldi e regali, vestiti, la macchina nuova, gli stivali di moda. Sì, certo, erano delle attenzioni verso di me, nella loro vita contavo. Ma quando si parlava? Mai. Partivano, e lasciavano la busta con dei soldi. Tardavano a ritornare, al rientro dicevano: "Bè, che ti serve, Flora?", e uno dei due stava già lì, con la biro in una mano e l'assegno nell'altra. Io inventavo esigenze: il pullover di Gucci, la bici a ruote piccole, mi serviva un'enciclopedia... Tutte cose che poi non comperavo, ogni entrata se ne andava nel grande fiume della droga. E poi se mi chiedevano: la bici?, rubata!; l'enciclopedia?, a casa dell'amica con cui studiavo; il pullover? – sorrisetto malizioso mio - : " E' rimasto a casa di un amico, con cui poi ho litigato e non ci vado più...". Alla fine però hanno capito. Credo che sia stata la prima volta, dopo tanti anni, in cui si sono chiusi in una stanza e si sono messi a discutere di qualche cosa che non fosse affari.
"La colpa è tua", diceva uno.
"Non ci sei mai", ribatteva l'altra.
"Tu sei la madre, dovevi seguirla di più", tornava a urlare mio padre.
" E' il padre in certe circostanze che si deve imporre!", ribatteva mia madre.
Insomma, anche lì sbagliavano. Perché la buttavano in termini di colpe, di mansioni, di ruoli, non di affetto, come io sentivo che avrei avuto bisogno che

fosse. Delle volte avrei voluto che mi avessero picchiato, per quelle bugie lampanti, che gli buttavo in faccia con quel sorrisetto ipocrita perché mi sentivo a disagio io stessa di inventare così male. E loro, niente! Si bevevano tutto. "Volevano" bersi ogni cosa: io chiedevo, loro davano, e tutto stava a posto. Adesso i conti non tornavano. Ma non avevano ancora capito fino in fondo qual era la situazione in tutta la sua gravità. Avevano paura di affrontare l'argomento. Così ci giravano intorno, con cautela, non usando mai il termine "droga", non facendomi mai riconoscere che mi bucavo. Dissero che il mondo è pieno di pericoli... che una ragazza deve stare attenta alle cattive compagnie... che mi facessi un viaggio, così cambiavo aria. Anche quella volta mi diedero dei soldi. A me andava bene così: capivo che non era la strada giusta per cambiare, ma io, a quel tempo, non volevo cambiare!

Così, con quei soldi, me ne sono andata in India, con un amico. Ci siamo stati una quindicina di giorni. Lì era facile rimediare la roba, ne abbiamo fatto delle scorpacciate. Ce ne stavamo lì, sdraiati sulla riva di un fiume, senza pensare al dopo. Intorno a noi c'era gente poverissima, stracciata, ma noi stavamo nella nostra sfera di cristallo, in un altro mondo. Quando i soldi stavano finendo, ce ne siamo tornati in Italia con una bella provvista di roba.

Facevamo l'amore tutto il giorno, ci alzavamo solo per andare a prendere qualcosa da mangiare, ci portavamo un pollo dalla rosticceria e ce lo mangiavamo a letto. Dopo un po' c'erano ossetti dappertutto, macchie di vino sulle lenzuola, noi dormivamo fino a che la fame o la necessità di un'altra dose non ci facevano risvegliare.

E' stato in quel periodo che sono rimasta incinta. All'inizio c'è stato un rifiuto. Mi pareva un sopruso, veniva meno la mia libertà, insomma io non l'avevo voluto quel bambino. Per un momento ho pensato di dirlo a mia madre, non so neppure io perché, avevo bisogno di confidarmi. Il mio ragazzo era incerto; passava da momenti in cui diceva: "Che bello sono padre sì sì teniamolo sarà un maschietto sarà uguale a me!", ad altri stati d'animo; diventava cattivo, mi batteva, urlava che era tutta colpa mia, avrei dovuto starci attenta, e adesso si dovevano trovare i soldi per farmi abortire, sennò poi dovevamo anche pensare a questo figlio. Erano gli alti e bassi della droga, non era lui a parlare, era la roba.

Io ero molto triste. Ero certo, riflettendo lucidamente sulla mia condizione, che i miei mi avrebbero spinto ad abortire, ed erano così tante le difficoltà del futuro che mi si presentava, che forse mi sarei lasciata convincere. Ma dopo? L'idea che quel bambino avrebbe potuto cambiare la mia vita cominciava a farsi strada in me e a darmi la forza di tenerlo. Più io mi dirigevo verso questa scelta, più il mio ragazzo vi si opponeva con sempre maggiore decisione; temeva anche le reazioni dei suoi, sentiva che quel cambiamento lo avrebbe messo di fronte a delle responsabilità che lui non voleva assolutamente. Neppure io le volevo, quelle responsabilità, ma sentivo di aver bisogno di occuparmi di qualcuno, di dare a un figlio quello che non avevo avuto io dai miei genitori.

Cominciavo a immedesimarmi nel ruolo, ma un conto era pensare in astratto a delle cose, un conto era riuscire a mantenere dei propositi. Continuavo a bucarmi. Lui, a un certo punto, i suoi erano venuti a riprenderselo. Dormivamo, ubriachi e fatti. Lo presero letteralmente di peso dal letto. Lo avvolsero nel lenzuolo, lui si mise a gridare, c'erano i genitori e il fratello maggiore. Io mi ero svegliata, cercavo di coprirmi. Mi guardavano con disprezzo: "Puttana – disse la madre -. Puttana, l'hai rovinato tu a nostro figlio, adesso non ti credere che ti riconosca quel bastardo!". Lui lottava, non voleva andare con loro, mi chiamava, solo in quel momento capiva che forse mi voleva bene, che l'unica salvezza era restare uniti, con quel bambino che sarebbe nato. "Flora ti voglio bene ci rivedremo ti cercherò", riuscì ancora a gridare mentre lo caricavano sulla loro grande automobile.   Seppi poi che l'avevano portato in una casa che avevano, in montagna, dove non avrebbero potuto in nessun modo trovare della roba. "Così pensavano – si disintossica, non si buca più, e lo salviamo". Ma non è il fatto di restare senza droga per un po' che ti fa smettere. Io l'avevo fatto, quando ero andata in una clinica per la cura del sonno. Era un periodo che stavo rischiando di lasciarci la pelle, in quel posto mi avevano rimesso in sesto, non facevo che mangiare e dormire, mi davano dei tranquillanti per cui non capivo niente, non avevo neanche la forza di reagire, sentivo vagamente che mi mancava qualche cosa – la roba, certo -, ma poi crollavo in quel buio senza suoni che è il sonno dei tranquillanti. Ero uscita da lì gonfia di cibo, lo sguardo fisso, senza più neppure un briciolo di droga in giro per il sangue. E la prima cosa che avevo fatto era stata di andare a farmi: zac!, appena fuori da quel portone laccato – un posto costosissimo, tanto pagavano i miei, credevano che c'ero andata perché avevo l'esaurimento nervoso, una delusione amorosa, lo stress dello studio, baggianate del genere, tanto loro bevevano tutto pur di star tranquilli -; appena fuori ero andata in quel solito posto dove si va quando sei proprio a secco e qualcosa rimedi. E mi ero fatta. Se non ti togli dalla testa il bisogno di farti, il problema rimane: appena puoi, ti fai di nuovo. E io, di cose, e avevo da tirar fuori, ma non volevo, ci tenevo sopra una pietra, comprimevo tutto dentro di me, così speravo di soffocare i problemi. Per lui era lo stesso. Delle volte ci eravamo raccontati di noi, in qualche rara occasione, in cui ci si apriva alla confidenza e sembrava che fosse ancora possibile una vita diversa, degli interessi. Ma non ce la fai da solo, vorresti ma non ce la fai. La droga ti trascina e, finché va, va.

Così sono rimasta sola. Che fare? In due era più facile trovare la roba. Certe volte, quando i soldi di casa erano finiti, si andava in giro in Vespa, lui guidava e io strappavo borsette passando rasente i marciapiedi. poi le radioline dalle macchine, se ne trovava sempre qualcuna aperta. E la merce alla Standa, allungavi la mano mentre l'altro distraeva la commessa, poi pagavi qualche articolo, il resto rivendevi, erano oggetti nuovi, c'era sempre qualche spacciatore che te li prendeva per un decimo del loro valore. Ma la bustina, la rimediavi.

E adesso? La pancia non si vedeva ancora; ma non riuscivo più a correre come prima, se qualcuno si accorgeva che lo stavo derubando, e non volevo rischiare, potevo perdere il bambino. Sì, cominciavo a parlarci, con quella cosa che piano piano sentivo che viveva, dentro di me, in silenzio.

Battevo. Era l'unica possibilità per fare soldi. E poi, in quegli uomini che vedevo una volta e che forse non avrei più incontrato, mi illudevo di trovare un po' d'amore. Ci parlavo, alcuni mi guardavano stupiti: una donna, in quei momenti, si usa e basta; qualcuno era imbarazzato; non rispondevano, oppure facevano gli spiritosi; un paio scapparono pensando che fossi matta. Uno mi baciò sulla fronte, dopo l'amore, e mi disse che gli ricordavo sua madre. A quello raccontai che aspettavo un bambino, e lui sorrise, disse che gli sarebbe piaciuto che fosse stato suo, poi mise ancora un paio di biglietti sui soldi che aveva appoggiato si un angolo del tavolo, e se ne andò. Speravo di incontrarlo, ma non venne più. E un giorno, sul foglio di un giornale dove la verduriera del mercato mi aveva avvolto delle arance, vidi la sua fotografia – non potevo sbagliarmi, l'avevo guardato a lungo quella volta -: si era annegato, e la data era di due giorni dopo il nostro incontro, doveva essere successo quella sera.

Volevo smettere, volevo smettere, volevo smettere per lui, per quel bambino. Ma una volta che ho resistito per tre giorni, i dolori erano così forti che ho avuto paura di abortire. Me l'ha fatta un'amica, una siringa; io piangevo, le chiedevo di aiutarmi per pietà, lei ha detto: "Serve a te più che a me", era anche lei una ragazza che batteva, si bucava ogni tanto, non era ancora allo stadio mio, e poi non era incinta.

Il bambino è nato prematuro. Almeno credo, perché delle date non sono ben sicura, me l'hanno detto all'ospedale: mi ci aveva portata quell'amica, era una notte che stavamo sul viale una vicina all'altra, ad aspettare i clienti. Io ero molto magra, non si vedeva che ero incinta; poi avevo perso il conto dei mesi, mi pareva che ci fosse ancora tempo. La mia amica stava contrattando con un tizio che s'era avvicinato con una bella auto lunga lunga, a me mi son prese le doglie, m'è sfuggito un lamento, non ne ho potuto fare a meno; l'amica si è voltata e m'ha detto: "Flora, non ci sono dubbi, questo nasce, quel grido lì io lo conosco, ce n'ho due di bambini e mi ricordo!". Poi mi ha preso per un braccio, ha aperto la portiera della macchina e ha detto a quello: "Forza bello mio, all'ospedale! E fai presto sennò questo nasce sui sedili!".

Il bambino è nato subito, non mi ha fatto soffrire. Ma chi soffriva era lui: si torceva e gridava e respirava a stento. I medici hanno detto che aveva la crisi d'astinenza, era nato assuefatto dalla droga. Han faticato un sacco a disintossicarlo; e a quel punto, ci ho provato anch'io. Avevo dato quella croce a lui – a lui sì, perché era un maschio anche se assomigliava a me -; dovevo sopportarla anch'io.

Ma si fa presto a dire. Ho provato. Ci sono ricaduta, una volta dopo l'altra. Il bambino se l'era preso mia madre. Quando l'avevano avvertita non ci voleva credere, diceva che era un trucco. Poi ha visto il bambino, lui stava ancora male e lei ci si è buttata, ha cercato subito di dare a quel nipote l'affetto che non aveva dato a me. Ma chissà poi se era stato così, i primi anni dell'infanzia non si ricordano, sono una massa confusa di sensazioni, forse mia madre era stata tenera con me, come lo era adesso con Libero – era questo il nome che gli avevo dato -, e io non me lo ricordavo. Comunque, lei si è portata via il bambino e io sono entrata in comunità. All'inizio sono andata via più di una volta, mi sono fatta, sono tornata a battere, era più facile che rubare, io poi mi illudevo sempre di trovare qualcuno che mi amasse. Quel bambino in cui avevo tanto sperato, che avevo fatto nascere proprio perché speravo di salvarmi attraverso il mio ruolo di madre, mi faceva sentire invece tutto il mio fallimento, non solo di persona, ma di madre, soprattutto. Io l'avevo fatto e basta: che potevo insegnargli? Come potevo allevarlo? Così lo lasciavo tra le braccia di mia madre. E lei, a fin di bene, stava sbagliando di nuovo, si era creata un ruolo dove io non c'entravo. Così io facevo ancora di più la parte di quella che non merita neppure il nome di madre, mi bucavo a più non posso, mi prostituivo, me ne fregavo della vita.

Poi sono tornata in comunità. Ero disgustata di me stessa, e la droga non mi dava più nessuna gioia. Una ragazza mi ha preso da una parte, mi ha detto: "Raccontami di te". Io ero chiusa, sospettosa. Ho detto poche frasi, sui miei, sul mio passato vuoto, sul bambino che si era aggiunto come rimorso ai miei problemi. Ma non mi aprivo, stavo zitta, indifferente. Allora lei mi ha raccontato la sua vita. Ne aveva fatte di sciocchezze, altro che me in certe cose! La guardavo, cominciavo a provare interesse. Lei era lì, stava bene. E allora io? Avrei potuto farcela? Chissà. Ascoltavo, e a poco a poco, mi veniva voglia di raccontare anch'io. Ogni tanto mi capitava di non potermi trattenere, così la interrompevo, e dicevo: "Anch'io, anch'io così, ma guarda!, sembra che stai parlando della mia vita!". Alla fine eravamo amiche. Così lei diceva: "Resti, allora?". E io: "Se tu mi aiuti, sì".

Il bambino non l'ho potuto vedere per un pezzo, e neppure mia madre. Prima dovevo raccapezzarmi io, sapere che cos'ero.

Da allora sono passati già due anni, e sono due anni che non mi buco più. Ma mi sento madre da appena pochi mesi, da quando rivedo mio figlio sapendo che posso occuparmi di lui, che ne sono capace, che sono in grado di prendermi delle responsabilità.
Anche mia madre ha fatto dei passi avanti. Ha capito in che cosa aveva sbagliato a suo tempo, così come ho riconosciuto io i miei errori. Ognuna per la sua strada, abbiamo trovato un equilibrio, il senso della vita, il dialogo. Parole? Esprimersi comporta sempre un certo rischio, la retorica è in agguato. Ma i fatti parlano. Io sono qui, sono un'altra, sono una persona.

OLIMPIA

 La cosa strana è che, il mio primo buco, io me lo sono fatto in una giornata stupenda.
Era primavera, c'era un sole caldo come d'estate, e la città era tutta inondata di questa luce dorata, squillante.
La mattina avevo dato un esame all'università, uno di quegli esami che ti danno soddisfazione, ti sembra di aver creato un rapporto di amicizia con il professore, e il tono del dialogo si è fatto allegro, come se all'improvviso si fosse instaurata una confidenza di anni tra te e quell'uomo che prima temevi... Insomma l'esame era finito con un trenta e lode.
Quando ero tornata a casa, mamma mi aveva fatto trovare un regalo che, se ci penso ancora adesso la gioia che mi ha dato! Era una cosa che desideravo da tempo, ma non osavo comprarla perché – pensavo – che me ne facevo di quella tuta da motocicletta se la motocicletta non l'avevo!...
E Ciro si è fatto trovare a casa con la moto: l'aveva comprata, finalmente! Ciro è il ragazzo con cui stavo, mia madre gli voleva bene, si erano messi d'accordo tra loro per quella sorpresa, così siamo partiti subito su quella moto, io, abbracciata a lui che guidava, nella mia bella tuta sfavillante!...
Era un insieme di stupidaggini, forse... Una motocicletta, un esame andato bene, nemmeno una tuta sono cose che ti cambiano la vita, che ti danno una vera sicurezza. Ma in fondo, viviamo di queste piccolezze... Così siamo andati fino al mare, io e il mio ragazzo. Avevamo una casa grande, sulla spiaggia, ci andava la mia famiglia solo d'estate, ma qualche volta io ci arrivavo in segreto, per fare l'amore con lui. E quel giorno, è stato lì che mi sono fatta la prima dose. Lui si

bucava già da un po' di tempo. Ci siamo "fatti" insieme, tutti e due. E sovente mi sono chiesta, poi: "Ma 'quel' giorno, perché?". Prima, avevo "fumato" qualche volta, e anche abbastanza in certi momenti. Ma il fumo non aveva portato dei cambiamenti, nella mia vita. Almeno, mi pareva così. Ma "quel" giorno, perché?

Olimpia si fissa in una concentrazione lucida, straniata.

L'"eroina" è un traguardo. Il risultato di quello che sei tu. E' l'ultimo scalino. E' un punto a cui tu arrivi, dopo tante infinite vicende a cui non hai dato nessun peso, che si sono accumulate dentro di te fino a schiacciarti, fino a farti cercare "quella cosa" che ti permettesse di vivere ancora, senza soffrire, continuando a non sentire quel peso che a quel punto non potevi non sentire più. E quando arrivi a "quel" punto, la giornata bella non ha importanza come non ha importanza la giornata brutta. E la giornata bella ti fa affiorare quel senso di vuoto per le cose che non hai avuto mai, per quello che non sei stata mai, tu. E quel vuoto lo senti, quel non avere e quel non essere li senti dentro di te senza averne coscienza. Perché mi pareva di star bene, ero tutta soddisfatta, e invece avevo dentro di me quel vuoto che chiedeva di essere riempito. Come è falso, come è diverso dalla verità tutto quello che appare dall'esterno, di un comportamento di una persona! La gente mi invidiava: io ero quella che sa parlare, quella che si trova bene con tutti, che non ha timidezze e dice "buongiorno" e "buonasera", una che decide una cosa e la fa, senza problemi.

E io invece, dentro di me, sapevo che ero un nulla eterno. Ero senza volontà, non credevo in niente, non sapevo prendere delle reali decisioni. E mi viziavo, mi compiangevo, mi premiavo, mi davo dei contentini, come se fossi stata la figlia di me stessa. Mio padre, mia madre, c'entravano in questo mio modo di essere? C'entravano, sì. Ma l'avevo capito poi; non potrei accusarli di niente: ognuno cerca di fare del suo meglio, almeno così credevano di fare dei genitori come i miei, nei miei confronti.

Mia madre... Con lei c'era sempre stata competizione. Una volontà di ferro, voleva una cosa e la otteneva. Un lavoro? Subito tirava fuori le qualità giuste per ottenerlo. Un uomo? Era lei a valutare se le piaceva, lui non c'entrava proprio niente nel decidere, era come soggiogato. Decideva di dimagrire? A pranzo non mangiava che carote, io mi torcevo se smettevo la pasta per un giorno. C'era questo sentirmi sempre meno di lei, questo avvertire l'oppressione della sua superiorità, e insieme il rimpianto di non riuscire, io, ad essere come mia madre. Lei mi sembrava forte, era così il concetto di forza che io avevo a quel tempo, e per questo l'ammiravo e la odiavo. Non ricordo - in tutta la mia infanzia, fino ai diciotto anni perlomeno – di essere uscita, una volta, una, con mia madre. O un momento di tenerezza che lei abbia avuto per me: prendermi sulle ginocchia, farmi una carezza...

Così, la mia dolcezza, io me la inventavo. E in quel giorno di sole avevo voluto essere felice...

Che cosa avevo in comune con Ciro? Mah! La giovinezza. La voglia di uscire dal guscio di dipendenza della famiglia. L'ansia di essere diversa dal modello di mia madre che rifiutavo. Il desiderio di non assomigliare a quella che lei avrebbe voluto che io fossi, "perfetta come sua madre", efficiente, elegante, pronta per un matrimonio conveniente.

L'assurdo era che a lei, Ciro sarebbe andato benissimo per me come marito; per questo lasciava volentieri che ci vedessimo, ma anche lui, Ciro, voleva essere

diverso dal modello che i suoi speravano che rappresentasse. Ma "diversi" come? "Diversi", dicevamo, e alzavamo le spalle al fastidio del ragionamento. La dose era forse la cosa che più ci avvicinava, era l'amica connivente che ci univa contro gli altri e ci faceva sentire forti e felici.
Così ci siamo "fatti" insieme. Avevamo le nostre cartine, e un cucchiaino d'argento del servizio di nonna... e il laccio nuovo comprato in farmacia, e l'acqua distillata, e finalmente, la siringa... Tutto perbene, come un gioco di lusso, senza quell'ansia di arrivare al buco che tanti avevano e che a noi faceva ridere, perché per noi era come, dopo un bel pranzo e una fumata, quando uno decide di prendersi anche un bel whisky.

Olimpia si abbandona a rivivere il ricordo.

Ecco, niente aveva più importanza, in quel momento. Il mare era davanti a noi, ma io lo sentivo su di me come una carezza, e la mano calda di Ciro era un'onda che si confondeva in tutto quel mare. Io non sentivo più dolore o fastidio o noia, "ero" un mare, un mare immenso e calmissimo, pieno di luci e di suoni morbidi e lontani... La pace era scesa in me, io mi sentivo di cristallo, mi sembrava di emanare luce, non mi poteva distruggere niente e nessuno... ero di cristallo... ero di cristallo... ero di cristallo...
Passarono le ore del sole. Rimanemmo là fino al tramonto. L'effetto magico diminuiva a poco a poco, ma l'imbrunire porta tristezza e sonno, e noi accettammo quel ritorno al mondo come una cosa inevitabile e che potevamo sopportare.
Il primo anno che mi sono bucata è stata una cosa soprattutto mondana. Mi bucavo senza togliere un soldo neanche all'acquisto più superfluo, al profumo, al golfino firmato, al capriccio del gioiello...
Era anche più facile che oggi trovare le dosi, e io mi "facevo" con Ciro, per gusto nostro e per disprezzo degli altri, di quella città che era pronta a giudicare solo per pettegolezzo.
Mi bucavo ogni due, tre, settimane, era una vacanza in più, il senso del proibito.
Poi papà si è ammalato e le cose sono cambiate. Là è cominciato il dramma, la tragedia in tutti i sensi.

Mio padre, da bambina, l'avevo visto così poco. Sempre fuori per lavoro, un rapporto tremendo con mia madre, porte che sbattevano, urla e pianti, oggetti lanciati in aria e spaccati a terra, discussioni a non finire, poi la casa vuota, un silenzio allucinante, dove la tensione rimaneva nell'aria come un'elettricità velenosa... E io sola, al buio, ad aspettare che uno di loro almeno tornasse, e invece era sempre la governante che mi metteva a letto irremovibile e cortese, fingendo di ignorare la mia disperazione.
Ma proprio perché mio padre era sempre fuori, quando tornava – e tornava per me – era una festa indescrivibile. Erano risate di gioia, era la giostra ed era il gelato...

Olimpia rotea danzando su se stessa come se fosse portata in giro da una giostra.

... era il vestito nuovo comprato insieme, era la cena al "réstaurant", con me come una dama e mio padre cavaliere adorante...

Tutto questo avveniva soprattutto quando ero bambina. Dopo, mio padre rimaneva fuori sempre di più. Quella dolcezza, trovata nel rito del buco insieme a Ciro, era forse la ricerca di qualcosa che sostituisse il paradiso perduto. Mio padre, anche così sfuggente, così raro a venire a trovarmi, era l'idolo delle mie giornate, la speranza delle vacanze, il punto di riferimento del mio futuro, quando, diventata grande, avrei potuto viaggiare con lui, e stare insieme, noi due, come amici, come un amante e la sua fidanzata, lontani da tutti, anche e soprattutto da mia madre. Era successo qualche volta che ci raccontavamo le nostre impressioni su di un libro che leggevamo tutti e due... A lui non gliene importava niente di portarmi in giro solo perché ero bella e intelligente, sentivo che gli faceva piacere stare a chiacchierare con me, chiedermi che cosa pensavo...

Ma quando ogni sogno si sarebbe potuto avverare, quando ci sarebbe stato finalmente tempo per capirsi, volersi bene, mio padre si è ammalato. E allora la droga è diventata necessaria. Per tutto il tempo che papà è stato malato, io non ero più neanche "fatta", ero in catalessi ventiquattr'ore su ventiquattro. Perfino Ciro, che si bucava anche lui, delle volte mi diceva: "Olimpia, ma che fai? Basta!". Ero diventata senza limiti. Dormivo dalla mattina alla sera. Stavo in uno stato di torpore, gli occhi chiusi, senza forze. Non ero una persona, non c'ero. Non esistevo proprio.
Ma mia madre era così occupata a star dietro a medici e ospedali, a esami e radiografie, che neppure si era accorta del mio stato. I miei lo hanno capito quando papà è stato operato a Roma. Mi hanno telefonato, mamma e i fratelli di mio padre, sembravano contenti. Mi dicono: "E' andato tutto benissimo, siamo qui che brindiamo alla sua guarigione! Vieni subito anche tu". E io, presa da questa felicità, non pensai affatto alla roba, che mi stavo "facendo" a più di un grammo al giorno. Telefono all'Alitalia, chiedo qual è il primo aereo in partenza per Roma, avevo giusto il tempo d'infilare quattro cose in una borsa e correre in macchina all'aeroporto.
Sono arrivata a Roma senza niente di niente e ho avuto la prima crisi di astinenza. Io non sapevo che cos'era, non l'avevo mai avuta, perché mi ero sempre "fatta" come una pazza, non c'erano momenti senza roba, finito l'effetto di una "pera", subito me ne facevo un'altra... All'arrivo tutto è andato bene, ero così felice di riabbracciare mio padre che mi pareva di essere rinata, non avevo più bisogno della roba, potevo riprendere a vivere, con una speranza dentro!... Ma all'indomani ho cominciato a sentirmi strana. Ero in ospedale e verso le tre del pomeriggio, pian piano sentivo che la gola mi prudeva, all'inizio quasi come un solletico, poi sempre con maggior fastidio, fino a diventare, quel prurito, insopportabile. Ma non mi veniva in mente la "roba". Dicevo: "Che cosa avrò?", e tossicchiavo. Poi ho cominciato a sentir freddo, e questo freddo diventava sempre più forte... Mi sono ritrovata in un bagno all'ospedale a vomitare fiumi di bava bianca... di bile...

Mentre Olimpia descrive i sintomi della crisi di astinenza, rivive ogni fase di quei dolori.

"Oh!... Sto male... sto male... Devo ripartire... Non posso rimanere qui... Non chiedetemi perché... Lo so... lo sento... non potete fare niente per me!...".

Olimpia riprende il racconto.

 Certo, non potevano fare niente per me. Ma io non dovevo dirglielo, che mi "facevo", che avevo bisogno della mia bustina piena, della mia siringa... del mio laccio... oggetti amati e odiati... che a casa mia sapevo dove trovare, come le dosi che bene o male avevo sempre rimediato senza problemi di sopravvivenza, tutt'al più con i sotterfugi che inventavo ogni volta.

Mi diedero delle gocce per farmi addormentare; pensavano che stessi male per via di mio padre, l'emozione, la paura che fosse ancora in pericolo – perché poi loro lo sapevano, che lui era veramente in fin di vita, l'operazione aveva rivelato che il male era incurabile; ma a me non lo avevano detto, fingevano allegria e avevano la morte nel cuore -; così pensavano che avessi intuito qualcosa. Ma io, era talmente il desiderio che mio padre riprendesse a star bene che non avevo aspettato altro che quell'illusione, ci credevo fino in fondo, ciecamente. Così passai una notte allucinante, gli altri intorno mi assistevano, ma io neppure li vedevo; andavo in bagno e vomitavo, poi tornavo a letto e mi torcevo dai dolori, per il senso di nausea, per le contrazioni dei muscoli, per la bava che mi usciva come un filo continuo dalla bocca e a tratti si trasformava in un fiume inarrestabile e allora di nuovo in bagno, la testa tenuta su da mia madre, la prima volta forse che ne ricordo il contatto fisico, il tremore, per me, della sua mano, il calore delle sue vene che scorrevano accanto alle mie tempie facendomi sentire la sua apprensione, forse anche l'affetto, per me. Ero pallida, sudavo, avevo freddo. Ad un certo punto mi addormentai, ma fu per poco; era un sonno pieno di incubi, di trafitture e di immagini paurose. Mio zio e mia madre, quando mi svegliai, mi guardavano impauriti, sull'orlo di scoprire il mistero che mi faceva stare così male. "Olimpia, che cos'hai, che cos'hai figlia mia? – si lamentava mia madre – Salti sul letto come una cavalletta, gridi, tieni gli occhi sbarrati...". Li guardavo ed erano loro a fare spavento a me, pallidi come lenzuoli. Ma io non mi vedevo, non vedevo il mio viso disfatto che li faceva temere, loro, per la mia vita; ancora non avevano capito, perché, ero così, o forse non volevano capirlo, perché quella scoperta avrebbe dato il via ad una serie infinita di dolori, di responsabilità, avrebbe richiesto delle spiegazioni tra noi, riaprendo piaghe lontane nel tempo, che per la malattia di mio padre non era neppur possibile riconoscere che esistessero.

Così il giorno dopo ho ripreso l'aereo e sono tornata a casa mia.

Ma anche lì, le dosi non bastavano più. Mi "facevo", e già pensavo a come rimediare la dose successiva. Allora anche i miei dovettero arrendersi all'evidenza, ammettere che mi bucavo, che mi drogavo. Mio padre si è operato altre volte, e ogni volta le speranze diminuivano, di salvarlo. Lui usciva dall'ospedale sempre più magro, sempre meno fiducioso. Io, in un barlume di volontà, decisi di disintossicarmi; cominciai a fare le "scalette", a diminuire le dosi, provai con la morfina, provai con il metadone... Ero in ospedale, nello stesso periodo in cui anche mio padre era stato ricoverato lì per degli esami. Lui arrivava dal suo padiglione, veniva a trovare me, si sedeva accanto al mio letto. Io mi alzavo, cercavo di andare un po' in giro con lui, nei corridoi, fino alla cappella, che era forse il luogo meno legato allo squallore dell'ospedale... Com'era diverso quel nostro incontrarci da quando ce ne andavamo in giro per i bei negozi, e poi alle giostre, allegri e sani! Era una pena vederci insieme, ancora di più che quando ce ne stavamo nei nostri letti, zitti e immobili come cose. Lui aveva il pigiama e la vestaglia, ma quelle stoffe belle parevano imbruttite nell'uso insolito della passeggiata. Io avevo un accappatoio di lana rosso, strideva quel colore non più segno di civetteria, ma segnale di sangue... Eravamo dei morti che passeggiano. Le infermiere, quando ci incontravano, si voltavano dall'altra parte per la pena. Poi lui se ne andava, tornava al suo reparto. Allora io correvo al telefono a gettone, chiamavo i vecchi amici, quelli che sapevo che avevano la roba, e dicevo "Vi prego, portatemi qualche cosa... vi prego vi prego... io mi devo fare... mi devo fare assolutamente!".

A un certo punto, mio padre in ospedale decisero di non tenerlo più, ormai non c'era niente da fare. Mamma, ricordo, disse: " Bisogna andare a prendere papà, sotto l'aero, con l'ambulanza". Allora ho capito che era finita. Quello è stato il periodo più doloroso della mia vita, il periodo più inaccettabile. E stranamente, in quei due mesi, non mi sono "fatta" mai. Sono rimasta sempre vicino a lui. In quei giorni la morfina girava a casa mia a fiumi. Gli facevano tre, quattro anche cinque iniezioni in una giornata. E io non mi sono mai "fatta". Perché in me era subentrata una condizione che – non so come definirla – ma era pazzia, era demenza: io ero convinta che papà guariva! Di fronte all'evidenza di quel corpo martoriato, di fronte alle diagnosi dei medici, alle facce degli amici, delle infermiere!... Mi sembrava una cosa troppo fuori dal mondo. Così stavo sempre con lui. Quando soffriva – perché nonostante la morfina aveva dei momenti di dolore che non si potevano eliminare -, gli dicevo : "Dai, abbi pazienza, papà, quest'estate vedrai cosa faremo!".

Morì una mattina. In silenzio, quasi proseguendo il sonno. Lì per lì non ho provato niente. Come se non fosse successo niente assolutamente. Avevo fame, volevo mangiare dei dolci, non avevo pensieri. Poi sono passati cinque anni, e ogni giorno avevo soltanto il senso della dose da trovare, nient'altro: un rifugio – la roba – il mio nido di protezione: non pensare, non soffrire, non sentire niente. Ma non trovavo nemmeno più "quella" pace, era un'illusione cercare sollievo aumentando la dose. Svegliarsi ogni mattina sudata come un animale, e dire: "Dove li trovo io i soldi, oggi, che cosa posso fare... ". Era una vita che non poteva più andare avanti così. Volevo ammazzarmi, farla finita. Ma il mio coraggio non arrivava fino a tanto.
Sono stata in quella situazione, a letto, al buio, per svariati giorni. Non mi andava di guardare la luce del sole, non mi andava di vedere gli altri in giro per la casa; era come se fossi stata sotto terra. Poi, piano piano, ho cominciato a uscire da questo torpore. Avevo saputo che c'era un Centro, con un prete che lo dirigeva, e bisognava andarci per appuntamento. Un mio amico c'era entrato mesi prima; io lo avevo incontrato e mi sembrava un altro, non si bucava più, era ingrassato, pulito, roseo... Quell'incontro aveva continuato a girarmi nella testa. Persa per persa, volevo fare anche quell'esperimento. Dopo ospedali, cure del sonno, scalette di morfina e metadone. Ma sì. Anche il Centro. L'alternativa era la morte.

All'inizio, quello che mi chiedevano, mi parevano cose assurde: arrivare a un'ora precisa ad un appuntamento.... segnare il giorno di un incontro fin da una settimana prima e doversene ricordare... telefonare in quell'arco di tempo per dire "ecco, ho telefonato...". mi parevano cose stupide, io tutto quello che mi ricordavo era l'incontro in un posto fissato per rimediare una dose, per il resto era il caos! Poi ho iniziato a capire, e più ancora mi sono resa conto che quelle cose erano le prime responsabilità che mi davano, era un mettermi alla prova, e quindi era importante che io dimostrassi che ci stavo a quell'impegno, e che lo rispettavo. In comunità ho cominciato pulendo i vetri, dopo un po' di tempo lavavo i piatti, lavori umili, facili, ma che richiedevano attenzione, impegno. E parlavo anche, con dei ragazzi che avevano fatto lo stesso mio percorso; parlavo di me a loro, e loro mi parlavano della vita che avevano fatto; ci confrontavamo, e scoprivamo che le tappe erano identiche, e le delusioni, le sofferenze, le frustrazioni, le stesse. E il rimedio cercato, lo stesso, anche: certo, la droga. Ma chi era già uscito da quel buco nero, adesso ci seguiva, stava con noi e ci diceva: "Anch'io ho fatto questo, anche a me è capitato così, eppure sono uscito, lo vedete, sono qui, sono davanti a voi, non mi buco più, sto bene...". Erano quei ragazzi che avevano fatto la mia stessa vita, a darmi la fiducia. A me non sembrava quasi vero. Dentro di te, ti vien da dire: "Ma come stai? E' strano... Allora è possibile?". Ma non è stato semplice. Ho sofferto, ci sono stati momenti duri, crisi, desiderio di tornare indietro, di farmi appoggiare di nuovo dalla "spada". Mi è costato molto, è un prezzo alto da pagare, ma credo di esserci riuscita.

Adesso, sono io ad aiutare quelli che ancora ci stanno dentro, a quelle spade. Io lavoro in comunità, da quei primi passi a pulire i pavimenti, ho fatto tutto il percorso del "programma". Sono stata in cucina, poi alla lavanderia, e dopo via via la dispensa, il giardino, l'orto, l'amministrazione... Piano piano, mi davano sempre maggiori responsabilità. E mentre salivo quei gradini, andava avanti il lavoro più importante, quello di guardarmi dentro, di capire che cosa c'era sotto la patina dell'indifferenza, che mi aveva portato a drogarmi per anni, per non sentire la solitudine, la sofferenza, l'impegno con la vita.

Erano giorni lunghi di discussione, venivano fuori urla e lacrime disperate, tutti ne uscivano sconvolti; emergeva la coscienza di quello che non avevi mai voluto riconoscere di te stesso, ambiguità e pigrizie, il rifiuto del dialogo con gli altri, la debolezza, le soluzioni di comodo. E poi le decisioni, i passi avanti: quello che era stato era stato, la vita era tua, dovevi viverla, non tener conto del passato, delle colpe degli altri, degli affetti mancati, degli abbandoni, delle ingiustizie. Qualunque cosa fosse stato, erano gli anni davanti a te a contare. E per te come persona, per l'affetto degli altri, pronti a un tuo cenno a tenderti una mano, dovevi vivere, dimenticare, e darti con amore. Io in comunità avevo ricevuto questo modo nuovo di interpretare i giorni della mia esistenza. Adesso sentivo la necessità di restituire quello che avevo ricevuto ad altri che ne avevano bisogno, come ne avevo avuto bisogno io. Fa molto male tirar fuori tutto quello che si è nascosto in fondo al proprio cuore, ma dopo tu rinasci, respiri sollevato. E' una sensazione di gioia, che ti fa sentire gli altri come dei fratelli. Non sei più solo.

SCHEGGE

Vite di quartiere[9]

«Premio IDI 1987»

Ringrazio Gerardo Lutte, gli operatori del Centro di Cultura Proletaria, i ragazzi e le famiglie della Magliana per avermi consentito di condividere alcuni momenti della loro vita, cosi da poterne rendere testimonianza.

Un quartiere di periferia di una grande città. Oggi.
Le scene in ordine alfabetico rappresentano prevalentemente episodi di vita di gente di quartiere. Le scene numerate sono lo sviluppo di una storia singola, vissuta prevalentemente attraverso le riflessioni e i dialoghi dei due protagonisti.
Mentre le scene numerate devono essere rappresentate secondo l'ordine numerico, quelle in ordine alfabetico potrebbero venire spostate tra loro, anche se la successione suggerita offre un tipo di conclusione condivisa dall'autore; tuttavia la materia trattata possiede intrinsecamente una forza di movimento, e può presentare motivi di interesse spostare certe scene prima o dopo altre: ne deriva una visione diversamente finalizzata dell'insieme, e riflessioni diversificate di tale universo in divenire.
Il linguaggio è quello, assai misto dialettalmente, di una grande città dove la fusione di provenienza regionale differente è continua e complessa: questo porta a delle forme approssimative del dialetto di fondo, che è, più per assonanze, assimilazioni e stratificazioni, quello romanesco.

PROLOGO
A - IL PESCATORE
B   -   LA   CATENINA
C - LA PASTIGLIA DI ROIPNOL
D   -IL   TELEVISORE
1)- L'INCONTRO
E -IL CARRETTINO DEI GELATI
F   -IL   RICETTATORE
2)- IL DIALOGO
G   -   L'AUTOBUS
H -IL GIUBBOTTO

---

[9] Lo spettacolo, concertato fra l'Accademia e il Teatro di Roma diretto da Maurizio Scaparro, che aveva incoraggiato l'autrice a scrivere il testo, è andato in scena al Teatro Studio Eleonora Duse nel 1989, regia di Andrea Camilleri, scena di Bruno Buonincontri, con gli attori del Quarto Anno di Perfezionamento dell'Accademia attivato per la prima volta. L'appoggio economico del Premio IDI ottenuto dal testo e la fama da esso conseguita con il Premio Fava contro la violenza hanno contribuito a far realizzare un allestimento esemplare.

3)-   L'AMORE
1-   TRETREGIUGIU
L - GLI ORECCHINI
4)-   LA   DISCUSSIONE
M - IL RESTAURATORE
5)-   LA   SEPARAZIONE

Prologo.

Buio.
Una lama di luce lunare su di una frangia di canneto sul fiume.
Di lontano, fino ad arrivare sul davanti, moto e motorini lanciati a tutto gas.
Risate concitate, fischi e richiami. I motori si spengono.
Qualche   fiammella   di   accendino   illumina   le   facce   dei   ragazzi.

VOCI -
- 'A scheggia de candela ce l'avete tutti?
- Che ce l'avete la scheggetta?
- Ognuno cià 'na scheggia?
- No aspetta!
- Armando nun ce l'ha!
- Che Luca è arrivato?
- A Marco! E daje 'na candela!
- Procuràteve 'e schegge!
- A pezzi 'sta candela!
- 'Na scheggia abbasta pe' spacca' 'n vetro sano!
- De finestra e de machina!
- 'Na vetrata bella!
- A Sandra! Si nun bastano le candele che ciavete ...
- Fate prima a pijanne da 'na machina!
-     A   Matte',   nun   te   taja'!   Sta   attento   pure   te!

Appena un bagliore per intravvedere un cofano di macchina aperto per tirarne
fuori le candele. I ragazzi si lanciano le candele della macchina, di ceramica
bianca,   che   vengono   afferrate   al   volo.

VOCI
- Forza! Ce semo?
- Gajardi! Me raccomanno!
- Nun ve perdete 'n colpo! State attenti!

Un rumore di motorino lontano, fino ad arrivare sul davanti, e poi a spegnersi.
Un   bagliore   a   intravvedere   un   volto   di   ragazzo.

VOCI
- Ce sta Mimmo! È arrivato pure lui!
- Che ce l'hai 'na scheggia Mi'?
-     Forza   correte!   Ognuno   da   'na   parte!

I motori riaccesi si mescolano alle voci concitate.

I rumori si dilatano intorno, dalla scena verso il fondo e tra la gente. Il buio è solcato da rapidi bagliori di pila elettrica.

VOCI
- Allora 'namo?
-               'Namo   sì!   Ch'è   l'ora!
- Forza voi da 'sta parte! E tu da 'st'altra! Forza!
-          Io   resto   qua   a   sorveglia'   le   moto!
- Noi 'namo da 'sta parte e tu m'aspetti qua col motorino!
- Nun ve sbajate, se ritrovamo qua ...
-          a   la   curva   del   fiume   ...   ...   appresso   al   ponte!   ...
-                    Avanti!   Se   comincia!

Come un ticchettio di pioggia il rumore secco dello scontro della scheggia di ceramica contro il vetro - di macchina, di finestra, di vetrata - che la scheggia è andata   a   colpire.
I vetri si frantumano in briciole. Il rumore è quello di una cascata di frantumi.
Voci lontane in luoghi diversi, mescolate ai rumori dei cristalli infranti.

VOCI- Aòh! Qua ce sta 'n'a vetrata!
-          Daje   a   la   fuoriserie!
-          Forza   'namo   più   avanti!
-          Qua   nun   ce   sta   più   niente!

Il rumore dei vetri infranti è fortissimo.
Voci e rumori si affievoliscono nella lontananza, fino ad annullarsi.
Buio. Silenzio.

A -IL PESCATORE

Il canneto, che appena si intravvedeva nella luce lunare, è tutto chiaro.
Osvaldo sta con le sue reti sulla sponda del fiume. Accanto a lui, Valerio.

OSVALDO - Io pesco qui, ogni mattina. Al pomeriggio, poi, sto al doposcuola. C'era bisogno che tu arrivassi. Siamo in pochi. Tu sei de fori, forse a te daranno un po'   più   retta.
VALERIO   -   Non   so   niente   di   voi,   del   quartiere.
OSVALDO - Di me, ti posso di' che studiavo, 'na volta. Medicina, ero già avanti. Me credevo che avrei cambiato 'I mondo; ero sicuro che arrivavo io e toglievo tutte   le   ingiustizie.
VALERIO   -   E   poi?   Perché   hai   smesso?
OSVALDO - Mah! Te casca tutto, a un certo punto. Nun ce credi più, de riusci' a fa' qualcosa. Te senti inutile, impotente.
VALERIO - Ma se davi i tuoi esami ... Poi   ti   specializzavi   ...   potevi   aiutare   la   gente   ...
OSVALDO - C'erano i raccomandati che potevano far pratica sui malati in ospedale, gli altri se dovevano accontenta' dei libri ... Poi le tasse... un sacco d'anni ... a specializzatte nun te pijano se nun conosci qualche pezzo grosso. Ero partito male dall'inizio. Solo pe' strada me ne sono accorto. Ero povero, e dovevo stare a paro con gente che cià mezzi, raccomandazioni, un posto già sicuro ... Me sono scoraggiato soprattutto quando mi son reso conto che non potevo diventare bravo,

che la gente povera che potevo curare, l'avrei curata male. Cosi ho lasciato.
VALERIO   -   E   adesso?
OSVALDO - Almeno mi sento libero. È un'illusione.
Però   il   pomeriggio   lavoro   al   doposcuola.
VALERIO -Io non so se sarò in grado di insegnare qualcosa.
L'hanno deciso loro, perché io ho rifiutato di fare il militare.
Tu   che   gli   insegni,   a   'sti   ragazzi?
OSVALDO - A non fidarsi. A imparare le lezioni, perché devono ripeterle agli insegnanti, ed è scuola dell'obbligo. Ma insegno che devono leggere anche altre cose, che poi gli serviranno. Nun è facile. Qui anche i più piccoli se sentono fregati,   come   se   'sta   convinzione   l'avessero   succhiata   co'llatte.
VALERIO - E allora sarà difficile che riesca a fare qualche cosa io ...
OSVALDO   -   Quanto   rimani   qua?
VALERIO   -   Meno   di   un   anno.
OSVALDO - *(ride)* Una goccia nel mare ...
VALERIO   -   Tu   sei   di   qui?
OSVALDO - Vengo dalle baracche. Prima della battaglia per le case.
 (guarda davanti a sé) Li vedi, tutti 'sti palazzi? Nun ce n'era manco uno quando abbiamo cominciato a lotta' per ave' 'na casa. Poi li hanno costruiti, son già più de dodicianni. C'eravamo illusi. So' topaie, 'ste case, gabbie d'isolamento. Quando che stavamo nelle baracche, noi conoscevamo 'na famija che i figli suoi erano cresciuti assieme a noi. Ce vedevamo tutti i giorni, le madri se scambiavano porta a porta i piatti che preparavano per pranzo ... noi giocavamo insieme... Abbiamo fatto 'sta battaglia delle case, loro sono andati a abita' nel nostro stesso palazzo, solo due piani sopra. Non ci siamo visti più. Come abitare in un altro quartiere ...

Arriva Luca agitando una cintura nera da judo in larghi giri sopra la testa.

LUCA - A Osva'! Hai sentito che hanno fatto stanotte?
OSVALDO - Che hanno fatto?
LUCA - So' andati in gruppo fino al quartiere degli uffici, co' le moto. J'hanno fracassato tutte le vetrine, le finestre, i vetri delle macchine... Un macello... La polizia   è   incazzata   nera   ...
VALERIO - Ma chi è stato? Come hanno fatto? Perché?
OSVALDO - Niente... So' i ragazzi... Pijano delle schegge de candela ...
Sai le candele delle macchine, de ceramica bianca? Basta 'na scheggia de candela, se tu la getti sopra 'n vetro, quello s'incrina tutto che pare ciabbia 'I cancro, se ne va   in   frantumi   ...
VALERIO   -   Ma   perché   lo   fanno?
OSVALDO - *(allargando le braccia)* Se divertono cosi. Certi se ubriacano de birre. Altri se pijano la droga. O le pastiglie, che ne so? del Roipnol, o del Playgin ...   acido   borico   perfino   ...   Certi   danno   foco   a   'na   macchina   ...
VALERIO   -   Ma   perché?   Perché   lo   fanno?
OSVALDO - La rabbia che ciai dentro, devi pure buttalla fori in qualche modo.
 VALERIO - *(a Luca)* E tu? Non vai a rompere i vetri? Non ti droghi?
LUCA - Qualche cosa, 'na volta ... Adesso ciò un lavoro. E poi mi piace il giudo ...
(agita la cintura nell'aria) Nun me ne frega più de 'ste bravate.
OSVALDO   -   E   te   sei   fatto   pure   la   ragazza   ...
LUCA - Ma che, so' tutte storie! Mo' me vojo organizza' bene co' 'sto lavoro, Osva'.
E poi ciò da fa' pure 'I servizio militare.

OSVALDO - Dov'è che te ne stai a lavora'? Nun eri al bar dell'ospedale?
LUCA - Eh! È da 'na settimana che ho cambiato! Il padrone me voleva mena' perché j'avevo magnato 'n tramezzino. Aòh!: nun era ancora chiaro che già j'annavo a tira' su le saracinesche, manco m'aveva fatto 'I libretto e le marchette, tutto lavoro nero che ce straguadagnava, e poi perché m'addento 'n tramezzino col formaggio sta a fa' 'na scenata! Me so' messo a urla' pur'io, che la gente s'è fermata tutta, per poco nun je menavano a lui tanto che je n'ho dette! Quello s'era fatto bianco bianco, è annato a 'telefona' a mi' padre - che mi' padre fa 'I cuoco all'ospedale - e je stava a di' che io je volevo mena'. Mi' padre allora m'ha voluto al telefono, me fa: «Lassa perde, te vengo a pija', che sia finita».
OSVALDO - E te sei già trovato 'n'altro lavoro?
LUCA - E l'ho trovato sì! Sto al bar del tribunale! Ce stanno 'n sacco de avvocati e de giudici, che se poi ciai bisogno sai 'ndove rivolgerti. Là me trattano bene, 'I gestore è 'n'amico del padre de Torquato che cià 'I banco del pesce. Anche lì nun è che m'hanno fatto 'I libretto e l'altre cose, ma tanto, che me frega, sarà per poco. lo vojo fa' 'I giudò!
VALERIO - E dove lo fai, il judò?
LUCA - Alla palestra dei carabinieri. A noi nun è che so' tanto simpatici quelli dell'arma, però questi so' atleti, è un corpo speciale, insomma so' diversi.
lo so' cintura nera ...

(agita la cintura, accenna a qualche mossa)

Quando che dovrò fare 'I servizio militare, chiedo d'anna' da loro.
Me pagano. So' impegnato poche ore. Imparo un mestiere che me diverte pure, posso fa' delle gare ...
VALERIO - Perché dici che da voi i carabinieri non sono tanto simpatici?
LUCA - Perché al tempo dell'occupazione delle case,
loro stavano dalla parte dei padroni.
VALERIO - Ma tu ti ricordi di quel tempo?
LUCA - L'ho inteso di'. Tutti lo dicono. Quanno ce so' stati assegnati 'sti palazzi, prima de riusci' a entracce dentro, c'è voluto un sacco de mesi. E già altri, che nun erano delle baracche, a forza de raccomandazioni se facevano assegna' gli appartamenti.
OSVALDO - Sì, qua la gente, alla fine, ha dovuto occupa' con la forza.Per ave' 'ste case, sotto l'altezza del fiume, piene de zanzare, co' le fogne che straripano de merda. Ma vedi, quella è stata 'na battaglia, la gente ciaveva qualche cosa che la univa. Quelli che oggi stanno a cresce, i ragazzi, nun cianno manco più una cosa de 'sto genere in cui crede.
VALERIO - Forse non si fidano più. Hanno visto il fallimento delle battaglie dei padri.
LUCA - *(con una piroetta)* Vabbè, io ve saluto. Devo anna' a giudò, so' già in ritardo.

(corre   via)

OSVALDO - *(a Valerio)* Parti dall'idea che non riuscirai a ottenere risultati, ma che te devi impegna' allo stesso modo. Forse così te sentirai un po' dei nostri.
VALERIO - Per ora non capisco niente. Ma sono qui, devo rimanere. Proverò.
OSVALDO - Vado a gettare le reti nelle vasche. Per oggi de anguille ne ho tirate su abbastanza. Ce vediamo più tardi, al doposcuola.

VALERIO - Ci vediamo.

Costeggiando la riva, Osvaldo si allontana con le reti.
Valerio si incammina fino a scomparire.

B - LA CATENINA

Un angolo di quartiere residenziale.
Sandro si avvicina ad una ragazzina vestita bene, con una catenina d'oro al collo.

SANDRO - *(si para davanti alla ragazzina con una capriola)* Aòh, e 'ndo' vai?
SUSANNA - *(lo guarda con interesse, presa alla sprovvista)* Bah! ...
E tu?
SANDRO - ' Ndo' vai te ... *(le fa una piroetta intorno, azzarda una carezza sui capelli)*
Ciai bei capelli ... So' biondi naturali?
SUSANNA - *(con tono da adulta)* Ciò il cascé ... Perché?
 SANDRO - Tanto pe' ddi' qualcosa. De dove sei? De qua?
SUSANNA - Sì, di qua. Tu no?
SANDRO - Da più lontano. Ma t'avevo già vista l'altro giorno, stavi a passeggia'
con dell'amiche tue... Ciavevi 'na gonnella, stavi proprio caruccia... e cosi so'
tornato. 'Namo a pija' 'l gelato?
SUSANNA - Per me dev'essere solamente di limone!

Si avvicina un carrettino dei gelati. Un ragazzo sta rimestando nei cilindri.

SANDRO - *(al ragazzo del carrettino)* Du' coni. Uno de limone, l'altro de
cioccolato. *(sporge un biglietto)*

ARMANDO - *(fa i coni, poi strizza l'occhio a SANDRO)* Tiè qua, questi so'
doppi, oggi se regala... *(sottovoce, a SANDRO che prende i coni)* Sta tranquillo
Sandro, che nun parlo.
*Sandro offre il cono di limone a Susanna. I due leccano i loro gelati. Sguardi e
sorrisi. Lei si concentra, gli occhi fissi al gelato.*

SANDRO - Aòh, e nun dici più niente?
SUSANNA - Che devo dire? Sto a mangia' il gelato.
SANDRO - Vuoi assaggiare il mio?

(le porge il cono di cioccolato)

SUSANNA· Veramente ... non dovrei. La cioccolata mi fa male ... *(con slancio)*
Ma me piace tanto pure a mme!. ... *(dà una rapida leccata al cono che SANDRO le
tiene davanti a braccio teso; mentre lei lecca il gelato, lui ritira il braccio verso di
sé: le due facce sono vicinissime)*
SANDRO - E a me, nun me lo fai provare il tuo limone?

*Susanna stende timidamente il braccio di quel poco che può, fino a portare il cono
a tiro della lingua di Sandro.*

SUSANNA - *(mentre SANDRO lecca il cono)* Come ti chiami?
SANDRO - *(indugia a leccare il gelato, la guarda tenero, provocandola; finalmente si stacca dal gelato)* E come facevo a risponnette, mentre che stavo a slappa'? Come te chiami tu, me devi di'!
SUSANNA - Io Susanna! E tu? E tu? E tu? *(ride, mentre Sandro gioca con i suoi capelli,*
se li attorciglia alle dita ripetendo il suo nome)
SANDRO - Susanna! ... Susanna! ... Susanna! ... *(si fa confidenziale; le sue mani, dai capelli della ragazza, passano al collo;*
lei è un po' eccitata, invogliata ad un flirt)
SUSANNA - E tu, allora? Come ti chiami tu?
SANDRO - Io mi chiamo ... Indovina un po' ... *(le si avvicina ancora di più, le mani al collo, il corpo premuto contro quello di lei, cominciando un abbraccio; lei ci sta, nell'ingenuità di un'adolescente, avvicinandoglisi con tutta la personcina)* Indovina Susanna!. .. *(con uno strappo deciso afferra la catenina d'oro dal collo di lei, la fa volteggiare tra le dita, fugge via)* Ma quanto sei cretina! Susanna ... Susannina mia! ... Ma quanto sei cretina!!! ...

Sandro è subito lontano.

C - LA PASTIGLIA DI ROIPNOL

VECCHIO - *(apre un pacchetto di farmacia, controlla le medicine)*
Questa per la circolazione ... Questa per l'asma... Le iniezioni per la pressione... Le gocce per il cuore... Le pastiglie per dormire... Ma è vita questa? E poi, la mutua, come non averla. Il ticket per me è già una spesa. *(verifica assorto i costi di ciascuna medicina; sillaba a mezza voce cifre, addiziona, ripete calcoli)* Mille e cinque la pomata... più duemila le gocce... E sono tremila e cinquecento...

Si avvicina un ragazzetto dall'aria guardinga. Osserva il vecchio.
VECCHIO - Tremila e cinquecento ... Milleottocento le iniezioni. .. Poi le siringhe, che la mutua non passa ...
RAGAZZETTO . Ché ce l'avresti il Roipnol? Qualche pastiglia in più, che non ti serve?
VECCHIO· Roipnol? È il mio sonnifero. Ma perché dovrei averne qualche pastiglia in più?
Che non mi serve?!
RAGAZZETTO· Mah! Facevo cosi ppe' ddi'. Ve siete quasi comprato la bottega del farmacista, con tutti 'sti pacchetti!
VECCHIO - Quando si diventa vecchi, le medicine non bastano mai!
Beati voi ragazzi, che siete pieni di salute. Che avete le speranze, che avete la vita davanti a voi!
RAGAZZETTO - Ma di chi parli, a nonne'?! Senti, tu te sei speso quasi tutta la pensione con i ticket. Me dai qualche pastiglia del tuo Roipnol, e io te sgancio un po' de soldi. D'accordo?
VECCHIO - Ma perché vuoi le mie pastiglie, e in cambio mi offri soldi?
Se qualcuno dei tuoi ne deve prendere, la mutua gliele scrive... non capisco.
RAGAZZETTO - A nonne', facciamola finita! Quattromila a pastiglia, te va bene?
Ce n'avrai almeno 'na trentina, in quella boccetta, me ne sporgi cinque,
qua ce stanno ventimila lire, prendere o lasciare!
VECCHIO - Ventimila lire! È quello che ho speso per i ticket, le siringhe, il

cotone,
e la saponetta alla mandorla che piace tanto alla mia vecchia!. .. lo non capisco ...
per cinque pastiglie... *(apre il flacone del Roipnol con mani tremanti)...* cinque
pastiglie di questo flaconcino...

*(le pastiglie sono sul palmo di una mano del vecchio; svelto il ragazzetto le
afferra, mette in mano al vecchio due fogli da diecimila).*

RAGAZZETTO - Cosi semo pari. *(gli dà una botta sulla spalla, intasca le
pastiglie)*
VECCHIO - *(si incammina guardandosi i soldi sulla mano)* Ventimila lire per
cinque pastiglie che poteva avere dalla mutua! Per tutto il flacone,
e sono trenta, il ticket è soltanto mille e cinquecento!
RAGAZZETTO - *(rimasto solo alza una pastiglia davanti a sé guardandosela tra
le dita)* Pastiglia mia, come te voglio bene! *(la inghiotte)* Tra poco sarà
un'indifferenza dolce. Guarderò il mondo e non mi farà più paura. Ecco, le cose
intorno si stanno facendo di cristallo ... C'è un ronzio allegro, sempre più forte ...
Com'è bello! lo sto bene! *(si sdraia a terra, beato)*
Mo' che arrivano gli altri, a botte li vinco tutti quanti!

D -IL TELEVISORE

Una stanza di un piccolo appartamento. Poveri mobili.
Una certa proprietà nella cura dell'ambiente, anche se povero.

INGEGNERE - Insomma, io le dico che il televisore deve essere uguale
a quello che mi ha rubato suo figlio. La marca, il tipo, la dimensione. Mia moglie
ci è abituata e non può rinunciarvi.
DAMIANO - Mi creda, sono andato dappertutto a cercarlo. La fabbrica non li
costruisce più.
Se gliene faccio un altro, almeno è nuovo.
INGEGNERE - Macché nuovo e nuovo! Mia moglie ci è abituata.
Già il furto, si è tanto addolorata.
Se lei non ce ne trova uno uguale, dovrò chiederle i danni.
DAMIANO - lo non so più cosa fare. La prego, aspetti qualche giorno. Andrò
ancora a cercarlo. Noi non abbiamo soldi. .. E c'è solo mia moglie che lavora.
INGEGNERE - Non mi faccia dire!. .. Con quel figlio, grande e grosso, lasciare
che la madre vada a servizio ... Non mi faccia dire!. .. In ogni modo, cercherò di
attenuare la gravità del caso quando mi chiamerà il giudice. Quello che è successo,
comunque, ormai non si può cancellare. Il furto, l'aggravante che lui era venuto per
riparare il bagno, accolto quindi in casa come uno di cui fidarsi... Non mi faccia
dire!...
DAMIANO - Purtroppo quando hanno quel bisogno lì,
non li tiene neanche il padre e la madre. lo mi scuso per lui, ingegnere ... Vedrà,
glielo trovo il televisore alla sua signora, glielo dica, che stia tranquilla ...
INGEGNERE - Me lo auguro per lei... E veda un po', di dargli una bella
raddrizzata, a quel figliolo. C'è tanto bisogno di giovanotti che lavorino, lui ha un
mestiere per le mani, e invece, rovinarsi cosi... Non mi faccia dire!. ..

L'ingegnere se ne va. Damiano resta solo, intristito.

DAMIANO - Nun ce sta più, 'sto televisore' È vecchio de diecianni! Sanguisughe! Se sapevo che tanto lo denunciava, non gli promettevo di ripagargli quel rottame de televisore!

Damiano medita, la testa fra le mani.
Da un fagottello sulla tavola tira fuori dei fagiolini, carote, cipolle e patate.
Comincia a pulire la verdura, versandola via via in una pentola.

DAMIANO - Certo che 'sto Sandro mio ce ne fa passare! Eppure, finché ho potuto, io ho sempre lavorato. E sua madre, s'ammazza pur di non far mancare niente in casa...

Entra Margherita. Distrutta dalla fatica e dai malanni, dimostra molto più della sua età.
Cammina muovendosi con difficoltà sulle gambe.

MARGHERITA - Allora? S'è trovato 'sto televisore?
DAMIANO - Toccherebbe rubarlo in un museo. Nun ne fanno più! Ma quello, l'ingegnere, niente, la moje je patisce ..
MARGHERITA· Me sa che è tutta 'na scusa. Purtroppo ciavemo torto perché Sandro, ruba' ha rubato.

Entra Carlina, la figlia più piccola, tutta affannata.

CARLINA - Che c'è Sandro?
MARGHERITA- Non penso. Che c'è Sandro, Damia'?
DAMIANO - No. È un pezzo che sto a casa, nun l'ho visto. Perché, Carli'?
CARLINA - Hanno fatto 'na soffiata. Sta per arriva' la polizia. Vengono pe' 'na macchina rubata!
    MARGHERITA - Oddio Sandro!... Quando è stato?
    CARLINA - Dice stanotte. Ed è vero, c'è 'na macchina mai vista, sulla collina prima de scenne al fiume... Stanotte j'hanno dato foco. Dice che le fiamme erano altissime.
DAMIANO - E Sandro, dove stava a quell'ora?
MARGHERITA - E che ne so, Damia'? Alle quattro già me n'ero annata a lavora'...
DAMIANO - Dove sarà 'sto fijo?
MARGHERITA - Carlina, vacce tu. Trovalo, portalo qua.
CARLINA - A mà, e che ne so 'ndo sta quello. A 'st' ora, sarà in giro con gli amici. E poi, nun vo' che io ce vada, appresso a quelli... so' spacciatori. A me ce tiene!
DAMIANO - Tra poco dovrebbe venir su a mangiare... Aspettiamo. Margherita, su, non preoccupiamoci...

Sirene della polizia spiegate. Un lungo incalzare 'di suoni. Silenzio   pesante.
Vociare di persone che discutono.

MARGHERITA - Famme vede.

(si sporge da una fessura di finestra; il marito fa altrettanto; anche Carlina si insinua tra i due, a spiare che cosa avviene per strada).

CARLINA - Hanno preso Mimmo! S'era fregato un motorino. Guarda, è lui, e ce sta pure il motorino! ...
MARGHERITA - Dio sia lodato! Allora non era per la macchina.
DAMIANO - E chi lo sa. Può esse pure che poi indagano su quella...

Un silenzio carico di tensione. Uno sbattere di porta. Entra Sandro.

MARGHERITA-Ah! Meno male!
SANDRO- Mbè?
DAMIANO - Stavamo in pena.
SANDRO - E perché?
CARLINA - La macchina.
SANDRO - Che macchina?
CARLINA - Quella de stanotte. J'hanno dato foco, sulla collina.
SANDRO - Ah, io nun c'entro niente! Quelli so' scemi. Ma che, se brucia, 'na macchina che rubi? Non lo so ..
MARGHERITA - Davvero Sandro? Posso sta' tranquilla?
SANDRO - A mà, famola finita. C'è aranciata? Ciò sete.
MARGHERITA - Subito figlio mio.

(esce)

Damiano sporge a Carlina la pentola con le verdure pulite e tagliate.

DAMIANO - Tiè Carli, mettila a coce sul fornello.

Carlina prende la pentola ed esce.
Damiano e Sandro sono rimasti soli. Silenzio imbarazzato.
Sandro per darsi un contegno prende un album di fumetti e si mette a leggere distratto.

DAMIANO - E che a ogni momento, può succede de tutto... Tu lo sai perché.
SANDRO - A papà, io nun so' fesso!
DAMIANO - Però intanto stiamo al processo per quel furto. E ce tocca pure pagà il televisore novo all'ingegnere.
SANDRO - Uffa!
DAMIANO - Non potresti venire con noi, al mattino, a fare le pulizie? Se ci vai tu al posto mio, a aiutare tua madre, almeno io me cerco il lavoro. Non è che il sussidio della disoccupazione può anna' avanti anni....
SANDRO   -   A   papà,   la   mattina   presto   nun   me   va!

MARGHERITA - *(torna con la bottiglietta dell'aranciata, la apre, la porge al figlio)* Tiè Sandro. Bevi piano, che è gelata, figlio mio.
SANDRO - Sì sì vabbé.

(beve veloce)

Ve saluto.
MARGHERITA- Esci di nuovo?
SANDRO - Perché? Nun se po'?

DAMIANO - Nun sarebbe bene che nun te facessi vede in giro? Ce sta ancora la polizia.
SANDRO - Apposta. Meglio circolare. Che ciò qualcosa da rimproveramme?

(esce)

Silenzio.
I due rimangono assorti. Margherita beve il fondo della bottiglietta di aranciata.

MARGHERITA - Ti ricordi quando ci siamo sposati? È stato al rinfresco di nozze che ho bevuto tutta intera un'aranciata ...
DAMIANO - Eh! Mettevamo i soldi da parte. Cento lire su cento lire ...
MARGHERITA - Io facevo gli straordinari. Tutto quello che prendevo in più della paga, lo mettevo via per il corredo ... Per paura di spenderli, li davo a mia sorella. Quanto m'han fatto comodo, quando li ho presi tutti insieme!
DAMIANO - Io stavo alla cooperativa dei facchini. E le mance, anch'io le mettevo da una parte. L'anello per il matrimonio, c'è venuto fuori.
MARGHERITA - Quanto m'è dispiaciuto quando non l'ho trovata più, 'sta vera!. .. Nun ce vojo pensa'...
DAMIANO - Adesso, di risparmi, non se ne riesce a fare. È grazie se campiamo.
MARGHERITA - Pure 'sto televisore, che dobbiamo trova'...
DAMIANO - Io l'ho detto pure a Enrico, se j'arriva qualcosa d'occasione.
MARGHERITA - L'ingegnere cià delle pretese. Costerà 'na barca de soldi.
DAMIANO - Stavolta Sandro, me sa che je tocca d'anna' dentro. Ciaveva la condizionale, per la faccenda del motorino. Adesso quello ha fatto la denuncia, e una sull'altra le condanne se le dovrà scontare tutte e due. Perché capisci, a 'sto punto è recidivo...
MARGHERITA - 'Sta faccenda non avrà mai fine? Io nun ne posso più. Nun è il lavoro che me pesa, nun è il male alla schiena...
Queste so' cose naturali. Ma 'sta faccenda della droga, io nun l'accetto. Nun è 'na cosa da accetta', come 'na malattia. È più terribile, nun so...

Silenzio.

DAMIANO - La minestra se sta a coce. C'erano già dei fagiolini, giù nell'orto. E le carote, du' cipolle ... Le patate sono di quelle vecchie. Almeno, se devo stare a casa, servo a qualcosa.
MARGHERITA - *(assorta)* E poi Carlina. Se ce stai tu a casa, al lavoro me sento più tranquilla. Che non finisca male almeno lei. Pe' 'na ragazza, è pure peggio.
DAMIANO - Noi facciamo quello che possiamo, eh, Margheri'? Ma nun é che uno può cambià tanto le cose. È la vita, la gente, 'sto quartiere... che ne so?, che te rovina   ...

Entra Carlina, tenendo fra le dita degli orecchini lunghi.

CARLINA - A mà, che me li posso mette?
MARGHERITA - Prendili, tanto non valgono un bel niente. Però ci tengo, non li perdere.   Me   li   ha   fatti   tuo   padre.

Carlina   mette   gli   orecchini   ed   esce.

CARLINA - *(correndo via)* A mà, quanto me stanno bene! Torno più tardi!

Margherita la guarda uscire. Sorride.

MARGHERITA - Mah! Nun me la conta giusta. Me sa che è 'nnammorata.
DAMIANO - Ma è una bambina! Che dici, Margherita?
MARGHERITA· E io, quant'anni avevo quando tu cominciavi a guardamme?
DAMIANO - Bèh, io volevo sposarti.
MARGHERITA - Oggi questi nun cianno né lavoro né casa. Che fa un ragazzo, una ragazza, al giorno d'oggi?
DAMIANO - Mio nonno, mi ricordo, si lamentava di mio padre. E mio padre si lamentava di noialtri. E noi, coi figli nostri? Questi so' i più disgraziati. Qualche santo provvederà.
MARGHERITA - Bèh, io vado a spiccia' un po' i letti. ..

(si alza)

DAMIANO - La minestra sarà quasi cotta. Vado a vedere...

Escono, ognuno verso le proprie faccende.

1)   L'INCONTRO

Sedie di plastica rotta. Tavolini zoppi. Libri in scaffali sbilenchi.
Qualche ragazzino sta facendo stentatamente dei compiti in quaderni spiegazzati.
Valerio passa da uno all'altro, indicando errori, mostrando pagine da studiare.
Da una parte, Teresa è assorta nei suoi pensieri. Bella, appena ragazza,
povera di abiti ma dall'aria altera, una sensitiva.

VALERIO - *(a un ragazzino)* Te l'ho detto mille volte, qui davanti ci va l'acca!

(si avvicina ad altri due che stanno facendo a pugni)

E basta! Siete venuti per studiare, fatela finita!

(afferra un libro da terra, tutto spiegazzato)

Ecco dove gettate i libri!

(butta il libro su di un tavolino; prende per le orecchie i due litiganti, a forza li sbatte su due sedie)

Guardatevi le lezioni per domani, che poi vi interrogo.

Valerio si avvicina a Teresa, che è rimasta indifferente in mezzo a tutto quel trambusto, abituata da sempre alle tensioni del quartiere.

TERESA - *(proseguendo un ragionamento, rivolta a Valerio)*
Io, sai?, delle volte pregavo. Dicevo: «Santo Iddio, fa che le cose vadano cosi. Ma alla fine, poi, gli facevo: "Vabbè, se c'è un ragazzino cieco che te sta a chiede de

daje la vista, senti a lui, che io vengo dopo". Cioè, io facevo 'sti ragionamenti: "Guarda quelli che cianno più bisogno de me, magari a me me vedi dopo, però me devi vede dopo, perché io te sto a prega' ... ". E tante volte avevo paura che la preghiera rimaneva dentro la stanza dove stavo, allora addirittura aprivo la finestra e me mettevo de fori al balcone. 'Ste cose qui...

VALERIO - Ma perché proprio ai ciechi, pensavi?

TERESA - *(assorta)* Parlavo a bassa voce. Me piaceva tanto guarda' il cielo, e pure la strada ..

VALERIO - Ma ai ciechi, perché?

TERESA - Lavoravo in una associazione de ciechi... Li aiutavo. Li facevo passeggiare. Ero diventata amica di una ragazza che me voleva insegnare a leggere il Braille... E io quando arrivavo a casa, cominciavo a andare a tastoni, e capivo che era difficile, vivere da ciechi... Tante volte li guardavo, e pensavo: "Chissà come se lo immaginano il mondo. Se lo vedono cosi, io credo che preferiscono ridiventare ciechi". Era tutto un discorso che me facevo dentro ...

VALERIO - Anch'io mi sono fatto discorsi così.

Le mie scelte sono la conseguenza di questi ragionamenti.

TERESA - Ma tu, che discorsi te vuoi fare! Sei un ragazzo bene, un signore che viene da fuori. Qui, tu ci stai quel tanto che ti permette di non fare il servizio militare!

VALERIO - Infatti. I discorsi che io mi faccio dentro, sono quelli, precisamente, che io obbietto.

TERESA - Ma che obbietti? Le armi! Ma la violenza? Quella tu ce l'hai dentro come tutti. Tho visto io, l'altro giorno, menare un ragazzino per fargli fare i compiti. Un calcio nel sedere, ecco quello che gli hai dato! Altro che obbiettare, caro mio!

VALERIO - Ma a quel comportamento io c'ero stato portato dalla violenza vostra, del quartiere! Come vuoi che io, da solo, dall'oggi al domani, riesca a cambiare questa violenza? Con un sorriso? Una carezza sulla guancia? Se si volesse cambiare qualche cosa per davvero, qui ci sarebbe da ribaltare tutto quanto per cent'anni.

TERESA - E allora, che cosa sei venuto a fare qui, e già sai che non ti riuscirà di combinare niente? Ho ragione io, ti faceva comodo fare l'obbiettore dalle nostre parti.

VALERIO - lo ho obbiettato, e basta. Sono poi quelli dell'esercito che ti impongono di fare il servizio civile. Te lo buttano addosso, e tu lo devi fare. Ma che cosa credi che si possa cambiare in pochi mesi? Appena arrivi in posti come questi, ti accorgi che i tuoi principi sono astratti; applicarli in concreto è follia, fallimento fin dal principio ...

TERESA - Certo, voi crescete sui libri. La vita non esiste, per voi. La vivete per sentito dire. La leggete. Soprattutto la vita dei poveri.

VALERIO - E sì! Allora che cosa devo fare? Suicidarmi perché sono nato in una famiglia benestante? Sentirmi in colpa con tutti quanti voi perché sono cresciuto in una bella casa, con i pasti regolari? Perché sono arrivato all'università? lo faccio del mio meglio...

TERESA - Sì, ma non basta. Lo sai che cosa vuol dire lottare per anni fino a riuscire a ottenere un buco di casa? Questo l'ha fatto mia madre, ma intanto noi crescevamo in una baracca di assi senza il cesso! Lo sai cosa vuol dire fare i picchetti per occupare dei locali, perché almeno i bambini possano avere un posto dove fare i compiti, mentre il Comune non ti dà nemmeno un doposcuola? Lo sai cosa vuol dire non riuscire a dormire la notte perché anche a febbraio qui ci stanno

le zanzare, che ti entrano dappertutto e ti divorano, ti inseguono? Sì, c'è quasi da ridere, ma per una cosa come questa, qui la gente rischia di impazzire.
VALERIO - *(imbarazzato)* Molte di queste cose le ho lette sui giornali... Hanno anche scritto dei saggi...
TERESA - Tutte queste cose tu le hai imparate leggendole, oppure te le hanno raccontate altri. Noi queste cose le viviamo. È' ben diverso, credimi. Per questi fatti che tu hai letto, io non ho avuto infanzia. Mi hanno messa in collegio, mia madre era vedova. Per queste cose che tu hai letto, io mi sono ritrovata grande senza aver goduto l'età dei giochi. E tu, che bambino eri?
VALERIO - Un bambino ricco, l'hai già detto tu. Ma infelice. In collegio, perché venissi su meglio. Subito l'inglese... la scherma... D'estate ritornavo a casa. Andavamo al mare, c'era la villa. Ho imparato la vela, viaggiavamo... Che cosa ne posso io? Più tardi ho cominciato a fare delle scelte mie, a ragionare sulle cose. Anche tu, quand'eri piccola, hai subìto delle situazioni. Adesso, ci fai sopra i tuoi ragionamenti. È da adesso che si possono trovare dei punti in comune, capisci.
TERESA - Sì, il tuo è un bel ragionamento. Ma tu hai letto i tuoi libri, sai sempre cosa dire. A me mancano le parole. Dopo il collegio ho vissuto soltanto qua, in quartiere. Vorrei andarmene. Il resto del mondo non so com'è, ma certo non è peggio. L'idea tua, dell'obbiezione, non la capisco bene, però mi piace...
VALERIO - Ma come fa a piacerti, se non la capisci?
TERESA - In fondo, è ribellarsi alla violenza, magari con dei mezzi violenti. Quel calcio nel sedere al ragazzino dell'altro giorno, tu glielo hai dato perché volevi che, studiando, lui si ribellasse a una violenza vera. Ho capito giusto?
VALERIO- *(sorride)* Hai capito benissimo. Perché dicevi che non capivi?
TERESA - Io è una vita che cerco di ribellarmi alla violenza. E ce n'è tutti i giorni, di tutti i tipi, da quella che vedi subito a quella che non appare ma che ti fa ancora più male, io poi sono una ragazza, ti puoi immaginare... Allora penso, penso dentro di me... Tengo gli occhi stretti per concentrarmi bene, poi prego Dio, gli dico: "Fammi fare quello che è meglio, fa che io riesca a capire come posso superare meglio questo momento che è difficile...". Poi sto ad aspettare, e non è che proprio sento la sua voce, però mi viene in mente qualche cosa. Sono di nuovo io, è chiaro, ma intanto sono stata lì a riflettere, e riesco a decidere cosa fare. Così ho fatto adesso mentre tu parlavi. E mi è venuto che ti devo pensare con affetto, forse così ti aiuto. Sei buono, tu. Un po' matto, ma sei buono.
VALERIO - Te lo ha detto il tuo Dio?
TERESA - Sì, me lo ha detto lui.
VALERIO - E ti ha detto che staremmo bene assieme?
TERESA - No. Dovrei concentrarmi di nuovo per chiederglielo.
VALERIO - Allora concentrati. Chiediglielo.
TERESA - *(chiude gli occhi. /l viso proteso verso l'alto, in attesa)*
VALERIO -*(La bacia. Teresa ha un sussulto, apre gli occhi di colpo)*
TERESA - Guarda che io non sono stata mai con nessun uomo. Non mi va che uno pensi a me come a una che si può scopare. Io voglio parlare, conoscere...
VALERIO - Ma è stato solo un bacio... un bacetto innocente...
TERESA - Ti volevo soltanto avvertire.
VALERIO - Anche senza le parole, avevo già capito. Siamo così diversi, eppure abbiamo cose uguali...

(le prende una mano, se la porta alle labbra dopo averle fatto sfiorare la bocca di lei, come un bacio che lui riceve dalle sue dita).

TERESA - *(sospira, già mutata, raddolcita)* Nemmeno un anno e sarai via. Lontano da qui.

E   -   IL   CARRETTINO   DEI   GELATI

Armando, il ragazzo del carrettino dei gelati, sta contando i soldi dell'incasso della   giornata   accanto   al   suo   carrettino.

ARMANDO - An vedi che sommetta 'sta giornata!. ..

(divide in due mazzette i biglietti)

E uno a tte ... E uno a mme ... Metà per uno non fa male a nessuno!. ..
Ché poi, si nun ero io, che te vendevo tutti quei coni alle coppiette! Fai pure schifo, con quelle manacce zozze che te ritrovi, nonno mio! Io da te er gelato nun me lo comprerei mai e poi...

(intasca una mazzetta, si guarda intorno circospetto)

Meno male che ancora nun è arrivato. Sennò me stava a fa' i conti lui... Sarebbe meglio che me tenessi i soldi mano a mano che incasso. Ma sarà che voglio fa' le cose giuste, che ne so?, preferisco divide a rischio mio quann'ho finito...

(fischietta guardandosi intorno; mordicchia un cono di ostia, vuoto)

'Sti gelati fanno schifo, sanno tutti un gusto uguale. A me va soltanto l'ostia.

(sputa il cono masticato)

E   pure   quella,   chissà   con   che   la   fanno.

Si avvicina un vecchietto con una giacca bianca da gelataio molto sdrucita.

GELATAIO - Già te riposi? Già hai finito la giornata?
ARMANDO - E che dovevo fa', nonno? È quasi ora de cena, la gente se n'è ita a casa. Nun ce sta più nessuno!
GELATAIO - Se fosse tuo il carretto, te n'anderesti in giro pure a notte!

(sporge la mano aperta)

Da qua li sordi. Quant'è oggi? Che hai fatto?
ARMANDO - Che ho fatto? Il solito. Va là che io son bravo!
GELATAIO - Mortacci tua. Se te tenevo a casa a nun fa' niente, ce guadagnavo un sacco. Ma che fai? Dormi? Nun giri? Nun reclamizzi la merce tua? Nun la vedi la gente? Che fai leggi i fumetti? Questo me manna alla rovina!
ARMANDO - A nonno, famola finita! A me me fa piacere d'aiutatte, ma si nun sei contento, io nun ce vengo più col carrettino.
GELATAIO - E così rubi a casa! O qua o là, tanto te li denari li hai da trova', questo è matematico. E a casa tua, chi manda avanti la baracca? Nonnetto. Alla tua età, altro che quella robba io me facevo! Le donne, me piacevano! Ero gagliardo, io!

ARMANDO - A nonno, lassamo perde! Io faccio quello che me pare. A te chi te dice niente? Allora vivi e lassa vive.
GELATAIO - Io lasso vive! Io lavoro, io! Tu invece rubi!
ARMANDO - A nonno, alla tua età dovresti già esse morto, così i tuoi nipoti ciavevano quei quattro soldi. Invece, zozzo che nun sei altro, te ne vai ancora con le femmine, che poi io nun capisco come ce sta co' tte quella zoccola che nun è bbona nemmeno a spiccia' casa ...
GELATAIO -Insomma famola finita. Se tu te voi buca', so' cazzi tua. Io so' vecchio, me va d'anna' con chi me pare, e d'ora in poi il carrettino me lo riprendo io, vabbe'?
ARMANDO - Fa un po' come te pare.

(afferra veloce i soldi che il vecchietto teneva ancora in mano; si allontana di corsa)

Me spetta la buonuscita per adesso, poi vedremo... Chissà, se mai te viene un colpo... i parenti semo noi... Te saluto nonne'!. ..
GELATAIO - Mortacci tua!

F   -IL   RICETTATORE

Ernesto sta pesando degli oggetti d'oro. Da una parte mette quelli che può rivendere, dall'altra quelli che rifonderà. Esamina con la lente qualche pezzo.
Entra   un   ragazzo.

RAGAZZO - Mi hanno detto che compri ...
ERNESTO - Dipende.

(lo esamina con attenzione; capisce con chi ha a che fare)

Se   non   è   roba   che   mi   crei   problemi   ...

RAGAZZO   -   È'   oro   ...
ERNESTO   -   Meglio   che   gli   orologi.   ..

Il ragazzo gli sporge una catenina e due anelli.

RAGAZZO - Quanto può essere?
ERNESTO - Si pesa. È presto fatto.
RAGAZZO - Un anello ha una pietra... Pare un rubino.
ERNESTO - Sè! Un rubino. È' sintetico. Che nun lo sapevi, che anche assieme all'oro, ce mettono le pietre artificiali? Per me è fastidio, perché nun vale niente e me tocca de rifa' l'oggetto.
RAGAZZO - Ma tanto, se lo pagate a peso...
ERNESTO - Eh! Nun è detto, nun è detto. Certe volte, se trovi l'amatore, te lo rivendi cosi come l'hai preso.

(guarda il ragazzo con impazienza)

Bèh, famola finita. Pesiamo, o nun pesiamo?

RAGAZZO - Quanto fa?
ERNESTO - Momento. Calma.

(mette gli oggetti su/la bilancina; equilibra con i pesi)

So' venti grammi, compresa la pietra che me tocca de butta', venti pe' dieci... so'
duecento.
RAGAZZO - Dieci al grammo? Vale un sacco di più!
ERNESTO - Aòh, me lo vieni a di' a me che vale un sacco de più? E che, nun lo so
il valore dell'oro? Alla giornata lo so, il valore. Ma a me chi me difende? Se
vengono qua a fare 'n'ispezione, perché, chissà mai, j'han fatto 'na soffiata? A me
me tocca de fa' fa' er lavoro in fretta e furia, pe' fa' spari' j'oggetti ... E poi, se
qualcuno de 'sti anellucci, de 'ste spillette, fossero solamente indorate? Va a fini'
che ce rimetto pure.
RAGAZZO - Mi serviva di più ...
ERNESTO - Ahò, nun te conosco. Puoi esse pure 'no spione. Ormai l'ho detto e lo
mantengo. Duecento, o niente.
RAGAZZO - Dammeli. No, aspetta ...

(dopo un'incertezza, tira fuori da un fazzoletto annodato una vera d'oro)

E con questa, quanto mi puoi dare?
ERNESTO - *(lo guarda fisso)* Una vera: è de tu' madre?
RAGAZZO - Stava in casa... Non la mette mia madre.
ERNESTO - Sé! «Non la mette... "! Le donne prima de tojesse la vera se fanno
taja' er dito! E vabbè, tanto a te chi te conosce...

(pesa la vera)

'Na bella vera, de n'a volta. Spessa, tornita. Un bell'oro scuro.
Cinquantamila in più, va bene?
RAGAZZO - *(in un soffio)* Okay.
ERNESTO - *(gli da i soldi)* E via de corsa, nun te volta'. Se te fermano, 'sti soldi li
hai avuti da 'n'amico, che ne so?, ma io nun ciò da entrà, va bene?
RAGAZZO   -   Va   bene.

Il ragazzo corre via con i soldi. Ernesto riprende a lavorare.
Continua   a   fare   i   suoi   mucchietti,   dividendo   gli   oggetti.

ERNESTO - Questo anello può andar bene per la sora Assunta che ne voleva uno
uguale uguale. Più tardi ce passo. Adesso nun è aria.

Sirene della polizia. Il quartiere si anima di voci e di rumori, in un crescendo di
tensione.

VOCI -
-                          È   tornato   Richetto?
- Ce sta la polizia, fate attenzione!
- Sarà per quella macchina rubata!
-              Roberto   s'è   fregato   il   motorino!
- C'era lo spacciatore all'angolo del bar!

-     Avvertite   da   Ernesto,   che   stia   attento!   ...

Entra   Armando,   trafelato.

ARMANDO - Erne', ce sta la polizia! Fa attenzione. Qualcuno ha fatto 'na soffiata.
ERNESTO - A chi? A me?
ARMANDO - Nun se sa se è 'na cosa di robba o de preziosi... In tutti i modi sono diretti da 'sta parte. E meglio che te sbrighi.
ERNESTO - *(mette gli oggetti sul tavolino in uno straccio, ve ne aggiunge altri dal cassetto, ne fa un fagotto che lancia a Armando)*Armando, tiè 'sta roba .. A te nun te conoscono... Nun te vanno a guarda'.
ARMANDO - Ma 'ndo la metto io, 'sta roba? E si me scoprono, che dico?
ERNESTO - E mettila nel carretto coi gelati. Quando che ciai bisogno, io so' qua, me ricordo.
ARMANDO - *(avvolge il fagotto nel maglioncino che teneva arrotolato al/a vita)* E vabbè, Erne'. Però io nun c'entro con 'sta roba rubata, che tu te comperi allo strozzo me fai di' certe cose ... E se poi io ce vado de mezzo? Mortacci tua.
ERNESTO - Semo dello stesso quartiere, caro mio. Stavolta tu non c'entri, 'n'altra volta   nun   c'entro   io   e   te   do   'na   mano   a   te.   Corri,   vai!

Armando corre via. Incrocia un altro ragazzo che sta passando con un pallone.

ARMANDO - A Gianca', tiè 'sto fagotto, che ciò fretta. È roba delicata fa attenzione! Me so' spiegato, eh? Portala a tu' sorella, che cià il pupo... lo ripasso stasera, quanno se ne so' iti. Okay?
RAGAZZO - Mannaggia Armando, sempre la stessa storia. E vabbè, li mortacci. Tanto   semo   tutti   nella   stessa   baracca.

Si   allontanano   tutti   quanti   in   varie   direzioni.

2)   IL   DIALOGO

La casa di Teresa, una delle tante case povere del quartiere. Un grande letto sfatto. Valerio e Teresa, vestiti, ci stanno sopra in mezzo a un mucchio di libri e di giornali.

TERESA - E poi, tutte le cose della vita, mano a mano che le scoprivo... A me m'ha sempre attirato tutto.

(si tira su, eccitata dal ricordo)

Pensa che quando era ragazzina, la prima volta che me so' venute le mie cose, io sono corsa al rubinetto de cucina, tenevo un grumo sulla mano, l'ho lavato nell'acqua, volevo vede com'era veramente, se quel sangue nascondeva dentro qualche cosa che paresse 'na creatura... Mia madre poi, quando gliel'ho detto, s'è messa a ridere. Dice: "Ma che, nun eri mica incinta! ... ". Ma a me, quella faccenda della vita, m'era rimasta misteriosa. E volevo capi'. E volevo scopri'.

VALERIO- *(ride, tenendola abbracciata con tenerezza)* Eri proprio una sciocchina... Ma come potevi pensare che un grumo di sangue da solo avesse una vita?

TERESA - A Valerio, tu queste fantasie non le puoi capire. Sei un uomo, e voi uomini non capite niente de 'ste cose, anzi ne avete schifo.

VALERIO - Ci fanno un po' impressione, questo sì... Ma schifo, bè schifo proprio no. A me tu mi piaci sempre, come potresti farmi schifo quando hai quelle tue cose lì?

(la abbraccia più stretto)

TERESA - Lasciami stare, patti chiari abbiamo fatto, anche se t'ho accettato qui da me, e mia madre se n'è andata addirittura a dormi' nella stanzina, perché noi stessimo assieme. Ma assieme così e basta, intesi?

VALERIO - *(la accarezza imbronciato, guardingo a una ulteriore reazione di lei)* Finché lo vorrai tu, intesi. ..

TERESA - Senza scherzi e trabocchetti, va bene? Nun come l'altra notte, che m'hai svegliato, e non volevi lasciarmi più.

VALERIO - *(le prende il viso fra le mani)* Ma tu, per me, non provi niente? Non ti va di stare assieme a me? Non senti che con un abbraccio io ti dico di più quanto ti voglio bene? Sei davvero una strana ragazza ...

TERESA - Mi va ... *(sorride)* Va là che mi piaci, e lo sai. E poi, come lavori, qui da noi, a 'sto doposcuola dove non cià resistito mai nessuno, e tu lì, a imprecare, a beccarne al volo uno che scappa e un altro che fa a botte ... In fondo, anche se te nun ce credi, di ottenere alla fine un risultato, però te impegni. E questo, a me, me pare molto ... molto...
(non trova la parola, allarga le braccia e lo circonda in un abbraccio infantile) molto meraviglioso!

(Valerio vorrebbe trattenerla in quello slancio, ma lei subito sfugge)

VALERIO - Ma che fai? Giochi? Vuoi illudermi? Se ormai non ti avessi conosciuta, direi che sei una civetta, e ti darei una bella lezione.

TERESA - Ma è una scommessa, la mia, lo sai? Mio padre è morto che io ciavevo due anni. Quando poi sono cresciuta, gli ho promesso, a lui morto, siccome non l'avevo conosciuto mai, che sarei arrivata vergine al matrimonio.

VALERIO - Sei buffa! Perché questa promessa? Che gli importava, a tuo padre, se era morto, che tu arrivassi vergine al matrimonio?

TERESA - Mia madre con lui c'era arrivata. Vabbè che s'erano sposati che lei ciaveva appena sedicianni. Ma insomma, io ho promesso e basta. E per ora deve essere così, poi si vedrà.

VALERIO - Io credo che ci sia qualche altra cosa che ti ha fatto decidere in questo modo...

TERESA - Forse, anche qualche altra cosa...

VALERIO - Non me lo vuoi dire?

TERESA - È che credo di averlo capito anch'io da poco. Di me stessa, voglio dire. Ho cercato di guardarmi dentro, come quando uno va dallo psicanalista. Me facevo da sola le due parti, ero io ed ero anche quell'altro.

VALERIO - E che hai scoperto?

TERESA - Quando c'era il movimento femminista, a casa mia, già qui, in quartiere, si facevano gli aborti clandestini. La legge, non era passata ancora. E io

stavo là, piccoletta, avrò avuto diecianni... Ma 'ndove dovevo anna'? Giravo per le stanze... C'erano tutte quelle donne che aspettavano... Angosce. Pianti. Lamenti soffocati... Poi, quel sangue, buttato nella tazza, raggrumato... Io pensavo: "Lì, c'è la vita" e non dicevo niente. Ma per me, un bambino era il massimo. E tu non puoi buttarlo. Che ne so? Me veniva da pensa' così...
VALERIO - Anche quella è violenza. E la facevano le donne.
TERESA - Sì, ma non puoi dirlo tu, che sei maschio. La vostra, di maschi, quella è violenza allo stato puro.
VALERIO - Io mi sono rifiutato di ammazzare, lo sai.
TERESA - Ti sei rifiutato per sostenere una tua teoria, in cui non è toccata la tua pelle. Ma se tu metti incinta una ragazza, che cosa fai? E io non voglio, capisci?, non voglio che mi capiti con te, di rimanere incinta. Perché io il figlio me lo terrei, ma tu, con la tua classe, la tua cultura, con la tua famiglia benestante, come la metteresti   poi?
VALERIO - Come vai lontano. Sei ancora vergine... *(ride)*... devi perfino imparare a dare un bacio dato bene, e già pensi a questo e a quello. Comincia a essere un po' più   dolce,   non   succederà   niente   di   terribile,   te   lo   prometto.

Teresa si abbandona ad un bacio finalmente fiducioso, meno fugace dei precedenti.

TERESA - Perché poi, vedi, Valerio, io non chiederei di meglio che essere un po' più dolce, come dici tu. Soltanto che ho paura. Paura di soffrire. Hai capito?
VALERIO - Credo di capire almeno un poco. Dormiamo, adesso.
TERESA - E tu, stammi vicino.
VALERIO - La mia avversaria battagliera...

(si baciano)

La   mia   dolce   compagna.

I   due   si   addormentano.

G-L'AUTOBUS

Anna e Elvira stanno davanti al portone di casa, in atteggiamento ansioso.

ANNA - Stefano ancora non torna. A quest'ora è sempre a casa. Non per altro, magari, ma la fame...
ELVIRA - E Andrea e Domenico, pure loro. Come sarà 'sta cosa?
ANNA - Ho mandato Cinzia a telefona' al padre, che sta in macelleria... Magari j'ha telefonato a lui, da fori... Chi lo sa. Proprio nun me lo spiego...
ELVIRA - Stasera poi avevo cucinato i rigatoni con le melenzane. Specie a Andrea, quanto je piacciono! Per fortuna che nun scociono, mangeremo più tardi. Tanto a casa è sempre 'na torre de babele, la televisione, il citofono, chi arriva e chi esce...
ANNA - *(guarda a destra e a sinistra, con crescente preoccupazione)*
E pure Cinzia, che nun torna...

ELVIRA - Sarà guasto il telefono del bar. Quello è sempre intasato, i ragazzini je mettono i tappi della birra al posto dei gettoni. Je sarà toccato d'anna' fino alla latteria...
ANNA - Ma là il telefono nun ce sta proprio più! L'hanno portato via tutto d'un pezzo!
ELVIRA - Sarà andata fin sullo stradone, dal giornalaio...
ANNA - Capirai! So' dieci minuti perlomeno! E poi, a 'st'ora, ce sarà la fila...
 ELVIRA - Ce l'aveva, il gettone?
ANNA - Ciaveva la moneta. Quello del bar de solito je da' er gettone al posto...
ELVIRA - Sì ma se nun telefoni da lui, niente gettone: lui te lo dà se lo consumi lì.
ANNA - Ma se al suo bar il telefono è guasto, un cristo che va' telefona', che cazzo fa'?

Elvira allarga le braccia. Un silenzio pesante. Le due donne si guardano attorno con   preoccupazione   crescente.

ELVIRA - Erano andati un po' a svagarsi. 'Sti baracconi de festival, qualcosa da vede c'è sempre. Je regalano pure dei manifesti, grandi, tutti colorati... Domenico mio se li mette sempre in stanza sua, dietro il letto. Poi, quando so' invecchiati, ce fodero   i   cassetti...

Arriva   Cinzia   trafelata.   La   madre   le   va   incontro.

ANNA - Allora?
CINZIA - *(concitata)* Papà nun ne sapeva niente. M'ha fatto aspetta' che lui chiamava il festival, dove ce sta Richetto che risponne...
ANNA - E che avete saputo?
CINZIA - Niente ancora. Dopo un po' che aspettavo che papà me richiamasse, ho riprovato a chiama' io, ma il numero era sempre occupato ..
ELVIRA - Ma così adesso quello magari sta chiamando, e tu non ce stai più?! Dov'eri? AI bar?
ANNA - *(incalzando)* Da Cecco in latteria?
ELVIRA - Da Lallo dei giornali?
CINZIA - Stavo da Ernesto, quello che commercia in orologi. Al telefono ce stava lui ad aspetta', m'ha detto de veni' da voi, almeno nun stavate in pena.

Arriva   Ernesto   di   corsa.

ERNESTO - *(ad Anna)* Ha telefonato tuo marito. Dice che al festival li hanno chiamati pure col megafono, ma nun se sono presentati.
ANNA - E capirai!, con quel casino de altoparlanti, musiche e comizi!... Quelli poi, se stavano infrattati a mangiasse 'na pizza, a ride e a scherza', ma che hanno sentito!...
ERNESTO - *(incerto)* Mentre che stavo pe' veni' qua, è arrivata la madre de Gianfranco. Dice che il fijo passava in motorino sopra al ponte, e ha visto un incidente... non so bene.
ANNA - Parla perdio! Che altro sai?
ELVIRA - Va avanti!
ERNESTO - Niente so. A Gianfranco jè sembrato de vede gente de qua...
ELVIRA - Ma chi?
ANNA- Come?

ELVIRA -I ragazzi non avevano macchina...
ANNA - Neppure il motorino... figurati!, quelli prendono l'autobus!
ERNESTO - *(desolato)* È precipitato l'autobus...
ANNA, ELVIRA, CINZIA - *(insieme, accavallandosi)* L'autobus?
-                    Ma   quale   autobus?
- Quale numero di autobus?
ERNESTO - Il duecentonovantatre.

(tutto d'un fiato, per tirar fuori tutto quanto non può più trattenere)

Era sul ponte, dice. E correva veloce. Ce stava 'na fila de macchine che nun se volevano sposta', tutte nel centro. L'autista ha preso, se fidava ch'era grande... ha superato sulla destra. Sarà stata la strada scivolosa... ha toccato il muretto sopra al ponte... quello ha ceduto. È caduto di sotto.
ANNA,   ELVIRA   e   CINZIA
-      *(con   un   urlo)*   Stefano!   Andrea!   Domenico!
-           È   caduto?   Ma   come?
-               Dove   s'è   fermato?
- Io lo devo sapere!
- Ernesto che altro sai? Dove staranno adesso?
-                              Andiamo   là!
-                              Sì   corriamo!

Le   tre   donne   si   sostengono   l'un   l'altra,   abbracciate.

ERNESTO - Calmatevi! Che ne sappiamo? Nun è detto che fossero sull'auto!...
CINZIA - Io me lo sento, c'erano!

(si torce tutta, le mani sulla faccia)

Erano là, lo so... Lo prendevano sempre, quall'autobus.
Era l'ora, era l'ora che tornavano.
ANNA - *(a Ernesto, febbrile)* Ma ti avrà detto Gianfranco se stavano ancor lì...
Ti   avrà   detto   qualcosa!

Ernesto   fa   un   gesto   di   impotenza.

ELVIRA - Anna, può essere soltanto un brutto sogno. Tra poco ce li vedremo qui, affamati... Io ciò i rigatoni pronti, e la peperonata...

(si illude per rassicurarsi, nell'elencazione dei cibi)

E je preparo pure le fragole, stanno già in frigo, pulite, per domani... ma stasera avemo da fa' festa... Purché tornino,

(piange)

nun m'importa si me trattano male... si me strillano sempre... si nun so' mai contenti...
ANNA - Io je sto a prepara' 'na camicia bellissima, a Stefano.
Tutta de filo azzurro fresco fresco. Così al campeggio nun cià caldo...

Crescono intorno i rumori del quartiere.
Voci commentano l'accaduto che comincia a diffondersi.

VOCI -
- Hai sentito? È caduto dal ponte...
- Ma che numero era?
- Il duecentonovantatre...
-Com'è stato?
- Chi c'era?
- Dice che ce sta Andrea... E Domenico...
- E Stefano ...
- Ma chi te l'ha detto? Hanno telefonato...
- Sono vivi?
- Chissà... non si sa niente... non si sa niente ancora...

Le tre donne sono un gruppo compatto di dolore.
Ernesto si aggira impotente, incerto su che cosa fare.

ERNESTO - Che se po' fa'!... Namo a telefona' agli ospedali... Sul ponte, ormai, è inutile .. Saranno già due ore che è successo...
CINZIA - *(in un impeto)* Io ce devo anna'. Io ce vado. Col motorino de Gianfranco. 'Ndo' sta Gianfranco?
ERNESTO - È' venuto dalla madre, che così nun stava in pena, ma poi è ripartito di nuovo... Nun lo so, forse è andato all'ospedale.
 CINZIA - Namo a telefona' a mi' padre. Almeno lui saprà qualcosa!

Arnaldo il macellaio compare dal fondo. Passi corti, lenti. Stringe le labbra,
mentre guarda le donne che a loro volta lo fissano, incapaci di fare domande.

Cinzia si butta verso di lui, fin nelle sue braccia.

CINZIA - Papà!

Arnaldo abbraccia la figlia stretta stretta. Indugia nell'abbraccio, nascondendo il
viso, per ritardare il momento in cui dovrà parlare. Poi si rivolge ad Elvira.

ARNALDO - Elvira, nun c'è stato niente da fa' purtroppo.
ELVIRA - *(con un grido)* Domenico?
ARNALDO - Sì...
ELVIRA - *(un rantolo)* Andrea?
ARNALDO - Sì Elvira, tutti e due. Gianfranco ha telefonato, sta all'ospedale. Erano dentro l'auto. E' stato un attimo, nun se ne sono manco accorti, l'ha detto il medico... Erano là, tornavano dal festival...
ELVIRA - Ma non è possibile! Io impazzisco! Anna! Cinzia! Ernesto! Aiutatemi! Arnaldo sei sicuro? Io nun ce credo! I figli miei!
ARNALDO - Io pure vorrei non crederci... Ma Gianfranco li ha visti... Inutile nascondere... farti sperare... Elvira... Ti porteremo noi.

Ernesto sorregge Elvira pressocché esanime. Anna si avvicina ad Arnaldo ancora abbracciato a Cinzia.

ANNA - *(in un soffio, sospesa ma già consapevole)* E Stefano nostro?
ARNALDO - Salvo. Ma non dir niente adesso... parrebbe un'ingiustizia.

(insieme ad Anna si avvicina ad Elvira, e tutti quanti si allontanano, mentre Cinzia rimane sola a guardarli)

ELVIRA - *(come una madonna addolorata, sostenuta dai tre, mentre si allontanano)* A Domenico je piaceva la camicia de seta bianca con la riga gialla... Andrea ce teneva a quella majetta grigio perla, con le taschine e il collettino... se la voleva conserva' pe' la comunione d'Antonia... Voglio che siano belli i figli miei! Belli come so' sempre stati!

(ritorna dopo l'effimera illusione di un attimo al dolore lacerante)

Ma che sto a di'!? Io nun ce credo!... Gianfranco s'è sbajato...
Io li voglio vede co' li occhi miei!
CINZIA - *(rimasta sola, scivola a terra)* Stefano è vivo! Lui sì e Domenico e Andrea so' morti! Com'è possibile? Io nun so se ridere o piangere! Lui è vivo, e gli altri due no! Perché lui sì e loro no?

(ride e piange, alla fine è un lungo pianto)

Non sarà mai più come prima... tra noi... a giocare per strada... tutti insieme... Ogni volta che vedrò Stefano, mi sembrerà di vedere Andrea e Domenico...

(si allontana, le braccia incrociate sulle spalle, rannicchiata in un abbraccio con se stessa)

H -IL GIUBBOTTO

Davanti a un banco di giubbotti e capi di abbigliamento in esposizione, Armando, Luca, Sandra e Matteo lo scemo, che ha l'età degli altri ragazzi ma a livello mentale è rimasto un bambino.

Armando tiene sottobraccio una cartella di scuola. La venditrice sta facendo ordine sopra il banco pieno di giubbotti e pantaloni ammonticchiati.

ARMANDO - *(fa segno a Luca e a Sandro, indicando la venditrice)* Questa qua nun ce conosce. Voialtri due la tenete impegnata. Matteo ve sta appresso, e io lavoro.   Intesi?

Luca e Sandro fanno un cenno di assenso.

ARMANDO - Poi se vedemo dietro il ponte.
LUCA - A Arma', e 'sta cartella?
ARMANDO - Eh! So' arrivato da scola... Che ne famo?

SANDRO - Damme qua, che la tie' Matteo.

(prende la cartella dalle mani di Armando, la sporge a Matteo, che tutto contento la afferra e comincia a frugarvi).

MATTEO - Sì sì, la cartelletta a me! Che ce posso guarda', zi'?
ARMANDO - Sì Matteo, ce poi guarda', ma nun me strappa' le pagine dei libri.
MATTEO - 'Na pagina de quaderno, eh, zi'? Che, ce posso disegna'?
ARMANDO - Vabbè Matteo, famola finita!

Matteo sparge a terra, fuori dalla cartella, libri e quaderni. Apre la scatola dei pennarelli. Tutto concentrato si accoccola a tracciare figure su di un foglio.

LUCA - Giusto pe' divertisse 'na volta tanto. Però a me nun me va più de fa' certe cose... Sarà perché lavoro, nun vojo corre rischi.
SANDRO - Pure questo è lavoro. 'N giubbotto gajardo, so' due o tre piotte.
LUCA - Nun me va de rischia' sempre la galera!
SANDRO - A fa' 'l barista sai quanto guadagni!
ARMANDO - Che, stamo a litiga'? Io pe' me so' pronto.
LUCA - Vabbè 'namo va. Ancora pe' 'sta volta. Matte', vie' qua!
MATTEO - *(si avvicina ai tre con il foglio tutto disegnato fra le mani; a Sandro)* Te piace, eh, zi'? Ce 'sta 'na casa grande grande in mezzo, davanti ce sta 'n'albero, tutto verde con dei fiori rossi...

(continua a tracciare dei segni sul foglio, assorto)

Mo' ce vojo pure fa' 'l mare, in fondo in fondo .. E poi ciannamo tutti quanti.

(ride contento)

SANDRO - Matteo è mejo se sta de fori. Almeno nun crea impicci...
LUCA - Vabbè. Prima facciamo...

Armando rimane accanto a Matteo, fingendo di interessarsi ai suoi disegni. Sandra e Luca si avvicinano al banco e osservano dei giubbotti prendendoli in mano, provandoseli a vicenda.
La venditrice sorridendo li aiuta a indossare i giubbotti; si volta un attimo per prenderne un altro da mostrare; nello stesso momento i due sporgono un giubbotto verso Armando, che velocissimo si slancia ad afferrarlo e fugge via.
La venditrice si rivolta e vede Armando in fuga con il suo giubbotto tra le braccia.

VENDITRICE - Ladro! Il giubbotto! Aiuto' Aiuto!

Si profila un vigile sul percorso di Armando che, vistosi scoperto e non potendo superare l'ostacolo con il bottino, lascia cadere a terra il giubbotto, supera il vigile di lato con una mossa di scarto e sparisce fuori dalla vista. Il vigile si china a recuperare il giubbotto.

VIGILE - *(porge il giubbotto alla venditrice)* Signora, abbiamo recuperato la refurtiva!

VENDITRICE - Meno male! Era uno dei capi più cari! 'Sti fiji de puttana! Io sto qua a sputa' sangue.

Luca e Sandro tentano di defilarsi. Sandro si è avvicinato a Matteo, che ha seguito la scena facendosi delle risatine.

SANDRO - *(si china a raccogliere i libri e i quaderni per metterli nella cartella)* Fa' veloce Matte'. Forza co' 'sti colori...
VIGILE - *(gli si para davanti)* E voi, dove volete andare?
SANDRO - *(candido)* Perché?
LUCA - Noi che c'entramo?
MATTEO - *(mostra al vigile il foglio disegnato)* Ciò fatto il mare... Te piace, zi'?

(si concentra di nuovo sul foglio zigzagando con un pennarello)

Mo' ce vojo fa' pure 'na barchetta...
VIGILE - *(alla venditrice)* Loro c'entrano?
SANDRO e LUCA insieme - Noi manco lo conosciamo a quello!
MATTEO - E chi lo conosce, a Armando?

(ridacchia, continuando a scarabocchiare il foglio)

VIGILE - Ah!, si chiama Armando, il vostro complice!
SANDRO - Ma quale complice! Noi, fino a prova contraria, stavamo qua a provasse dei giubbotti, per conto nostro.
VENDITRICE - Mah! A me è sembrato che si fossero dati delle occhiate tra loro...
LUCA - Ma signora, che sta a di'? Ce vole rovina'? Io lavoro, faccio il barista al tribunale!
VIGILE - *(si china a raccogliere libri e quaderni)* Vediamo un po', che ci sta qui...

(legge l'intestazione di un quaderno)

Qua c'è un diario di classe, intestato a questo Armando. E dal cognome possiamo risalire all'indirizzo di casa. Gli facciamo una bella denuncia ..

(guarda significativamente Sandro e Luca)

E a voi magari la denuncia, la facciamo per concorso in flagranza di reato!...
MATTEO - E a me, zi'? Ce so' pur'io, zi'!...
LUCA - Ma santo Iddio! E vabbè, Armando lo conosciamo. Ma che c'entriamo noi?! Stavamo qua con Matteo, avevamo deciso de fa' 'na passeggiata. Se semo fermati a prova' 'sti giubbotti... Matteo se faceva i suoi disegni...
VIGILE - Sì sì tutti angioletti... Boni boni... Ma che credete che so' della montagna der sapone?! Avanti! Documenti! E fate in modo che il vostro amico si presenti, ché sennò sono guai! Vado diritto da suo padre...

(legge nel diario, sfogliando qua e là)

Ma guarda guarda... quante assenze... E magari a casa, racconta che va a scuola tutti i giorni!

LUCA - Armando il padre nun ce l'ha... È morto che lui ciaveva un paio d'anni.
VIGILE - *(un po' meno burbero)* Ci sarà pure la madre...
SANDRO - Lavora dentro 'n'ufficio, fa' le pulizie. È 'na collega de mi' madre.
VIGILE - Ah! Così anche tua madre sta a sfiancasse, e tu qua, a "passeggiare"!
VENDITRICE - *(al vigile)* Senta, io il giubbotto l'ho riavuto, per fortuna... Lasci perdere, tanto cosa vuole ricavarne... Son dei ragazzi...
VIGILE - Così, alla prima occasione, ci riprovano! E trovano un venditore meno tollerante di lei, che gli spara e per caso lo colpisce! Ha capito perché mi sto incazzando? Non certo per il suo maledetto giubbotto. Se fosse mio figlio, questo Armando, sai le botte che gli darei, finché non ci riproverebbe più, a fare le bravate dei   giubbotti!

Matteo si è avvicinato alla venditrice. Le mostra il foglio tutto impiastricciato.

MATTEO - *(alla venditrice)* E davanti alla casa, ce vojo fa' 'na mamma. Ma nun me viene bene... Che m'aiuti, zi'?

(le   porge   il   pennarello)

VENDITRICE - Sì caro. Come ti chiami?

(prende   il   pennarello,   comincia   un   disegno)

MATTEO - Matteo, zi'! E tu? Che bello! Pare 'na mamma vera! E mo' faje pure 'n ragazzino accanto... E 'l ragazzino sta a mangia' la merendina!...
VIGILE - E adesso sta a vede' che va a fini' tutto a tarallucci e vino!

(a Sandro e a Luca)

Voi due, fate che 'sto amico vostro se presenti qua immediatamente!
LUCA - Poi ce lassate anna'?
VIGILE - Vedremo...
SANDRO - A sor vigile, famola finita. La signora qua ha detto che per lei nun ce stanno più problemi. Se nun c'è la denuncia...
VIGILE - Eh! No! Se vuoi saperla troppo lunga, è là che io te frego! Armando se presenta, o sennò famo notte. E nun me fate perde ancora tempo, che ciò altri inghippi da spiccia'.
LUCA - Dai, Sandro. A 'sto punto famola finita.

Luca fa un lungo fischio modulato, un segno convenzionale tra loro.
Da dietro l'angolo riappare Armando piuttosto mogio.

ARMANDO - *(disinvolto)* Che se fa?
VIGILE - Ah! E tu che dici?

(lo prende per un orecchio, tenendo con l'altra mano il diario di classe)

Fijo de 'na mignotta, tutte 'ste assenze! Ma nun te vergogni?
E tua madre, a fatica' pe' te!
ARMANDO - Ma so' stato malato...

(Il vigile molla la stretta; lo guarda in faccia)

VIGILE - Ringrazia che hai trovato 'sta signora...
Ma nun ciavete altre fantasie per la testa,
invece de anna' a ruba' la roba alli altri che lavorano?

Silenzio.
I tre stanno a capo chino; imbarazzati e ostili.
Matteo continua a stare attaccato alla venditrice che gli fa il disegno.

MATTEO - A casa poi vojo prova' a fa' un disegno del tuo negozio... Co' tutti 'sti giubbotti sopra 'I banco...
VIGILE - Sparite! Nun ve vojo più vede'. Ma...

(Passa davanti a ognuno di loro, guardando ciascuno in modo intenso, quasi accorato)

... me raccomando!

(Tira fuori un po' di soldi da una tasca, li porge a Matteo)

Tie', va a comprarti un gelato.
MATTEO - Un gelato sì! Grazie, zi'!

Matteo si avvia saltellando. Gli altri tre lo seguono a muso duro.

3)   L'AMORE

Teresa e Valerio in campagna, sdraiati sull'erba.

VALERIO - Non c'eravamo ancora venuti, in campagna. Il quartiere è appena a qualche chilometro da qui. Pochi minuti per lasciarlo, e ti pare di non averci mai vissuto.
TERESA - Perché tu nun ce sei nato. Io ce l'ho dentro, 'I quartiere. Come 'na malattia, 'na piaga da cui nun puoi guari'. Che te concede un poco de sollievo, se t'allontani. Ma poi ce torni, e è tutto come prima... Per te è diverso. I problemi nostri sono anche i tuoi per pochi mesi solamente. Tu hai scelto 'sti problemi perché hai delle teorie da dimostrare... Non perché ce vivi dentro.
VALERIO - Eppure, Teresa, il lavoro con i ragazzi mi sta appassionando. E qualche risultato incomincia a farsi sentire. Hai visto CarIa, Carlina come la chiamate voi? Fino a poco tempo fa, se le parlavi, ti sputava addosso, urlava come un cucciolo impaurito. Adesso sta ad ascoltare, delle volte sorride perfino... Ha iniziato a dire qualche frase...
TERESA - Carlina si difendeva contro tutto e contro tutti. Aveva capito che doveva fare così, se voleva sopravvivere in mezzo alla violenza. Adesso comincia a parla', l'ho notato pure io... dimostra un po' de fiducia... Speriamo che 'sta fiducia non le dia 'na fregatura, quando dovrà fa' i conti con gente meno umanitaria de Valerio...
VALERIO - Io non posso fare di più...

Silenzio.

TERESA - Comunque, a casa de Carlina, per via de Sandro, ce sta sempre un macello de problemi... Hai provato a fa' qualcosa pe' Sandrino?
VALERIO - L'ho mandato a parlare con quelli della comunità, è già tanto che ci sia andato... Sembrava interessato seriamente, a smetttere... Certo, ci vuole molta volontà. E prospettive... Soprattutto quelle.
TERESA - Quelle che quando torni al quartiere, poi nun ciai ...

Silenzio.

TERESA - E Luca? L'ho incontrato l'altra sera. M'ha detto che da qualche giorno sta a fa' il barista al tribunale...
VALERIO - S'è messo proprio bene, Luca. I furti, gli scippi, le spedizioni pe' i giubbotti, tutta roba passata, almeno pare.
TERESA - *(maliziosa)* E' perché s'è fatta la ragazzina...

Silenzio.

TERESA - *(con rabbia)* Perché nun c'è progetto, niente!, nel quartiere. Tutti a gira' a vuoto... Su tanti destinati a 'sta vita dannata, che vuoi che sia due o tre che se sistemano?
VALERIO - Ognuno di noi è uno. Tutti insieme diventiamo tutti.
Io sono uno e ho rifiutato il servizio militare. Se tutti facessero come me, alla fine le guerre diventerebbero impossibili.

Silenzio.

TERESA - A me pare che se resta sempre soli.
VALERIO - Io sono stato solo per tutta l'infanzia, anche se intorno a me avevo una famiglia. E mi sono sentito solo finché non ho potuto fare delle scelte mie.
TERESA - Ma da ragazzino tu ciavevi la barca ... Ciavevi casa, villa e tutto il resto... è diverso, credimi, è 'na sofferenza da signori.
VALERIO - Sì, meno dolorosa sulla pelle, la mia infanzia in confronto alla tua. Mio padre mi regalava perfino delle cose che non facevo in tempo a desiderare. Ma quello che pensavo, come mi sentivo dentro, lui non gli è mai venuto in mente di parlarne con me, di chiedermelo. Era troppo impegnato a fare i soldi. Questa mancanza di amore, un ragazzo ne rimane segnato per tutta la vita.
TERESA - Ti è pesato molto, a te?
VALERIO - Forse mi resterà per sempre dentro, come un marchio. Se non incontrerò una fata buona, che spezzerà l'incantesimo e mi farà rinascere con il suo amore.

(Teresa ride; lui la bacia)

Hai la bocca dolce, Teresa...
TERESA - Sì? *(lo bacia)* Anche tu...
VALERIO - Siamo dolci, tutti e due. Ci siamo raddolciti perché siamo insieme. Come mi sei cara, Teresa!. . Tutta la tua violenza non era altro che pudore. Tu non volevi mostrare la bellezza dei tuoi sentimenti, splendida come la bellezza del tuo viso... Teresa mi ...

(la abbraccia con passione; lei ricambia)

... la bellezza del tuo corpo... che io desidero tanto...

TERESA - Oh!, ti prego, lasciami stare come sono! La tua vita non è qui. Altre cose ti aspettano, mi dimenticherai. Tu rimani con noi soltanto ancora pochi mesi...
VALERIO - Ma io ti voglio portare via con me!

(la abbraccia; i due rimangono avvinghiati)

Tu sei più forte di me. Ti sei fatta da sola. Io ti voglio, sei tu che manchi alla mia vita. Sei tu che mio padre e i suoi soldi non potrebbero mai darmi.
TERESA - Ma io non sono come te... Questi modi, freddi, precisi... di affrontare un problema... di vederlo davanti a te...

(i due continuano a baciarsi, mentre i loro pensieri si affollano nonostante i baci)

VALERIO - Anche adesso? Anche adesso tu mi senti cosi?

(la   bacia   con   passione)

TERESA - Anche adesso sì... Tu sai perché mi vuoi... Calcoli cosa ti manca nella vita che cosa rappresento io per te... Mentre adesso... dentro di me io sento soltanto più un desiderio che prima non ho provato mai... che spezza ogni mio limite... ogni mia resistenza... Sempre di più... sempre di più... io non desidero altro che te... Valerio...   Valerio   mio...

I due ragazzi rimangono allacciati continuando a baciarsi con passione.
Un grido di Teresa, lancinante, che segna la fine di un momento di incantesimo.

TERESA - Ahhhh!!! M'hai rotta tutta!

(si rialza con un balzo)

VALERIO - *(si tira su di scatto, tentando di riabbracciarla)* Ma che fai? Mi butti via cosi?
TERESA - *(tenendo Valerio lontano, gli occhi fissi)* Quella goccia di sangue... L'hai vista, quella goccia? Così almeno tua madre nun potrà più dire che io nun ero vergine.

(si butta a terra piangendo)

VALERIO - *(umiliato, le si avvicina)* Non è cosi che avrei voluto averti.
TERESA - L'amore è una cosa delicata. Dovevi darmi tempo. Già cominciavo a cedere. Sentivo che ti amavo anche con il mio corpo. Hai avuto fretta.
Troppo presto ti sei voluto prendere la cosa mia più preziosa.
VALERIO - *(incerto, senza capire bene del tutto quanto lei ha detto)* Non fare la bambina... Qualcuno a un certo punto ci doveva essere, a deciderti... a farti prendere coraggio.

(la accarezza; lei non reagisce, il viso nascosto dai capelli)

Ora cominceremo a fare l'amore veramente, senza tutte quelle paure... promesse e giuramenti... Questa volta tu non scapperai...

(la bacia leggero sui capelli; lei si volta, scopre il viso)

TERESA - *(guardandolo imbronciata come una bambina che desidera tornare a giocare)* M i hai fatto male...
VALERIO - Ora non più.

(la abbraccia; lei ricambia)
Vedrai...

I due si allontanano abbracciati.

1-   TRETREGIUGIU

Marco sta rivestendosi. Robusto, capelli corti, al polso un cinturino di cuoio con i chiodi. Accanto a lui un distinto signore si ricompone gli abiti, si rassetta i capelli scomposti da un evidente momento di abbandono.

DISTINTO SIGNORE - E un'altra volta possiamo combinare sulla barca. Siamo più liberi. Senza orari. Senza sguardi indiscreti.
MARCO - Se po' fa'. Ma patti chiari, tariffa tripla. E poi, vicino al molo. Vojo scenne quanno me pare. Ciò da fa', io, a 'na cert'ora ...
DISTINTO SIGNORE - Sempre tutti questi impegni. Se ti pago! Ti pigli il tempo che ci vuole, ce ne stiamo belli tranquilli, ci facciamo pure il bagno. Eh? Che ne dici? Giovedì?
MARCO - Mm... Te telefono.

(un gesto impaziente con la mano)

I soldi.
DISTINTO SIGNORE - Li hai già avuti!
MARCO - Li altri. Semo stati du' ore.

(guarda l'orologio con impazienza)

Nun me fa' perde tempo, che sennò nun me rivedi.

Il Distinto Signore estrae una banconota dal portafogli, la dà a Marco indugiando a stringergli la mano, con insistenza.

DISTINTO SIGNORE - Come sei maschio! Allora, intesi. Giovedì?
 MARCO - Può esse. Ora devo scappa'. Ciò ancora un lavoretto che m'aspetta. . .
DISTINTO SIGNORE - Almeno un bacio.
MARCO - Per oggi è chiuso. Ciao, bambina.

Marco scompare. Il Distinto Signore sospira, socchiude gli occhi, aspira il profumo di quel corpo sfuggito, rimastogli sulla mano.

DISTINTO SIGNORE - Lui può fare quello che vuole...

In un angolo di strada del quartiere, Emma e Gina stanno ultimando il loro trucco. Colori violenti di fondotinta, sull'ocra. Labbra ciclamino. Occhi bistrati come usava nei kolossal su Cleopatra.

EMMA - Che poi, Gi', si me vede mi' padre, me ammazza de botte.

(accentua il rosa delle guance, guardandosi in uno specchietto)

GINA - E perché, mi' madre nun sta sempre a guardamme, appena torno a casa, pe' vede se me so' ripulita? Fosse per lei, me lascerebbe pure. Ma mi' padre, sono scenate si me scopre con il trucco.
EMMA - *(si ripassa le labbra con il rossetto, sorridendosi per contemplare l'effetto seducente)*
Eppure, a me me piace, de truccamme. Che ne so?, me fa' senti' più sicura...
GINA - *(finendo di sfumare il rosa sulle guance)* Pure a me.

(fruga nella borsetta del trucco)

Me volevo mette un po' de strasse... Ciavevo 'na boccetta, con tutte pagliette luccicanti... ma nun la trovo più... Che ce l'hai te?
EMMA - *(le porge una boccetta)* Tie', stava dentro la trusse, me l'avevi prestata l'altro giorno. Per la festa, nun te ricordi?
GINA - Adesso me ricordo. Che te volevi fa' vede da Marco che te piaceva, eh?
EMMA - Vedi. . Marco per me, è il classico uomo forte. Quando che arriva lui, me pare tutta 'n'altra cosa da tutti 'sti pischelli. E guai a chi je dice niente, je mena subito!
GINA - È proprio tozzo! Cià 'na forza!... Poi nun è che sta li come tant'altri, a scherza', a ride...
EMMA - Lui è uno che sa quello che vuole. Anche bucarsi, come fanno tanti de qua, ma che!, nun gliene frega niente! Lui dice ·che non è da uomo. Qualche volta sninfa un po' de coca, ma perché quella esalta... E poi a me, quando che sto con lui, me fa sentì donna.
GINA· Potessi trova' uno come Marco!
EMMA - Lui quando arriva, cià i soldi. Si può spendere come si vuole. Panini, coca cola, pizza, il cinema, la bisca... nun è che sta a guarda'. M'ha regalato pure un braccialetto, che dev'essere antico...

(lo tira fuori dalla borsetta e lo mostra a Gina)

Si me lo vedono da 'ste parti, tutti a domanda' da 'ndove arriva, e de qua e de là...
GINA - Nun è che l'ha rubato?
EMMA - E che ne so? Delle volte je danno degli oggetti in cambio... che ne so?, se fa dei lavoretti...
GINA - Emma sta attenta, che nun te lo ritrovi dentro.
EMMA· Già c'era andato qualche mese fa. Normale: chi è che nun ce va? L'altro giorno uno tutto acchittato è arrivato fino a dove noi stavamo a parla', gli ha fatto

un cenno... lui gli c'è andato vicino, ma io ho sentito, quello je chiedeva se je rimediava un bell'impianto stereo...
GINA- E lui?
EMMA - J'ha detto: "Mo' vediamo... ". Poi j'ha fatto un cenno brusco, come a di': "Sparisci, adesso nun è cosa", e quello se n'è andato.
GINA· E lo stereo?
EMMA   -   Che   ne   so?   Era   ieri   soltanto.

Arriva Matteo lo scemo. Voce infantile in una corporatura da adulto.
Comportamento   rimasto   all'età   di   un   ragazzino.

MATTEO - Stavamo a gioca' a tretregiugiù e quelli tutto a un tratto se so' sentiti male...
GINA - Quelli chi?
MATTEO - I ragazzini che giocavano insieme a noi. Se so' sentiti male, erano diventati bianchi bianchi. Parevano che nun respiravano neppure... appena appena... un filo... e stesi a terra... lo credevo che scherzavano...
EMMA - Tu credi sempre che la gente scherzi, Matteo. Ma quelli, stavano male veramente?
MATTEO - So' arrivate le madri. Dovevi senti' che strilli!
GINA - Sì, ma che hanno fatto?
MATTEO· Hanno chiamato la croce... verde... rossa... Che ne so?
EMMA - E chi è venuto?
MATTEO - Bo! Valeria cercava de falli respira'... je stava proprio addosso... Uno s'è un po' ripreso... Ma l'altro... nun c'è stato più niente da fa'...
GINA - Ma chi? Com'è stato?
EMMA - Perché? Che cosa avevano?
MATTEO - Boh! Che ne so! Tutto a un botto se so' sentiti male.
GINA - Ma nun sarà successo così, senza ragione. C'era qualcun'altro assieme a voi?
MATTEO· Ce stava un tizio... l'avete visto pure voi... Uno che tante volte passa...
EMMA· E che ha fatto, 'sto tizio?
MATTEO - Niente ha fatto. Me voleva buca', già l'altro giorno, a me.
Che poi quell'iniezione, se la son fatta l'altri. Ma a me nun c'è riuscito. E poi ridevano... C'era tutto un commercio. E buste e pacchettini. Caricavano 'sti ragazzini sulle macchine, poi dopo un po' li riportavano. E se giocava di nuovo, tutti assieme...

(fa la mossa di inclinarsi, dorso in giù, le mani avanti, cantilenando)

Tretre... giugiù... *(ride)* Quelli saltavano che parevano ranocchie. 'Na cifra sveij. Mamma mia!

(si avvicina a Emma)

Che me meni, zi'? Mename un po'...

(si dà dei colpi con il palmo della mano contro la guancia, ridendo; si offre con il viso, prendendo con la sua la mano di Emma, perché lo percuota)

EMMA - Matteo! Mortacci tua! Ma dicce che è successo!

(lo percuote con la mano, che l'altro guida contro di sé con la sua, gemendo di piacere)

Tie' va!, sei proprio scemo... Ce dici che è successo?!
MATTEO - Sì Emma... Che ne so?

(le dà bacetti sulla mano)

Quanto sei buona, zi'... Me vuoi bene, sì?
GINA - Oh santo Iddio! Nun è che c'era Vincenzino? e Giorgetto?
EMMA - No no stavano al mare con mi' cugina. Ma chi saranno? E poi com'è finita? 'Namo a vede, che tanto questo, che ne sa.
Arriva   Sandro.

SANDRO - È morto Glauco. L'hanno bucato.
GINA - Ma che stai a di'?! Bucato?
SANDRO - Bucato sì. E pure Ermanno. Ma lui se l'è cavata.
EMMA - So' ragazzini de sei anni, sette... Com'è possibile?
MATTEO - Stavamo a gioca' tretregiugiù...

(saltella,   rivivendo   il   gioco   per   conto   suo;   ride)

SANDRO - Giocavano per strada. Come sempre, con gli altri ragazzini. È passato quello della fermata della metro, che tante volte ce vado anch'io, quand'ho bisogno. Ma a me nun me ne frega, so' cazzi mia se io ce vado. So quello che me faccio, so' io che chiedo, e pago. Ma quello è venuto là, e se li portava via. L'aveva già fatto un par de volte, ma io nun c'ero arrivato: li drogava! 'Stì ragazzini, pur d'aveccene de nuovo quella roba, andavano con lui: quello che lui voleva, loro facevano. Li mandava in giro con le buste, chi je diceva niente? Erano diventati schiavi suoi. Se vede che stavolta 'na dose era tajata male, e Glauco c'è rimasto, era tanto piccoletto... A Ermanno, Valerio l'ha tirato fuori. Ma Glauco, quando che l'hanno caricato sull'ambulanza, non respirava più.

(piange senza ritegno)

Possibile? Io me buco, me buco da tant'anni, ma sono fatti miei.
'Sti due, erano ancora ragazzini...

(si   dà   dei   pugni   in   testa,   con   rabbia)

MATTEO - Me meni pure a me, zi', eh?

(gli   si   avvicina,   gli   prende   la   mano)

SANDRO - Matteo... Matteo... Povero Matteo...

(lo accarezza)

MATTEO - Che è che è? 'No schiaffo dolce? Che ne so?

GINA - Dio Dio... Sandro, Vincenzino che era tanto amico de Glauco... Devo anna' a casa...

(si   avvia)

SANDRO - Io torno là *(a Matteo)* Dai, vieni pure te.

(lo prende per mano; Matteo gliela bacia, rimanendo attaccato alla sua mano, e   lo   segue   come   un   bambino)

MATTEO -Io nun ce credo che Glauco è morto. È tutto un gioco, eh, zi'? 'Namo a gioca' pure noi...

(si   avviano)

EMMA - Io resto qua. Ve raggiungo dopo. Stavo a aspetta' Marco. Chissà poi se verrà...

Emma siede a terra. Tira fuori la trousse, si riesamina il trucco. Aggiunge qualche sfumatura di fondotinta al collo. Si pettina, si arriccia, si gonfia.

EMMA - Tretre... giùgiù...

(cantilena il gioco infantile)

Voci   in   lontananza.   Un   crescendo   di   disperazione.

VOCE DI MADRE - E dove lo lasciavo, il figlio mio? Se qua nun ce sta niente, dove lo lasciavo?
VOCI SOVRAPPOSTE -
-        E   su   Patrizia   nun   fa'   cosi...
-        Calmati   che   tanto   è   tutto   inutile...   Fatalità...
- Che ci potevi fare tu? Fatalità...
VOCE DI MADRE - Fatalità nun è! Maledizione sì! A Glauco! Ma che hai fatto a mamma   tua?   Glauco   risponni   amore   mio!

Emma tira fuori dalla trousse una collana di perle giganti. La fa oscillare davanti a sé, se la mette prima sulla fronte, poi intorno al collo.
Controlla   che   effetto   fa   allo   specchietto   della   trousse.

EMMA - Tretre... giùgiù... A Marco je piace quanno me metto un gioielletto... Adesso me metto pure il suo...

(fruga nella trousse, tira fuori il braccialetto d'oro, se lo infila, contemplandolo)

Certo   che   fa   la   sua   figura!...

Le voci lontane si intrecciano. Un pianto sale a superare le parole.

EMMA - Avecce un fijo pe' poi vedello morì cosi... Io nun me sposo. Mah! Bisogna vede poi Marco, che intenzioni cià...

Appare *Marco.*

MARCO - An vedi la madonna incoronata!
EMMA - *(pavoneggiandosi)* Mbè?

(mostra il braccialetto)

Lo riconosci?

Marco le si avvicina. Un bacio duro, da padrone.
Si pulisce la bocca con il dorso della mano.

MARCO - T'ho detto mille volte che nun me piace che te ne vai in giro dipinta come 'na battona.
EMMA - *(improvvisamente umile, remissiva)* A Marco, ciai ragione, sì.
MARCO - Sì vabbè, lo so che te metti cosi solo per me... Ma nun me va che te ne stai in giro.
EMMA - Va bene, Ma'.
MARCO - Io sto a pensa' al futuro. E se vuoi esse la mia donna, a casa, tranquilla, ad aspettamme.

Emma si affretta a ripulirsi il viso con un klinex trovato nella trousse.

EMMA - Te va bene cosi?
MARCO· Mm... Da adesso in poi m'aspetti a casa, nun per strada, finché arrivo. Intesi?
EMMA· A Marco, sì.
MARCO - Poi io te vengo a prenne, annamo al cine, ce facciamo 'na pizza, e tutte cose... Okay?
EMMA - *(un riso malizioso)* Okay. Marco sei forte.
MARCO - La mia donna. Nessuno che trovi a ridi', vabbè?
EMMA - Come vuoi tu a me va bene, Marco mio.

I due si abbracciano.

MARCO - Devo ancora sbrigare una cosetta. Lo stereo che m'avevano ordinato.
EMMA· Gliel'hai trovato?
MARCO· Sai quelle terrazze, quasi a piano terreno, tutte piene de sdraie e de vasi de fiori? La porta aperta su un soggiorno, nun ce stava nessuno. Due minuti e via.
EMMA - Ma se ti prendono, Marco mio... se poi ti prendono...
MARCO - Già una volta l'hanno fatto. Tanto, questa è la vita. Una volta o l'altra, te succede. Mica posso mori' de fame mentre aspetto.

I due si allontanano abbracciati.

EMMA - Sai, oggi è morto Glauco... L'hanno bucato... Uno che sta sempre a spaccia' alla fermata della metro...

MARCO - A Glauco? Poveraccio... E povera Patrizia... Che già cià un figlio scemo... Quello almeno era a posto... Poveraccio.
EMMA - *(sempre più in lontananza, come un chiacchierare quotidiano)* Se non era quello, si pigliava qualche malanno. Sempre a gioca' pe' strada... O 'na moto... O 'na malattia infettiva.
MARCO - O 'na pistola... fra un po' d'anni...

Il pianto riprende forte, in mezzo a voci che bisbigliano, come in preghiera.

VOCE DI MADRE - A Glauco! Amore mio!

L - GLI ORECCHINI

*Un gruppo di ragazzi irrompe in un angolo di quartiere spruzzandosi
delle bombolette spray di schiuma da barba.
Luca combatte contro i ragazzi a colpi di schiuma. Tutti quanti sono ricoperti di
getti biancastri. Ai ragazzi finiscono le bombolette. Luca ne estrae di tasca una
piena.*

LUCA· Ammazza! Nun ve salvate! Ciò la riserva!...
RAGAZZI -
- Ma guarda 'st'impunito!
-Nun vale!
- Nun è più gioco! Nun è leale!
-'Namo a trovanne pure noi!...

I ragazzi corrono via. Luca ride, inseguendoli ancora con un getto di schiuma.

LUCA - *(dietro di loro)* Sì! Sto a aspetta' voi!

*Luca si ripulisce della schiuma. Tira fuori il pettine e uno specchietto,
si sistema i capelli appiccicati. Arriva Carlina, gli orecchini lunghi della madre
alle orecchie.*

CARLINA - *(oscillando il capo per mettere in evidenza gli orecchini)* Ma che hai fatto? Pari 'n bagnoschiuma...
LUCA - Giochi de carnevale... Magari se era panna...

*I due ridono. L'atteggiamento reciproco è in bilico tra i modi camerateschi
dell'infanzia e la differenza adolescenziale di comportamento tra un ragazzino e
una ragazzina.
Carlina aiuta Luca a togliere i residui di schiuma dal giubbotto. Una certa
dolcezza nei suoi gesti, che indugiano femminilmente. Luca avverte l'intenzione.
La guarda.*

LUCA - Belli 'sti orecchini! Quanno te li sei fatti? Pari più donna co' 'sti cosi...
CARLINA - Te piacciono?

(si pavoneggia, compiaciuta del complimento)

So' de mi' madre...

LUCA - *(ne tocca uno, da esperto)* È' oro?

CARLINA - Sé! Figurate se resistevano ancora dentro casa!

LUCA - Certo che voi donne ve trasformate a seconda de quello che ve mettete addosso! Ammazza! Già cosi, co' 'sti pendenti, pari più granne de quattr'anni!

CARLINA - *(maliziosa)* Perché, se fossi più granne de quattr'anni che me diresti?

LUCA – "Mettemose assieme", te direi. *(ride)* E tu, che me risponni?

CARLINA - *(ride furba)* Ma quattr'anni de più io nun ce l'ho!

LUCA - Ahò! So' stato a un veglione l'altra sera, avevi da vede come che s'eran conciate certe femmine! Belle! Bonissime! Tutte ignude! Vestite da gitane... da zingar... da odalische!... che ne so?

CARLINA - *(con una punta di disappunto, e tuttavia curiosa)* E tu, come che c'eri entrato?

LUCA - Me cià portato Ernesto, quello che sul mercato tiene il banco del pesce: appunto lui j'aveva dato il pesce pe' 'sto cenone, e cosi il padrone j'aveva offerto qualche posto a 'sta serata, insomma a noi nun è costato. C'era pure suo fijo Torquato, che è dell'età mia, e ce semo annati assieme.

CARLINA - *(afferra al volo l'argomento del cenone, meno pericoloso per lei di quello delle donne)* Ah, e che ve siete magnati?

LUCA - *(allegro al ricordo)* Una barca de roba! ma 'na cosa incredibile! Proprio da nun crede!

CARLINA - Per esempio?

LUCA - *(con limpida felicità rivive la sorpresa e i gusti di quei cibi)* All'inizio avemo magnato ostriche vive e tartufi de mare, ahò dico!, tartufi de mare!

CARLINA - Perché se chiamano tartufi de mare?

LUCA· E che ne so? Se chiamano così e so' carissimi. Forti, te fanno strizza' l'occhi, pe' 'l sapore che cianno. Poi tartine col salmone... caviale... e un piattino de fettine de salmone mentre che prima ce l'avevano dato come crema.

CARLINA - E tu, tutta 'sta roba te sei magnato?

LUCA - Ma che, scherzi? Questo è l'inizio solamente! L'antipasto, come devo spiegatte?

CARLINA - Bah! lo avevo già chiuso!

LUCA - Ce stavano ancora altri antipasti, de pesce sempre ché il menu era quello. Mazzancolle alla crema. Gamberoni arrostiti, e pure con la maionese...

CARLINA - Ma te magnavi proprio tutto, de quello che portavano?

LUCA - E no? A me me c'entrava tutto quanto. Ma sta a senti', che adesso arriva il resto: tre primi! Spaghetti in bianco, quelli con le vongole e l'erbetta tutta sminuzzata, e l'ajo! Pasta al forno!, con la carne nel sugo! Ravioli!, con li spinaci e la ricotta de ripieno, e 'no strato de formaggio parmigiano tutto grattato sopra, e 'lburro fuso! lo me magnavo tutto quanto! Come che arrivava il piatto, che i camerieri li portavano già bell'e pronti, tutti in bilico, come giocolieri, sulle braccia, ahò!, io me lo magnavo!

CARLINA - lo me sarei soffocata!...

LUCA - Ma te sei piccoletta! Quella era 'na cena da veglione! 'Na serata da adulti!

CARLINA - *(imbronciata)* Ecco! lo nun ciò mai l'età! A casa mi' madre me strilla perché nun spiccio e dice che so' grande; pe' 'ste occasioni risulto 'na bambina...

LUCA - *(consolandola, con il tono protettivo)* E su, Carli', la prossima volta te ce porto... Co' me, te lasceranno de sicuro.

CARLINA - *(speranzosa)* Promesso?

LUCA - *(serio)* Promesso.

CARLINA - *(ancora incerta)* Me lo giuri?

LUCA - *(si pone una mano sul cuore, solenne)* Te lo giuro, Carli'.
CARLINA - *(rassicurata, di nuovo allegra)* Dai, va avanti a racconta',
tanto oramai 'sto cenone me pare quasi che ce stavo pure io!
LUCA - Con tutto ch'erano svelti i camerieri, se ne saran passate già due ore, ed erano finiti appena i primi. Ma avevi da vede i secondi, mamma mia! Arriva 'n cameriere con un vassoio enorme, e sopra un maialino con tutte fiamme intorno!
CARLINA - E s'è bruciato allora?
LUCA - Ma che bruciato! È 'na finezza! Poi hanno spento, e ce l'hanno tajato, tre fettine pe' piatto. Subito dopo hanno servito il rostbiffe coi funghi, e come terzo un fritto misto tutto decorato con delle verdure.
CARLINA - A Luca, sai che te dico? Co' 'sta barca de roba, a casa nostra ce magnavamo un mese intero!
LUCA - E pure noi, figurate! Ma quanno che c'è l'occasione, la pancia te se allarga, fa provvista. Io ho resistito fino al dolce, c'era la torta con la panna, me so' fatto du' fette. E a quel punto lì, per festeggiare, dopo tutto il vino che c'eravamo bevuto, è arrivato lo sciampagne! Sai quei bicchieri alti, con il bordo largo largo intorno?
CARLINA - *(imita la forma del bicchiere con le palme delle mani aperte, unite al polso)* E come no?!
LUCA - Cinque! Cinque me ne so' fatti! Alla fine nun me reggevo in piedi, nella pancia nun c'entrava più niente, me girava la testa...
CARLINA - *(giudiziosa)* Siete tornati a casa.
LUCA - Macché a casa. Dopo, te l'ho detto, so' sceso con Torquato in discoteca, a vede 'n po' de mondo.
CARLI NA - E avete ballato, in discoteca?
LUCA - Tutto subito nun ce la facevo, tanto m'ero riempito. Però, guardare, sì. Che femmine! E vestite in un modo! E i trucchi! A un certo punto, me so' messo a balla' come un coatto, solo solo in mezzo alla pista. 'Ste femmine me guardavano pure loro, se divertivano. E a quel punto, qualcuna me ne so' toccata: loro ridevano, erano tutte allegre... Ma poi, de botto, so' crollato, me morivo de sonno. E semo tornati a casa tutti assieme.
CARLINA - *(ingrugnata e sospettosa, non del tutto convinta)* Ah, mbé... Tutto qua?
LUCA - *(tornando bruscamente alla realtà)* E che dovevo fa'?
CARLINA - Ah!, per me niente. È che voi maschi ve vantate sempre ..
LUCA - Ché, sei gelosa?
CARLINA - E de che?
LUCA - Mah! Te sei tutta ingrugnata a un certo punto!...
CARLINA - Ah, pe' me, puoi pure anna' co' chi te pare, che me ne frega a me!
LUCA - Ma dai, Carli', lo sai che a te te vojo bene! Soltanto che te sei ancora piccoletta...

(accenna   un   abbraccio)

CARLINA - *(urla)* Nun me tocca' sennò te strozzo!
LUCA - *(preso alla sprovvista dalla reazione per lui sproporzionata)* Ma nun te faccio niente!
CARLINA - *(con la voce di pianto)* Lo so che a me me dicono "'a bocchinara" perché mi' fratello se buca e allora tutte le peggio cose le buttano sopra a me. Ma io nun faccio niente!...

(Luca tenta una carezza; lei urla)

E guai a chi me tocca! Si me tocchi te sputo!
LUCA - *(ride affettuoso, compiaciuto)* È cosi che devi fa', Carlina, se me voj bene. Guai a te si te comporti come le zozze del vejone!
CARLINA - *(piange appena, quieta, già un po' consolata)* A me me fa schifo tutto de 'sta vita. Quello che hanno sempre da di' li altri, sulle persone... le spiate... i pettegolezzi .. le cazzate... Ma che c'entro io se Sandro se buca? Io vojo ave' 'na vita bella, pulita, senza compromessi, senza tutte 'ste fregnacce...

(urla risentita)

E invece no! Sempre de mezzo! E de qua e de là... E de sotto e de sopra...
Io me ne vojo anna' de qua, io me ne vojo anna' via...
LUCA - *(le accarezza i capelli, le tira qualche riccioletto; lei accetta, senza reagire)* Bona, Carli'. Sei piccoletta... Quanno che ciavrai un quattr'anni de più, che dici?, ce mettiamo assieme?
CARLINA - *(tira su dal naso le ultime lacrime; sorride, di nuovo allegra)* Allora, te piacciono 'sti orecchini? Me li metto alla festa de martedì grasso?
LUCA - Te li puoi mette, ma guai a te se te fai tocca'! Stai con me, balli con me, con nessun altro, intesi? E niente baci e bacetti a questo e a quello.
CARLINA - *(ardita)* Neanche a te?
LUCA - A me soltanto. Anche adesso, come anticipo.

(le prende il mento fra le mani, girandole il viso fino al suo; la bacia veloce sulle labbra)

CARLINA - *(un piccolo grido)* Sai di tabacco! Ma che, fumi?
LUCA - Come tutti, mbè?
CARLINA - Volevo di', nun è che te fai pure gli spinelli?
LUCA - Che me stai a fa' l'interrogatorio?
CARLINA - *(con tono adulto)* È che so' pratica de 'ste cose. All'inizio te fai magari 'no spinello, e poi te ritrovi l'eroina.
LUCA - Dai, Carli', nun è che vedi tutto troppo nero?
CARLINA - *(lo guarda fisso, seria)* È' che ce so' abituata, a vede nero... Promettimi che me voj bene. Ma nun pe' ride. Pe' davvero.
LUCA - Pe' davvero. Promesso. Ma poi me lasci in pace. Nun me stai a sfini' come le fidanzate, io ce tengo alla mia libertà.
CARLINA - Oh Luca sì. Se so che me voj bene.
LUCA - E allora...

(accosta le labbra a quelle di lei, che si protende verso di lui; i due rimangono vicini, le labbra appena a sfiorarsi, emozionati)
Irrompono i ragazzi armati di bombolette cariche di schiuma. I due si allontanano di   scatto   l'uno   dall'altra.

RAGAZZI
-          An   vedi,   è   ancora   qua!
- A coraggioso!

-   Difenditi!
-                            Volemo   la   rivincita!

Luca tira fuori due bombolette. Ne dà una a Carlina.

LUCA - Forza Carli'! Sotto contro tutti! Dai a spruzza'!
CARLINA - Sotto a colpire! Forza Luca! *(spruzza all'impazzata sui ragazzi, che a loro volta lanciano contro lei e Luca getti di schiuma)*

LUCA - Semo forti, Carli', lo devono capire! Vaffanculo a tutti quanti! Zozzi coatti che nun sete altro! Forza Carli'! Semo forti assieme!

In un turbine di schiuma i ragazzi si inseguono fino a scomparire.

4)   LA   DISCUSSIONE

Casa di Teresa. Di spalle ognuno rispetto all'altro, Teresa e Valerio. Silenzio teso.

VALERIO - Insomma mi spiegherai cosa è successo!
TERESA - *(si volta di scatto, aggressiva)* Ma l'hai visto, tuo padre, come me guardava?
VALERIO - Non t'aveva mai incontrata prima. Ti guardava...
TERESA - M'aveva invitata a casa sua! Era stato lui a invitarme! E invece me squadrava come se avesse dovuto assumerme nella sua azienda! Come quando se fa 'n'esame a 'na persona! Senza cordialità... senza simpatia!... Più che guardarme, me valutava, ecco!
VALERIO - Lui è sempre così. Si è fatto dal niente. È' il suo modo di comportarsi.
TERESA - Meno male che c'era tua madre. Lei sì, tutta caruccia, a cerca' de famme parla' perché lui capisse de che pasta ero, se andavo bene per te... Tu poi, chissà dov'eri, a un certo punto te ne sei andato!
VALERIO - Dovevo sistemare la barca...
TERESA - Ah, ecco! Te ciaveva mandato tuo padre, chiaramente. Così je veniva più facile de "valutarmi", come dici tu. E infatti, dopo che m'aveva squadrata, s'è messo lì, sulla sdraia, con il giornale in mano, a legge, con i suoi occhiali neri... Manco se fossi stata 'na mignotta de passaggio, nun me filava proprio!...
VALERIO - Forse lui continuava a leggere per non metterti in soggezione. Ti lasciava parlare con mia madre. Tra donne, eravate più libere...
TERESA - Guarda che m'ero messa perfino 'l pezzo sopra del costume, proprio pe' faje vede che nun è ch'ero facile; e poi me ne stavo lì, a parla' sottovoce con tu' madre, pe' nun daje fastidio... E lui, sulla sua sdraia, niente, ogni tanto uno sguardo, ma così, distratto, tra una lettura e l'altra.
VALERIO - E poi? Avrà pur detto qualche cosa!, a un certo punto.
TERESA - E poi, niente invece! Quando tu' madre è annata a fasse 'l bagno, che nun sapevamo proprio più che di', io so' rimasta apposta, perché volevo vede se lui me diceva qualche cosa. E me ne stavo ferma, lì, e lo guardavo fisso.
VALERIO- E lui?
TERESA - E lui niente, te l'ho già detto! Faceva finta de legge 'l giornale. Ma se capiva ch'era imbarazzato, nun ne poteva più de sta' lì fermo, sotto il mio sguardo che nun lo mollava. Ma io, dura. Finché alla fine se n'è andato lui. S'è alzato dalla sdraia, è venuto vicino a me, e m'ha steso la mano. Io gliel'ho stretta forte forte,

mentre che lo fissavo, finché anche lui ha dovuto guardarmi. Io, nello sguardo, je dicevo: "Bé, ciavra' pure più de cinquant'anni, ma a me nun me lo metti in culo ...". A quel punto, lui m'ha guardato come se me vedesse per la prima volta. E m'ha sorriso.
VALERIO-Ah! Ti ha sorriso!
TERESA - M'ha sorriso perché ha capito che nun cedevo. Che non poteva metterme sotto i piedi. Nun era de cordialità, quel sorriso lì.
VALERIO - Si è fatto dal niente, mio padre. Non ha avuto mai regali da nessuno. E adesso vorrebbe che io continuassi la sua strada. Ha capito che anche tu sei partita dal niente, e invece di sentirti simile a lui e di offrirti la sua simpatia, di aiutarti, cerca di crearti delle difficoltà. Perché, nei suoi calcoli, per me lui ha pensato a una donna di condizione sociale elevata. Qualcosa di più alto.
TERESA - Che hai detto? "Qualcosa di più alto"?
VALERIO - Soldi. Potere. Ceto sociale. Quelle cose lì. Lo ha detto tante volte.
TERESA - Anche tu hai usato quel termine. Come una cosa naturale. "Qualcosa di più alto"...
VALERIO - L'ho usato per farti capire come la pensa mio padre! Teresa, cosa vorresti dire?
TERESA - Io Valerio non capisco più che cosa vuoi.
VALERIO - Voglio te. La mia ribelle matta.

(le si avvicina timidamente)

Io voglio essere diverso da mio padre. Ma tu devi aiutarmi, Teresa.
Devi capire che anche per me, certe volte, è difficile...

(la abbraccia; anche lei fa lo stesso)

TERESA -Appena hai finito 'sto servizio civile, ce ne andiamo via insieme. Magari tu me raggiungi in Svizzera, dove vado al campeggio coi ragazzi piccoli. Poi da lì, quando ho finito pure io, ce ne stiamo soli soli in qualche baita... Ti voglio tanto bene. Sono gli altri a rischiare de dividerce. Le persone... le cose... Non siamo noi, nemici.
VALERIO - Sì, Teresa. Andremo via insieme. Lo desidero anch'io.

I due si baciano.

M - IL RESTAURATORE

Sandro seduto a terra sta preparandosi uno spinello. Si avvicina Cesaretto, portando un tavolinetto rozzo con sopra alcuni attrezzi per il restauro; sotto il braccio tiene un grande angelo di legno dipinto, una di quelle sculture seicentesche che qualche volta si trovano dagli antiquari e provengono da una chiesa.

SANDRO *(continuando nella preparazione dello spinello)* Te piace l'angiolone, Cesare'?
CESARETTO - Me piace sì. Proprio come quando ciavevo bottega, al centro storico. Ma tu, che ne sai de 'st'angiolone?
SANDRO - Che ne so? E chi l'ha dato a Yuri in cambio de 'na piatta?

CESARETTO - Sei stato te, è cosi? Yuri se sta a arreda' la villa giù al Circeo...

(lavora all'angelo; raschia, ripulisce con uno straccio umido; spennella)

Quando sarà finito, farà 'na bella figura. Il guaio è che de lavori così, nun ce ne stanno mica tanti... Giusto quando un tipo come te va a rimedia', come che fate voi, che quel che trova trova ...
SANDRO *(accenna allo spinello)* 'Sta robba, nun te la regalano... Ma a me, me sta bene cosi.
CESARETTO - *(una mano sulla guancia dell'angelo)* Guarda che bei colori!... Pare de carne questa faccia... Mentre che tu sei giallo, Sandro mio. Ma già, con quella robba che prendete...
SANDRO - Ma te sei visto, a te? Da quando vivi qua, pari 'n'anima in pena.
CESARETTO- Nun ho mai pace, sì. Quando avevo bottega, stavo sempre là, nun me stancavo mai.
SANDRO - Ma non potevi insistere... restarci? Se t'impuntavi...
CESARETTO - Eran quattr'anni che stavamo a fa' su e giù dal giudice. Un'angoscia che non finiva mai. Alla fine ho ceduto. Adesso cianno messo 'na buticche, gioielletti, collane, braccialetti...
 SANDRO - Ma qui, nun ciai provato, a fare 'sto lavoro?
CESARETTO - E che aggiustavo? Le sedie de plastica? Indoravo le moto?
SANDRO - Te mettevi 'na bottega... che ne so?
CESARETTO - Qua la gente torna solo pe' dormi'. Figurati se cià i soldi per arredasse casa con li angioloni... Giusto Yuri, pe' fa' vede che ha mezzi, quando mostra ai clienti i vasi delle tombe etrusche.
SANDRO - Vuoi tirà?

(gli   offre   lo   spinello)

CESARETTO - Ma lassame perde! Che già me gira la testa cosi come me ritrovo, figurati se tiro 'sta monnezza!...
SANDRO - Tanto il lavoro da muratore l'hai lasciato...
CESARETTO - E ciavevo provato, ma 'ste cose bisogna comincia' da ragazzini. Sopra quei ponti, me pareva già d'esse cascato. Hai voglia a pensare alla famiglia, che devi guadagna' ... A me lo stomaco me se girava tutto, le gambe me tremavano, gli occhi me se chiudevano...
SANDRO - lo lavoravo bene, da muratore. Poi è tornato quello che stava in malattia. E m'hanno mandato a casa.
CESARETTO - Pure tu ne hai provati, de lavori... Ma io sono tanto più vecchio de te, Sandro. E ciò i figli e la moglie. Quella poveraccia fa la sostituta della bidella che sta in maternità. Ma il posto fisso, che sistemerebbe tutte cose, quello nun viene!

(rimane pensieroso; accarezza l'angelo)

A meno di un qualcosa che ce faccia conosce di fronte a tutti quanti. Se facessimo notizia, capisci Sandro? Allora sì...
SANDRO - Ma che te stai a fa' veni' in mente, Cesare'? Restaurati 'sto angiolone, che per oggi ciai 'na cosa bella, mortacci tua!
CESARETTO - *(assorto nei suoi pensieri, accarezza l'angelo)* Tu che ne dici, eh?, bell'angiolone? Che ne dici tu?

SANDRO - A Cesare', adesso te metti pure a parla' con l'angelo?
CESARETTO - *(assorto)* Chi lo sa? Chi lo sa che lui non mi capisca?

Cesaretto si allontana con l'angiolone tre le braccia, in un atteggiamento affettuoso, come se tenesse un bambino. Continua a parlargli sommesso, mentre si allontana fino a scomparire dalla vista.

SANDRO - Boh! S'è ammattito.

Sdraiato a terra, si prepara uno spinello. Sandro fuma lo spinello. I rumori del quartiere. Urla. Sirene. Motorini. Entra Anna con un grosso pacco tra le braccia.

ANNA - Che, s'è ammattito Cesare'?
SANDRO - Stava a ridipigne l'angiolo pe' Yuri. Poi è tornato alla solita questione, che qua lui nun se ritrova... A un certo punto ha preso in braccio l'angelo e se n'è andato...
ANNA - L'ho incontrato al fiume. Je parlava, all'angelo. Diceva: "Tu che ne dici?". Mah! Certe volte io pure me sto a ammatti', parlo da sola, che ne so?, parlo a Mimmo, mi fijo che sta dentro. Mentre che spiccio casa, je parlo, a quello, con le parole proprio, me figura che lui me sente. Je dico che poi esce, che se ne stia tranquillo, che a tutto se rimedia... So' venti volte che va a fini' in galera, ma io ce spero sempre che lui se metta a lavora'... Oggi è giorno de visita e io gli porto il pacco.
SANDRO - Che ciavete messo, Anna? I biscottini fatti in casa... Le sigarette, eh? .. la cioccolata... e i soldi per i pasti.
ANNA - Eh!, quelli sì, son tanti. Ma che, dobbiamo mantenerli noi, i nostri figli, se lo Stato li manda in galera?
SANDRO - Quello è abituato bene, con la vostra cucina...
ANNA - Almeno quando è dentro, son più tranquilla, nun ciò l'angoscia che l'ammazzano come un cane durante una rapina. Anche là dentro, in ogni modo... Ma lui nun è de mafia, chi lo tocca? E poi, è così dolce il figlio mio!...
SANDRO - Là dentro non son rose e fiori, ne so qualcosa anch'io. Magari lo vengo a saluta' pur'io, che dite?, je farà piacere?

(si alza da terra)

ANNA - Ma sì Sandrino. Tanto nun è che ciai molto da fare... Così m'aiuti.

(gli porge il pacco, che Sandro afferra)

Che 'sto pacco è proprio de piombo. Cinque chili te concedono, cinque chili non un grammo de meno io ce metto.

Arriva Osvaldo il pescatore, trafelato.

OSVALDO - S'è buttato!
ANNA e SANDRINO - *(insieme)* Chi?
OSVALDO - Cesaretto. S'è buttato.
Stavo a pesca' le anguille, non ce l'ho fatta a tirarlo su ...

ANNA - Ma che, è annegato?

OSVALDO - S'è voluto butta' lui. Piano piano.

SANDRO - Piano piano? Ma come?

OSVALDO - Lui m'è passato vicino. Io stavo sotto il ponte a tira' le anguille nella rete, e poi me le buttavo nelle vasche. Ho visto che lui veniva proprio verso me, allora me so' girato dalla parte sua. Ma ciavevo 'ste reti, non potevo mollarle. Lui s'è fermato all'altezza mia. M'ha mostrato quell'angelo de legno, gli carezzava 'na guancia, come fosse a un bambino .. E me diceva: "È d'accordo pure lui, che è 'na bella idea!... ". Io non capivo di che parlava, però me sembrava tutto allegro, je faccio: "Ah allora se è d'accordo lui, va tutto bene!" e j'ho strizzato l'occhio, come se fa' in 'st'occasioni. Stava già lontano... Dice: "Sì sì, dice che poi ce pensa lui, a smove gente, per il posto a Gianna e tutto il resto... ". Io l'ho perso un momento con lo sguardo, le reti me pesavano, dovevo rovesciarle nella vasca. Poi ho girato l'occhi, l'ho ripreso: lui scendeva piano piano, nell'acqua. Era già a mezza gamba. S'era accorto che lo stavo guardando, ha alzato l'angelo con tutte e due le mani, sopra la testa, e lo muoveva de qua e de là, come a salutarmi... E continuava a scendere, un passo dopo l'altro. Là ce stanno correnti, lui lo sapeva, l'altr'anno è annegato un ragazzino .. Mentre che io pensavo de raggiungerlo, lui è sparito in mezzo a un gorgo. Ho gridato ma nun c'era nessuno. L'ho visto riaffiorare per un attimo, ma stava già lontano. Si teneva abbracciato all'angiolone, appariva e spariva, senza un grido... Intanto era venuta gente. Qualche pescatore s'era tuffato con la barca accanto per non essere portato via dalla corrente.

SAN DRO - Ma poi, non l'hanno preso? Nessuno è riuscito a salvarlo?

OSVALDO - Era lui che non voleva. Si lasciava scivolar via dalla corrente... I gorghi lo inghiottivano, lui e quell'angelo che non mollava. L'acqua li ha coperti. Poi è emerso l'angelo da solo. Quando l'hanno trovato all'altro ponte, per lui era finita.

ANNA - Bisogna dirlo a Gianna. Starà alla scuola.

(a Sandro)

Tu accompagnami. Mimmo deve sta' dentro altri due mesi, per stavolta s'accontenta.

Io credo di dover restare qua, per oggi.

I tre si allontanano. Prima di andarsene come Anna e Sandro, Osvaldo raccoglie il tavolinetto con gli attrezzi di Cesaretto.

OSVALDO - Non s'era abituato, qui. Se n'è andato con l'angelo. Beato lui.

5 - LA SEPARAZIONE

Un telefono pubblico attaccato al muro esterno di un palazzone del quartiere.
Teresa al ricevitore.

TERESA - E allora, Valerio? Ah, parti per il Brasile E perché? Una borsa de studio ... sui problemi dell'emarginazione giovanile: ma nun avevi detto che volevi veni' pure te in Svizzera, dopo 'l campeggio? Poi lì studiavi anche un pochino, se dovevi... e stavamo insieme, nun volevamo fa' così? E che me frega a me, se tu poi dal Brasile me telefoni? Che me frega de 'n pezzo de cornetta, coi secondi contati e l'ora fissa?... Ah, tuo padre vole che te laurei al più presto, e la borsa de studio è necessaria per la tesi... Ma nun ce lo sapevi anche da ieri, quando ce semo visti? Me lo dovevi di' adesso, pe' telefono? Dopo che t'ho aspettato per un'ora, e nun te sei fatto vede... Valerio, tu sei proprio tutto matto, oppure sei in malafede, il che è anche peggio. Nun te preoccupa', tu vai pure in Brasile, a studia' l'emarginazione e tutto il resto, io vado in Svizzera, coi ragazzini del campeggio. Da fare io ce n'ho qua, da noi.

(piange con rabbia)

Nun c'è problema, Valerio, nun c'è proprio problema ... Fai quello che te pare, ché tuo padre, alla lunga, me l'ha messo proprio in culo. E io, che me credevo... Bè, salutame mamma, e statte bene.

Teresa abbassa il ricevitore. Si lascia scivolare giù, restando con la schiena appoggiata al muro e le gambe a terra. Lacrime di rabbia le scendono sul viso. Intorno, i rumori e le grida del quartiere. Motorini a tutto gas. Sirene della polizia. Grida e vociare in crescendo. Teresa urla a bocca spalancata. Un suono uniforme,   violento.

TERESA-   HHHHHHHHHHHHHHHH!!!!!!!   !   .

Il   grido   è   sommerso   dai   rumori.

Compare Matteo. Ha in mano un mazzetto di fiori di campo, di quelli che si ritrovano sulle rive di un fiume, anche in periferia. Matteo si avvicina a Teresa e le porge i fiori. Teresa prende i fiori, stende le braccia verso Matteo che si accoccola in grembo a lei, facendosi piccolo piccolo. Teresa tiene Matteo stretto a sé, il viso reclinato su di lui. Come una Madonna addolorata con un bambino Cristo.

FINE

STORIA DI NIENTE

quattordici stazioni[10]

PERSONAGGI
in ordine di entrata

DAVIDE, MADRE, RAGAZZA TOSSICOMANE, RAGAZZO TOSSICOMANE, SPACCIATORE, RAGAZZO TOSSICOMANE II, RAGAZZO PUNK I, RAGAZZA PUNK, RAGAZZO PUNK II, RAGAZZO DEL GIUBBOTTO, POLIZIOTTO, OMOSESSUALE "tipo elegante", PROFESSORE e RAGAZZI DEL QUARTIERE, RAGAZZI DELLA DISCOTECA, RAGAZZI ALLO STADIO, CLIENTI DEL BAR.

Quartiere di periferia di Roma. Anni Ottanta.

I - IL QUARTIERE DI PERIFERIA

Davide è in mezzo a un gruppo di ragazzi. Tenendo stretto in mano un giornale arrotolato, i ragazzi si colpiscono a vicenda, gridando, ridendo, imprecando.
Dopo qualche minuto di lotta accanita, si allontanano.
Rimane Davide.

DAVIDE - Era così ogni sera, A finire la giornata.
Non c'era stanchezza in noi, rabbia sì.
Colpire. Essere colpiti. Sfogarsi così.

---

[10] Scelto da Ugo Gregoretti per il suo Festival di Benevento del 1988, il testo sviluppa uno dei temi affrontati da *Schegge - vite di quartiere*. Regia di Gino Zampieri.

Un Ragazzo con un lungo pezzo di filo elettrico in mano e un altro pezzo legato alla cintura. Il ragazzo piega in due il filo, lo annoda, lo fa girare sopra la sua testa in cerchi concentrici.
Davide tende il braccio verso di lui.
Il Ragazzo gli getta il pezzo di filo che teneva alla cintura.
Davide fa girare il suo filo in cerchi alti sulla testa, poi verso il ragazzo che fa altrettanto con lui.
E' un duello a colpi di filo.
Gli altri ragazzi fanno cerchio attorno ai due.
Davide è colpito al viso.

TUTTI - L'hai preso!
- Hai vinto!
- Hai vinto! L'hai colpito!
- Davide sei fottuto!

I ragazzi si allontanano portando in trionfo il ragazzo che ha colpito Davide.

DAVIDE - Sentire dolore era meno che niente.

Davide urla.

Ahhhhhhh!!!!!! Rottinculo!!!!!
Ahhhhhhh!!!!!! Vi aspetto qui, vi aspetto!!!!!

Tira fuori un coltello a serramanico e lo apre di scatto. Si butta su di una parete, la colpisce più volte. Il materiale si sbriciola e si forma un buco. Davide ride.

DAVIDE - Ahahahah... Prendi questo! E questo! E questo!
E questo!...

Davide si getta a terra, appagato.

Ah!

Rimane fermo, le mani dietro la nuca, lo sguardo verso l'alto.
Rientra uno dei ragazzi, in bilico su di una ruota di una motoretta. Il rumore del motorino è al massimo. Lo segue un altro ragazzo.
Il ragazzo fa dei giri intorno a Davide.

DAVIDE - Dài!
Forza!
Più forte!
Dài!...

I due si allontanano.
Da fuori, i ragazzi gettano roba dentro il buco della parete.
Altri buchi si formano dietro i loro colpi. Pietre, terriccio, pezzetti di vetro e di ferro entrano a raffica.

RAGAZZI - Forza, dài...
Buttaci anche questo...
E spacca, forza...
E pure questo, dentro...

I ragazzi da fuori gettano un pallone che rimbalza qua e là.
Irrompono e giocano con violenza, urlando.
Seguendo il pallone si allontanano.
Rientra Davide.

DAVIDE - Così sempre.
Dal mattino che uscivo senza sapere che cosa avrei fatto.
Giravo. Poi tornavo su a mangiare. Preparava mia madre.
Dopo, giù di nuovo.
Giravo, come gli altri.
Giravo...

Davide si toglie le scarpe.
Le Clarck. Quelle verdine. Da novantamila.
Sennò chi sei ? Nessuno.

Si toglie il giubbotto.

E il Monclèr. Se non ce l'hai, chi sei?
Nessuno.

Si toglie il maglioncino.

Il "Marina Yacting". Se non hai questa maglia,
ma chi sei? Nessuno.

Si toglie i jeans.

E i jeans. "Levis". Con la vita bassa.
Che hanno la scritta sotto la taschina...

Davide rivolta accuratamente la taschina, legge la scritta.

"Levis": lo sanno tutti che sta lì.
E se qualcuno ci va a guardare, e non la trova?
Chi sei, senza la scritta "Levis"? Nessuno.
Non sei nessuno.

Davide afferra gli indumenti, li getta in giro con violenza, pezzo dopo pezzo.

Quando ti sei tolto questa roba, non ci sei più.
Chi ti conosce?
E allora avanti! Fatti sentire!
Spacca!... Pesta!... Dai!...
Metticela tutta!...

Fai vedere la tua rabbia!...

Davide si getta a terra sfinito.

Il - LA CASA

*La madre entra con una pila di vestiti puliti, pressocché identici a quelli che
Davide si è tolto.*
Gli appoggia gli abiti accanto. Raccoglie i vestiti sparsi. Spazza il pavimento.

MADRE - Rivestiti sei sudato.
Sono gli abiti che vuoi tu.

Davide si riveste. Controlla ogni capo.

DAVIDE -*(sottovoce)* "Marina Yact..." *(indossa la maglia, poi se la toglie e legge
l'etichetta)*
Sì, la scritta c'è...
(afferra i jeans; controlla la scritta all'interno della taschina)
Però, se la rivolti, si legge proprio bene, "Lee ... viiis ... ".
Ti senti a posto ... come avere una pistola .
(fa il gesto di far volteggiare l'arma)
"Lè ... visss!".
(mette le scarpe, ci gioca allacciandole)
Clarckclarckclarckclarck... Clarckclarckclarckclarck...
Queste non sono verdine...
MADRE - Novantamila ogni paio, figlio mio...
 Le hai prese da pochi mesi...
DAVIDE - Per stavolta me le metto ancora...
 (infila il giubbotto)
Il Monclèr è proprio giusto.
 (alla madre)
Faccio la mia figura, eh?

La madre si allontana con il mucchio dei vestiti.
Davide si prende la testa fra le mani.

DAVIDE -Questo era il quartiere.
Tutti i giorni la stessa vita.
Mi vedevo negli altri che erano come me.
Così ero sicuro che c'ero. Ma c'ero come?
Non so com'è cominciata, questa storia di niente...
Scuola. Ci andavo. Ma in classe non ci stavo mai.
Al cesso mi facevo una canna.
Ci davamo appuntamento e le cicche passavano.
Giravo per i corridoi...
Uscivamo a comprarci una pizza...
Facevamo casino in cortile... Chi ci diceva mai niente.

Tanto è scuola dell'obbligo. Ma io nemmeno l'ho finita.
Poi ti cerchi un lavoro...
(ride)
All'inizio pensi che stanno tutti ad aspettarti!
Poi ti accontenti. Lavoro nero, prendere o lasciare.
Ma tu dici: "Poi il padrone lo frego, quando è un po' che sto dentro,
lo denuncio e lui deve pigliarmi".
Ma appena quello sentiva puzza di "bruciato", "trasferiva"
l'azienda, non trovavi più nessuno!

III - IL LAVORO

*Una pioggia di etichette tricolori ricopre Davide volteggiando. Davide ne
raccoglie una.*

DAVIDE - Etichette. Le attaccavo ai salami.
Mezza lira a etichetta.
Alla fine della giornata ero sfinito,
ne avevo appiccicato diecimila
e in tasca mi trovavo cinquemila lire...
Sono andato ai mercati generali.
Scaricavo le ceste del pesce surgelato.
Sveglia alle quattro del mattino, mi pagavano bene.
Ma anche lì c'era un giro, io non ero uno dei loro.

Ragazzi-scaricatori lo accerchiano.
Uno gli dà uno spintone. La cassetta rotola a terra, con Davide.
I ragazzi-scaricatori se ne vanno.

DAVIDE - Un giorno una cesta si è sfasciata.
Mi hanno cacciato via...

Un ragazzo si avvicina a Davide, rimasto a terra.
Gli siede accanto e comincia a prepararsi uno spinello.
Tira una boccata, poi offre lo spinello a Davide.
Tirano a turno.
Il ragazzo lascia lo spinello a Davide e va via.
*Davide tira alcune boccate, sempre più lentamente, fino ad assumere una posizione
rilassata.*
Rimane sdraiato, estatico.

DAVIDE - Il fumo mi tirava su. Non era più un gioco per me.
Quando ho trovato il lavoro dei telefoni,
se non avevo il fumo, come resistevo?
Un fabbricato basso, vuoto. Dall'altra parte
della città, un quartiere uguale
a quello di casa mia, da solo.
Stavo lì tutto il giorno, montavo telefoni...
Salivo su in terrazza, almeno respiravo.
Mi portavo quei pezzi e lavoravo...

Davide meccanicamente monta le parti di un apparecchio telefonico.
via via i telefoni si accatastano intorno a lui.

DAVIDE -Quei pezzi, li sapevo a memoria...

A occhi chiusi, Davide lavora contando i pezzi.

DAVIDE -E uno... due e tre...
e quattro... e cinque e sei... e sette...
e otto... otto... e poi c'è questo che è il nove...
e poi il dieci...

La numerazione si ripete per ogni telefono, più volte, in un crescendo di velocità.
Poi Davide passa a un canto modulato, di un motivo popolare fra i ragazzi.
La canzone si trasforma in un grido strozzato.
Davide singhiozza, fino a sciogliersi in un pianto silenzioso.
Come pezzo finale del telefono ultimato, Davide attacca un filo con una spina.
Cerca verso l'alto, nel vuoto, come se ci fosse un attacco.
La spina rimane sospesa nell'aria.
Davide afferra il ricevitore.

DAVIDE - Pronto, Dio? Sei lì?
E allora rispondimi!

Silenzio.

Parla, perdio!
Mi hai messo tu in questa situazione!
Non crederai che me la cavi da solo!

Davide scuote violentemente il ricevitore.

C'è qualche rumore...

Soffia dentro i buchi del ricevitore.

Forse l'elettricità delle nuvole...
Dio! Rispondi!
Se non mi senti, dimmelo!

Silenzio.

Bene. Allora mi senti!
Prima che tu inizi a parlare, ti dico io qualcosa.
Lo conosci il mio quartiere?
Che cosa ti viene in mente, del mio quartiere?

Silenzio.

Te lo dico io. La puzza. Dai bidoni della spazzatura.

Sono sempre pieni. Li vuotano quando i sacchi di plastica
stanno rovesciati per la strada...
Marcisce tutto in poche ore, cani e gatti
stanno lì a litigarseli...
Noi ci viviamo in mezzo.
Forse a te quell'odore non ti arriva. Stai troppo in alto, tu...
Però forse tu senti le campane:
il carillon della chiesa fa così...

DAVIDE ACCENNA A QUALCHE SUONO MELENSO.

Dlèn Dlendlendlendlen!... Dlendlendlendlen!...
Dlèn Dlèn Dlèn Dlèn

Dlendlendlendlendlendlendlen!....

*Il carillon della chiesa, registrato vistosamente,
prende quota arrivando ad una sonorità insopportabile.*

CARILLON- Dlèn Dlendlendlendlen!... Dlendlendlendlen!...
Dlèn Dlèn Dlèn Dlèn!...
.....

.....
DAVIDE - (*urla al telefono*)
Il parroco ha scelto il carillon di una parrocchia elegante,
se lo è fatto registrare
e diffonde questa musichetta con un bel sistema
di amplificatori.
Se dai retta a quel carillon,
ti convinci di abitare nel più bel posto della terra.

*Il suono del carillon si affievolisce fino a scomparire.
I soliti rumori del quartiere.
Urla di madri che litigano con i figli.
Urla di ragazzi che si accapigliano tra loro.
Motorette a tutto gas.
Ripetuti colpi di clacson.
La sirena della polizia, a superare tutti gli altri suoni.*

DAVIDE - La polizia, eh, Dio?
Quella da noi mica si ferma, passa soltanto.
Se c'è una macchina rubata, una motoretta,
e qualcuno ha fatto una soffiata.
Se tu abiti qui, non è che tu puoi dire:
"Hai visto il tale che ha rubato?...
Quello ha la roba...". Poi che fai? Cambi zona?
Se stai lì, sei fottuto. Anche se non sei stato tu
a rubare, pure tu stai in mezzo.

*Mentre parla dentro al ricevitore, Davide si agita e si rivolta, avvolgendosi nel filo
del telefono.*

DAVIDE -Dio! Tu ci ami. Uno per uno.
Servivo messa e mi ricordo le parole del Vangelo.

Davide urla nella cornetta, in un crescendo di disperazione.

DAVIDE - Come puoi amarci, se ci trascuri?
Se ci hai dimenticato? Cosa dobbiamo dirti?
Pregarti? Sei tu che ci devi pregare,
perché abbiamo pazienza!

Davide riesce a liberarsi dal filo che lo avvolgeva.
E' esausto.

Volevo dirti ancora tante cose...
Ma tu mi ascolti? Non hai mai detto niente...

Davide getta lontano ricevitore e apparecchio.
Si sdraia a terra.
Silenzio.

A quell'epoca parlavo al telefono con Dio
perché ero arrivato a un punto che non ci stavo con la testa.
Ma io non mi rendevo conto.
Mi tenevo un po' sballato, così trovavo perfino divertente
montare quei telefoni. Con Dio qualche volta
ci siamo fatti delle matte risate....
E le ore non mi pesavano più.

Davide riprende a montare i telefoni.
Conta i pezzi, poi canta.
Tira fuori uno spinello mezzo usato e lo accende con furia.
Si sdraia aspirando il fumo con impazienza.
Poco per volta si rilassa. Fissa un punto davanti a sé.
Compare un fiore di papavero. Gigantesco, dapprima in boccio, il fiore
con veloci movimenti si schiude, fino a mostrare i petali allargati.

Le mie mani andavano per conto loro, a montare i pezzi.
Io ero fumato, stavo bene, disteso...
A un tratto davanti a me, sul prato...
vedo un fiore che stava aprendosi tutto.
Era un papavero...
Alto, lucido, ondeggiava sul suo gambo sottile...

Davide assume il movimento leggero e ondeggiante del fiore mosso dal vento.
Si scioglie dalla posizione rattrappita del lavoro, ruota le braccia verso l'alto,
gli occhi socchiusi, il viso proteso a sentire il sole.

Si apriva sotto il sole... Mi aprivo!
L'aria accarezzava le sue foglie... e lui
sentiva il caldo... Era così felice!

Ero così felice!...

Davide esce dal ricordo onirico.

In un attimo quel fiore era già tutto aperto.
Invece era passata la giornata.
Intorno a me stavano ammonticchiati cento telefoni...

Davide gira su se stesso fino a cadere a terra.
Sforzi di vomito. Urla, come se volesse liberarsi da invisibili corde avvolgenti.
Si rotola a terra. Si rialza con fatica, prende la motoretta, vi si appoggia,
senza accendere il motore cammina guidandola, distesa su di essa con il busto.
Compare la madre.
Davide lascia scivolare giù la motoretta.

IV - LA STRADA

MADRE - E' già buio. Stavo in pena.

Davide tace, la testa bassa.

MADRE - Ti ho preparato da mangiare.

Davide si getta a terra, attaccato alla motoretta.

MADRE - Che altro vuoi da me?

Davide si rialza con sforzo, prende sulle braccia la motoretta contenendo la rabbia.
Fa un passo verso la madre.

DAVIDE -Vaffanculo!

La madre si allontana. Davide riabbassa la motoretta, ci si siede sopra.
Rumore di automobile di grossa cilindrata. Frenata brusca, arresto.
Sbattere di portiera.
Lo Spacciatore, in tuta da corridore e occhiali a specchio, avanza fumando pigramente.
Si ferma, guardandosi intorno. Due ragazzi e una ragazza, abiti sporchi, capelli punk e bigiotteria, gli si avvicinano. Contrattano a gesti.

RAGAZZA - Era poca l'altra volta. Sanguisuga.
SPACCIATORE -Se non ti va, lasciala, principessa.
RAGAZZO - Dai a me. E' buona, sei sicuro?
SPACCIATORE - Stai tranquillo.
Ma ce l'hai i soldi? Niente scherzi.
ALTRO RAGAZZO - Sono qui. Puoi contarli. Ma fai presto.

Tutti quanti si guardano intorno. Davide è seduto poco distante.

SPACCIATORE - *(allontanandosi)* Quello sta male.

(gli butta accanto una bustina) Fatelo godere un po'.

Portiera sbattuta. Avvio dei motori della macchina che si allontana.
I tre ragazzi si gettano sulla bustina, ma si fermano intorno, tenendosi d'occhio a vicenda.
Davide alza gli occhi, si accorge dei tre.
Guarda nella direzione in cui guardano loro. Nota la bustina, la solleva.

RAGAZZA - E' per te.

Davide dà la bustina alla Ragazza.

DAVIDE -Va bene. Ma non fatemi male.

La Ragazza tira su una manica a Davide. Gli altri si danno da fare con siringhe, cucchiai, lacci, acqua distillata.

DAVIDE -Da piccolo non m'andavano neanche le iniezioni...

RAGAZZO -Ti piacerà. Vedrai.

Ognuno dei tre compie un gesto che si collega con quello degli altri.
Davide si abbandona a loro, che gli iniettano la dose.
Ognuno dei tre, poi, si fa aiutandosi a vicenda.
Tutte le azioni sono compiute in silenzio, con precisioni, lentezza e concentrazione totale.
I tre ragazzi se ne vanno. Davide rimane solo.

DAVIDE- Da quel giorno non mi bastò più farmi le canne.
Come una cosa naturale cominciai a bucarmi.
Ci facevamo in gruppo. Anche se non pensavi a niente,
l'altro vicino a te, tu lo sentivi.
Io continuavo coi lavori dei telefoni.
Soldi me ne andavano pochi, certe volte
gli spacciatori mi regalavano perfino qualche busta...
Io non avevo capito il loro gioco: lo facevano
perché diventassi schiavo della roba.
Dopo un po' i soldi cominciavano a mancare.
E sul lavoro mi stancavo subito... Dissi
che mi avevano mandato via, i miei ci hanno creduto.
Stavo per strada oppure a letto.
La rabbia che sentivo dentro,
la gettavo tutta su mia madre.

V - LA CASA

Davide si toglie i vestiti, li getta a terra, lontano.

DAVIDE - *(urla)* Raccogli! Lavala subito!

La Madre raccoglie gli indumenti.

DAVIDE - E non usare le polveri. Sono veleni,
vogliono farci morire!...
Ero diventato maniaco, sospettavo di tutto.
E la spesa, sta attenta! Niente ormoni,
niente concimi chimici. Tutto è inquinato,
vogliono farci morire!...
Controllavo quello che comprava.
Tenevo le finestre chiuse per non respirare l'aria radioattiva.

La Madre porta una pentola a pressione. La depone a terra.

MADRE - Così sarai contento. E' ermetica, a pressione.
DAVIDE - Che ci hai messo?
MADRE - Vitello.
DAVIDE - Ma sei pazza? Te l'avevo proibito!
Il vitello è carne avvelenata.

Davide afferra la pentola e la scaraventa lontano.
Un colpo sordo. Un urlo di ragazzo colpito.

VOCE DI RAGAZZO -Ahhhhhhh!!!
DAVIDE - La pentola si era schiantata nel cortile.
Quasi faceva secco un ragazzino.
Mia madre disse poi che la pentola le era scappata di mano.
Ma nessuno credeva più alle sue bugie.
La Madre porta una tazza di latte.
MADRE - La colazione.
DAVIDE - Che latte è?
MADRE -Della Centrale.
DAVIDE - E' avvelenato. Te l'ho detto mille volte.
(rovescia la tazza)
Devi prendere quello della capra.
Andare a mungerlo tu stessa, alla cascina.
(urla)
Mi vuoi morto, lo so. Ma io sto attento.
E vi ammazzo tutti quanti.

Davide afferra un lungo vetro di finestra, lo infrange con un pugno. I pezzi si
spargono intorno.
La Madre guarda, in silenzio.

DAVIDE - Avanti, stronza. Pulisci!
Sei una serva. Spazza!
O vuoi farmi tagliare?

La Madre esce senza un gesto.
Davide raccoglie un pezzo di vetro, lo getta dietro di lei con violenza.

DAVIDE - In quei momenti io avevo dentro di me una furia
che mi faceva sentire onnipotente.

Se umiliavo mia madre, era perché sapevo che mi voleva bene.
Insultarla mi liberava.
Ero in colpa e soffrivo perché ero ingiusto verso di lei.
Quella sofferenza mi piaceva. Più soffrivo
e più mi piaceva di soffrire.

Davide raccoglie un pezzo di vetro, se lo striscia su di un braccio.
Il sangue esce con violenza.

DAVIDE- *(urla)* Ecco, mi sono tagliato. E' colpa tua!

Di lontano la Madre gli lancia una lunga benda che si srotola nell'aria; poi fa un
largo giro, infine si accoccola a terra, il viso fra le mani.
Davide afferra la benda, fascia la ferita. Continua a svolgere la striscia fino ad
imprigionarvisi.
Con uno scatto se ne libera.

Non stava più ai miei ricatti.
Quando ero in casa, lei usciva.
Non mi lavava più le cose mie. La roba sporca
si ammonticchiava a lato del mio letto.
Continuai a cambiarmi finché finii tutto quanto avevo.

VI - LA DISCOTECA

Musica assordante. Luci colorate in movimento.
Dei ragazzi ballano. Abbigliamento punk. Davide si mette a ballare tra loro.
Una ragazza si slaccia la cintura e gliela passa intorno alla vita.
I due ballano insieme.

RAGAZZO - Che si fa?
ALTRO RAGAZZO -Neanche più una piotta. Che si fa?
RAGAZZA - Si rimedia.
RAGAZZO -Per giubbotti.
RAGAZZA -E poi dal solito. Viene anche lui.

(indica Davide)

VII - LA STRADA

Si profila un ragazzo con un giubbotto in pelle.
I tre si danno un'occhiata.
La ragazza va verso il ragazzo con il giubbotto.

RAGAZZA - *(al ragazzo del giubbotto)* Mi fai accendere? *(tira fuori una*
sigaretta)
RAGAZZO DEL GIUBBOTTO- Hum... *(le allunga un accendino)*

Mentre il ragazzo del giubbotto accende la sigaretta alla Ragazza, i ragazzi gli si
avvicinano uno per parte, pronti ad afferrarlo per le braccia.

La Ragazza tira fuori il coltello a serramanico, lo apre di scatto.
Davide è rimasto a guardare.

RAGAZZO - Su bello toglitelo! *(gli dà un colpetto sul giubbotto)*
ALTRO RAGAZZO - E fai presto!

Il ragazzo del giubbotto si sfila il giubbotto. I due ragazzi lo afferrano al volo.

RAGAZZA - Adesso fila!

Il ragazzo del giubbotto corre via.

RAGAZZA - *(a Davide)* Visto? Un giochetto.
RAGAZZO - Noi siamo in gamba. Non è da tutti.
ALTRO RAGAZZO - E ora la roba.

I tre si allontanano.

DAVIDE - Dividevano i soldi degli scippi.
I giubbotti li vendevano bene.
Ma prendevano anche altre cose.
Catenine. Orologi. Portafogli.
Entrai nel gruppo.

VIII - LO STADIO

Urla della folla durante una partita, al di là del muro.
Bandiere profilate dietro le gradinate.

DAVIDE - Andavamo allo stadio, la domenica.
Con la scusa del tifo, pestavamo.
E poi si rimediava qualche cosa, alla partita.
Non si tornava mai a mani vuote.

I tre ragazzi, con maglie sportive, arrivano di corsa con una borsa e altri oggetti.
Fischietti di poliziotti.

RAGAZZO - *(a Davide)* Ci hanno visto. Scappa!

I tre ragazzi corrono via. Un poliziotto si avvicina a Davide.

POLIZIOTTO - Dove sono i tuoi amici?

Davide alza le spalle.

POLIZIOTTO - State attenti, vi conosco!
Un'altra volta vi prendo sul fatto. *(via di corsa)*
DAVIDE - Era una cosa che non poteva andare avanti.
Prima o poi ci lasciavi le penne.
Ma i soldi mi servivano.

IX - LA STRADA

Si profila un tipo elegante, dalla raffinatezza effeminata.
Indossa un giubbotto sgargiante. Qualche accenno di trucco.
Davide controlla il coltello. Avanza verso il tipo.

DAVIDE - *(al tipo tirando fuori una sigaretta)*, Mi fai accendere?
TIPO - Con piacere, carina. *(allunga l'accendino)*

Davide tira fuori il coltello, lo fa scattare.

DAVIDE - Dammi il giubbotto, niente storie.
TIPO - Come vuoi tu, bellezza.

Fingendo di togliersi il giubbotto, il Tipo con una mossa disarma Davide.

TIPO - T'è andata male, bambolina. *(lo tiene saldamente per un polso)*
E adesso mi racconti un po' chi sei.
Bella faccetta d'angelo. Ma lo sai
che sei proprio bellina?

DAVIDE - E smettila! Io non sono una femmina.

TIPO -Selvaggia! Come una gattina. *(avvicina il viso a Davide)*
Non vuoi che ti denunci, vero? *(Davide tace)*
E allora buono, okay?

Il Tipo palpeggia Davide come una merce preziosa, con delicatezza e con gusto.
I muscoli delle braccia, la pelle del viso, le ginocchia.
Una carezza al pube.
Davide ha uno scatto.

DAVIDE -Ahhh!
TIPO -Ma guarda! Delicato, il ragazzo.

Il Tipo si tira dietro Davide riluttante. Si profila un poliziotto.
Davide ha un moto di terrore.

TIPO - *(gli afferra la testa, lo bacia sulla bocca)*
Andiamo!

X - IL QUARTIERE

Due ragazzi si lanciano il filo elettrico cercando di colpirsi a vicenda.
Altri si rincorrono con il giornale attorcigliato, a manganello.
Davide, vestito con gli abiti del Tipo, si avvicina ai ragazzi.

RAGAZZO - *(continua a giocare con il filo elettrico, senza guardare Davide)*

Ti sei fatto i soldi, eh?

Davide tace.

ALTRO RAGAZZO -'Na cifra forte 'sta camicia...

(continua a giocare con il filo).

RAGAZZO - Da frocio.

Davide tira fuori il coltello, veloce fa due squarci al Monclèr del ragazzo, poi scappa.

RAGAZZO - A stronzo, il Monclèr nuovo! (se lo toglie, vede i tagli)
T'ammazzo, mi potevi far secco!

I ragazzi esaminano il Monclèr.

RAGAZZI - Forza, andiamo a cercarlo!
Lo deve ripagare!
Me l'ha da trovà uguale!
'Sto stronzo, chi si crede di essere!

I ragazzi corrono via.

XI - LA CASA

Gli abiti di Davide quando stava al quartiere sono piegati uno sull'altro, puliti e stirati.
Alcuni jeans tutti uguali. Maglie di foggia simile, dai colori diversi.
Qualche Monclèr. Delle scarpe Clarck di differente colore.
La tazza del latte è accanto agli abiti, vuota.
Davide entra affannato.
Si guarda intorno.

DAVIDE - Mamma!

Davide si blocca al suono della parola.
Silenzio.
Ride forzato.
Silenzio.
Davide si butta sugli abiti. Vi si immerge.
Respira profondo. Chiude gli occhi. Un attimo di benessere.
Abbraccia i maglioni, i Monclèr, i jeans.
Sorride al contatto.
Torna serio.

DAVIDE - Tardi...

La rabbia lo invade. Butta gli abiti all'aria. I vestiti volteggiando ricadono.

Si accorge della tazza. La prende in mano.
Se la mette in tasca con un gesto delicato. Ci ripensa. La rimette fuori, con un colpo secco la infrange sul pavimento. Afferra un pezzo di coccio; a caratteri giganteschi, sussurrando la parola, scrive per terra.

DAVIDE - *(sottovoce, mentre scrive)* Ciao.

Davide corre via.

XII - LA CASA DEL TIPO

Su una tovaglietta, il Tipo sta preparando quanto occorre per iniettare una dose.
Aghi, siringhe, cotone, alcool, la bustina, la fiala dell'acqua distillata, il cucchiaino, la fiamma, il laccio.
Premura nei gesti; il grottesco di una madre intenta a preparare la colazione.
Entra Davide. E' verde. Si torce, in preda ai brividi. Rimorsi di vita e crisi d'astinenza.

TIPO - E' tutto pronto. Roba buona. Vedrai dopo!...

(accarezza Davide)

DAVIDE - *(con uno sforzo)* Non mi va stasera.
TIPO - Non ti va? Questo ben di Dio a portata di mano, e tu "non mi va"?!

Davide si torce. I dolori aumentano. Il Tipo lo accarezza.

TIPO- Povera gattina... Sei stata troppo fuori. e adesso io ti curo...*(lo abbraccia. Davide non reagisce)*
TIPO - *(prepara la siringa)* Un momento soltanto... e poi sarai felice.
DAVIDE - *(lo guarda fisso negli occhi)* Ma è questa, la felicità?
TIPO - *(un tono disperato, sincero)*
Chi lo sa... mio povero ragazzo... Chi lo sa...
Anch'io cerco amore. Tu non lo capisci
e mi disprezzi. Mi odii.

(gli affonda l'ago nella vena del braccio)

Questo, io posso offrirti. E il mio corpo.
Ma tu non lo ami.

Davide comincia ad avvertire l'effetto della droga.
Si abbandona.
Il Tipo avvolge Davide in un lenzuolo, vi si insinua, sparisce sotto il telo.
E' buoi su di loro.
I ragazzi del quartiere passano di corsa, colpendosi con i fili elettrici.
Il ragazzo della motoretta corre in bilico su di una ruota sola, con fracasso.

RAGAZZI - Dài, forza, colpisci!
L'ho colpito, ho vinto!

Fermati! T'ho preso!
Sei fottuto!

RAGAZZO DELLA MOTORETTA - V'ammazzo a tutti!
Fateme passà!
Ahò! V'ammazzo!

Il carillon della chiesa suona la sua melodia melensa.

CARILLON -
Dlèn! Dlendlendlendlèn! Dlèn! Dlendlendlendlèn!
Dlèn! Dlendlendlendlèn!
.....

La melodia svanisce. Musica di moda da cassetta.
Davide riemerge dal lenzuolo. Spettinato. Sporco.
Rivive il passato.

DAVIDE - L'ago entrava nella mia vena con un dolore più dolce
che se avessi fatto l'amore...
e io mi disfacevo felice nell'ondata
che tutto mi penetrava invadendomi.
L'altro non esisteva più per me.
Cedevo a lui la mia volontà
pur di non dover pensare a niente...
Ogni reazione era fatica, ritorno alla coscienza...
e io non volevo... non volevo... non volevo...
Il letto era sporco e bagnato...
per giorni non mi alzavo, rimanevo in quella sporcizia.
Ma niente valeva la fuga dalla solitudine.
Niente mi ripagava di più che quella roba.
Le ore passavano vuote, almeno non soffrivo.

Davide si riavvolge nel lenzuolo, assente.
Rientra il Tipo, lo circonda con le braccia.
I due rotolano nel lenzuolo.

XIII - IL BAR

Il Tipo riemerge trionfante, tenendo per mano Davide, che sta a capo chino.
I rumori del bar. Gli sbuffi della macchina del caffè.
Il Tipo afferra una tazza di caffè, beve, poi la porge a Davide costringendolo a
bere.
Il Tipo afferra un cornetto e gli dà un morso; poi lo mette in bocca a Davide,
costringendolo a mangiarne. Sempre tenendo per mano Davide, il Tipo fa un giro
intorno con aria trionfante per farsi vedere.
Musica di Juke box. Davide tenta di svincolarsi, ma l'altro gli rimane incollato, la
mano nella mano.

DAVIDE - *(grida)* Gli piaceva farsi vedere in giro con la mia mano nella sua.
La gente ci guardava!...

(fa un giro, guardando gli spettatori negli occhi, uno per uno)

Qualcuno sfuggiva i miei occhi...
Qualcuno mi fissava e rideva...
Quelli del bar ci guardavano sogghignando.
Io avrei voluto ritirare la mano da quella di lui...
Ma non potevo. Dovevo accettare. Per vivere.

Davide si svincola dalla presa del Tipo. Gli si pone di fronte.

DAVIDE-   *(urla)* Mi hai fatto male!
Mi hai usato come una cosa!
Mi hai sporcato!
Mi ha ricattato!
Mi hai umiliato!
Mi hai distrutto!
Stronzo! Stronzo!
Tu e i tuoi soldi!
Che cosa ti credevi stronzo!?
Era la roba a vincere!
Non eri tu!

Ogni elemento descrittivo scenografico è scomparso.
Davide si accascia, esausto.

DAVIDE -La verità è che mi ribellavo perché lui mi faceva male.
Non avevo ritrovato la mia dignità.
Lui aveva le sue colpe. Ma io... avevo le mie.
Alla fine non ne ho potuto più. Sono scappato.
Gli ho rubato dei soldi, un giorno che lui era fuori.
E un accendino. D'oro, con le cifre.
Poi mi hanno arrestato, lui aveva fatto la denuncia.
Gli bruciava che me ne fossi andato, non voleva
mandarmi in galera, ma solo ritrovarmi,
questo l'ho capito dopo, quando lui cercò di ritirare la denuncia.
Disse che, forse, quell'accendino io l'avevo creduto
un suo regalo. Ma la cosa non convinse il giudice.
E vennero fuori altre denunce, di gente che non mi aveva mai
colto sul fatto, ma che mi sospettava.
Non avevo ancora diciott'anni, finii al carcere minorile.
Sforzi di vomito, brividi di febbre, il dolore ai muscoli.
Imploravo una dose per pietà, non mi diedero neppure
Un calmante. Mi offrii come una bestia, se qualcuno
dei guardiani mi voleva. Senza pudore, pur di ottenere
quella roba che per me era diventata necessaria per vivere.
Ridevano dietro la porta, mi lanciavano frasi pesanti.
Ma io non provavo vergogna, perché stavo affogando
e tentavo di tutto per sopravvivere.
Per molti giorni rimasi fra la vita e la morte.
Poi ricominciai a vivere, come dopo una lunga malattia.

Tornavo a vedere le cose, come se una nebbia
mi si fosse diradata davanti agli occhi, e mi scoprisse
un mondo ignorato da tempo. Non lo amavo, quel mondo.
Gli altri ragazzi che stavano là erano sprezzanti
e duri con me. Li trattai peggio e divenni il loro capo.
Mia madre mi trovò già così, debole ma incattivito,
disposto a tutto pur di farla pagare a chi mi teneva
là dentro.
Piangeva. Io avevo voglia di abbracciarla, di dirle
che era tutto uno scherzo, le volevo bene, sarei uscito
presto di lì e saremmo stati insieme, qualcosa avrei fatto.
Invece la insultai.

Compare la madre evocata. Fissa, in attesa.

DAVIDE - E' tutta colpa tua!
se mi sono bucato!
se mi hanno preso!
se ho rubato!
se sono diventato anche frocio!

Davide viene avanti, confessandosi.

DAVIDE - Non le risparmiai niente. Più le facevo male
più mi sentivo male io. Così stavo a posto,
non mi compiangevo più, ero un disgraziato,
uno che la galera se la merita veramente.

Davide torna a rivolgersi alla madre.

DAVIDE - *(urla)* E' meglio se sto qua dentro!
Sennò ti ammazzo di botte!

*Davide si avvicina alla madre, riprendendo il tono della confessione.
La madre rimane immobile.*

DAVIDE - Volevo vedere la sua reazione...

La madre lo guarda altera, si volta e se ne va.

DAVIDE - Ma lei mi guardò con gli occhi asciutti e si voltò di spalle.
Se ne andò con passo deciso, e per quel gesto altero
le volli finalmente bene e la rispettai.
Passarono così molti mesi dannati. Intorno a me,
più che fuori, era un mondo disperato.
La mia forza laggiù era negarmi, nessuno mi insegnava
un linguaggio diverso da quello della repressione e del dominio.
Anche gli insegnanti ci tenevano con le minacce.
Fare i compiti e studiare aveva il sapore di una condanna
inventata perché rimanessimo degli schiavi.
Dovevamo imparare cose di cui non capivamo il significato.

Quella realtà misteriosa dello scritto ci respingeva
ancora di più, discriminandoci. Strappavamo i libri,
facevamo pupazzi con le pagine dei quaderni, le penne
e le matite le usavamo come armi. Niente ci interessava.
Tutto diventava materia per opporci a quel sistema
che ci aveva confinato là dentro ed ora ci imponeva
la sua carità perché tornassimo ad essergli utili.
Mi rifiutavo ad imparare a piallare le assi.
Le statistiche sulla ricchezza mi facevano sentire beffato.
La storia della pittura riproduceva immagini per me estranee,
madonne e cristi soprattutto, quel dio che non c'era mai
quando volevo parlargli, troppo impegnato a posare
davanti ai pittori. Avevo ripreso a parlarci, con Dio.
Ma la sua presenza invisibile mi inquietava, e cercavo
di immaginarmelo nella faccia di qualcuno. Questo
mi portò a pensare da Dio a Cristo, era un giovane con la barba,
uno più o meno come noi. Ma quel Cristo mi faceva rabbia,
perché non mi parlava, o almeno io non sentivo la sua voce.
Lo sfidavo con ogni sorta di comportamento, sperando
che si facesse sentire. Mi resi conto che lo avevo provocato
anche prima, quando ero fuori. Ogni persona,
a cui avevo fatto del male, era un po' quel Cristo
misterioso e irritante. Il Cristo che se ne stava
rannicchiato in ciascuno dei miei compagni
non mi dava soddisfazione. Accettava passivo
ogni mio volere, io lo disprezzavo anche se in segreto
ne sentivo un muto rimprovero.

Compare il Professore. Come un testimone. Da una parte, in silenzio.

DAVIDE -Ma il Cristo del mio Professore, quello mite,
che non gridava mai, che non mi faceva rinchiudere
anche se mi ribellavo, quel Cristo lì mi affascinava.
Il suo era un comportamento che usciva dai miei schemi.
Non lo capivo, mi sorprendeva ogni volta.
Prevedevo una sua reazione, ed era un'altra all'opposto.
Prevedevo l'opposto e lui faceva tutto il contrario.
Ma non era un capriccio, il suo. Era un modo sottile
di affrontarmi e di mettermi di fronte a me stesso.
Alla fine il Cristo ero io: io mi specchiavo
in questo Cristo e gli facevo del male, e lo facevo a me,
e se il male era rivolto al Professore, era ugualmente
a me che facevo del male. Nella mia mente, questa immagine,
dello specchio e di noi che eravamo la stessa persona
in quel Cristo, era ben chiara, nettissima e dolorosa
per la sua verità.

I ragazzi del carcere minorile portano dei secchi di colore, dei grandi fogli, dei
pennelli.
Si mettono a lavorare.
Il Professore prende un foglio.

DAVIDE - Così arrivò quel giorno di provocazione estrema.

Il Professore offre un foglio e dei pennelli a Davide. Poi torna da una parte.
Davide prende foglio e pennelli.

DAVIDE - Mi aveva invitato a disegnare su un foglio grande,
con i pennelli che mi piacevano perché mi davano
più libertà che le matite.

(lascia cadere il foglio a terra)

Ignorando il foglio, cominciai a manovrare i pennelli ruotandoli in giro.

(fa ruotare i pennelli; li immerge nei secchi di colore; comincia poi a gettare
pennellate forti di colore contro il Professore).

Davide getta pennellate di colore contro il Professore che rimane immobile.

DAVIDE - *(sussurrando assorto)* Gli andai contro, con la prima pennellata.
Rimase a guardarmi, grondante.
Non era sorpreso, né divertito, né beffardo o infuriato.
Aspettava.

(intinge i pennelli, continua a gettare pennellate sul Professore)

Io gli sbattevo i pennelli in faccia, sulla camicia,
sulle mani. Lui rimaneva fermo, come se guardasse
anche lui, dall'esterno, quanto stava accadendo.

I ragazzi sono immobili, a guardare quanto Davide sta facendo.

DAVIDE - Gli altri tacevano. Rimanevo il loro capo,
nessuno era intervenuto a difendere lui.
La tensione cresceva. Riempiva l'aria,
mi portava energia. Suonò la campana.
Si affacciò un guardiano e non disse niente,
fulminato. Soli nella stanza vuota.
Cominciarono a scendermi lacrime. Avevo paura.
Ma non mi importava se sarei stato punito, era giusto,
non era una punizione in più a spaventarmi.
C'era, dentro di me, una pace che non avevo mai provato,
nemmeno quando mi ero fatto una bella dose.
I suoi occhi non mi lasciavano.
Non ne potevo più di quella pace e di quella paura.
Dovevo fare qualcosa. Non potevo aspettare.
Qualcosa dovevo fare, e non per violenza.

Davide si accosta al Professore, lo fronteggia.

DAVIDE - Lo abbracciai. *(abbraccia il Professore, che a sua volta lo abbraccia)*

Il colore ci unì. Ero uguale a lui.
Ci lavammo insieme.

Davide e il Professore attingono acqua dai secchi e si lavano, facendo scorrere l'acqua sul capo e poi sul corpo, come un battesimo.Anche gli altri si lavano nei secchi, versandosi a vicenda l'acqua dal capo al corpo.
L'acqua scorre in rivoli da ogni parte.
Fine.

UNA VITA STORTA[11]

MARTA, giovane donna, sostituto procuratore della Repubblica
SABELLINA, la ragazza morta
LUCIA, la madre di Sabellina
ELISA, l'altra figlia, sorella di Sabellina
MAURO, il ragazzo di Sabellina
GIACOMO, lo spacciatore
ORLANDO, il poliziotto che suona la tromba

UNA STANZA SPOGLIA. UN LETTO SFATTO. LENZUOLA BIANCHE CHE
PENDONO A TERRA,COME PER UN PESO TRASCINATO VIA DAL LETTO.
UN TAVOLO CON DEGLI OGGETTI PER "BUCARE": MARTA LI PRENDE IN
MANO, AD UNO AD UNO; ESAMINA IL CUCCHIAINO, LA FIALA VUOTA
DELL'ACQUA DISTILLATA, APRE LA BUSTINA BIANCA, SVUOTATA E
RIACCARTOCCIATA.

FRA LE MANI TIENE LA SIRINGA DALL' AGO INNESTATO; CORRUCCIATA,
E AL TEMPO STESSO AFFASCINATA DA QUELLA SIRINGA, DALL'AGO CHE
TOCCA, PER APPROPRIARSI DELLA LORO REALTA'.

IL SUONO DI UNA TR0MBA COMINCIA A CRESCERE; CHI SUONA E'
ORLANDO, IL POLIZIOTTO; SEDUTO DI LATO, TIENE D' OCCHIO MARTA.

CON UN COLPO DELL'AGO, MARTA SI SFIORA LA VENA DEL BRACCIO,
PIEGA IL BRACCIO SULL'AGO, CHIUDE GLI OCCHI: L'IMMAGINE E'
QUELLA DI UNA GIOVANE DROGATA. MARTA SI RISCUOTE, RIDISTENDE
IL BRACCIO, CON CURA RIMETTE SUL TAVOLO AGO E SIRINGA.

SI AVVICINA AL LETTO, SFIORA LE LENZUOLA.

ORLANDO SMETTE DI SUONARE, OSSERVA LE AZIONI DI MARTA.

FRA LE PIEGHE DEL LENZUOLO, MARTA SCOPRE UH FOGLIETTO
APPALLOTTOLATO; SPIEGA IL FOGLIETTO, VI LEGGE QUALCOSA; LO
RIPIEGA, TORNA AL TAVOLO, VE LO PONE METTENDOCI DELLE CARTE
SOPRA. PRENDE ALTRI FOGLI DAL TAVOLO: APPUNTI, CHE LEGGE
FACENDO DELLE ANNOTAZIONI. AFFERRA UN QUADERNO, LO SFOGLIA
QUA E LA'.

COMPARE SABELLINA: E' LA RAGAZZA MORTA; GLI ALTRI PERSONAGGI
NON LA VEDONO, MENTRE LEI LI VEDE.

---

[11] Scritto nel 1988/89 per una compagnia che ne aveva previsto la messa in scena nella stagione successiva, *Una vita storta* è rimasto senza rappresentazione perché la compagnia, per problemi economici, si sciolse. Questo è spesso il destino dei gruppi che si prefiggono di rappresentare testi italiani impegnati.
L'autrice non ha più dato il testo a nessuno. E' stato lo psicanalista Francisco Mele a convincerla a inserirlo nella raccolta, perché esso sviluppa in forma compiuta *Sabellina*, una delle storie più emblematiche di *Donne di spade*.

SABELLINA SI RIVOLGERA' A MARTA - COME POI AD ALTRI - COME SE ESSI LA VEDESSERO E POTESSERO DIALOGARE CON LEI. MA TUTTI CREDERANNO DI AVERE AVUTO DELLE SENSAZIONI PERSONALI, NON PENSERANNO DI ESSERE STATI SPINTI AD AGIRE DA SUGGERIMENTI DI LEI.

Sabellina si avvicina a Marta, poi raggiunge il letto e vi si siede.

SABELLINA Come mai gli altri non avevano trovato il mio biglietto? Dovevi proprio arrivare tu?

Marta sta pensando la stessa cosa: come mai nessuno aveva trovato quel biglietto?

MARTA *(fa un cenno al poliziotto)* Com'è che non avevate trovato questo biglietto? *(gli mostra il foglietto)*
ORLANDO *(si stringe nelle spalle)* C'era da portar via la ragazza ...
MARTA Mi serve la madre. Telefonatele. Voglio vederla subito.
ORLANDO Qui?
MARTA Qui. E' nei miei poteri. Che venga appena possibile.

IL POLIZIOTTO ESCE. MARTA SFOGLIA IL QUADERNO. SI SOFFERMA A LEGGERE QUA E LA'. SABELLINA E' RIMASTA AD OSSERVARE DAL LETTO SFATTO.
SI AVVICINA A MARTA, CHE ALZA GLI OCCHI COME SE QUALCOSA DELLA RAGAZZA LE PASSASSE NELLA MENTE, POI CHIUDE GLI OCCHI, TIRA UN SOSPIRO, LA TESTA ALL'INDIETRO. DI SLANCIO SABELLINA SIEDE SUL TAVOLO. AFFERRA LA SIRINGA, CON UN PICCOLO RISO LA AGITA NELL'ARIA, DAVANTI A SE'. POI RIPONE LA SIRINGA CON UNO SGUARDO TIMOROSO VERSO MARTA RIMASTA AD OCCHI CHIUSI. RIPONE LA SIRINGA, UN ATTIMO PRIMA CHE MARTA RIAPRA GLI OCCHI E GUARDI DAVANTI A SE', CIOE' DOVE SI TROVA SABELLINA.

SABELLINA Io ho capito che non ero figlia di quella che credevo mia madre, quando avevo già qualche anno.

MARTA SEGUE LE PAROLE DI SABELLINA COME SE FOSSERO SUE DEDUZIONI, TRATTE DA UNA LETTURA PRECEDENTE, DEL DIARIO, IN CUI SI FOSSE INSERITA LA SUA IMMAGINAZIONE.
DAL TAVOLO SU CUI E' SEDUTA, SABELLINA SI SPOSTERA' LIBERAMENTE NELLA STANZA. IL RACCONTO E' RIVOLTO A MARTA E AL PUBBLICO, MA SOPRATTUTTO E' UN "RACCONTARE" A SE STESSA, UN RIPENSARE ALLE SITUAZIONI CHE SI SONO RIASSUNTE POI IN QUELLA RIFLESSIONE CONCLUSIVA, SCRITTA NEL BIGLIETTO TROVATO DA MARTA.

SABELLINA Me ne stavo in cortile, a giocare con gli animali, ed è arrivata quella signora che ogni tanto veniva e mi portava regali, poi mi abbracciava e se ne andava. Invece questa volta si ferma davanti a me e mi dice: "Sabellì, piglia la tua roba che partiamo". Io non capivo. Per me non aveva significato sentir dire

"partiamo". Ero sempre vissuta in mezzo ai campi, pensavo che il mondo fosse
tutto lì.
C'erano dei bambini più grandi di me, che credevo i miei fratelli. Io ci giocavo,
parlavo come loro, non come la signora di fuori, che adesso diceva: "Sabellì,
partiamo"...

VOCI E BISBIGLI. RISATE INFANTILI MISTE A SUONI DI CAMPAGNA E
VERSI DI ANIMALI. RICHIAMI DI UN GIOCO A NASCONDINO.
SABELLINA E' RITORNATA BAMBINA. RIDE AI RICHIAMI. LA SUA
VOCE E I SUOI GESTI SONO INFANTILI.

SABELLINA BAMBINA A son chì, stùpid! Non me vedè?... Int'el albero cavo...
Dài... Rensln... Pepina ... Gioanin... Son chì...

IL RICORDO SVANISCE. SABELLINA TORNA RAGAZZA.

SABELLINA Poi è arrivata mia madre, mi ha gridato: "Vattene dentro!". Hanno
cominciato a discutere tra loro. Si accaloravano, sembrava che nessuna delle due
volesse cedere. Io me ne stavo in cucina. Guardavo, dalla porta socchiusa. Mi
stava venendo paura, cominciai a succhiarmi il dito, avevo bisogno di sfogare la
mia inquietudine in qualche modo. Dopo un po', silenzio. Mia madre è rientrata, è
salita di sopra, poi è tornata con una valigia, mi ha preso per mano a mi ha detto:
"Vai con la signora. E' tua madre. Devi volerle bene. Ma ricordati, io continuo a
volerti bene come se tu fossi la mia bambina". La signora mi prese per mano e mi
trascinò via. Tenevo la testa voltata indietro per continuare a vedere mia madre,
con il mio dito in bocca. Non capivo che cosa fosse quel senso tremendo di
abbandono. Ma ora lo so, ora so tante cose, ora so tutto.

MARTA RIPRENDE IN MANO IL DIARIO, VI SI SOFFERMA.

SABELLINA Sì. Anche sulla macchina, fino alla stazione. Anche sul treno,
anche nella casa bella e lucida con tanti scalini per arrivarci, continuavo a vedere
quel volto, dagli occhi fissi nei miei. E quel gesto, lento, della mano a salutarmi,
e il movimento leggero del mento, verso l'alto, a dirmi "Vai", a rassicurarmi,
nonostante il distacco, che restava con me perché mi aveva cresciuta, e io non
sarei cambiata, avevo preso da lei. Poi, sono passati degli anni. Io ero diventata
grande, andavo all'università.
MARTA Anch'io andavo all'università. Doveva essere più o meno lo stesso
periodo. Lei studiava legge, come me... Se ci fossimo conosciute a quel tempo,
forse le nostre vite potevano essere diverse.
Ma sarebbe stata lei come me, o io come lei?
SABELLINA Appena nata, mia madre mi aveva dato a balia perché non poteva
tenermi. Era stata operata alla schiena, si stancava subito, non aveva il latte.
MARTA Sua madre non l'aveva tenuta. E il padre? Com'era, il padre?
SABELLINA Mio padre era funzionario dello Stato. Lo mandavano sempre fuori.
Avevano già avuto una figlia, prima di me. Mia madre, quella bambina l'aveva
rovinata. Se la portava sempre in braccio, non sapeva dove lasciarla, la sua schiena
si era piegata. Insomma, non potrei condannarla, aveva dovuto mandarmi a balia,
pensava che in campagna sarei cresciuta meglio che in città.
MARTA Ma è così. Aveva ragione. Cercava di fare per il meglio.

SABELLINA Quando sono tornata, quella casa non la sentivo come mia, ci avevo vissuto così poco... E c'era quella mia sorella. Bella, dolce, studiosa. Le volevo bene e anche lei me ne voleva. Cercava di aiutarmi, intuiva le mie difficoltà. Ma io avevo il mio orgoglio. E più lei era buona, più io volevo essere diversa da lei. Sentivo la necessità di dimostrare che non avevo bisogno della mia famiglia, e vivevo in un mondo che apparteneva a me soltanto. Tante volte avrei desiderato di tornarmene in campagna: ma loro rispondevano con il silenzio alla mia richiesta, come se quell'infanzia lassù fosse un episodio da dimenticare. Poi, ho saputo che "quella donna" era morta. Una che veniva a fare le pulizie, mi aveva portato un filo d'oro e di coralli avvolto in un fazzoletto. "Per suo ricordo a te", mi aveva detto in fretta; d'improvviso era entrata mia madre, l'aveva guardata sospettosa: subito   zitta,   lei   aveva   ripreso   a   pulire.

LUCIA, LA MADRE DI SABELLINA, ENTRA AD ANDATURA CONCITATA, SEGUITA DALL'ALTRA FIGLIA, ELISA. DOPO DI LORO, IL POLIZIOTTO. LUCIA E' UNA DONNA DI MEZZA ETA', DIMESSA E TRISTE.
ELISA E' UNA RAGAZZA APPARENTEMENTE SICURA DI SE'.

POLIZIOTTO (*dietro le due donne, sottovoce, a MARTA*) So-no la ma-dre e la so-rel-la...
MARTA Va bene. Rimani qui. Posso avere bisogno di te. *(alla MADRE)* Signora ...   Sieda.   Lei   è   la   madre?
LUCIA   Sì. Lo sa... lo sapeva... Perché mi ha fatto venire in questa casa?... E pensare che la mia bambina... la mia bambina ... è stato qui che... che...
ELISA   Mamma, stai calma. *(a MARTA)* Perché ci ha fatto venire?
MARTA Scusatemi. Devo capire se qualcuno è responsabile. Forse voi sapevate chi frequentava.
ELISA Ma perché qui?
MARTA L'ambiente dove abitava può suggerire nuovi elementi di indagine... Motivi, potrei dirvene tanti. Ma vorrei essere io, a farvi qualche domanda.
LUCIA Per me, può chiedere. Tanto, ormai...
ELISA Ormai, no. Può servire. Per altri, almeno. *(a MARTA)* Allora?
MARTA Vorrei... anche se può sembrarvi crudele... vorrei che vi sforzaste di dirmi com'era, Sabellina, con voi. *(alla MADRE)* Signora, sua figlia aveva un rapporto difficile, con lei... Come se non le avesse perdonato qualcosa che era successo durante l'infanzia...
LUCIA Io ho sempre fatto tutto quello che ho potuto.
MARTA Di questo era convinta anche sua figlia. Ma un conto è ragionare, un conto è sentire con il cuore. Perché Sabellina non aveva confidenza con lei? In passato, era avvenuto un fatto particolare, che l'aveva staccata da voi?
LUCIA L'avevamo portata in campagna. E mi era sembrata la soluzione migliore: io non stavo bene, dovevo operami alla schiena, latte non ne avevo. Era così piccola! Forse non si sarebbe neppure accorta di quel distacco - pensavo io -, i bambini delle cascina la facevano giocare con loro, si sarebbe divertita più che in città, la sorella andava già a scuola. Mentre a casa da noi, lei sarebbe stata così sola, isolata. Invece ero poi io che mi sentivo triste, per lei che non vedevo mai. E quando andavo a trovarla, le portavo bambole, vestitini, dolci, ogni sorta di regali... Quanti sacrifici mi costavano tutte quelle cose, e poi c'erano anche i viaggi... la pensione... Ma lo facevo con tanta gioia, speravo così che non si dimenticasse di me... Ci sarebbe stato tempo, dopo, di ritrovarsi, rimettendo

insieme la famiglia... Almeno, così io mi illudevo.
ELISA *(assorta)* Il segno si imprime, come nella cera, e poi la cera si fa di pietra.
MARTA Che hai detto? "La cera si fa di pietra"?
ELISA Niente. Non ho detto niente.
SABELLINA Elisa. Adesso ti vedo. Dillo, come ti sentivi male, anche tu. *(accenna a MARTA)* E' buona, lei. Vuole sapere.
MARTA Va bene. Niente. *(alla MADRE)* Ma il tempo di ritrovarsi, dopo, non c'è stato.
LUCIA Io lo speravo. E anche mio marito, sì. Ce la siamo riportata a casa appena abbiamo potuto. Lei però non mi riconosceva. Elisa la aiutava nei compiti... Le faceva ripetere le lezioni...
ELISA C'è qualche anno di differenza tra noi... C'era... A quel tempo contava. Per me la scuola rappresentava un rifugio, ci riversavo tutte le mie forze.
LUCIA Eri brava. Noi ci sentivamo orgogliosi. Per questo, tante volte volevamo stare di più con te, e ce lo impedivamo, tuo padre e io, per non staccarti dai tuoi libri. Ci facevi soggezione, ti piaceva studiare, era la tua ambizione, non era giusto privartene.
SABELLINA Ecco, le cose si fanno chiare. Ma è troppo tardi, ormai.
ELISA Voi avevate i vostri interessi! Cosa mi stai a dire "Non era giusto privartene"! A voi faceva comodo, che io passassi le giornate sui libri! Certo, alla fine ero una perla, parenti e amici vi invidiavano! E così, voi vi sentivate orgogliosi!
LUCIA Hai scelto tu! Tu hai voluto! Avresti preferito accompagnarmi in ospedale per le mia operazioni? Assistermi nelle lunghe convalescenze che la malattia mi imponeva? Eri una bambina, ti incoraggiavamo nello studio per tenerti lontana dal dolore.
ELISA *(a MARTA, in un impeto liberatorio)* Io mi chiudevo, capisce?, mi difendevo con quelle pagine scritte. Erano il mio scudo, per non sentirmi sola; il mio linguaggio, per comunicare, se qualcuno voleva capirmi. Quando Sabellina è ritornata a casa, io non avevo altra possibilità che quella, e gliel'ho offerta.
MARTA Che cosa facevate, insieme?
ELISA Io andavo già alle medie, lei cominciava le elementari. Non sapeva quasi parlare, mescolava il dialetto all'italiano. Certe volte stava ad ascoltarmi, in silenzio; quando avevo finito, le chiedevo: "Hai capito?". Ma lei rimaneva zitta, poi nascondeva la testa sotto il braccio...

SABELLINA VIVE I MOMENTI DESCRITTI, RIPETE I GESTI DI UN TEMPO.

ELISA ...nascondeva la testa sotto il braccio, come se avesse voluto scappare e non poteva... In campagna, sarebbe corsa via... Tutta quell'attenzione la terrorizzava. Invece di avvicinarsi a me, si chiudeva nella sua diversità e mi rifiutava.
SABELLNA La cera si era fatta di pietra, anche per me.
MARTA Poi aveva cominciato a prendere gusto allo studio.
ELISA Doveva pur sopravvivere, si era impegnata con tutte le forze. Ma quando lei era al liceo, io stavo già all'università. Altri orari e amici, altri interessi. Altro modo di preparare gli esami. Ognuna faceva per conto suo. Mia madre in quel periodo stava meglio. In casa si era creata un'apparenza di equilibrio. E qualche volta riuscivamo a mangiare tutti insieme.
LUCIA Non mi pareva vero, stavo meglio. Mio marito era sempre fuori, ma bene

o male   alla fine della settimana si cercava di ritrovarci tutti quanti. Quanto desideravo che arrivasse la domenica! Preparavo il pranzo con ogni cura. Facevo la pasta con le mie mani, o l'arrosto nel vino, e il dolce con la crema gialla... Ci pensavo per tutta la settimana, a quella festa... Sceglievo la tovaglia, e i fiori... da mettere   nel   mezzo...
ELISA   Sì! Preparavi ogni cosa! E non ti accorgevi, presa com'eri dai tuoi preparativi, che alla domenica io avrei voluto andarmene un po' fuori, dopo tutta una settimana chiusa in biblioteca.   Non ti accorgevi che papà sarebbe uscito volentieri in trattoria, per incontrare qualcuno ed evitare le tue lamentela e le nostre facce scure di sopportazione! Così, appena mangiato, io ritornavo ai miei libri. E Sabellina sgusciava via, forse studiava a casa di qualche compagno: dove poteva andare, alla domenica, senza una lira in tasca?
SABELLINA   Ormai frequentavo l'università. Per studiare, mi rifugiavo da qualche compagno. La mia casa non era mai diventata "casa mia". *(va accanto alla MADRE)* Povera mamma, mi accorgo adesso della tua buona volontà, allora non la vedevo. Sovente le parole ingannano, e i silenzi ti opprimono. *(a MARTA)* Lasciale andare! Non possono aiutarti. Loro, hanno bisogno di chiarezza!
MARTA   Quello che sapete di lei, è tutto qui? La sua vita fuori: non sapere dirmi niente?
LUCIA   *(allarga le braccia in un gesto di impotenza)* Noi insistevamo che tornasse. Lei prometteva. Ma poi, quelle poche volte che veniva, si fermava soltanto qualche ora e poi scappava via. Piano piano, se n'è andata. Una sera non rientrava, telefonava che s'era fermata da un'amica; passavano due giorni, faceva chiamare da un compagno che sarebbe venuta alla domenica.In quei pochi momenti in cui si faceva rivedere, ci pareva più allegra: era sempre affannata, con la testa a mille pensieri. Diceva che era molto impegnata, non spiegava perché. Poco per volta ritornava da noi sempre meno...
MARTA   Devo mettere insieme ogni informazione che mi verrà da chi la conosceva. Voglio vedere tutti quelli che riuscirò a trovare. Per ora vi ringrazio, voi potete andare.
SABELLINA   Che cosa vuoi che sappiano, loro due, di me? Hanno già il loro mistero, e la loro pena. Inutile tormentarle.

SABELLINA SI ACCOSTA AL LETTO SFATTO, VI SI APPOGGIA. LA MADRE GUARDA VERSO DI LEI.

LUCIA   Elisa, aiutami, mi sembra di svenire...

ELISA SORREGGE LA MADRE. SI AVVIANO VERSO L'USCITA.
LUCIA SI ACCORGE DEL LETTO SFATTO, VI SI AVVICINA D'IMPETO.
SI GETTA IN GINOCCHIO A TOCCARE LE LENZUOLA CHE MANTENGONO ANCORA LA FORMA DEL CORPO DI SABELLINA.

LUCIA   Ti ho fatto io, dentro di me. Perché è successo, allora? E non capirsi. Non è giusto. Tutto questo, perché?
MARTA Non lo so. Anche quando non si arriva a situazioni così,
capirsi è difficile, forse impossibile...

LA MADRE PRENDE IL VISO DI MARTA FRA LE MANI.
LA GUARDA NEGLI OCCHI.

LUCIA   Anche per te, che sembri così sicura, così limpida, anche per te, è difficile? Con tua madre, certamente tu parli: oh! sei generosa e dolce, tu, puoi capire che una madre vuol sapere di una figlia. Io, tua madre, la invidio.

MARTA   *(si ritrae dal contatto con LUCIA, vergognosa di non poterla assecondare)* Vorrei confidarmi, con mia madre... metterla a parte dei miei problemi... Ma non lo faccio. Ho paura che mi ascolti senza capire: lei che ha un modo diverso di vedere la vita. Siamo due estranee, che vorrebbero volersi bene, ma non ci riescono. Solo in qualche momento rinasce l'affetto, come quando ero bambina. "Ti ho preparato il dolce, vieni stasera a cena?...". Il rischio di un confronto viene evitato, si accantona il discorso che potrebbe far riemergere un contrasto... E io, lo stesso: "Mamma, ti ho portato queste rose ma scappo subito, ho una riunione...". Dirsi le cose vere, guardandosi negli occhi, le cose che ci farebbero crescere, non lo facciamo... C'è paura: questa, forse, è la causa, e la ragione.
LUCIA   Anche tu, allora. E' vero, io avevo paura, con lei. Di sbagliare. Di essere giudicata. E anche con te, figlia mia, *(si rivolge a ELISA)* ho timore di quel tuo sguardo che mi scruta senza pietà. Ti sembravo allegra quando preparavo i pranzi, quando mettevo i fiori in tavola... Sfuggivo, anch'io. Come lei, come tutti.
ELISA   Ci sforzeremo di dirci qualcosa di più, mamma.
LUCIA   *(a MARTA)* Eppure, avrei voluto avere una figlia come lei. *(le si protende timida)*
MARTA   *(riceve l'abbraccio, anche lei contenuta)* Oh! non lo dica! Non conosciamo il segreto degli altri. Invidiamo perché non sappiamo...
ELISA   Sù, mamma, vieni...

LE DUE DONNE ESCONO. SI AFFACCIA IL POLIZIOTTO.

POLIZIOTTO   *(a MARTA)* Glielo ha detto lei, di andare?

MARTA FA UN CENNO DI ASSENSO.

POLIZIOTTO   Che devo fare?

MARTA   *(scrive su di un foglietto)* Vai a prendermi questo qui. L'avevo già fatto avvertire. *(gli porge il foglio)* Fa' presto.

IL POLIZIOTTO ESCE. MARTA CAMMINA PER LA STANZA.
VICINO A SABELLINA, PARE AVVERTIRE UN CONTATTO,
COME SE IL FILO DI UN DISCORSO SI RICOLLEGASSE E PROSEGUISSE.
LE DUE RAGAZZE TALVOLTA SI MUOVERANNO ASSIEME, COME SE SI
CONFIDASSERO. A TRATTI OGNUNA AGIRA' AUTONOMAMENTE.
MARTA SFOGLIA IL DIARIO; RIVIVENDO QUANTO VI E' SCRITTO,
SABELLINA COMINCIA A PARLARE.

SABELLINA   Andavo all'università. Avevo preso a fumare, una sigaretta dopo l'altra. In quell'epoca mi ero messa in mente di fare delle battaglie per cambiare la società. La rassegnazione mi indispettiva. Mi pareva che persone come la mia mamma di campagna meritassero una vita diversa.
Ma erano troppo umili, troppo rassegnate, per ottenere qualcosa. Ero impaziente e disillusa. La violenza mi appariva come l'unica soluzione per raggiungere la

giustizia. Mi buttai in politica. Quel gruppo di ragazzi con cui stavo, lo avevo sostituito alla mia famiglia. I miei, li sentivo sempre più lontani, diversi da me. Avvertivo un senso di acredine nei loro confronti. Mi avevano voluto su questa terra, e poi mi avevano dato via per farmi star meglio: un figlio, quando lo fai, è per te, non puoi cederlo come un pacco, diventerà di quelli a cui lo dai, ti rimarrà estraneo per sempre. Così era successo a me. Ora, nei discorsi appassionati del mio gruppo di lotta, mi pareva di aver trovato uno scopo e un sollievo alla mia solitudine. Si passavano nottate interminabili insieme, a studiare piani di azione. C'era fumo e rumore in quelle riunioni. Non sapevamo che cosa fosse stanchezza né fame, non c'erano orari. Me ne ero andata da casa. Studiare, non davo quasi più esami: era il sogno della rivolta ad affascinarmi. Mano a mano che il tempo passava, ci ritrovavamo sempre più in pochi, ma ognuno di noi sentiva crescere le sue responsabilità nel gruppo. Si cominciò a trattare una linea di azione, dei piani non più soltanto legati a una strategia astratta, da libro, ma con obbiettivi concreti. Dovevano essere delle prove - dicevano i capi - della nostra capacità di intervento. Una volta si svaligiò un negozio. Almeno, i giornali chiamarono così la nostra azione. Noi volevamo soltanto dimostrare che era necessario un prezzo "politico" per prodotti di prima necessità. Prendemmo pacchi di pasta, lattine di olio, scatole di zucchero, bottiglie di pomodoro, e le portammo alla gente di una borgata. Questi però erano sospettosi. Afferrarono i pacchi e li nascosero sotto i letti, dentro gli armadi. Poi ci chiusero le porte in faccia. Non volevano concertare con noi nessun piano di azione.Volevano mangiare, non combattere. Soprattutto non volevano andare in galera per qualche chilo di pasta. Ce ne andammo amareggiati. Qualcuno di noi capì gli errori di quell'impostazione. Molti compagni se ne andarono. Cercarono il posto fisso, diedero esami per dei concorsi, le ragazze si sposarono e fecero le insegnanti o le casalinghe. Altri si buttarono più intensamente per la strada della lotta violenta. Io ero incerta. Non accettavo che si potesse essere nelle condizioni di uccidere. Quando mi chiesero di usare, se ce ne fosse stato bisogno, quella pistola che avevo imparato ad adoperare nelle esercitazioni che facevamo in montagna fingendo di organizzare una gita, io non risposi subito. "Che differenza c'è, in fondo - aveva detto qualcuno di loro - tra il prezzo proletario e la spesa gratuita da una parte, e l'espropriazione di capitali frutto di plus valore di una banca?".
C'era la differenza - pensavo io - che in un supermercato non ti spara nessuno se rubi un sacchetto di mele; ti troverai tutt'al più a lottare per uscire se cercheranno di fermarti, però armi non ne hai e tutto finisce lì. Ma se porti la pistola, è già come se tu l'avessi usata. In banca, poi, si sa, ci sono le guardie che al primo allarme ti puntano addosso il fucile. Non andai a quell'appuntamento; comunicai la mia scelta; non glielo dissi in faccia ma feci in modo di farglielo sapere, perché nessuno pensasse poi che mi ero tirata indietro per vigliaccheria e li avevo traditi all'ultimo momento. Due ne morirono. Gli altri riuscirono a scappare con il bottino. Si cominciò a parlare di brigatisti.
MARTA *(alza gli occhi dal diario)* Anch'io mi sono trovata in quelle situazioni. E sembrava impossibile scegliere: posizioni opposte offrivano soluzioni egualmente accettabili sul piano della logica... Almeno così pareva, a ognuno di noi, in quei momenti. Solo un faticoso ragionare, e scelte a volte impopolari, mi portarono a decidere in un modo anziché nell'altro. Anche questa strada che ho fatto, la mia, non è facile, né tutta chiara sempre... Sabellina, mia compagna sconosciuta, non volevi distruggere ma non sapevi costruire. Ti sei trovata sola.
SABELLINA   Mi sono ritrovata sola. I miei cercavano ancora di vedermi. Volevano che andassi a casa almeno la domenica. Ma avrei dovuto fare qualcosa

che meritasse la loro ammirazione, per farmi rivedere. Non mi sentivo degna. Avevano sbagliato nei miei confronti - per amore, ormai l'avevo capito -, ma per riuscire a perdonare non è sufficiente capire. E io sentivo dolore e ira, non capita, come oggi so che avrei dovuto. Gli studi? Più che sui libri per i miei esami, avevo passato le giornate sugli scritti dei nostri teorici. Adesso mi trovavo lontana dai miei compagni; loro erano quasi alla laurea, io mi sentivo spaesata e vecchia. Vecchia, a vent'anni e poco più. Passavo le ore a rigirarmi tra le mani quelle pagine, che vedevo ormai retoriche e vuote, ridicole esortazioni ad azioni abbiette e stupide ammantate di importanza. Vedevo qualche amico. Ma il mio ragazzo era rimasto con il gruppo, e a me pareva di sporcarmi ad andare con un altro. Poi l'avevo fatto, per sentirmi viva, per cercare di provare dei sentimenti. Non c'era niente per cui avessi interesse, ma dovevo guadagnare almeno dei soldi per continuare a vivere. Aspettavo che qualcosa cambiasse, che ci fosse un barlume di gioia, per un caso, magari; una luce, sì, una speranza.

ENTRA IL POLIZIOTTO ASSIEME A UN RAGAZZO: SEMPLICE, SENZA RICERCATEZZA MA CON UNA CERTA PROPRIETA' NEL VESTIRE.

MAURO *(a MARTA)* Non sapevo. Non immaginavo niente... *(fa un gesto disperato, nello sforzo di trovare le parole)* Lei... Noi... Dove l'hanno portata?
SABELLINA Mauro! Che cosa può importare? Sentimi dentro di te. Abbiamo tanti ricordi insieme...
MAURO *(a MARTA)*Abbiamo tanti ricordi insieme...
MARTA Mi dispiace di aver dovuto farla venire qui. Ho trovato l'indirizzo su una agenda. E il nome, ripetuto, con dei fiorellini intorno, in una specie di diario che lei teneva. Ho pensato che forse...
MAURO Era la mia ragazza. Ci siamo conosciuti all'università. Dio, quanti momenti! Stavamo sempre in gruppo, ma per me era lei che contava, e me per lei. C'era anche il sesso, tra noi, sì, insieme ci trovavamo bene. Ma erano tante, le cose che di legavano... Queste sono riflessioni così personali... Io non so nemmeno chi è lei, signora... Se posso essere utile, ma ormai... Io non la vedevo da molto tempo.
MARTA Tutto quell'amore, e poi più niente? Perché?
MAURO La politica è una brutta cosa. Ti illudi che sei tu a decidere delle tue azioni.
MARTA Ma sopra ogni cosa c'era il rapporto fra voi, lei ha detto.
Discutevate. Facevate l'amore. Eravate d'accordo su tutto... E allora?
MAURO Stava succedendo qualcosa che era più forte di noi. La lotta armata non è stata una nostra invenzione: ce la siamo trovata davanti, prendere o lasciare. Sabellina se ne è tornata indietro, ci sentiva dentro la morte. Ma io vedo il lato eroico di quei piani, il sacrificio e il cambiamento. Eravamo tanti, quasi tutti studenti, cercavamo uno scopo che desse un senso alle nostre vite condannate alla routine. Non volevamo diventare come i nostri genitori. Avevano imboccato strade troppo tortuose per raggiungere una reale giustizia sociale. La provocazione armata, un'ideologia che non lasciasse margini di incertezza all'azione, rischiare di persona: ecco quanto ci pareva necessario in quei tempi di attesa. Una volta stavo con un gruppo di compagni, in un agguato. Avevamo portato delle bottiglie molotov. A un segnale, dovevamo tirarle addosso ai poliziotti che tenevano prigionieri due dei nostri che avevano saccheggiato un negozio. Bastava un "via" e sarebbero partite. L'intenzione era di intimidire, ma potevamo anche colpire i poliziotti. Sabellina aveva preso parte a quella spesa proletaria, però era riuscita a scappare. La rabbia che provava per il fallimento della nostra azione non riusciva

in lei a giustificare quella controffensiva; e si dibatteva tra il desiderio di vendetta e la sensazione che quella scelta portasse a conseguenze pericolose, che riguardavano la società intera, un modo profondamente diverso di vedere la vita, e noi due, che era come dire tutto.

MARTA Hai continuato per quella strada, tu?

MAURO E' stata quella volta, che mi hanno preso. Non avevo armi addosso. La molotov l'avevo gettata in un cestino dell'immondizia. Mi era rimasto soltanto quel dannato passamontagna che ci serviva a coprirci la faccia, per non farci riconoscere. Era tutto un gioco, per me e per molti altri come me, a quel tempo. Quella volta mi pestarono. Non protestai, erano esasperati. Dei compagni li trovarono con le molotov e finirono in prigione. Io ci rimasi qualche giorno. Si mosse mia madre, che era femminista e si dava del tu con dei magistrati. Perfino mio padre si tirò fuori dalla sua indifferenza; esibì la sua autorità, il modo di fare da uomo di potere. Mi lasciarono andare. Ma ho dovuto faticare anni, per farmi cancellare dal certificato penale quel sospetto di aggressione armata, quella frequentazione di individui che erano accusati di attentare alla sicurezza dello Stato. Doveva passare molto tempo perché capissi che quella non era la strada giusta. Allora, quell'episodio ci divise, a me e a Sabellina. Non ritrovammo più l'intesa che ci univa fino al giorno prima. Svanita, così, come una favola.

MARTA Per un disaccordo politico? Quell'abitudine di vita comune, quell'intimità, quella confidenza, tutto sfumato?

MAURO Quando stavamo insieme, ci sentivamo adulti e bambini. Passavamo le ore a discutere di politica. Immaginavamo strategie di lotta, tattiche di guerriglia. Ma a un certo punto, qualcosa scattava tra noi. La sua voce e la mia diventavano infantili; suoni dolci affioravano, riportandoci alla felicità dell'infanzia, e ci facevano sentire teneri, desiderosi di affetto l'uno verso l'altra. Restavamo così, bisbigliando appena parole inventate, suoni misti a baci. Spariva l'ombra del mondo, esistevamo noi soltanto. La vita è strana, non avrei mai creduto che la nostra storia sarebbe finita.

MARTA E dopo, tu, non l'hai mai cercata?

MAURO La lotta politica continuava a impegnarmi al punto che io non sentivo il dolore di quel distacco. Ci incontravamo all'università, ma faceva male a tutti e due. Una volta l'ho quasi scontrata per la strada. Era dimagrita, più niente dei suoi bei colori, non più gli abiti vivaci che le conoscevo. Volevo trattenerla, per riprendere quel discorso tra noi che per me non si era mai interrotto. Ma è corsa via.

MARTA Non sai come viveva, dopo che vi eravate lasciati?

MAURO Notizie vaghe. Sensazioni. La cosa oggi mi ha colpito come una mazzata. Non riesco ancora a credere a quanto è successo.

MARTA Solo dopo, ci si rende conto.

MAURO Che posso fare, adesso?

MARTA Pensare a come l'hai conosciuta.

SABELLINA Sì, Mauro. Pensami, come allora. *(con voce infantile)* Vuoi giocare con me? Chiudi gli occhi e conta fino a dieci. Io mi nascondo, tu mi cerchi. Se mi trovi, io farò la penitenza. Un bacio, per castigo. E poi a te, un bacio mio, per ricambiarti. *(sfiora MAURO con un bacio; lui si tocca la guancia, come se avesse avvertito un contatto)*

MAURO Non posso far niente per cambiare quello che è avvenuto. Ma voglio sapere. Se c'è bisogno di me, sa dove trovarmi.

MARTA Va bene. *(al Poliziotto)* Accompagnalo.

I DUE ESCONO. MARTA SFOGLIA IL DIARIO. IL POLIZIOTTO RITORNA.
RIPRENDE A SUONARE LA TROMBA, IN SORDINA.

MARTA   Non arriverò a niente. Colpevoli, nessuno e tanti. I parenti. Gli amici.
Gli amanti. I compagni. La politica. L'ideologia. La società. Alla fine ogni
responsabilità ritorna a te. Io, come sono?

LEGGE UNA FRASE DAL DIARIO, CHE SABELLINA NEL CONTEMPO
PRONUNCIA.

MARTA "... il mio ragazzo era rimasto con il gruppo, e a me pareva di sporcarmi
ad andare con un altro... Poi l'ho fatto, per reagire, per cercare di provare dei
sentimenti...".

SABELLINA (riprende) Uno di questi uomini che incontravo ogni tanto, mi dava
un po' di soldi. Non era che mi facessi pagare, per starci assieme. Ma lui trovava il
modo di lasciare dei biglietti in un libro o sotto il portacenere, senza dirmi niente.
Io me ne ero accorta, le prime volte, quando era andato via. Mi era sembrato un
pensiero delicato, mi ero perfino commossa. Poi avevo cominciato a prenderci
l'abitudine; quando stava da me, e magari era nel bagno, dopo l'amore, io cercavo
dappertutto, finché trovavo i soldi. Li lasciavo dove lui li aveva messi; ma quando
ritornava accanto a me e si vestiva per andarsene, io lo abbracciavo di slancio, gli
volevo bene, mi pareva un padre che pensa a una figlia e non la vuole offendere. A
poco a poco veniva più spesso delle prime volte; io ero contenta, stavo bene con
lui, non pensavo al domani e l'avvenire mi pareva più roseo. Poi, di colpo, soldi
non ne ho trovati più.
Io non dicevo niente: non avevo parlato prima, non potevo farlo adesso. E lui lo
stesso. Tutti e due sapevamo, ma tutti e due non parlavamo.
Stavo per essere io a chiedere perché avevo bisogno, bisogno veramente, non c'era
più una lira in casa; le calze, l'ultimo paio, si erano smagliate e al posto della carta
igienica avevo messo dei klinex. Ma lui, di ritorno dal bagno dove s'era fatto la
doccia, tutto fresco e rilassato, mi dice: "Tu, sai cos'è una spada?". Io non capivo,
ho cominciato a succhiarmi il pollice, non sapevo se faceva sul serio o se
scherzava. "Siediti qui, vicino a me - continua lui - così ti spiego". E comincia a
dirmi quant'è bello non avere più problemi, non pensare a come fare per trovare i
soldi...Io tra me e me dicevo: " Chissà dove vuole arrivare...", e collegavo quei
discorsi al fatto che di soldi lui non ne aveva più tirati fuori, ma era la prima volta
quella sera che parlava chiaramente di denaro. Poi, come se fino a quel momento
avesse girato intorno all'argomento che gli stava a cuore, mi butta lì che un modo
c'era, facile e sicuro, per trovare molti soldi. Tira fuori una bustina e tanti altri
oggetti; e comincia a fare dei preparativi, sul tavolino accanto al letto. Apre la
bustina e una fiala con un liquido chiaro; accende una fiammella, sopra ci mette un
cucchiaino; la polvere bianca, che stava dentro alla bustina, la scioglie dentro
l'acqua; poi prende una siringa; tutto questo in silenzio. Io ero affascinata, non
avevo mai visto niente di simile. Con la siringa in mano finalmente mi guarda,
dritto dritto negli occhi, e poi dice: "Ecco, vedi, è una spada. E la spada ferisce, ma
questa - e me la ficca nella vena del braccio - questa è una ferita dolce, vedrai
come ti piace...". Ho gridato, sono stata male. Poi mi sono calmata, a poco a poco
sentivo un senso di benessere. O soprattutto, non m'importava più di niente. Quei
problemi che mi facevano star male - trovare soldi, solitudine, noia, il fallimento,
gli studi abbandonati, i contrasti in famiglia, i compagni perduti, la delusione

politica - tutto, tutto era lontano, non esisteva più: non c'era! Un sogno buffo, che guardavo da fuori! Io non c'entravo, non era la mia vita. Io stavo bene. E mi addormentai.

VINTA DAL SUO STESSO RACCONTO, SABELLINA SI ADAGIA SUL LETTO.
MARTA SI AVVICINA, SI PREME LE MANI SUL VISO.

MARTA E poi? Voglio sapere! Cosa è successo, dopo?
SABELLINA *(a MARTA dalla cui evocazione è spinta al racconto, mentre MARTA sfoglia il diario)* Era mattina quando mi svegliai. Lui era sparito. Non ricordavo quasi niente. Poi mi cadde lo sguardo sul lenzuolo. C'era un segno di sangue. Sul braccio, un punto rosso, al centro della vena. E per terra, la spada. Guardavo la siringa con ribrezzo e attrazione.
Si sapeva ancora così poco, della droga!... Lui tornò il giorno dopo. Disse che dovevo portare delle buste a certe persone, mi diede gli indirizzi. E dei soldi, per il lavoro. Non parlò molto. Non mi diede altre spade. Se ne andò senza fare l'amore. Io andavo in giro come un automa. Suonavo alle porte, aspettavo nei bar, telefonavo per segnalare che sarei stata all'angolo di una strada: tutto come dalle istruzioni che trovavo scritte insieme alle bustine da consegnare. E i soldi alla fine della giornata. Mangiare, dormire, andare, consegnare, e i soldi alla sera. Forse lui aveva più tempo, un giorno, oppure si voleva soltanto divertire: tornò con una spada; me la fece vedere agitandola in aria come un giocattolo in regalo, festoso, beffardo? Lo guardai sfidandolo: gli stesi il braccio. Ero di nuovo fatta e felice. Quel giorno fece l'amore con me. Il lavoro andava bene, e lui era sicuro di tenermi in pugno, sempre di più, molto di più di quanto non pensavo io.
Andò avanti così per molti mesi. Estate autunno inverno primavera. Una stagione dopo l'altra, l'anno intero. Io non me ne accorgevo. Una volta venne mia sorella: mi chiamò di sotto, non era mai salita fino a qui. Quella volta arrivò al cortile per chiamarmi, finché io non mi affacciai, insonnolita, stupita anche, per quell'insistenza. Si era laureata, voleva che andassi alla sua festa... Le gridai qualcosa, che dovevo partire, non lo so. Richiusi. Mi buttai sul letto, esausta. Per la prima volta, dopo molto tempo, ripensavo ai miei progetti del passato. Era cambiato tutto. E solo allora mi rendevo conto che tanti altri, come me, dimenticavano la loro vita senza accorgersi che il tempo passava, e tutto si perdeva per sempre, irrimediabilmente. Ripensai alle facce di quelli che incontravo, portando le bustine che aspettavano con ansia. Facce buie, spente, senza sguardo, senza pensieri tranne quello della droga. Persone di cui chiunque poteva fare quello che voleva, perché non erano più padroni di se stessi. Anch'io ero come loro. Peggio di loro. Perché li aiutavo a morire. Decisi di non fare più quel lavoro. E glielo dissi, a lui. Calma, senza scene, quel giorno quando venne con il solito pacco. Sorrise appena, senza insistere se ne andò via dicendo: "Come vuoi. Sai dove trovarmi". Mi lasciò sopra il tavolo tre bustine e tre spade. " Un regalo per te", aggiunse poi, quando già era sulla porta, e scomparve.

L'ATTENZIONE DI MARTA E' AL MASSIMO. IL SUONO DELLA TROMBA E' TESO ALLO SPASIMO.

SABELLINA Quel giorno uscii al sole. Non lo facevo da tempo, le mie ore appartenevano alla notte, quando si incontrano solo quelli che sai. La luce del mattino mi faceva male agli occhi. Arrivai fino all'università. Qualcuno che mi conosceva, mi lanciò un'cchiata strana, Ero dimagrita, i capelli mi ricadevano lisci e disordinati, avevo la pelle gialla e i denti guasti, ero diventata brutta: mi vidi in una vetrina, sembravo un'altra dalla Sabellina che conoscevo. Eppure ero quella: al collo portavo la collanina d'oro e di coralli, la toccai per essere sicura che quell'immagine e la mia persona erano la stessa cosa. Avrei voluto andare a cercare lavoro: traduzioni, non so, un posto in una galleria, ma con quell'aspetto non era neanche il caso di provare.

A casa mi feci una spada. Lui mi aveva insegnato, ma sola non l'avevo fatto mai. Fu facile e breve, mi stupii per l'esattezza con cui mi riuscì ogni cosa. Mi piacque perfino quel piccolo dolore del colpo dell'ago nella vena. Aspettai l'effetto, e finalmente scomparve la mia immagine imbruttita, e il disagio della giornata. Fu la stessa cosa per le due volte successive. E lo stesso anche dopo, quando la "roba" dovetti trovarmela da sola, perché le bustine erano finite, ma io non potevo farne ormai più a meno.

Avevo cominciato a sentire dei dolori quando l'effetto della dose cessava: ero assuefatta, entravo in crisi di astinenza se non mi facevo in tempo un'altra dose. Allora uscivo, di solito stava venendo scuro. Sbrigavo piccole commissioni a gente che avevo conosciuto quando gli portavo le dosi: messaggi, debiti da saldare... Qualcuno mi chiedeva se volevo rimanere con lui quella notte. Io accettavo, per non tornare a casa nella solitudine, magari mi regalavano qualche spada, chi voleva stare con me si "faceva" e "faceva" anche me. Ci si addormentava insieme, ma non c'era nessuna forma di amore, solo un aiuto come quando si è in guerra.

Un giorno che non trovavo proprio niente per "svoltare" e mi torcevo dai dolori e non riuscivo a trovare nessuno, mi sono strappata quella collanina e l'ho portata a uno che sapevo. Quello l'ha un po' pesata nella mano, poi m'ha gettato davanti una bustina e ha chiuso la collana nel cassetto. C'era, lì dietro, un angolo di chiesa, con dei gradini riparati da un arcone, molti ci andavano a bucarsi. A terra ho trovato una siringa, era sporca di sangue ma serviva lo stesso. Così mi sono fatta quella spada, che già un altro aveva colpito.

MARTA HA RIPRESO IN MANO LA SIRINGA RIMASTA SUL TAVOLO. SEGUENDO LE PAROLE DI SABELLINA, NE RIFA' I GESTI.
UN RUMORE DI CHIAVI ALL'ESTERNO. ENTRA UN UOMO DI MEZZA ETA', ATTEGGIAMENTO SOSPETTOSO, SCOSTANTE. ABITI NON ELEGANTI, MA COSTOSI. IL POLIZIOTTO GLI SI PARA DAVANTI.

MARTA   E lei, come è entrato?
POLIZIOTTO   Come è entrato, lei?
GIACOMO   Ho la chiave. *(aggressivo)* Chi siete voi, piuttosto. Questa è casa mia, e mi chiedete come sono entrato? Io vi denuncio...
MARTA   Zitto. Fermo! *(al Poliziotto)* Perquisiscilo.
GIACOMO   Come vi permettete?
MARTA   Questa non è casa sua. Risulta intestato ad altre persone. Allora?

NELLE TASCHE DELL'UOMO, IL POLIZIOTTO TROVA TRE BUSTINE E TRE SIRINGHE. LE CONSEGNA A MARTA.

GIACOMO   Insomma, è come se fosse casa mia. Ci sta una persona, con cui ho dei rapporti... Insomma, sì, la mia ragazza.
MARTA   Sabellina?

GIACOMO Sì.

MARTA Potevate essere suo padre.

GIACOMO Cos'è, un processo? Non sono libero di scegliermi chi voglio?

MARTA Lei sta divagando. Perché non parliamo di queste buste? E di queste siringhe.

GIACOMO Sono per mio uso personale. La legge lo consente. Lo sapete!... "Modica quantità".

MARTA Sono tre dosi. Se ve le fate tutte insieme, vi assicuro che non ve la cavate.

GIACOMO Eh! ma io viaggio!... Devo tenermi una piccola scorta, in caso di difficoltà...

MARTA Di questo parleremo dopo. *(al Poliziotto)* Tu stai qui, rimani mentre questo signore mi risponde.

GIACOMO Rispondere? A che cosa? Io non ho ancora capito che ci fate, in casa di Sabellina. Stavo venendo qui a trovarla. Per vedere se aveva bisogno di qualcosa. Da un po' di tempo non si faceva viva... Molta gente chiede di lei... Era sempre così carina... Premurosa, con tutti...

MARTA Vuol dire che spacciava per lei? Andava dai clienti.

GIACOMO Erano amici! Solo amici, e volevano stare un po' allegri...

MARTA Sabellina si era ribellata alle sue imposizioni! E' stato lei a costringerla a bucarsi! L'aveva resa dipendente della droga, la faceva spacciare! Sabellina voleva sfuggire ai suoi ricatti. Ma lei insisteva, la perseguitava con le sue offerte, aspettava il momento in cui era più debole e disperata.

GIACOMO Con quale diritto lei mi accusa? Se non mi conosce nemmeno! Stia attenta, io la querelo per calunnia!

POLIZIOTTO Zitto tu! Che non sai con chi parli!

GIACOMO E ditemelo, allora, con chi parlo!

IL POLIZIOTTO FA SEGNO A MARTA PER SAPERE SE PUO' PARLARE. MARTA GLI FA UN CENNO AFFERMATIVO.

POLIZIOTTO La signora è... il Sostituto Procuratore della Repubblica! *(orgoglioso)* Io faccio parte della Polizia Giudiziaria e le dò una mano, nelle prime indagini!

GIACOMO *(in un soffio)* Ah!

MARTA Soddisfatto?

GIACOMO Ma perché lei è qui?

MARTA Devo sapere chi frequentava... che cosa faceva...

GIACOMO E io, che c'entro?

MARTA L'ha detto lei, che era di casa. Era la sua ragazza.

GIACOMO Bè... mi vantavo un po'... La conoscevo appena.

SABELLINA Giacomo, non sei mai stato un genio: lascia stare, non discutere con lei, è troppo in gamba per te!

COME SE AVESSE AVVERTITO LA FRASE DI SABELLINA, CHE LUI, COME GLI ALTRI, NON VEDE E NON SENTE, GIACOMO TACE. POI CAMBIA ATTEGGIAMENTO, SI FA QUERULO.

GIACOMO Non se la prenderà proprio con me, adesso... Siamo tanti, a tirare avanti in questo modo... Pescate più in alto, voi della polizia, dove c'è chi si arricchisce, e comanda!

MARTA   Controllerò se lei ha avuto qualche responsabilità nel caso. Per ora, rimane a nostra disposizione.

GIACOMO Ma che è successo?

MARTA   *(eludendo la domanda, al Poliziotto)* Fallo portare da noi. Che ne prendano tutti i dati. Poi quando arriverò io, vedremo.

GIACOMO   *(preso dal panico)*Posso spiegare tutto. Ho un alibi perfetto. Qualunque giorno, qualunque ora, non ho niente da nascondere, io! E se occorre, posso fare dei nomi... Gente importante, che può garantire...

MARTA Basta! Canaglia! Hai distrutto dei ragazzi per farti un po' di soldi! Non dire più niente o per te sarà peggio.

GIACOMO *(servile)* Sì certo, signora... Scusi... Dicevo così per dire... Sa, io sono molto impressionabile, era per tirarmi un po' su... E poi, devo arrangiarmi anch'io... Sono in cassa integrazione... Qualche volta trovo dei lavoretti... per mantenere mia sorella malata... Non è facile, creda... *(sincero)* Beati voi che avete lo stipendio fisso, e non vi cambia niente, qualunque cosa succeda!

MENTRE IL POLIZIOTTO E LO SPACCIATORE STANNO PER USCIRE, ENTRANO LA MADRE E LA SORELLA DI SABELLINA, INSIEME A MAURO.

MAURO SI FERMA DI COLPO DAVANTI ALLO SPACCIATORE.

MAURO   Ah! Io ti ho già visto.

GIACOMO   *(frettoloso)* Stavo andando via... Ho sbagliato casa...

MAURO   No no! Io ti conosco. *(A MARTA)* Quando ho incontrato Sabellina e volevo che tornasse con me, lui le girava intorno, in quel bar! Lei aveva fretta, era nervosa... Io l'ho seguita dopo che è andata via, ho visto che la raggiungeva. E mi aveva urtato quel gesto da padrone, come lui l'aveva presa sottobraccio.

GIACOMO Ah, non capisco di che cosa parli. *(al Poliziotto)* Andiamo, allora! Non stavamo uscendo?

IL POLIZIOTTO CHIEDE A MARTA CON LO SGUARDO CHE COSA DEVE FARE.

MARTA Andate, adesso. Più tardi verrò io.

I DUE ESCONO. LA MADRE E LA SORELLA SI ACCASCIANO SFINITE.

MAURO *(a MARTA)* Le ho trovate là, dove sta lei...

SABELLINA Mauro, no, è solo un'apparenza... Non c'è più niente di me, in quella cosa. Ci troveremo poi, di nuovo insieme, se insieme abbiamo fatto un pezzo di strada.

LUCIA Siamo tornati, perché a me pare impossibile che non abbia lasciato scritto niente, di quello che ha deciso, e perché lo ha fatto... Io non mi do pace, sì, anche per il modo. Potessi almeno rassegnarmi...

ELISA   Io me la vedo ancora, su quel balcone... *(indica la finestra)* ... che guarda giù. dove sto io, e mi risponde in fretta che non può venire alla mia festa... *(a MARTA)* ... Sa, mi ero appena laureata, pensavo che poteva essere una buona occasione per farla tornare tra noi... Avrebbe ancora incontrato qualcuno dei compagni di studi, le amicizie di una volta... Ma lei, niente, ostinata, a dire no e no, che non poteva... che doveva partire... Non credevo a quelle scuse, ero tentata di arrivare su, di bussare fino a che non avesse aperto, per insistere... e vedere,

anche, come viveva. Ma sarebbe stata una violenza, lei ne aveva sopportate già troppe, da tutti noi, non l'ho fatto.
MAURO   E' inutile ritornare sulle cose passate. Recriminazioni, ripensamenti, rimorsi. *(a MARTA)* Quell'uomo - lo sa? - io me lo ricordo bene. L'avevo già visto altre volte, andare in giro, nei bar intorno all'università. Cercava ragazzi a cui spacciare droga. Ma non avevo prove. Con me non ci aveva mai provato. Sentiva che lo sospettavo. Anche adesso, che prove abbiamo?
LUCIA   Mia figlia. Chi me la restituisce? Da bambina non l'ho potuta avere. L'avevo perduta da ragazza. Speravo di riaverla quando era diventata donna. L'avrei aiutata, se avesse avuto dei bambini... La figlia mia, chi può farmela tornare?
ELISA   Mamma, ci sono anch'io. Comincio a capire tante cose...

MAURO   Pensavo che presto o tardi l'avrei ritrovata. Tra noi non poteva essere finito. Era solo una pausa, che serviva a tutti e due. Adesso... *(piange con rabbia)* ... adesso è troppo duro. Ho bisogno di sentire la sua voce.
SABELLINA   Se ascolti dentro di te, Mauro, mi sentirai.
MARTA   Ha lasciato degli appunti. Stavo leggendoli. *(alla Madre)* Signora, se vuole... Ma non so se le parole di sua figlia possono turbarla... addolorarla ancora di più.
LUCIA   Qualunque cosa di lei. Non sono stata capace prima. Adesso, almeno.
MARTA   *(Tira fuori dei foglietti, le ultime pagine del diario, scomposte, spiegazzate)* Allora, queste sono le pagine che lei ha scritto...

MARTA LEGGE. DOPO LE PRIME RIGHE PRENDERA' RILIEVO SABELLINA CHE LE DICE ANCHE LEI FINO A SOSTITUIRE LA VOCE DI MARTA.

MARTA   " Non ricordo il passaggio del tempo. Le ore, i mesi...".
SABELLINA - Non ricordo il passaggio del tempo. Le ore, i mesi, prima di "quel" giorno. Ricordo bene di essere arrivata alla sua casa perché ero certa che lei mi avrebbe aiutato. Era la donna che faceva i servizi dai miei, quella che tanti anni prima mi aveva portato la collanina, l'ultimo ricordo di mia madre. Sì, lei mi avrebbe aiutata, ne ero sicura. Mi fece entrare. nessun commento sul mio aspetto sciupato, sui vestiti sporchi, sul mio silenzio imbarazzato. Mi diede degli abiti puliti, mi preparò la vasca piena d'acqua tiepida, come aveva fatto tante volte quando ero bambina.
Mentre mangiavo, mi sistemava il letto, le lenzuola bianche ricamate, e una coperta calda, cose che avevo dimenticato. Poi tutto è successo come in sogno, O meglio, no, non è così. Certo non capivo la gravità di quello che facevo, ma ero io a muovermi, io a decidere; soltanto, ero sotto l'effetto della droga. Perché appena lei se ne era andata a dormire, nella stanza accanto, io mi ero fatta una spada, l'ultima che avevo. Ma quel senso di pace che sapevo, non arrivava. Era già un po' di tempo che ogni volta aspettavo quella pace, che non veniva, la dose non bastava più. Lucida, ragionavo, sapevo che dovevo fare qualche cosa. Prendere i soldi di Mariuccia: "Tanto non mi denuncia. E vivo qualche giorno". Vado piano in cucina, apro il cassetto, trovo un po' di biglietti. Poi, nel bagno, la vera d'oro - era vedova - che lasciava sul lavabo quando andava a dormire, e la crocetta con la catenella. Nient'altro che servisse, in quella casa. Ero inquieta, cominciavo a star male, vedevo luci nell'oscurità, sentivo suoni e tutto era silenzio. Presi la mia sacchetta dove tenevo i documenti e poche altre cose, e la pistola - quella delle

esercitazioni del gruppo, che mi portavo dietro se dormivo fuori, ma era scarica, poteva servire per intimidire; stavo mettendoci quella roba dentro, quando lei apre la porta e mi guarda con un'aria sconsolata: "Tu mi hai rubato? - mi diceva. Ma perché? Ti avrei dato ogni cosa, ma perché mi hai rubato, figlia mia?". A me pareva che mi prendesse in giro, e quel tono dolce, di rimprovero, mi sembrava una beffa; forse prendeva tempo per chiamare qualcuno; in prigione io non ci volevo andare. Tiro fuori la pistola: sarebbe stata zitta, volevo solo spaventarla. Ma lei mi si butta sopra, aveva paura, gridava "cosa fai"; in quel momento dalla pistola è partito un colpo. Io credevo a un'allucinazione. Come i suoni che sentivo, forse quel colpo non c'era stato. Ma lei era lì, sul pavimento. E c'era un filo sottile di sangue che si allargava sulla sua camicia.

Riuscii a rivestirmi. Presi ogni cosa, intorpidita, incredula. Era ancora notte quando arrivai a casa. Mi concentrai tutta nel prendere sonno. Il giorno dopo, sulla sedia accanto al letto, ho subito visto la mia sacca. La svuoto con ansia, dentro c'erano i soldi, e l'anello, e la crocetta con la catenina, e la pistola. Uscii di casa. I soldi bastarono per una busta doppia. A casa scrissi un biglietto ai miei: di restituire l'anello e la crocetta ai figli della donna; di perdonare a me quello che avevo fatto, e che non avrei voluto, così come non avevo cercato quella vita, che invece a poco a poco mi era venuta fra le mani, storta; di ricordarmi con affetto a mia sorella, perché avrei voluto essere come lei e non c'ero riuscita, ma non era colpa di nessuno tranne che mia, e solo allora lo capivo.

Poi mi feci la spada. Desideravo ardentemente di sentire quel calore, quando comincia a scorrere la roba nelle vene. Non tolsi l'ago, perché il liquido fluisse fino alla fine. Mi addormentai così.

SABELLINA GUARDA IL PUBBLICO.

SABELLINA   Sì, sono morta. Ma non giudicatemi, vi prego. Perché a molti, a tutti, per bisogno di amore, può succedere di sbagliare.
MARTA   Ecco, ora sapete. *(tira fuori il bigliettino trovato fra le pieghe del lenzuolo)* L'ho trovato poco fa. *(porge il biglietto alla Madre)* Forse quello che c'è scritto potrà darvi un po' di consolazione...

LUCIA PRENDE IL BIGLIETTO. FA PER LEGGERLO MA NON NE HA IL CORAGGIO. LO PORGE AD ELISA.

ELISA   E' indirizzato a noi. Dice... di restituire l'anello e la crocetta ai figli di Mariuccia... di perdonarla per quello che ha fatto... " e che non avrei voluto, così come non ho voluto questa vita che invece mi è venuta fra le mani, storta". Dice di ricordarla con affetto... a me... "perché avrei voluto essere come lei e non ci sono riuscita, ma non è stata colpa di nessuno tranne che mia, e soltanto adesso lo capisco". *(alza gli occhi dal biglietto)* Non c'è altro.

LUCIA STENDE LA MANO PER AVERE IL BIGLIETTO DA ELISA, LO PRENDE E LO STRINGE A SE'.

MAURO   E io? Non ha lasciato niente per me. Come se non fossi mai esistito...

SABELLINA IN UN ABBRACCIO LEGGERO LO SPINGE - MA MAURO PENSA DI AVERE AVUTO LUI QUEL PENSIERO, DI MUOVERSI VERSO

IL TAVOLO DOVE C'E' IL DIARIO, ACCANTO A MARTA - E GLI GUIDA LA MANO FINO AL QUADERNETTO.

(a MARTA, indicando il quaderno)

Posso prenderlo?

MARTA   Sì. *(gli porge il quaderno; le mani di MARTA, di MAURO e di SABELLINA si toccano per un attimo, ma i due vivi non si accorgono dell'altra).*

MAURO SFOGLIA IL DIARIO. SPUNTA FRA LE PAGINE UNA MARGHERITA CHE SEMBRA AVER CONSERVATO TUTTA LA SUA FRESCHEZZA.

MAURO   Oh! la margherita! Era il suo fiore preferito!.. Tante volte gliene regalavo dei mazzi... ne prendeva una e la metteva fra le pagine di un libro... "Per ricordo di questo momento" diceva... e mi baciava... Chissà, anche questa margherita è un ricordo di uno di quei momenti... Dunque lei non mi aveva dimenticato.
LUCIA   Mauro, noi non dimenticheremo lei. Ti avrei voluto come figlio... Se ci vedessimo, qualche volta...

I TRE SI AVVICINANO. MAURO SOSTIENE LA MADRE.

MARTA   Andate. Non c'è più niente da fare, qui. *(al Poliziotto)* Anche noi. Ci aspettano in ufficio.

TUTTI ESCONO. SABELLINA FA UN GIRO INTORNO, CON UN PICCOLO SORRISO, E CORRE VIA LEGGERA.

FINE

LAICA RAPPRESENTAZIONE

dieci storie interrotte per Coro e Solisti[12]

Personaggi:

IL CORO
LA MADRE
MADDALENA
MARTA
PIERLUCA
MARCO
SPEEDY
CECILIA
CORINNA
LA FIGLIA
IL FIGLIO
IL PADRE
QUINTO
GIGIO
GIORGIO
FLORA
CIRO
LUISETTA
COSTANZO
ALBERTONE
CARMEN MIRANDA
JOHANNES
inoltre
UN MEDICO, UN DOTTORE, UNA DONNA

Nell'oscurità un apparire evanescente che volteggia spostandosi qua e là; biancore di fumo, velo, come un sospiro che via via prende vigore e luce. A poco a poco si distinguono dei giovani biancovestiti che si muovono silenziosamente, come se scivolassero sull'acqua e tutti insieme, da una parte all'altra della scena. Poi cominciano a mormorare in maniera indistinta, fino a diventare gradualmente intelligibili.

CORO - Vieni Vieni...

Vieni con noi Vieni...

Dai! Vieni! Vieni!... Vieni con noi!...

---

[12] Scelto da Silvano Spada per il suo Festival di Todi del 1992, alla ricerca di tematiche impegnate, questo testo di difficile rappresentazione anche per il notevole numero di personaggi, è stato affrontato con forza e sensibilità da Adriana Martino che ne ha firmato la regia.

Si protendono verso il pubblico come se volessero ghermire qualcuno tra quanti sono seduti in platea. Si ritraggono, ogni volta cambiando direzione. Di nuovo silenziosi, cercando la persona designata. Si allontanano verso il fondo, facendo cerchio intorno a qualcuno. Si sciolgono infine dal cerchio e si dispongono in gruppo. Dal cerchio è emersa una giovane donna in abito da sposa, con un cesto bianco colmo di confetti e un mazzo di fiori di campo. Si rivolge al pubblico con una concitazione febbrile.

MADDALENA - Oggi mi sposo!
Per tutta la vita ho desiderato questo giorno,
lo immaginavo come un traguardo; ma
una catena di fatti che sfuggivano alla mia volontà
impediva ad ogni occasione
il compimento felice di un incontro...

Volteggia ridendo. L'abito le si allarga intorno come una corolla di neve.

Ma finalmente questo giorno è arrivato.
E' mio, non mi sfuggirà più!
Voglio che siano felici tutti,
parenti e amici, e la gente venuta a vedermi,
felici per la mia felicità,
senza domande, pensieri, previsioni,
pieni di gioia insieme
a festeggiare il mio matrimonio.

Dal cestino estrae dei sacchettini di confetti decorati di fiori d'arancio.

Confetti! Voglio che tutti
li riceviate dalle mie mani!

Scende tra il pubblico, distribuendo qua e là i sacchettini, accelerando il suo percorso fino a una corsa.

Anche a te i miei confetti!
Non conservarli... Ogni cosa nel tempo
si corrompe, invecchia e muore... Mangiali adesso!
Lo zucchero profumato di vaniglia, mia madre
l'ha passato al setaccio;
mio padre ha raccolto le mandorle
sugli alberi della collina, com' è tradizione
da noi per tutte le spose...
Li ho avuti in dono per augurio
di vita felice
e a voi li offro con lo stesso augurio!...

Maddalena scioglie il mazzo di fiori di campo. Ne offre in giro, uno per ogni spettatore.

E i fiori .. Sono dei campi
intorno al mio paese. Le ragazze

più giovani li hanno raccolti
al chiaro di luna, chiusi
nel sonno. Margherite
per la costanza, ranuncoli
per l'allegria, asfodeli
per la fedeltà, ora si sono aperti
al sole del mattino, e ridono!

Maddalena è arrivata in fondo alla sala. In palcoscenico il Coro si apre per far passare un suora bella, di età indefinibile, pacata nei toni, altera nel portamento, semplice e nobile al tempo stesso.
Le figure del Coro scostandosi l'una dall' altra sussurrano alla volta della suora.

CORO - Madre... benvenuta!... Salve, Madre...
Madre e sorella...
Siamo venuti per te!

La Madre fa dei piccoli cenni col capo e sorride mentre avanza verso il proscenio.
Poi si rivolge a Maddalena con un tono dolce ma fermo.

MADRE - Per ora basta, Maddalena.
Hai rivissuto
il tuo momento più bello.
Adesso ci aspetta un dovere
che con amore dobbiamo compiere per questa gente...

Guarda verso il pubblico.

... anche se loro non lo sanno.

Maddalena si avvicina alla Madre pian piano dal fondo della sala,   fino a rifugiarsi fra le braccia di lei.

MADRE - Le strade per capire sono tante.
A teatro si può dire e non dire.
Tutto può accadere e niente avviene.
Si vive e si sogna,
si pensa e si dimentica,
si ricorda e forse ciò che prima
era oscuro, finalmente si rivela.
MADDALENA - Posso stare con te,
durante la rappresentazione?
MADRE - Togliti però l'abito bianco.
Non devono essere turbati
quelli che poi verranno...

Maddalena si toglie l'abito, rimanendo con un vestitino colorato.

MADDALENA - Alla fine ho avuto la mia gioia!
Ma le pene, quante! Anch'io, tu lo sai...
MADRE - Dirai tutto, tutto rivivrai quando sarà venuto il tuo momento.

Il Coro si agita lievemente, come se una forza lo attirasse. Oscilla, come cercando un contatto. Comincia a mormorare, fino a che le voci si fanno nette e le parole chiare.

CORO - Noi siamo stati e siamo...
Siamo stati... Siamo...
Viene con noi...
Chi lascia il mondo... Chi ha concluso...
Chi deve abbandonare.
Chi ha pace finalmente...
E chi ancora si tormenta...

Le figure si muovono in un vortice.
La Madre a voce alta, con tono deciso, si rivolge al Coro.

MADRE - Marta! Deve presentarsi Marta!

Il Coro si muove con velocità crescente, girando in vortice strette per mano le figure, fino ad aprirsi facendo uscire dal cerchio una giovane donna.

CORO - Vieni! Vieni Marta! Devi tornare!
Ti vuole la Madre!

Dal Coro esce Marta, mite nella voce e dimessa di aspetto.

MARTA - Madre, sono tornata per ringraziarti...
Perché ho ritrovato Pierluca, il mio bambino...

Si volta a guardare il Coro, aspettando. Se ne stacca un ragazzo.

... cresciuto, come l'ho immaginato
nel mio amore, via via mentre passavano gli anni,
 da quando mi aveva lasciato...

Tende le braccia al ragazzo che le si avvicina.
I due rimangono per un momento abbracciati.

MADRE - Ora tu devi raccontare, Marta.
 Per questo ti ho chiamata.

Marta si scioglie dall'abbraccio. Il ragazzo le si accoccola ai piedi. Il Coro rimane sul fondo. Marta guarda la Madre che le indica il pubblico; inizia a parlare rivolgendosi ad esso. Ogni tanto guarderà la Madre, come per riceverne incoraggiamento, quando il racconto le si farà difficile.

MARTA - Eravamo una famiglia felice. Una piccola
piccola famiglia, un uomo
e una donna che aspettavano un bambino.
Stavamo insieme da anni,
io e Marco. Quasi

per prova all'inizio,
senza crederci tanto.
Io con il mio lavoro
nella scuola, orari sempre uguali
e una gran voglia di cose a posto.
Sognavo di una casa mia; allora stavo
insieme ai miei, con tutti quei fratelli!...
Lui, un ciclone: sì,
uno di quei ragazzi che, chi li tiene?...
forse l'amore io pensavo... e ci ho provato.
Una stanzetta, il cucinino, un bagnetto
con la doccia e una finestra sulla scala...
Marco andava e veniva... Rappresentante,
vendeva giacconi e monclair... Le ragazze
impazzivano per lui, ma io non ero gelosa - stava con me! -, ne ero fiera.
All'inizio pareva una scommessa, poi ci siamo affezionati
a quella vita, lui rimaneva fuori
settimane, qualche volta dei mesi;
ma poi tornava, tornava da me.
Volevamo un bambino.
Per quel bambino ci siamo sposati...
Marta si rivolge al bambino.
MARTA - Noi ti volevamo, Pierluca.
PIERLUCA - Me lo dicevi sempre. Tu
e papà mi volevate prima che nascessi.
MARTA - E poi sei nato! Era una favola come stavamo bene.
Tu crescevi vivace.
Tuo padre ti portava a giocare lontano;
diceva che era sporco da noi,
potevi farti male, aveva paura di tutto
per te... E andavate nei giardini
dei quartieri più ricchi; la domenica prendevate l'autobus,
io rimanevo a casa a preparare il pranzo... Tornavate
affamati, tu avevi le guance rosse
e i segni dell'erba sui tuoi piccoli jeans;
appena mangiato ti coglieva il sonno
pesante dei bambini stanchi di corse al sole...
Allora io e tuo padre facevamo l'amore...

Si interrompe. Riprende sottovoce a se stessa.

Ogni volta che ripenso a quei momenti,
mi riaffiorano alla memoria frasi, gesti... emozioni.
Risento nel mio corpo il gioco e l'abbandono,
la fiducia in quel fondersi con lui...

Tace, sopraffatta dalla commozione.

MADRE - E' pesante per te tornare indietro.
Ma devi farlo, Marta. Ti viene chiesto.
Tutto si è concluso, ormai.

CORO - Sei con noi, Marta.
Ma loro devono sapere...
PIERLUCA - Che t'importa più? Siamo insieme.
MARTA - Va bene.

Abbraccia Pierluca come se fosse un bambino. Torna a rivolgersi al pubblico.

Lui era piccolo, ma qualche volta se ne andava
da solo, in bicicletta. Appena sotto casa, per muovere
un po' quelle sue gambette impazienti, mentre il padre
era fuori. Un giorno è caduto, come succede ai bambini.
PIERLUCA - Ho battuto un po' la testa,
ma sul cemento, e sulla fronte
si è fatta una macchia di sangue...
MARTA - lo sono corsa, Dio! che paura !...
Sono corsa all'ospedale! Un trauma cranico...
o gli occhi!, a vederlo era tutto sanguinante...
Poi, "niente, niente signora", mi hanno detto,
una caduta come tutti i bambini;
"Non s'è fatto un bel niente... ". Benda, cerotto
e siamo andati a casa.

Accarezza Pierluca come tastando la ferita di allora.

Ma la ferita non si chiudeva.
Sotto sotto sgorgava, si riapriva...
 e il bambino aveva la febbre.
Marco non riusciva a darsi pace...

*Dal Coro avanza un uomo giovane dall'aria spavalda, incerto se mostrarsi, ma al
tempo stesso desideroso di prendere parte al racconto. Marta abbassa gli occhi,
come se non volesse prendere atto che è lì.
Si vince e poi lo guarda con un debole sorriso.*

Sì, non ti davi pace. Era anche la tua vita, Pierluca...

Marco guarda la madre.

MADRE - Marco.
Hai sofferto anche tu, perciò puoi parlare.
MARCO - Tutto è cominciato da quella caduta.
La nostra gioia,
lo scorrere dei giorni come fossimo
eterni... Quell' incidente banale all'apparenza
ci ha fatti scendere dal cielo sulla terra.
Il dubbio ha preso a farsi strada...
Ipotesi irreale all'inizio, poi di colpo certezza.
MADRE - La tua colpa, Marco, ti impedisce di parlare
con chiarezza. Marta, prosegui tu.
MARTA - Gli fecero ogni sorta di esami.
Non capivano. Alla fine provarono

con quello che sembrava - ci dissero un'assurda
perdita di tempo. Ma allora si trovò la risposta.
Pierluca era... segnato. Da chi,
se non da noi,
il bambino poteva aver contratto il male?
Ci fecero fare le analisi: madre e padre,
tutti e due, ci scoprimmo col virus...
Serpeggiava dentro di noi senza farsi sentire,
guardingo, in attesa del momento per scoppiare.
Perché quel male?
Io, che non mi ero mai bucata, io che l'unico uomo
che avevo conosciuto era stato il mio Marco.
In ospedale mi spiavano; volevano indovinare
che razza di donna fossi, bugiarda
o vittima... Io ero sconvolta. Una minaccia oscura
si era abbattuta su di noi; la gravità
non la capivo ancora
e a Marco
domandavo che ci stava succedendo...

Marta si rivolge a Marco come se si stesse ripetendo la situazione evocata.

MARCO - Non lo so, Marta. Io
non mi sono mai bucato,
se è questo che pensi di me ..
MARTA - Lo pensi tu di me, allora...
MARCO - Quando avresti potuto, così presa dalle cure per noi?
Tu trascuri perfino te stessa pur di arrivare a tutto...
MARTA - Rimane un'altra ipotesi: ma mi sconvolge,
distrugge la fiducia
che credevo ci tenesse uniti...
MARCO - Non è come tu pensi, Marta!
MARTA - Che cosa penso? Dimmelo!
Non mi far rimanere in quest'angoscia!
E' un'altra donna? Oppure uomini...
Qualunque risposta mi darai, per me sarà la morte.
MARCO - Morti siamo già tutti, e mi sembra uno scherzo.
Te lo dirò quale è stato
l'inizio di questa tragedia che colpisce
insieme a me chi ho scelto per compagna
 promettendo di restarle fedele:
non l'ho fatto! Ma per uno di quei moti
che insorgono in un attimo quasi per scommessa
e tentazione sciocca, come prova di un fascino
a cui l'uomo non rinuncia mai,
fosse anche il più innamorato dei compagni.
Un giorno incontro una ragazzetta. Piccola, bruttina,
vestita male: provocava guardandomi,
era come dicesse: "Prendimi, se vuoi
puoi disprezzarmi, non valgo nulla, tu sì!".
Mi attirava perché era tutto l'opposto

di quello che avevo sempre amato:
senza casa senza cura di sé
senza famiglia né affetti o progetti di vita...
era tutto il contrario di te...
E si bucava. Per sfida a quel suo corpo fragile,
magro più del dovuto, le vene non c'erano più
tanto parevano trafitte dai buchi.
Andai con lei, la sfidai perché mi sfidava.
Provai soltanto pena. Sapeva di sudore
e di fumo, il suo viso era freddo,
solamente ribrezzo in quel rapporto frettoloso;
mi chiese dei soldi, perché gli servivano
"subito" per la dose. Ci tornai
ancora. Sentimenti in contrasto si agitavano in me;
ero deluso per quella storia che non esisteva;
pensavo a te che ogni sera mi accoglievi
con un sorriso fiducioso; mai come allora
ti ho voluto bene, mai sono stato così preso di te.
Eppure non potevo lasciarla. Ci sono stato ancora
per rabbia di scoprire che cosa mi attirasse di lei.
Forse quel suo buttarsi via,
farsi usare come una cosa qualunque...
Ma era anche una sorta di scommessa
di tirarla fuori dalla droga
e convincerla che poteva cambiare.
Mi beavo di questi buoni sentimenti,
incapace di metterli in pratica.
Per una settimana intera rimasi insieme a lei,
tu non c'eri...
MARTA - Ero andata a casa di mia madre;
si era operata, e io le preparavo
da mangiare, le sistemavo il Ietto...
MARCO - E' stato in quella settimana.
Volevo togliermi il gusto fino in fondo.
Ma a quel punto lei diventò sfrontata.
Arrivò perfino a cercarmi a casa nostra.
Temevo la notassero i vicini; le diedi dei soldi
perché se ne andasse; la minacciai,
era stato un fallimento, non l'avevo salvata
e scaricavo invece su di lei i miei fallimenti personali.
Provavo un bisogno pazzesco di rivedere te,
di far tornare tutto come prima...
Sono andato a cercarti...
MARTA - Sei venuto fino a casa di mamma.
Le avevo fatto una puntura, lei si era assopita;
io ero alla finestra, e pensavo a te.
 Tu sei entrato, una furia;
mi hai portato sul divano nell'entrata,
- casa di mamma è piccola -; io ti dicevo «"Piano,
che se mamma ci sente" ... Ma poi, non eravamo
marito e moglie?, e ti ho lasciato fare.

Ci siamo amati...
MARCO - Facendo l'amore con te mi sono illuso
di cancellare quella storia:
non era successo proprio niente,
la ragazza nemmeno esistita.
E poco tempo dopo, aspettavi Pierluca...
MARTA - Gioia della mia vita! Quanti anni erano passati
da quando ci eravamo messi insieme? Finalmente
si era deciso ad arrivare! Ne ridevamo,
sono stati dei mesi bellissimi, poi è nato:
era così bellino, gli occhi rotondi, il testone pelato,
 guardava   tutti   ridendo   come   a   dire:
"Sono qua!"...
PIERLUCA - Sono qua! Sì, ridevo perché il mondo
per me era una favola;
un po' alla volta lo scoprivo e mi piaceva;
 sì, mi piaceva la gente intorno
che   si   faceva   in   quattro   per   me.
Ero il più piccolo di tutti,
ogni   giorno   del   futuro   era   mio.
MARTA   -   Poi   hai   cominciato   a   deperire...   Perché,
questo bambino è così pallido?
Appena   si   fa   un   piccolo   graffietto,
la   sua   ferita   non   si   chiude   mai...

Si   rivolge   a   Marco.

Io   non   so   più   che   cosa   fare...

MARCO - E' soltanto delicato.
Con   l'estate   riprenderà   i   suoi   bei   colori;
lo   porteremo   al   mare...
MARTA   -   Invece   un   giorno   ..   era   in   bicicletta,
è   caduto   e   si   è   fatto   un   taglio   qui,   sulla   fronte...

*Marta continua il racconto ripetendo in parte quello di prima dell'entrata di
Marco, come un tormento che ogni volta rivive.*
Tocca   la   fronte   del   ragazzo,   a   cercare   l'antico   taglio.

E'   quel   taglio   non   si   chiudeva,   ma   gonfiava;   la   ferita   marciva   ..

*Interviene Marco, raccontando senza più ricorrere a frasi vaghe,   come poco
prima.*

MARCO - Da allora è cominciata la mia angoscia.
Come un incubo ripensavo all'avventura
con quella ragazzetta.
Pierluca   peggiorava   e   si   faceva   strada   in   me   un   sospetto,
che   non   mi   aveva   mai   sfiorato   prima,
di   un   contagio,   una   catena   maledetta
da lei a me in quella settimana di pazzia,

poi a Marta dolcissima e a nostro figlio
venuto al mondo pochi mesi dopo. Il risultato
degli   esami   portò   la   certezza   del   male.
Mi   sentivo   morire,   e   non   tanto   per   me;
la mia donna, il mio bambino non avevano colpe,
eppure   per   loro   era   segnato   lo   stesso   mio   destino.
A quanti - pensavo - sarebbe toccata quella sorte?
La ragazzetta che si dava a tutti
pur   di   trovare   i   soldi   per   la   droga
sapeva   di   essere   ammalata,   di   contagiare   gli   altri?

Avanza dal Coro una ragazza trasandata in jeans e giubbotto.
È'   *Speedy,*   *la*   *tossicomane*   *prostituta.*

SPEEDY   -   Soltanto   adesso   me   ne   rendo   conto.
Me   l'avevano   detto: "Hai   quel   male;
ti pare di star bene, ma dopo un certo tempo
è   inevitabile,   tu   te   ne   accorgerai   ...   ".
Io non volevo crederci, mi pareva soltanto una minaccia,
stavo bene, e con la droga mi illudevo perfino
di aver fermato la felicità.
Perché   allora   mettere   paura   a   chi   voleva   fare   l'amore   con   me?

Marco   *urla.*

MARCO   -   Ti   rendi   conto   di   quello   che   hai   fatto?
Hai contagiato me e tutti i disgraziati
con   cui   sei   stata   prima   e   dopo...
e le loro compagne e i figli... Marta
e il nostro bambino!...
Non siamo morti solo noi!
È' il futuro che con lui non c'è più!

Speedy   si   torce   le   mani   in   preda   a   disperazione.

SPEEDY - lo non sapevo! Ma la mia ignoranza
era   per   leggerezza,   e   non   mi   solleva   dalla   colpa!
Non sapevo perché non volevo sapere!
Tu non eri un incontro qualunque - mi dicevo-,
potevi essere una storia vera.
Sapevo   invece   che   tutto   era   falso,
e   continuavo   a   sbattermi   per   strada
a   cercare   la   roba...

Speedy   *piange.*

Tutto   falso!   Ma   io
avevo   bisogno   di   illudermi.

Marta è rimasta ad ascoltare, tenendo PierLuca abbracciato.

Si avvicina a Speedy.

MARTA - Da viva ti ho maledetta senza conoscerti.
Adesso mi fai pietà, non sei stata capace
di prendere niente dalla vita.
La tua pena ti salva. Ormai noi siamo uguali...

Tende le braccia a Speedy. Le due si abbracciano.

MADRE - Andate adesso.

*Il Coro si scuote aprendosi per lasciar entrare Marco, Marta e Pierluca.
Marta si volta e fa un cenno a Speedy, tutta accartocciata in se stessa.
Speedy raggiunge i tre e tutti quanti scompaiono dentro il Coro.
Dal fondo della scena avanza una prostituta dall'aria miserevole e altera,
che incute sgomento e pietà. Si avvicina sottomessa alla Madre.*

MADRE - Cecilia, non hai ancora trovato un po' di sollievo?
CECILIA - No. Per questo ti chiedo il permesso di parlare.
MADRE - Mi dà tristezza questo tuo accanirti.
Ma sei libera, è nel tuo diritto.
CECILIA - Diritto?!

Ride volgare.

Diritto, dici?
Finalmente anch'io ho diritto a qualcosa?!
E allora, grazie! Grazie Madre,
parlerò.

Si guarda intorno con aria di sfida.

Voi non sapete cosa sono.
Una battona, questo lo si vede...
Chi andrebbe in giro vestita così?
E poi come cammino, come guardo...
'sta vociaccia stonata, perché tutta la notte sto per strada...
Ma cos'altro conoscete di me,
che ne sapete cos'è la vita mia,
quello che è stata prima, questa mia vita marcia, disgraziata?
Giro da anni a battere,
di clienti ne ho avuti d'ogni specie...
Chi me l'ha data questa malattia? Io non lo so:
si son presi il piacere e buonanotte;
tanto loro, la morte
ce l'avevano addosso. E adesso
la dò io: di questo son padrona.
Perché mai dovrei fare attenzione e avvertire il cliente,
quando a me nessuno me l'ha detto
che mi sarei presa questa malattia?
Preoccuparmi per lui, che stia attento

perché la sua cara mogliettina
non prenda l'infezione,
lei che ha casa, marito, figli e soldi?
Provi la sua signora lo stesso rischio
che è toccato a me senza nient'altro in cambio
che qualche sporco biglietto da mille.
Che cosa ho avuto dalla vita?
Una strada bagnata di pioggia,
ombre che premono per usarti come bestia,
e per finire pochi mesi dannati
tra un ricovero e l'altro, poi più niente.
Tutto è già avvenuto, torna tutto
ad avvenire nel mio spirito in pena,
ripetizione eterna ed ossessione.

Cecilia *urla.*

Preoccuparmi degli altri?!
Per me vale solo la vendetta!

MADRE - L'ingiustizia degli altri
 consente spiragli alla propria pietà.
Tu cominci a soffrire, Cecilia;
qualche sensazione di dolore
attraverso la tua rabbia di granito.

Cecilia si accuccia accanto alla Madre.

 CECILIA - Sento la rabbia come sangue dentro la testa
fino agli occhi; poi gelo dal cuore
alla faccia, e una vampata se maledico.
Oh! Non è il tempo del perdono,
Non è il tempo della pace per me!
E' l'abbandono e la disperazione,
il gusto di ferire, l'angoscia informe
di notti passate non so con chi,
e soffrire nel corpo piagato,
ridere fuori come se godessi,
dentro ospedale, iniezioni, flebo e analisi;
di nuovo per la strada, forse
per una volta ancora solamente...
Davanti a me come un film ripetuto,
ininterrotta catena di traumi...
MADRE - Verrà il momento
in cui ti sentirai cambiare.

Indica il Coro.

Vai con loro. Ti aiuteranno...

Il Coro sussulta. Sussurri e poi parole dalle figure, che si protendono verso Cecilia.

CORO   -   Dài,   vieni...   Vieni   con   noi!...
Vieni...   Vieni!...
Pace! Insieme a noi...
serenità!... Vieni, Cecilia!
Vieni!...   Vieni!...
CECILIA - L'ira non consente la pietà.
Per   me   c'è   soltanto   tormento...
CORO   -   Pace!   Pace!
Cecilia,   noi   ti   auguriamo   pace!

Il Coro si ritrae verso il fondo, mentre una donna bellissima, di mezza età, avanza fino alla ribalta. Corinna tiene fra le mani un mazzo violetto di orchidee.
Elegantissima,   gli   occhi   senza   sguardo.

CORO   -   Corinna   non   parlò   mai...   finché   rimase   là,
in   quella   stanza   d'ospedale...
MADRE   -   Veniva   il   marito.   Tutti   i   giorni.   Gentilissimo
con le infermiere; sempre regali
e fiori per la cappella,
le suore gli sorridevano incantate...
La voce non l'alzava mai: "Per piacere"
e "grazie, grazie tante ... ", con un tono sommesso
come   a   chiedere   scusa.   Un   signore,
quello che si dice veramente un "signore"...

Il   Coro   si   agita.   Una   ad   una   le   figure   si   avvicinano   a   Corinna.

CORO   -   Corinna!   Come   stai?   Oggi   non   hai   mangiato...
Tuo marito ha portato una torta...
Una   torta   per   le   infermiere...
E   una   meringa   per   te!

Corinna si muove lentamente, oscillando.
Protende il mazzo di orchidee davanti a sé, poi chiude gli occhi distogliendo il volto dal mazzo, con uno scatto di rifiuto.

CORO - Ogni giorno lui le porta un'orchidea...
Ogni suo gesto è quello di un signore...
Quante cure che attenzioni!
Ma lei... Corinna... lei non parla.
Lo guarda muta.
C'è   un   mistero   in   quello   sguardo...

Corinna, come in dormiveglia, lotta con il mazzo di orchidee che le si sono tenacemente intrecciate alle mani. Gli occhi guardano all'infinito. Azioni rivissute passano davanti a lei, che geme.
Maddalena è affascinata. Si rivolge alla Madre, in un sussurro.

MADDALENA - Sembra un mazzo da sposa...
ma come diverso dal mio!...
Orchidee, mi fanno paura.
CORO - Orchidee, orchidee ad ogni visita...
Ma lei non parla.
  Lo guarda muta.
  Muta lo guarda Corinna.
  e tace... C'è un mistero.
  C'è un mistero in quello sguardo...
MADRE   -   Chi   è   vittima   tace,
se   è   stato   offeso   da   chi   ama.

Corinna   geme   lottando   con   il   mazzo   di   orchidee.

MADDALENA - Soffre ancora.
 Non   possiamo   aiutarla,
Madre?
MADRE   -   Il   suo   dolore   è   rimasto   un   segreto.
Corinna   ne   è   ancora   prigioniera.

La Madre guarda verso il pubblico scrutando i volti come a cercare qualcuno.

Qualcuno si sente di parlare per questa   donna?

Nessuno accoglie l'invito. La Madre avanza   verso la ribalta.

Qualcuno, che voglia liberarsi dal peso di una responsabilità ...
Dalla platea si sente un mormorio.
Tre persone discutono tra loro a bassa voce.
La Madre si rivolge verso il punto da dove proviene il bisbiglio.

MADRE - Qualcuno, della famiglia...

Corinna geme pianissimo. Dal pubblico si alzano tre persone.
Una ragazza dall'aspetto deciso, un giovane dall'aria mite, e un uomo
dall'atteggiamento molto raffinato.
L'uomo pare in difficoltà a mostrarsi, mentre la ragazza, che ha preso quella
decisione,   trascina   sulla   scena   l'indeciso   fratello   e   il   padre.

FIGLIA - La famiglia siamo noi.
Se   così   si   può   chiamare   questo   insieme
di   persone...

Indica   il   fratello   e   il   padre.

Il vincolo di sangue, insomma.
Ma   poi,   ben   altro   c'è   stato!...
E   di   che   vincoli   si   tratti,   ora   dobbiamo   parlare.

Il padre fa un gesto per far tacere la figlia, che reagisce alzando la voce con
aggressività.

Tu non puoi più impedirmelo adesso!

Si avvicina a Corinna e le libera le mani dal viluppo delle orchidee.

Le mandava orchidee!
Per mostrarle nel modo più costoso un amore
che non esisteva. Da quando erano stati fidanzati
- lei ricca ereditiera, lui
uno spiantato - le mandava orchidee; povera mamma,
ne era rimasta conquistata e l'aveva sposato!

Getta via il mazzo. Corinna si porta le mani a coprire il volto, gemendo piano.
Rimarrà così per tutto il tempo del racconto.

PADRE - lo ero innamorato di tua madre! Tu non puoi giudicare,
non conosci i motivi, le cause del nostro mutamento...
FIGLIA - Ricordo quello che vedevo, appena
ho avuto l'età per capire da sola,
perché la mamma...

Indica la madre.

non mi ha mai detto niente;
sopportava da sola il fallimento del suo matrimonio...
e dedicava a noi tutto il suo tempo,
a me e a questo qui.

Indica il fratello, che è rimasto in disparte in un atteggiamento impacciato e
scontroso.

... che anni e anni dopo, a tutti i costi,
il marito le aveva fatto fare, come prova lampante
di un normale e felice matrimonio!

FIGLIO - Ma lei, la mamma... lei mi voleva!
FIGLIA - Sì, lei ti voleva. Ma da questo suo amore materno,
che cercava poi di sostituirsi
all' assenza del padre, tu sei stato fregato fratellino mio!

La figlia si rivolge al pubblico.

Immaginatevi una famiglia in cui
il padre non c'è mai; non si sa dove va,
non si sa che cosa fa, nessuno osa chiedergli niente;
e i figli si attaccano alla madre:
la ragazza diventa un 'amica prepotente e dispotica,
nella mente della donna il bambino,
per lei, abbandonata dal marito,
prende il posto del padre...

La Madre si è avvicinata alla ragazza.

MADRE - Hai rabbia ancora, ricordando; per tuo fratello,
ma anche per te, e provi un desiderio di vendetta
nei confronti del padre. Per tua madre soprattutto
hai   sofferto   e   soffri   ancora.   Ma   adesso
devi aprire il tuo cuore, se vuoi che l'ira sfumi
e   tutte   e   due,   lei   morta
e tu nel mondo, possiate trovare la pace.
FIGLIA   -   Io   ero   come   una   bestia   morsicata   da   un   serpente.
Una   bambina   è   curiosa   di   tutto
e, gelosa del padre, vorrebbe
indagare   ogni   suo   gesto   al   di   fuori   di   lei...
Io   ragazzina   avevo   scoperto,
a   un   certo   punto,
come occupava il suo tempo quest'uomo:
di   sera,   dopo   l'ufficio,
quando   tutti   tornano   a   casa
impazienti di stare coi figli e con le mogli,
e   la   famiglia   si   ritrova
per mangiare insieme allegramente,
questo mio padre bello che regalava orchidee
a mia madre per dirle quanto l'amava!
preferiva   alla   nostra   compagnia
degli sconosciuti da pagare,
sostituiva   alla   dolcezza   della   sua   compagna
le   passioni   sfrontate   di   omosessuali.

*Il padre è rimasto in disparte. Dopo quel diluvio di parole gridate, agita una
mano come a scacciare l'immagine che la figlia vuole mostrare di lui, al tempo
stesso a voler significare che avrebbe tante cose da ribattere. La madre implora
con lo sguardo la figlia e l'uomo, perché non continuino quel gioco al massacro.*

PADRE - Sì, l'apparenza è questa. E nella sostanza,
anche   la   realtà.   Ma   tra   l'apparenza
e   la   realtà   una   fessura   profonda
e   sottile   frantuma   la   visione
e induce il giudizio ad arrestarsi.

La   figlia   gli   si   avventa   contro.

FIGLIA - Sempre le tue belle frasi! E noi, muti
per   anni.   La   logica   dei   tuoi   ragionamenti
ci chiudeva la bocca. Le nostre domande
erano semplici; chiedevamo la tua compagnia;
invece   tu   sfuggivi   in   nome   di   teorie
che   giustificavano   ogni   trasgressione,
e   alla   fine   non   ti   aspettavamo   più.
Solo   la   mamma   continuava
a   vagheggiare   il   suo   fantasma;
le orchidee la commuovevano ancora,

sostituivano   la   tua   presenza,
la evocavano, la preannunciavano o forse
fingeva per continuare a vivere; certo però
non sapeva che prima di congiungersi con Iei -
poche volte, solo per non destare sospetti -
magari   tornavi   dai   tuoi   consueti
giri alla stazione, oppure non avevi trovato
il   ragazzo   che   veramente   ti   piacesse.
Quei   contatti   trasferivano   subdolamente   il   contagio
a nostra madre attraverso di te.
PADRE   -   Questo   è   un   massacro.   lo   non   volevo   salire   qui.
Almeno   difendermi,   però.
MADRE - E' nel tuo diritto. Non temere,
nessuno   è   qui   per   giudicarti.
PADRE - Quando ho sposato Corinna, l'amavo
veramente.   Ma   lei,   subito   dopo,
ha cominciato a smaniare:
voleva un figlio, senza un figlio non si sentiva realizzata!
Facemmo un viaggio, in giro per l'Europa.
La portavo a cena nei ristoranti più lussuosi;
le   mattinate   nei   musei   a   scoprire   opere   d'arte.
Lei accettava tutto nell' attesa della sera,
quando ritornavamo al nostro albergo. In un Ietto
ogni volta differente, Corinna era impaziente
di unirsi a me; ma non per il gusto del sesso,
con   una   passione   che   mi   avrebbe   attratto
e conquistato, ma per farsi mettere incinta.
La sua smania spegneva in me il desiderio;
per   non   deluderla   l'assecondavo,   senza   gioia.
E quando finalmente mi disse che aspettava un bambino,
mi   sentii   sollevato   da   un   debito   e   decisi
di   non   doverle   più   quelle   attenzioni
che   fino   ad   allora   le   avevo   prodigato.
Poi   nacque   lei...

Accenna   alla   ragazza.

e sua madre non ebbe più che quello scopo,
tutte le cure per la bambina! Mi trattava
come un estraneo ingombrante e fastidioso
che voleva distrarla dal suo compito.
FIGLIA   -   Eri   ben   contento   che   ti   avesse   messo   da   parte...
Te   la   cavavi   con   le   orchidee,
perché gli altri non dubitassero del tuo affetto
per lei, che continuava a mantenerci tutti...
PADRE - Avevo lasciato il lavoro. La mamma
si   vergognava   del   mio   impiego
a stipendio statale:
non era all'altezza del prestigio della famiglia.
Era   difficile   vivere   con   lei,   avere   un   ruolo   personale
e al tempo stesso non darle fastidio. Qualche volta

ti prendevo in braccio per portarti a spasso io e te soli,
come fanno i padri con le figlie...
Lei,   pareva   le   facessi   un   affronto;
ti riprendeva subito: gelosa, urlava "Lasciamela!"
e   allora   io   me   ne   uscivo   da   solo.
FIGLIA - Te ne andavi, sì! Hai trovato facilmente
dove   andare!   Ora   tu   ne   addossi   la   colpa   alla   mamma.
Ma lei ti allontanava da noi
perché   aveva   scoperto   com'eri
e non voleva che in famiglia lo sapessero.
PADRE - Non vi stavo così lontano come dici.
Pochi   anni   dopo   di   te   è   nato   tuo   fratello.
Io più della mamma ho voluto questo ragazzo;
a   lei   bastavi   te.
FIGLIA - Ah! Certo, eri rimasto un piccolo-borghese
incapace di fare il passo fino in fondo!
Alternavi   la   mamma   alle   tue   dannate   scorribande:
così è nato lui, e la mamma ha finito poi per adorarlo.

*Nel corso della violenta discussione tra il padre e la figlia, Corinna ha attirato il
figlio   a   sé   e   lo   tiene   abbracciato.*

Ma   tu?   Non   c'eri   mai!
L'avevi   voluto   quel   bambino,   poi   lo   lasciavi
nelle   mani   delle   babies-sitter...
Forse ti ricordava i ragazzini di periferia;
poco   più   grandi   di   tuo   figlio,
prestavi   loro   attenzioni
ben diverse da quelle di un padre!
PADRE   -   Che   ne   sai,   tu,   della   mia   vita   fuori?!
Quello che ho trovato in mezzo a gente
che mi ha voluto più bene di voi?!
gente che non nasconde ciò che prova
nel   formalismo   di   un   comportamento
e   ti   prende   per   quello   che   sei,
senza guardare ai tuoi titoli,
al   prestigio   del   nome,   al   conto   in   banca!

La figlia lo interrompe con una risata.

FIGLIA   -   Quante   parole   per   nascondere   un   peccato!
Noi qui, la famiglia: responsabilità, impegni,
ogni giorno un problema da risolvere;
e tu in fuga, alla ricerca di un diversivo per non soffrire!
Ah!   C'è   proprio   da   ridere!
Con   quel   bel   finale   che   sappiamo.
PADRE   -   Il   finale   non   è   ancora   concluso.
Io sono vivo, anche se segnato. Corinna...

Corinna   per   la   prima   volta   si   toglie   le   mani   dal   viso.

Lei se n'è andata. L'ho contagiata io;
sì, non posso negarlo, ma non è stata volontà né colpa:
anch'io lo ero e non lo sapevo...
Per un po' di conforto cercato negli occhi di un ragazzo,
è   una   condanna   grave   ..
FIGLIA   -   Tu   ti   sei   preso   quello   che   hai   voluto!
Ma la mamma, che beffa!: un grande amore
finito in un virus mortale! Che ammazza lei,
non chi glielo ha dato: il carnefice anzi
finge   affetto   e   tenerezza   e   fa   regali
a   infermiere   e   a   dottori,   perché
l'amata   moglie   sia   curata   per   bene
e la convincano: l' infezione che si è presa
riguarda   un'antica   trasfusione
fatta   tanti   anni   prima,   forse   quando
la povera Corinna si dovette operare all'appendice!
Lei   però   sa   benissimo   chi   l'ha   infettata;
non l'ha detto, non l'avrebbe ammesso mai:
prima   di   tutto   il   prestigio,   è   una   signora,
i panni sporchi si lavano in famiglia...

Corinna con voce incerta sussurra. Via via prenderà sicurezza.

CORINNA - Non dovete litigare più. E' vostro padre...
ed è malato. La sofferenza annulla l'ingiustizia,
il   dolore   accomuna...   Pietà   per   lui:
è ingenua la versione del contagio come fatalità;
ma   voleva   allontanare   la   vergogna,
e   non   solo   per   lui,   per   me
sua moglie, e risparmiarmi una realtà
più   dura   ancora   da   sopportare
con la commiserazione della gente.
Io   non   ho   più   paura.   Lui   soffrirà
nel tempo che ancora gli rimane.
Voi   gli   dovete   offrire   quell'amore
che non abbiamo mai goduto insieme...

Corinna   si   rivolge   al   marito,   stupito   della   pietà   della   moglie.

CORINNA - E così breve la nostra vita!...
Corta   e   vissuta   tutta   d'un   fiato
anche   se   lunga   d'anni,   quando   la   morte   arriva
sembra sempre troppo presto...

Raccoglie   il   mazzo   di   orchidee.

Siate amici tra voi; la vita, sapendovi riuniti,
non mi sarà passata inutilmente.
Andate,   io   devo   ritornare   da   dove   son   venuta.

Guarda   la   Madre   che   le   fa   un   cenno   di   assenso.

MADRE - Non si deve forzare il segreto
che   ciascuno   può   nascondere   in   sé...

I tre ritornano in platea.
Il   padre   tiene   sottobraccio   il   figlio   e   la   figlia.

CORO - Corinna ha perdonato chi le ha fatto del male...
distrutti   i   sentimenti...
poi le forze vitali, non ha inveito...
non   si   è   ribellata.   Libera...
da   ogni   pena,   può   dirsi   ormai   beata.

*Giunti sul fondo i tre si voltano a guardare il palcoscenico, ma Corinna non c'è
più.*

MADDALENA   -   Corinna   ha   avuto   così   poco...
Eppure   è   riuscita   ad   amare   perfino   chi   l'ha   offesa.
Io   invece   non   volevo   vivere   dopo   la   disgrazia.
Ho   avuto   bisogno   di   qualcuno
per provare di nuovo un sentimento.

MADRE   -   È   il   mistero   della   sofferenza:
Corinna   ne   è   stata   toccata.
Diversa è la tua storia; la racconterai
quando sarà venuto il tuo momento.
Altri   stanno   arrivando
impazienti   di   esporre   i   loro   casi.

Il Coro freme, poi comincia a sussurrare.

 CORO   -   Vieni!   Vieni   fuori!
Sei   con   noi   ormai!
Non   devi   aver   paura!
La   tua   sorte   è   stata   tremenda...
Da creatura di fango a coscienza...
Sofferenza   ancora   più   grande...
di   chi   nasce   e   muore   non   sapendo.
Raggiungerai   la   pace   al   tuo   tempo.
Ma il cammino è lontano ancora dalla luce...

Il Coro si apre lasciando uscire un ragazzo con delle catene ai polsi.
*Il ragazzo parla convulsamente. Singhiozza senza trovare le parole, che poi gli
usciranno come un torrente inarrestabile.*
La   Madre   sottovoce   lo   presenta.

MADRE   -   Micantoni   Giovanni   detto   Quinto...
Figlio di povera gente, il soprannome perché
dopo   quattro   fratelli   era   arrivato   lui.
Poca festa per la sua nascita non desiderata.

Mandato a rubare fin dai primi anni
nei quartieri eleganti; piccoli furti, scippi,
il monclair sfilato a un ragazzino ricco...
Ma Quinto ha una passione. Va in discoteca
come uno dei tanti ragazzi di periferia,
con la smania di trovare alla sera
uno sfogo violento al grande niente
della giornata consumata senza scopo. Balla:
la danza diventa la sua stessa vita.
Famiglia inesistente, povertà,
tutto dimentica in quel sentirsi musica...
E diventa una piccola star...

Quinto si è liberato dalle catene e ha iniziato a danzare.
Prendendo spunto dalla musica, attinge ad una prodigiosa fantasia creativa. La
danza finisce con un grido e una caduta.

MADRE - Andava in motorino quando lo chiamavano
ai suoi primi impegni, per qualche spettacolo.
Lo investirono, cadde, si ferì.
Sopravvisse, ma non poteva più danzare...

Quinto geme.
È' di nuovo imprigionato dalle catene e balbetta parole incomprensibili.

MADRE - Ritornò allora nel quartiere;
ma, sparita la sua passione, non sapeva come vivere;
eppure doveva mangiare... Piccoli furti, scippi,
il monclair sfilato ad un ragazzo dei quartieri ricchi...
Ricordava quei tempi.
Ora più che mai aveva bisogno di denaro,
per dimenticare il fallimento
del suo sogno di piccola star: qualche canna,
un po' d'ero, alcool e birra... misture,
tanto per sentirsi su di tono e non pensare più.
Poi la droga pesante, quando i problemi
si sono fatti insopportabili .. A un certo punto
Quinto s'era messo in imprese sempre più pericolose:
gli servivano somme altissime,
ogni dose costava quanto un paio di stereo...

Quinto emette dei balbettii. La Madre gli si rivolge con tono fermo, ma affettuoso.

MADRE - Quinto, la società in cui sei vissuto
ha molte e gravi colpe nei tuoi confronti;
ma tu da parte tua ne hai altrettante;
potevi usare in modo onesto e più cosciente
il margine anche stretto a te rimasto
di libertà per scegliere e decidere
delle tue azioni: quello spazio

che   rende   ogni   uomo   responsabile,   fosse   pure
il più schiavo, il più oscurato
nella   mente   da   ingiustizie   subìte.
QUINTO - Dopo   la   disgrazia   non   mi   importava   più   di   niente.
Ma farmi fuori, non ne avevo il coraggio.
Era   una   vita   non   vita.   L'ero   mi   aiutava.
E mi bastava qualche scippo a procurarmela.
Io   non   volevo   uccidere...
MADRE   -   Noi   non   siamo   qui   per   giudicarti,   Quinto.
Ma hai ucciso al di là della tua volontà.
E   sei   ancora   preso
da   quello   che   è   successo.

Quinto   solleva   le   braccia   mostrando   le   catene   ai   polsi.

QUINTO - Mi stanno ancora addosso le catene
non   solo   ai   polsi,   ma   dentro   all'anima!
Avrei voluto scontarla tutta, la condanna;
ma   questo   male,   che   mi   era   venuto...
non   mi   ha   lasciato   il   tempo   di   espiare.

È'   preso   dal   pianto.

Sì,   il   sostegno   dell'ero,   presto
s'era cambiato in angosciante dipendenza:
per   un   po'   ti   senti   forte,
poi aumenti la dose, accorci i tempi tra un buco e l'altro...
Son cose che ormai le sanno tutti ..
E   quando   ne   hai   bisogno,   dimentichi
il   padre   e   la   madre,   figurarsi
se ti viene in mente di comprare
la   siringa   pulita...
E   mi   sentivo
sempre più debole... "Sarà l'ero",
pensavo dapprincipio; poi,
"Perché non mangio"... Ma invece
m'era   venuta   questa   cosa...
Hanno fatto l'esame e mi hanno detto
"Sei positivo". Se dovevo morire, meglio allora
godersela: scippavo,   mi   facevo,
qualche volta m'aiutavo con l'alcool per sentirmi
più   forte   e   non   pensare.   E   un   giorno
decido di rubare a una gioielleria.
Dentro   c'era   soltanto   una   ragazza,
ho pensato "prendo il piatto sul banco
e   me   ne   scappo,   non   serve   nemmeno   minacciarla".
Quella invece s'è messa a strillare.
Spunta subito la madre. Mi grida
"Lascia tutto lascia la roba nostra disgraziato!"
 e afferra dal cassetto una pistola.
Io m'ero fatto doppia dose per darmi più coraggio

e mi pareva come quando di notte non dormivo
con la paura della malattia e per riempire gli occhi
e   far   tacere   l'anima   saltavo   da   un   canale   all'   altro   tivù.
Lei fa il gesto di prendere l'arma,
io   sparo: lo   stesso   che   nei   film.
Sono   cadute,   gli   occhi   aperti,   stupite;
il colpo non era stato un' illusione anche se la pistola
fino a quel giorno non l'avevo usata mai.
Poi...   ricordi   confusi.
Mi   son   lasciato   prendere,   qualcuno
mi dà un pugno e mi sanguina la bocca...
Gente   che   grida,   sirene...
Da   solo   in   cella...
Domande a raffica, mi picchiano...
Il   processo,   le   guardie...
Spintoni...
Una   voce   mi   accusa,   gente   che   grida,   e   la   sentenza.
Mi   condannarono.
Non era mia quella storia:
davanti a me continuavo a vedere
quegli   occhi   spalancati,   io
non   riuscivo   a   cancellarli.
Per   mesi   assente   da   me   stesso,
poi un dolore tremendo dentro al petto:
pensai,   mi   ricordo,   "Sono   vivo,   provo   qualcosa...   ".
E prendono vita dei fantasmi: quelle due,
le immaginavo mentre stavano in bottega;
ne sentivo le voci, ridevano, una volta
litigarono per una vetrina che la mamma
proponeva   in   un   modo
mentre la figlia la pensava in un altro.
Poi andavano a comprarsi il gelato, chiudevano un attimo il negozio,
tornavano   in   fretta
e   si   sedevano
al banco, chiacchierando fra loro.
Erano   così   felici!   Ma   la   mia   era   solo   illusione.
Le   avevo   uccise,   avvertivo
un dolore sempre più insopportabile;
soltanto allora mi rendevo conto di quanto avevo fatto
e   volevo   soffrire   il   più   possibile,
scontare   tutto   il   male   compiuto.
Cercai   di   sapere   qualche   cosa,   di   quelle   due...
Era rimasto un figlio più piccolo,
l'avevano   preso   gli   zii;
ma   non   parlava,   si   era   come   isolato.
Io volevo lavorare per lui,
offrirgli   almeno   un   po'   di   soldi...
Tanto a me quanto restava della vita?
Una   manciata   d'anni   al   massimo...
Poi   la   malattia   si   è   aggravata.

Mi portavano a farmi le cure.

MADRE - All'inizio veniva in ambulatorio.
Arrivavano in tanti dal carcere; tutti insieme,
con le manette ..
Le guardie non gliele tolgono;
aspettano il loro turno in corridoio in mezzo agli altri
che li guardano diffidenti e non gli parlano...
Vengono liberati solo dentro alla stanza
dove fanno la flebo, la medicazione...
Ma c'è sempre un poliziotto che sorveglia...
 E loro si lasciano curare come bestie rassegnate,
perché curarsi per tornare in carcere,
mentre la vita sfugge ad ogni giorno...
Non si sono inventate le parole
per questo genere di cose, soltanto
sguardi o un sorriso ma non troppo marcato,
 potrebbe sembrare una beffa; la mano
può fare una carezza lieve lieve,
mentre ti accosti ad aiutare il medico...
Così soltanto puoi tentare un aiuto
che non provochi l'ira, è una pietà che costa poco
a chi la fa e non soffre come loro.
QUINTO - lo m'ero accorto della Madre...
Una suora...
Gli occhi di quelle due, somigliavano ai suoi.
Le confidai la mia pena...
MADRE - A un certo punto non bastò più
l'ambulatorio. S'era aggravato; in carcere
non si può avere quello che offre una casa, una famiglia.
Venne ricoverato in ospedale; rimase là parecchi mesi.
Gli stavo accanto quanto più potevo.
Si sfogava con me.
Della sua vita prima.
Dell'illusione subito finita
di diventare una star della danza.
Della sua fuga a cercare nel buco
la forza per sopportare il fallimento.
Delirava tornando a quel giorno,
rivelazione oscura di un riscatto pagato con il sangue
per lui da altri che ora voleva ripagare,
ma non sapeva come...
Pregavo che gli venisse un po' di pace;
ma l'angoscia lo assaliva,
avvertendo la morte ormai vicina...
QUINTO - lo volevo ancora vivere
per riparare almeno un poco al mio delitto!
Desideravo ardentemente continuare a soffrire

ancora e ancora fino a quando
non mi fossi sentito liberato
dalla pena per quelle due che non c'erano più
e per il figlio rimasto solo...
Così passarono tanti e tanti mesi,
finché arrivò il mio ultimo giorno...

Piange agitando le catene.

MADRE - Aveva chiesto di tenere le catene.
Gliele tolgono, quando sono gravi.
Nei letti, accanto agli altri in corsia,
non c'è più differenza,
le sofferenze rendono tutti uguali.
Ma Quinto... quelle catene
le voleva: per umiliarsi, diceva...
QUINTO – "Devono saperlo tutti quello che ho fatto!".
Il giornale lo dice: «condannato», e mostravo l'articolo.
L'ultimo giorno è venuta la Madre...
MADRE - Gli ho tolto le catene. Mi guardava.
Non servono più, ho detto.
QUINTO - Me ne vado?
MADRE - Non c'è distacco. È solo per poco.
QUINTO - Non ho avuto il tempo di scontare il mio peccato.
Nemmeno questo mi è riuscito nella vita.
MADRE - Lascia a chi sa il giudizio.
Ciò che importa è capire,
vedere al di là delle apparenze...
QUINTO - Tienimi la mano nella tua.

La Madre gli prende la mano.

CORO - Vieni Vieni con noi!...
Non aver paura Siamo tanti...
Tanti come te... Staremo insieme!
Vieni, dài vieni!...

*La Madre lascia la mano di Quinto, che entra
nel Coro fino a che non lo si distingue più.*

MADRE - Fino alla morte Quinto è stato solo.
La solitudine distrugge.
È nell' incontro che si rivela la presenza di Dio;
ogni peccato a quel calore
si scioglie come neve d'estate.
La sofferenza riscatta
anche le unioni più condannate da chi non sa;
le riscatta da ogni trasgressione...

Il Coro si muove fremendo.

163

CORO   -   Compagni   di   studi   compagni   di   sogni...
L'uno all'altro sostegno...
Fragilità,   paura   del   domani...
Fuga   da   prospettive   familiari...
Specchio riflesso, appoggio vicendevole...
Eco...   pensiero   sovrapposto...
Parola   mormorata...   risonante...
Gigio e Giorgio Giorgio e Gigio...
appassionatamente   uniti...

*Un valzer tenero. Il Coro si schiude facendo emergere
due ragazzi, che volteggiano ballando allacciati.
Gigio ha sul volto una maschera bianca. Giorgio
porta i capelli scio/ti sulle spalle, e abiti multicolori;
a tracolla un' ampia borsa. La musica svanisce.
Gigio   si   toglie   la   maschera.   Sul   volto   macchie   scure.*

GIGIO - Fino a poco tempo fa
queste macchie mi rattristavano. Così Giorgio
mi   aveva   portato   una   maschera,   era   Carnevale.
E anche dopo, quando venivano gli amici,
io   la   mettevo...   Era   un   gioco   e   tutti
a questo gioco stavano, per farmi contento.
Poco per volta se ne sono andati.
Giorgio no, Giorgio è rimasto, ma per lui
quella   maschera
non   l'ho   messa   più...

GIORGIO   -   lo   ho   continuato   a   vederti   com'eri.
Ai   miei   occhi   non   sei   mai   cambiato.
Se fossimo invecchiati insieme,
come   speravamo,
avremmo   avuto   rughe,
grigi i capelli, un sorriso sdentato...
Non ci saremmo allora amati più?
GIGIO   -   Specchio   della   mia   vita,
in   te   ho   scoperto   quello   che   di   meglio
c'era in me; e come avrei voluto essere
perché eri tu così... Ho accettato la malattia
per   mettere   il   tuo   amore   alla   prova...
Ci condannano in molti; noi non viviamo
secondo i criteri stabiliti, con donne accanto
e   figli.   Ma   per   amore   due   esseri   subiscono
di essere umiliati pur di amarsi:
nasce allora il rispetto, e il sentimento
si   fa   sacro
anche per quelli che prima schernivano...

*Vengono fuori dalla borsa di Giorgio delle lunghe bende
bianche e un lettino pieghevole su cui si stenderà Gigio.
Nelle cure di Giorgio traspare una sorta*

di Pietas da Marie al sepolcro.

MADRE - Venivano ogni giorno;
aspettavano con pazienza per le cure;
senza la pretesa di passare avanti,
anche   se
Gigio non riusciva a stare in piedi,
perché   sulle
gambe si erano aperte piaghe
profonde   e   il   volto
imbarazzava
chi   ne   avesse   incontrato   lo
sguardo;
 ma loro due erano come un' isola;
Giorgio a nessuno permetteva di curare il suo Gigio;
prendeva   lui   le   bende,   erano   le   infermiere   ad
aiutarlo...
Gli unguenti, l'acqua, le flebo...
tutto   passava   nelle   sue   mani,
era Giorgio
a medicare il compagno. Aveva imparato
osservando   le   ragazze
dei turni,
come facevano per gli altri malati.
Doveva   essere   Giorgio   e   nessun   altro;
le infermiere lo lasciavano fare,
prese da una sorta di rispetto;
gli rimanevano accanto intimidite,
porgendo   un   disinfettante
o una garza;
a   mezza   voce   suggerivano,
indicando
una   piaga   da   pulire,   una   ferita   da   lavare.
Parevano quelle operazioni un rito;
in mezzo alle richieste disperate dei malati
nelle   stanze   sopra   lo   stridìo
delle televisioni
sempre   aperte   sui   letti,   in   tutto   quel   vociare   disperato
si   creava   un   silenzio   armonioso,   una
serenità amorosa
fuori   dal   tempo   e   dallo   spazio.

Mentre la Madre racconta, Gigio si stende sul lettino
e Giorgio gli versa sulle gambe dell'acqua,
come un battesimo purificatore: gliele fascia poi con le bende.
Poi i due si tengono per mano, uno accoccolato ai piedi
dell'altro disteso. Giorgio si rivolge alla Madre,
con il tono di chi vuole sia continuato il racconto.

GIORGIO - Poi non bastava più andare a
medicarlo...

I due si parlano come se fossero soli.

GIGIO - Giorgio, non puoi farcela a portarmi
ogni giorno laggiù; sono diventato leggero,
ma non tanto da sostenermi come un bambino...
E le piaghe... non c'è più un punto
in cui tu possa prendermi...
Devi lasciarmi in ospedale...
GIORGIO - Rimarrò con te.
GIGIO - Non ce lo permetteranno.
GIORGIO - Tu pensa a star tranquillo...

Giorgio culla Gigio. Una nenia appena mormorata.

MADRE - Rimaneva con lui anche di notte.
Si stendeva al suo fianco; quasi
non toccava il lenzuolo;
appena appena lo sfiorava e l'altro nel sonno sorrideva.
Giorgio al mattino gli portava dal bar
il latte col caffè, e fiori
ogni giorno freschissimi...
Non conoscevamo la loro storia,
né forse importava conoscerla.

Gigio si rialza un poco dal letto.

GIGIO - Ricordi quel Carnevale?
E la maschera bianca...
Tutto era così bello! Spariti i giudizi maligni
della gente, e tanta allegria e amicizia...
Ognuno accettato finalmente
come si voleva presentare...

Giorgio offre a Gigio la maschera bianca.
Gigio la mette sul volto. Il valzer da lontano
si fa sempre più forte.
I due ballano allacciati fino a rientrare nel Coro.

CORO - Giorgio e Gigio inseparabili...
per amore anche nei giorni estremi...
Ma c'è chi l'esistenza...
la disprezza. Chi la usa
come un gioco da nulla.
Tanti la gettano la vita...
e quando se ne accorgono...
ormai è troppo tardi...
MADRE - Ciro e Flora!

Uscendo dal Coro un ragazzo e una ragazza
vengono avanti con un atteggiamento cupo,
senza guardarsi l'un l'altra.

MADRE - A tutti e due nascendo sono state
date delle ricchezze: bellezza, intelligenza...
e salute, forza,
per affrontare ogni giorno gli ostacoli. Ma
voi queste ricchezze le avete consumate senza
metterle a frutto; vi siete lasciati trascinare
da pigrizie e da risentimenti,
l'oscurità è scesa sui vostri cuori;
avete perduto l'amore che vi aveva unito
per un tratto breve, e perdendolo vi siete perduti.
Se volete ripercorrere le vostre strade,
vi ascolteremo. Pensieri amici
e riflessioni vi aiuteranno a far luce...

Flora ha uno scatto iroso.
Si stacca da Ciro rivolgendosi provocatoriamente alla Madre.

FLORA - Ero bella sì, ma non avevo
neanche un soldo!
E senza uno straccio di raccomandazione,
chi mi vedeva, la prima cosa mi diceva
"Vieni a letto"! E io sempre a dire di no,
ad aspettare la vecchiaia per vantarmi
"Non l'ho data!?" A un certo punto
ho sfruttato il mio corpo, il sesso,
la giovinezza per farmi un posticino.
E ho sbagliato, non ho scelto i letti giusti!
Da quel momento è stato inevitabile sbagliare ancora.
Mi promettevano uno spot di Berlusconi,
stavo dietro a quella illusione, stringevo i denti:
"Questa volta ce la faccio, - mi dicevo -
non m'importa di dover divertire
un paio d'ospiti della 'produzione',
tanto poi mi daranno lo spot,
rimarrò io fissata in quelle immagini, ammirate
da milioni di persone, è un prezzo che
bisogna pagare". Invece giravo soltanto
comparsate, qualche veloce inquadratura nel gruppo
di ragazze in una fabbrica oppure ad un mercato.
Non ce l'ho fatta più. Darsi per darsi,
almeno pochi soldi e subito, che quella gente,
col miraggio dello spot, veniva a letto gratis con me.
È sulla strada che l'ho conosciuto... *Indica Ciro.*
CIRO - Io mi sbattevo sulla strada perché
mi serviva la roba. Inutile spiegare perché
e percome... Stavo lì e basta.
E l'ho incontrata. Flora. Stava là

per   la   rabbia   d'esser   stata   fregata,
l'ho capito subito ch 'era tutta diversa
dalle donne che battevano laggiù.
FLORA - Ci siamo messi insieme. Io lo vedevo
che   soffriva,   se   l'effetto   dell'   ero   era   finito.
Così gli passavo un po' di soldi,
e   lui   quand'era   di   nuovo   su   di   giri
faceva   l'amore   con   me.
CIRO - Gli altri non esistevano a quel punto,
soltanto noi.
FLORA   -   Abbiamo   fatto   un   figlio.   Ma   lui,   finito   il   flash,
s'incazzava   perché   me   ne   andavo   coi   clienti.
Mi   picchiava   perfino,   era   cambiato
dai primi tempi; e il figlio che aspettavo
diceva   che   non   era   suo,   chissà   con   chi
m'era venuto. Io piangevo di rabbia,
e   per   rabbia   ho   cominciato   allora   a   farmi   anch'io...

Suoni di clacson e sgommate di auto.
Flora va su e giù camminando nervosamente.
Fuma in attesa di clienti e litiga con Ciro.

FLORA   -   Brutto   pezzo   d'infame!,   e   insulti   anche!
Io qua con la pancia a battere per te,
mentre   me   ne   starei   già   a   letto;
ciò   i   piedi   gonfi,   non   vedo   l'ora
di   metterlo   al   mondo   questo   figlio...
CIRO   -   Me   lo   rinfacci   sempre,   per   una   busta   o   due!
Non   sto   anch'io   qua   con   te,   ti   ho   mai   lasciata   sola?!...
Eppoi,   la   roba   piace   pure   a   te...
FLORA   -   Tu   me   l'   hai   attaccata   questa   voglia!
Se   non   fosse   per   te...
CIRO   -   Siamo   due   disgraziati,   cerchiamo
almeno   di   volerci   bene.

Le   accarezza   la   pancia   con   improvvisa   tenerezza.

E fallo 'sto bambino! Lo so che è mio...
Fallo   e   che   ci   porti   l'allegria!
FLORA - Mettiamo ancora da parte
un po' di soldi, tanto ci siamo in mezzo,
giorno più giorno meno...
Poi   quando   il   pupo   è   nato
ce   ne   stiamo   tranquilli   tutti   quanti;
tu ti trovi un lavoro, io mi rimetto in sesto:
di   gente   ne   conosco,   vedrai,
troverò   da   girare   qualche   spot!...

I due si abbracciano e fanno qualche passo andando via.
Quindi tornano avanti, come se fosse passato del tempo.
Flora culla un bambino.

Il   racconto   continua   in   una   nuova   sequenza.

MADRE - Flora aveva avuto il bambino.
Ma   Ciro   tornava   a   dire   "Non   è   mio".
Gli negò il nome, non volle più vedere Flora.
Continuava   a   farsi.   E   lei
batteva   di   nuovo.   Il   bambino
lo   aveva   lasciato   all'istituto.
Ogni   tanto   andava   a   vederlo...

La Madre entra nella situazione,
in dialogo con Flora che le ha dato il bambino,
e   adesso   tende   le   mani   per   riaverlo.

MADRE   -   Flora,   se   desideri   che   il   bambino
resti a te, se non vuoi che venga dato in affidamento,
 devi dimostrare che te ne prendi cura.
Anche se non puoi tenerlo tu per ora,
quando   vieni   a   vederlo,   dagli   affetto:
è   piccolo,   ma   le   carezze   della   mamma
i   bambini   le   sentono...

Le dà il bambino. Flora lo stringe per un momento a sé.
Andrà poi man mano dimenticandoselo
mentre   fuma,   sproloquia,   infine   si   addormenta.

FLORA   -   Sì   sì,   questo   bambino   è   tutto   quel   che   ho.
E   suo   padre   non   ne   vuole   sapere,   povero   figlio   mio...
Ma   la   mamma   ti   darà   quello   che   vuoi...
Giocattoli, vestiti, e una casa bellissima...

Manovra con la sigaretta e si passa il bambino
da una parte, reggendolo maldestramente. Il bambino piange.

FLORA   -   Con   tutte   'ste   promesse,   ti   metti   pure   a   piangere!...
Un po' di pazienza santo Dio, mica è facile per me
che   sono   sola   provvedere
a   tutte   le   cosine   che   pretendi!

Il   bambino   piange   più   forte.

E   sta   un   po'   zitto!,   che   la   suora
se ti sente strillare crede che ti maltratto...
Io   poi   mi   sento   così   strana.   E   certo!,
sto   in   astinenza,   è   da   'n   pezzo   che   mi   devo   fare...

Appoggia il fagottino per terra. Il bambino strilla.
Flora   tira   fuori   l'occorrente   per   bucarsi   e   si   fa.

FLORA - Sai che ti dico, meglio qua che la strada...

Rimane immobile accanto al bambino, sdraiata a terra.

FLORA - Quanto potremmo essere felici...

Si rialza e se ne va. La Madre raccoglie il fagottino.
Maddalena glielo prende con delicatezza.

MADDALENA - lo gli avrei dato affetto, l'avrei curato...
   MADRE - Tu avevi l'esperienza
di una perdita ... e sapevi il valore.
MADDALENA - Un figlio... lo capisci
dopo quanto hai perduto. Ma è tardi.
MADRE - Ciro e Flora tornarono insieme.
 Del bambino non parlavano più. Flora
non era andata a trovarlo
per molti mesi e il bambino,
come è stabilito dalla legge,
era stato affidato a una famiglia.

Flora si rivolge a Ciro.

FLORA - Senza di te non posso stare.
Riprendiamo da zero. Sai, voglio smettere...
CIRO - Voglio smettere anch'io. Oggi mi sento
come un leone! Dai!, smettiamo domani!
Stasera m'è andato in porto un affaretto...
Pago io, festeggiamo!...
 Eh, Flora?, pago io!
FLORA - Ma domani smettiamo.
Promesso?
Devo fare un provino, stavolta vedrai, è quella buona!

Si allontanano tenendosi per mano.

MADRE - Volevano smettere: una volta era lui,
una volta lei; e continuavano, continuavano
tutti e due. Poi, un certo giorno,
hanno scoperto la cosa
da tutti temuta...

I due avanzano e si fronteggiano.

CIRO - Chi smette più, adesso che ci siamo
fottuti senza saper nemmeno come?!
FLORA - lo non so se l'ho presa da te,
o tu da me che l'ho presa da qualcuno di passaggio...
CIRO - O se io l'ho presa da qualche
fottutissima siringa di qualche zozzo che s'era infettato...
E tu pure, quante volte ti sei bucata

con   la   siringa   già   sporca   di   altri...
FLORA   -   Tu   a   me   o   io   a   te
non ha importanza adesso, è un puro caso.
Ci siamo dentro tutti e due
a   questa   merda   di   vita   senza   vita.
Quello che conta è che siamo spacciati.
Non ha più senso fare progetti, cercarsi
un buon lavoro, nostro figlio riaverlo con noi -
perché,   lo   sai?,
era anche tuo il bambino - e casa e una famiglia,
e   un   letto   bianco   solamente   per   noi...
Niente, niente è possibile, dopo questa
notizia...
Finché era soltanto la miseria e battere
e   cercare   la   roba   e   tu   che   mi   picchiavi...   Tutto
potevo   sopportare,   ma   questa   morte
inevitabile   no,   io   non   posso   vivere   aspettandola.

Si   allontana.   Ciro   cerca   di   trattenerla   ma   lei   gli   sfugge.

CIRO   -   Flora   aspetta!   La   morte   non   è   subito!
Possiamo trovare delle cure;
abbiamo   ancora   da   vivere   degli   anni,   forse,   davanti   a   noi!
Da solo io non ce la faccio!...
Per   me   sei   tutto!   Anche   quando   battevi
per me era una prova del tuo amore...
Non   te   ne   andare!...
Viviamo insieme questo poco tempo!...

Dall'alto appare Flora impiccata.

MADRE - Flora non riuscì a sopportare
la   notizia   della   malattia.
Era stata condannata per dei piccoli furti:
solo   così,   all'ultimo,   riusciva   a   procurarsi
i soldi per la droga; prostituirsi,
si   era   troppo   imbruttita,   nessuno   la   voleva   più.
In carcere, sola con l'angoscia della morte,
aveva   deciso   di   lasciare   la   vita
prima   che   la   vita   la   lasciasse.
Le   poche   cose   che   le   appartenevano,
le mandarono a Ciro: un braccialetto di vetri colorati,
un   anello   in   forma   di   serpente
e   una   sottile   catenina   d'argento...

Ciro stringe gli oggetti fra le mani.

CIRO - Hai voluto andartene da sola.
Per me adesso non esiste più niente.
 Non ti ho mai detto "Ti voglio bene",

mi   pareva   che   non   fosse   da   uomo:
se   sei   da   qualche   parte,   ora   lo   sai.
Era   nelle   cattiverie   che   mi   facevi
che   sentivo   di   contare   per   te.
Era   nelle   botte
che ti davo e che mi restituivi
l'affermazione   di   un   diritto   reciproco   di   vita   e   di   morte.
Espressioni feroci di un amore
che   voleva   gridare   tenerezza
e non abbiamo osato mai mostrarci...
Ora   hai   tradito.   Sei   andata   via
senza di me. lo voglio far morire il mondo!...

Accende   intorno   dei   fuochi.   Una   cortina   di   fiamme   lo   avvolge.

Potessi morire anch'io! Raggiungerti
in quel qualche posto dove sei andata!
Potessi finire questa odiosa giornata
che   dura   ormai   da   troppo   tempo!
Vita, io di te non ho capito niente,
adesso   è   tardi.   Sofferto
sì,   ho   sofferto;   è   questo   forse
il   segno   del   mio   passaggio   sulla   terra!

Ciro   si   allontana   nelle   fiamme   fino   a   rientrare   nel   Coro.

CORO   -   Vieni   Ciro!
Vieni   con   noi!
Solitudine e abbandono la tua vita...
Inespresso   il   tuo   amore...
Violenza sola fonte del tuo dialogo...
Nuova luce per te, nuova luce per Flora...
MADRE - Flora e Ciro... l'uno all'altra legati,
nel loro incontro è l'inizio della pace.
MADDALENA   -   E   il   bambino?
MADRE - Quel figlio aiuterà la loro ascesa.
La vita del bambino, loro l' hanno evocata
dal   nulla: è   un   dono   al   mondo,
anche   se   chi   lo   ha   fatto   ne   ha   ignorato   il   valore...

*Flora è ridiscesa dall'alto con la corda al collo
e togliendosela è rientrata nel Coro insieme a Ciro,
che ha ormai spento le sue fiamme, come si fa quando è finita una scena. Perché
anche qui di una sorta di rappresentazione si tratta: rappresentazione della vita e
di quello che può esserci dopo la vita terrena, dello spirito di ognuno che muore,
e dello spirito di chi riflette sulle proprie azioni.
Dal fondo della sala avanza un giovane. Ha un aspetto robusto e allegro: un tipo
di quelli che amano divertirsi e sono sempre un po' fuori di testa per volersi
buttare   a   capofitto   in   ogni   bizzarra   ed   eccitante   impresa.*

ALBERTONE   -   Ah!   Come   la   capisco
quella   povera   ragazza.
Anch'io   mi   sarei   ammazzato
al pensiero di essermi presa la malattia!
MADRE   -   Tu   sei   vivo,   e   stai   bene.
La sofferenza ha però toccato anche te;
è   giusto   che   tu   voglia   dare   la   tua   testimonianza.

Albertone è arrivato al palcoscenico.

ALBERTONE   -   Voglio   darla   sì,   la   mia   testimonianza!
Perché   quando   si   è   presa   la   paura
che mi san presa io, altro che testimonianza
si   vorrebbe   dare,   pur   di   cavarsela
così   a   buon   prezzo!   Oh!,   lo   dico
con   tutto   il   rispetto   per   quanti
la   malattia   ce   l'   hanno   veramente...

Il Coro si agita, innervosito da questo personaggio
ma   al   tempo   stesso   desideroso   che   parli.

CORO   -   Ragazzo   spensierato,   come   tutti   i   sani...
Albertone   per   gli   amici...   La   paura   del   male...
di colpo in una vita di scherzi e di risate...
lo   ha   costretto   a   riflettere...
MADRE - La tua esperienza sia utile allora
a chi, sventato come te,
meno di te potrebbe riuscire fortunato.

Albertone verso il pubblico ha il tono
di chi chiede comprensione e simpatia.

ALBERTONE   -   Eh!,   io   mi   ero   laureato!   Sì,
quel   pomeriggio!
E con gli amici volevamo festeggiare!
Mamma mia, niente più esami!
Mio padre non avrebbe rotto più; era contento
il   vecchio,   m'aveva   dato   una   bella   sommetta
per invitare tutti quanti: "Divertiti sei giovane!" ,
era   contento   che   avessi   finito   ...
Siamo   andati   a   cena   in   un   bel   posto
verso i castelli. E mangia e bevi e brinda,
alla fine eravamo tutti un po' ubriachi,
allegri!,   e   nessuno   aveva   voglia
di andarsene a dormire, dopo quella mangiata!...
 Così ci scoliamo ancora un paio di bottiglie,
poi prendiamo le macchine... e
"Che   ne   dite,   ragazzi,   è   una   serata   splendida,
non fa caldo né freddo, si va a cercare
qualche bella puttana?!". Subito tutti a gridare "Sì sì !",

e   ridevamo   ben   svegli,   eccitati.
Siamo arrivati fino al vialone
dove di solito passeggiano le battone più sexy.
Ma a quell'ora c'erano soltanto le peggiori,
e al più forte del gruppo viene in mente
l'idea nuova ed eccentrica: perché non provare
con qualche transessuale?! Gli strilli a 'sta proposta!
E chi s'è messo a sculettare, chi ha detto
"Non ci sto", chi ridendo gridava "Perché no?!,
bisogna provare di tutto nella vita!...".
Io   stavo   da   questa   parte,   eravamo   ubriachi
e pronti ad ogni impresa... Ne avvistiamo un terzetto,
appariscenti, altissimi, pieni di piume e di lustrini,
pareva   de   sta'   al   circo...

Sullo sfondo un passeggiare tra luce ed ombra di prostituti transessuali.

Ognuno si sceglie quello che gli va a genio e s'infratta...
Io   con   'sto   tipo   non   mi   ricordo   bene   ch'è   successo...
Latino-americano,   l'ho   capito
da come mi parlava mentre mi conduceva
fino a una specie di casotto abbandonato.
Poi si è messo a palpeggiarmi dappertutto; svelte le sue dita
procuravano a tutto il corpo una delizia di solletico
che mi scioglieva in mille rivoli... Gemevo,
la sua lingua stillava whisky e saliva;
come   una   morbida   frusta   caldissima   mi   percorreva   tutto.
Ero in sudore, un fremito il mio respiro...
Mi faceva volteggiare sopra e sotto.
E   quando   mi   pareva   di   spaccarmi,
il dolore si cambiava in dolcezza.
Parlava veloce incomprensibile,
rideva   crescendo   violento.
Stavo sull'orlo di perdere coscienza,
urlavo,   ero   una   bestia   imprigionata
e   dallo   spasimo   mai   provato   prima
nasceva immensa un'ondata di piacere.
 Credo a quel punto di essere svenuto,
il vino ha fatto il resto, così mi ha colto il sonno.
Quando   mi   sono   risvegliato,   dei   miei
compagni non c'era più nessuno.
Meno   male   l'automobile   stava   lì   ad   aspettarmi;
gli amici, vigliacchi, se n'erano andati,
e   se   mi   fosse   capitata   qualche   cosa?!
Pazienza, la macchina partiva,
e   me   ne   sono   ritornato   a   casa.
Son crollato sul letto ch'ero tutto un dolore,
"dormi e ti passa" ho pensato. Ma al mattino
peggio che mai, lividi e fitte e un senso
di   disagio...   come   non   m'ero   mai   sentito   prima.
E ripenso alla serata, dopo il pranzo

quello ch'era successo e la mia mente voleva cancellare.
Mi concentro, rimetto insieme i pezzi
di quella notte, ricordo cose che a quel punto
vedo diversamente dal contorno confuso della festa...
Mi balza davanti il transessuale con le sue piume,
i lustrini e tutto il resto... e come un pugno
mi arriva la paura! Non di essere frocio,
quanti lo fanno per divertirsi un po'!, anzi
per dimostrare che come maschi si permettono di tutto...
No!, la paura era il contagio della malattia!
Il transessuale poteva essere infetto...
Avevo sentito raccontare
che bisogna evitare quei contatti:
preso dall'avventura non ci avevo badato!
Lucido, ripensavo a quella notte.
E cominciavo a sudar freddo! Mia madre
è entrata in camera a vedere se ero sveglio,
mi ha portato il caffè;
sorrideva: "Vi siete divertiti?",
mi ha chiesto, e io "Sì mamma ma adesso
sto male, credo di aver mangiato qualche cosa
che non ho digerito". "Certo
- diceva lei - roba non cucinata
dalla mamma per il suo tesoruccio".
Mentre parlava m'ero alzato, di corsa
stavo in macchina. "Mamma non aspettatemi
ho da fare!" ho urlato mentre andavo come un pazzo.
Insomma in un minuto mi trovavo già davanti
all'ospedale...

Dal Coro esce un attore nel ruolo del medico.

ALBERTONE - lo ho paura che... Perché....
vede... Sì, insomma, vorrei fare il test!
MEDICO - Ha dei motivi per chiedere
di sottoporsi a questo esame?
ALBERTONE - Eh!... Sì purtroppo!
MEDICO - E da quanto tempo ha dei sospetti?
ALBERTONE – Ehm... Da stanotte...
MEDICO - Come si è manifestata la malattia?
ALBERTONE - Nooo! Non si è manifestata ancora!
È da stanotte che...

Si rivolge al pubblico.

E gli racconto tutto... Ma lui...

Il medico ride.

MEDICO - Da stanotte!... Bè, lei è proprio un incosciente!
Ma che cosa le è saltato in mente?

Per festeggiare una laurea!... Lo sa
questa gente si ammala in circostanze gravi,
e lei va a cercarselo il rischio
come un coglione, se lo lasci dire!
Per un capriccio da ubriaco,
un'avventura da poche lire, per di più col miraggio
dell'   esotico!
Poi viene qui qualche ora dopo
e pretende di fare il test: vuole sapere subito
se quel disgraziato transessuale
- che poi è da vedere se era infetto -
le ha passato o no la malattia!
Torni tra due o tre mesi signor stronzo,
e solo allora potremo sottoporla
a un esame sul serio...

Si rivolge al pubblico.

A quel punto però l'abbiamo visto talmente disperato
- guaiva quasi, come un animale -,
ci ha fatto pena; era incapace di sopportare un peso:
per la prima volta nella vita rifletteva su un suo
comportamento e ciò che gli poteva capitare
appariva ingiusto ed oltraggioso
alla sua mente rimasta bambina.
Quei tre mesi di attesa lo cambiarono...
Quasi ogni giorno veniva da noi,
non ce la faceva a star lontano...

*Albertone avanza con una mascherina bianca
sulla bocca e guanti di filo.*

ALBERTONE - Mi scusi, sono di nuovo io...
Stanotte ho starnutito in modo strano:
non vorrei fosse un sintomo del male...
MEDICO - Comincia a fare freddo,
noi medici siamo tutti quanti raffreddati!...
Stia tranquillo, non viene fuori così la malattia;
vada a casa si prenda un'aspirina e qui
non faccia scene, vuole che tutti ridano di lei?
 Questa è gente che soffre - forse potrebbe stare un po' con loro...
Anche bambini... persone ingannate... senza colpa...
Ci stia un po' in mezzo, ne ascolti i discorsi...
Forse potrebbe imparare qualche cosa...
ALBERTONE - Delle volte rimanevo in mezzo a quella gente
in attesa della visita. Parlavano della vita
che ciascuno sperava gli rimanesse ancora,
speranze, desideri, affetti...
Con me, gentili mi chiedevano
come stavo e che cure facevo.
Provavo vergogna della mia situazione;

non osavo raccontarla, scappavo via con una scusa...
Ho ripensato spesso a quella gente, soprattutto
quando, arrivato il momento, ho fatto il test...
e dopo, tornato per ritirare il risultato...

Il medico si rivolge al pubblico.

MEDICO - Quando Albertone venne a fare il test,
eravamo sicuri che le analisi
sarebbero state negative.
Era così difficile per quell'unica volta
che il ragazzo si fosse infettato,
gli avevamo chiesto tali e tanti particolari
su quella sua stupida avventura,
che ci sembrava senza danni,
ferite o altri elementi rilevanti
in questo tipo di occasioni... Tutti quanti
si scommetteva che avremmo avuto
da dirgli "tutto a posto"!
Grande perciò la nostra meraviglia
quando arrivarono i risultati delle analisi:
sembrava proprio che il nostro Albertone
fosse stato purtroppo contagiato...

Ad Albertone

Mi dispiace, Albertone. Mi dispiace veramente:
ma l'esito indica che hai contratto
la malattia... Nessuno di noi se lo aspettava...
ALBERTONE - Oh! Mamma mia! La punizione!
Per uno stupido gioco mio Dio?!

Fugge ululando e guaendo. Il Medico al pubblico.

MEDICO - Eravamo rimasti così male
per quel risultato imprevedibile,
che decidemmo di rifare il test;
un errore può sempre capitare...
E infatti era stato uno sbaglio, uno scambio di cartelle!
Ma come si poteva farlo credere
allora al povero Albertone, sospettoso
che volessimo illuderlo, nel timore che lui
si fosse magari messo in mente di ammazzarsi !?

Albertone è tornato dal suo giro di ululati,
ed ora tace incerto.

È stato un errore, Albertone; proprio un errore!
Se non ci credi, fatti fare un esame
da un'altra parte, magari in un laboratorio privato
a pagamento... Sai, qui nell'ospedale, hanno troppo lavoro da sbrigare.

ALBERTONE - Sono corso in una clinica privata!
Ho rifatto ogni cosa e finalmente
mi hanno detto il risultato che speravo: niente!
Niente di niente! Ero rimasto sano!, un po' sciocco e cretino,
di questo mi ero reso conto in quei tre mesi di angoscia
mortale; ma mi restava ancora tanta vita
per poter diventare un po' più saggio!
Tante cose mi giravano in testa,
che volevo affrontare e scoprivo
confusamente e mi attiravano, degli altri...

Se ne va mentre dice queste ultime frasi tra il pubblico fino a scomparire fuori dalla sala.

Dal fondo della scena appare, a sorpresa, una sorta di miserevole immagine di folklore sudamericano, con un cappello carico di banane, ananas e fiori di ibisco, un reggiseno di lustrini e una gonnella di piume e nastri che lascia intravvedere un paio di gambe pelose sopra scarpe intrecciate rosse e oro dai tacchi altissimi e scalcagnati. Sul fondoschiena gli ondeggia una specie di coda di piume multicolori; fra Le mani tiene una borsetta in pelle dorata.

CARMEN MIRANDA - Y Yo quien soy? Mierda?!
El amigo se ha divertido...
Despues tenìa miedo... paura de mi,
 creatura de Dios tambien Yo...
Aquì me tienes reducido
a esta vida miserable. No tenìa un trabajo digno;
necesitavo de dinero para mandar a mi casa en Bogotà,
sin trabajo en mi paìs...
Futuro... nada si no tienes un poquito de dinero
Es verdad que estoy enfermo...
Esta terrible enfermedad me destruye la vida
y la esperanza... Puercos los jovenes,
simpaticos durante el dìa!

Puercos de noche, quieren encontrar en nuestros cuerpos
el pecado sublime de lujuria, y nosotros
de este modo escondemos nuestra tristeza...
Carmen Miranda me llaman los clientes...

Accenna ad alcuni passi di danza accompagnandosi con dei colpi di nacchere.

Alegrìa... irrision... enmascaramiento...
Travestido... poco tiempo todavìa
y despues muerte!...
La gente suefia conmigo el poder absoluto,
la conquista y despuès me desprecia, me llena
de golpes, se olvida del mundo por un instante
despuès èl no habrìa querido conoscerme nunca.
Yo al final en la noche estoy solo... Mierda!

Frio! Soledad! Y la mañana, un otro dìa come este que pasò...
El sueño del futuro, el hospital... y despuès...
Muerte...

Un frenetico concerto di nacchere.

MADRE - Fernandez Salvador, ragazzo di periferia di Bogotà. Mai conosciuti
il padre e la madre, cresciuto nella strada in branco assieme ad altri bambini
abbandonati come lui... Clandestino in Italia per trovare lavoro, metter da parte
un po' di soldi e tornare laggiù. Ma ogni posto effimero è occupato
prima di lui, qualcun altro lo scaccia.
CARMEN MIRANDA - Muerte per hambre ... fame, en mi paìs
o muerte aquì por enfermedad.
lo mismo... es muerte siempre.
Volver en Bogotà, nadie
desea mi presencia... Entonses...
Olè, Carmen Miranda, olè!...

Un disperato percuotere di nacchere.

 Pero... respecto... Respecto y piedad!
MADRE - Ultima carta, prostituirsi.
Ma deve conquistarlo, il suo posto sulla strada...
Accetta tutto, i ricatti dei magnaccia,
l'ira delle puttane... Subisce, deve farcela,
al paese aspettano i suoi soldi...
Rischia ogni notte una morte casuale,
ma stringe i denti, ride, balla, piace
ai clienti annoiati di rapporti normali...
Poi si accorge del male.

Carmen Miranda fa una rapida giravolta e scompare velocemente come è venuto.

CORO - Presto verrà con noi, Carmen Miranda...
Sarà di nuovo Salvador Fernandez.
nella pienezza sconosciuta prima.
Salvador nella gloria del Signore.
In Terra hai avuto così poco...
Il trionfo l'avrai, breve è l'attesa...
MADRE - Qualcuno vorrebbe parlare...

Scruta il pubblico.

Qualcuno che non può più tenere dentro
il peso di una decisione presa molto tempo fa...
Una decisione che ha gravato sulla sua vita
e su quella di un'altra persona,
che ha già concluso il suo tempo...
Di più non posso dire.
Se c'è questo qualcuno, può parlare;

ora   può   farlo   perché   sarà   ascoltato
e troverà quel sollievo che invano
da   tempo   va   cercando   in   solitudine...

Si alza dal pubblico una giovane donna. Cammina fino al palcoscenico davanti alla Madre.

MADRE - Ci stai pensando, vero?
LUISETTA   -   Sì.
MADRE - lo credo che tu debba rivivere la storia
per riuscire a liberarti dal rimorso.
LUISETTA - Ma lui, vorrà?
MADRE - Questo è un tempo sospeso.
Soffriresti   rivivendolo,
ma   per   la   soluzione.   Allora?
LUISETTA - Accetto. Se Costanzo vorrà...

Il   Coro   freme.

CORO - Costanzo vieni!
Vieni...   vieni   fuori   !...
Ti   chiama   la   Madre!...
Luisetta   ti   chiama!...
Non devi temere, Costanzo!...
Un nodo è rimasto, indurito!...
Barriera   di   spine   a   dividervi   !...

Dal   Coro   esce   Costanzo.   È'   un   bellissimo   giovane.

COSTANZO - Accetto anch'io, Madre.
Ma   rivivere   tutto,   no.
Qualche momento; e il resto, appena...
Riprovare   la   gioia,   forse   potrei;
ma la disperazione no, non posso.
MADRE   -   E   allora,   avanti.

Luisetta   e   Costanzo   si   mettono   uno   di   fronte   all'altra.

COSTANZO   -   E   tu,   chi   sei?
LUISETTA - Come te. Uscita dalla roba!
Sto   finendo   il   programma.
COSTANZO - Quando ho deciso di smettere io,
non   credevo   che   ce   l'avrei   fatta.
Il   programma   è   durissimo.
LUISETTA - Come ci sei riuscito?
Certe   volte   ho   paura.
COSTANZO - lo fino a quel momento
 non mi ero assunto mai nessuna responsabilità.
Buttavo i soldi in misture e polverine,

rubavo a casa e fuori...
Giorno per giorno mi sono cambiato;
la comunità ti dà forza:
primo lavoro là,
le pulizie, vetri, bagni, pavimenti...
Il secchio, gli stracci, i detersivi,
tutto lavoro mio...
Alla fine sono diventato il direttore,
e a tutti gli altri dicevo cosa fare.
LUISETTA - Lo dirai anche a me?
COSTANZO - Anche a te, certo.
Ti aiuterò finché ti sentirai forte,
capace di decidere da sola; quando
non correrai più il rischio
di lasciarti guidare dalla roba...

*Costanzo tende la mano a Luisetta che gli si affida. I due giocano a fare quanto si
fa nel corso di una giornata in comunità.*
*Lui accenna a lavare i pavimenti; insieme asciugano i piatti; si allungano a pulire
i vetri. Costanzo prende un libro e legge; Luisetta legge a sua volta. Occorre una
disponibilità gestuale accentuata per questo gioco, di maggior suggestione con
l'assenza di oggetti, rendendo significativi i gesti, che offrono una sorta di
carrellata sul cammino che i ragazzi ex tossicodipendenti compiono in comunità
per ricrearsi una personalità. Una musica accompagna questa descrizione
rivissuta del percorso. Alla fine i due discutono soltanto a gesti accompagnati
dalla musica. Quando la musica cessa, i due cominciano a parlare.*

COSTANZO - Adesso sei in grado di affrontare la tua vita.
LUISETTA - Mi sento bene. Non ho più paura.
Lo devo soprattutto a te.
COSTANZO - Qui ci aiutiamo tutti.
Chi è arrivato prima, restituisce a quelli venuti dopo
almeno un po' di quanto ha ricevuto lui
dai ragazzi che lo hanno preceduto...
E perciò non mi devi ringraziare ..
LUISETTA - Niente grazie, allora. Ma dimmi,
per te in comunità sono proprio come tutti
gli altri che hai aiutato?
COSTANZO - Ormai posso dirtelo:
vorrei vivere con te.
Non l' ho chiesto a nessun' altra prima...
Qui ho imparato a conoscerti poco per volta e...
LUISETTA - Era proprio questo che volevo sentirti dire!
COSTANZO - Io sono libero, sto bene:
la malattia che sta toccando tanti tra noi ex tossici
non mi ha colpito. Possiamo sposarci,
avere una casa nostra, dei bambini...

Luisetta tace. Costanzo incalza.

Non   lo   vuoi   anche   tu?

LUISETTA - Sì... Ma sono troppo emozionata
per   risponderti   subito.   Ti   prego,
dammi soltanto un po' di tempo...
COSTANZO - Mi fai già male a esprimerti così.
Allora   non   è   come   per   me!?   Credevo
che mi saresti corsa tra le braccia...

Luisetta si rivolge al pubblico.

LUISETTA - Avevo dimenticato per un attimo
la   notizia   avuta   pochi   giorni   prima,
mentre ero andata a ritirare delle analisi.
Come   dirglielo,   adesso?   Non   mi   avrebbe
voluta   più: questo   temevo,   e   allora
dovevo rinunciare a sposarmi con lui...

Costanzo   è   rimasto   nella   situazione   evocata.

COSTANZO   -   Luisetta!   Se   non   rispondi,
vuoI   dire   allora   che   non   mi   ami!

Luisetta si rivolge a Costanzo.

LUISETTA - Ancora un attimo, ti prego!
Un   attimo   soltanto,   amore   mio...

Si rivolge al pubblico, febbrile, lucida.

LUISETTA   -   Dopo   anni   buttati   via,
Costanzo aveva ripreso a vivere e voleva godere
di   tutte   le   gioie   che   una   vita   giovane   può   offrire.
Amore,   essere   amato,   crescere   una   famiglia...
Anch'io cercavo quelle stesse cose
e   avrei   potuto   averle   insieme   a   lui,
se il male misterioso non mi avesse colpito:
me sola! Costanzo lo aveva risparmiato.
Cosa dovevo fare? Dirglielo, e perderlo per sempre...
oppure   non   rivelare   quel   segreto,
riuscire   a   mantenerlo   finché   potevo...
Che   ne   sapevo   io,   davvero,   di   quel   virus
ancora   misterioso?
E   i   figli?   Cosa   c'entrano   i   figli
in   una   malattia   che   forse   non   verrà   mai   fuori...
Mi   illudevo   per   trovarmi   un   alibi
e   rispondergli   sì!
Non   contavo   sulla   sua   generosità,
se avesse saputo che ero sieropositiva!...
E non potevo sopportare che mi rifiutasse

come   un   cane   rognoso...   o   per   pietà
mi   accettasse,   per   poi   lasciarmi
passato   l'impeto   della   compassione!

Si   rivolge   a   Costanzo.

M'era venuto soltanto un pensiero,
ma   è   fuggito   lontano
come un falco rapace.
Ora sono libera e ti dico
accetto   di   esserti   compagna
e di dividere con te le mie giornate,
se   hai   deciso   altrettanto   con   me...

I due si abbracciano volteggiando come uccelli in amore. Dall'alto cade un fagottino che piange. Luisetta si stacca da Costanzo.

LUISETTA   -   Poi   però   venne   il   bambino
e   dissero   che   aveva   quel   male...
Costanzo   scoprì   il   mio   segreto;
ed   era   malato   anche   lui
come   me,   come   il   bambino...

Costanzo urla, la scuote con violenza.

COSTANZO - Perché non me lo hai detto?
Ti amavo, avrei continuato ad amarti!...
Perché   questo   silenzio?   Hai   distrutto
le nostre vite, anche quella di nostro figlio!
Che cosa puoi dirgli per averlo ingannato?

Luisetta   piange   e   urla.

LUISETTA - Lo desideravo tanto questo bambino
e   volevo   averlo   con   te!   Dimmi   la   verità:
se ti avessi confessato che ero sieropositiva,
me   lo   lasciavi   fare?   Magari   mi   sposavi,
difficile tirarti indietro, tu con lo stesso mio passato
alle spalle, solo più fortunato,
uscito sano da quello sporco inferno...

LUISETTA   -   E   il   bambino?   Se   non   potrà   star   bene,
non   troverò   pace...
CORO   -   La   morte   è   accettata...   se   c'è   un   figlio...
Qualcosa   continua   di   te.
Ma   se   il   figlio   è   malato...
O   se   ti   è   tolto.
Ti   lasci   andare...
Non c'è più ragione di lottare...
MADDALENA   –   "Se   il   figlio   è   malato...   o   se   ti   è   tolto...   "

lo non ne ho mai parlato con nessuno...
 Ma   dopo   aver   sentito   queste   storie,
di   fronte   a   cui   la   mia   disperazione
è   solamente   una   delle   tante,
ho come il desiderio anch' io di confidarmi...
MADRE - Sì, Maddalena; è arrivato il momento
di raccontare la tua storia .. La pace tu l'hai meritata;
ma   qualche   oscurità   della   tua   vita   riaffiora   adesso   in   te,
mentre   ascolti   altri   che   come   te   hanno   sofferto.
Se   vuoi   compiere   un   gesto   d'amore,
puoi raccontare anche tu: non per dovere
ma   per   carità.

Dopo   una   pausa   Maddalena   si   rivolge   al   pubblico.

MADDALENA - lo ero una ragazza come tante,
curiosa   di   tutto.   Così   sono   partita
dal   paese,   ho   lasciato   casa   mia.
Con   i   miei   stavo   bene,   ma   non   mi   bastavano   più.
Mi   piaceva   inventare   vestiti...

*Intorno si crea tutto un movimento di gente che va e viene, un armeggiare di
tessuti e di colori, un mostrare abiti in un ambiente parigino, tra moda, modelle e
fotografi   da   copertina.*

Scelsi Parigi; lì, con un po' di fortuna
e   perché   mi   trovavano   bella,
entrai   nel   mondo   della   moda...

*Maddalena viene presa e vestita con un cappello e un fluttuante mantello-sciarpa.
Scattano   fotografie.   Lei   ridendo   si   atteggia   a   modella.*

MADDALENA - Intorno a me tutto era lusso,
profumi,   cipria   e   musica...   e   poi   sorrisi,
complimenti, e applausi fino a stordirmi!...
Ero   felice,   pronta   ad   aprirmi   anche   al   sentimento.
Così mi innamorai: uno di quell'ambiente;
e   da   lui   cominciai   a   capire
che   quel   mondo   incantato   richiedeva
un lavoro durissimo prima della sfilata...
Quell'aspetto   mi   piacque,   tornò   fuori
la   mia   natura   cocciuta,   contadina;
più   che   indossarli,   gli   abiti   mi   piaceva   idearli.
Rimasi incinta, aspettavo quel momento:
quando fosse venuto, ne ero certa,
allora   ci   saremmo   sposati...   Ma   ai   primi   esami
per la gravidanza, mi dissero di una malattia
che non avevo mai sentita e del bambino

malato   addirittura   nel   mio   seno
e   senza   speranza   di   guarire: "nebulose
possibilità", dissero i medici.
Che fare in quel momento? Tutto crollava
intorno   a   me;   tradita   la   fiducia   posta   nel   mio   compagno
che   sapeva   e   aveva   taciuto.
Si   chiedeva   a   me   di   decidere
se volevo che il bambino nascesse. Ero sola,
senza futuro. Non mi sentii
di   chiamare   alla   vita   una   creatura   segnata
dal   dolore;   chiesi   per   me   quel   patire
che   sarebbe   stato   suo   per   tutti   gli   anni
che avrebbe dovuto vivere soffrendo.
Chiesi che non nascesse. Scomparve
prima di approdare nel mondo; il rimpianto
e   la   pena   furono   miei   soltanto.
Subito dopo scappai da Parigi; cancellata
ogni traccia di quella parentesi d'incanto e di tragedia;
via   ricordi   strazianti   di   una   piccola   famiglia   mai   nata,
via   speranze   sfiorate   appena.
Ritornai   in   Italia,   conservando   in   fondo
all'animo   il   segreto   della   mia   malattia
contratta allora, invisibile all'apparenza,
insinuatasi in me subdolamente... Di Parigi
mi rimase il gusto di un lavoro: piccole cose,
quelle che potevo, cominciai a inventarle da me.
Chiusa   in   me   stessa   fuggivo   ogni   incontro;   ogni   uomo
nascondeva   il   volto   dell'inganno.   Si   rifiutava   al   sentimento
la mia fiducia offesa... Poi arrivò Johannes.
All'   improvviso   tutto   cambiò.

*Accanto a Maddalena è venuto un ragazzo dall'aria mite e seria. Maddalena
intreccia   una   ghirlanda,   una   sorta   di   cappellino   bizzarro.*

JOHANNES   -   Non   mi   stancherei   mai   di   guardarti   lavorare!
Inventi dal niente, fai vivere le cose.
MADDALENA - Le cose fanno vivere me...

Si   ritrae   come   se   temesse   di   aver   dato   troppa   confidenza.

JOHANNES - Posso stare qui con te?

Maddalena   tace.

Se ti dò fastidio, me ne vado...

MADDALENA - No... rimani. Sai,
sono   abituata   a   star   da   sola...
A   me   piace   fare   questi   piccoli   lavori.
I ragazzi hanno voglia di andare in discoteca;
 di una come me non se ne fanno niente.

JOHANNES - Io in discoteca non ci vado quasi mai.
Troppo rumore, c'è tanta gente
ma ti ritrovi ancora più solo. Ci si può anche andare,
ma insieme e allora cambia.
MADDALENA - A me ballare piace.
Almeno, una volta mi piaceva...
JOHANNES - Una volta? Parli come se fossi alla fine
della vita. Sembri ancora una bambina...
MADDALENA - Non sono gli anni...
Bastano pochi giorni certe volte a farti invecchiare.
JOHANNES - C'è qualche cosa che ti pesa sul cuore.
Lo sento.
MADDALENA - Sul cuore ho una pietra e sotto c'è un segreto.
Ma quella pietra io non voglio smuoverla.
Riprovare dolore e delusione, rimpianto... rimorso...

Si riscuote dalla riflessione che l'ha fatta parlare ad un ragazzo come a se stessa.

Sto dicendoti cose che non ho mai detto a nessuno...
come se parlassi con me stessa. Scusami...

JOHANNES - Se ti è venuto di dire così,
è segno che senti che ti sono vicino, e amico...
MADDALENA – "Amico" mi piace: è un rapporto
che vorrei avere con te. Nient'altro
però, voglio che tu lo sappia.
Se è diverso per te, allora vattene.
L'amicizia sì, ma solamente quella.
JOHANNES - Tu credi che sia poco?
Accetto.

Prende dei nastri, li intreccia, li lancia in aria in una girandola multicolore.

Io dipingo! E' quasi un lavoro come il tuo,
tutti e due giochiamo coi colori! ..

Maddalena e Johannes fanno volteggiare i nastri rincorrendosi, fino ad allontanarsi sullo sfondo.

MADRE - Poco per volta quella fresca
amicizia si venò di tenere attenzioni.
Cauta, Maddalena si teneva indietro da legami
amorosi; temeva che Johannes se ne andasse
scoprendo la sua malattia, e non voleva metterne in pericolo la vita: sarebbe
accaduto, purtroppo lo sapeva, se avesse fatto l'amore con lui.

I due ritornano avanti. I nastri sono scomparsi.
È' passato del tempo ed è un momento successivo della loro storia.

JOHANNES - Oggi sei più allegra, addirittura spensierata:
e se fossi io la causa di questa meraviglia?

Maddalena ride, poi si mette sulla difensiva.

MADDALENA - Potresti esserlo sì! Ma non te ne vantare:
sono una «single» irriducibile, lo hai capito?
JOHANNES - Anch'io lo sono in fondo; siamo dei "single" tutti e due, per questo
possiamo stare assieme tanto a lungo...
Ma   se   è   così,   potremmo   allora
stare assieme sempre...

Le cinge la vita con un braccio, le sfiora il collo con un bacio.
Maddalena si divincola.

MADDALENA - No! Ti prego no!
JOHANNES - Non puoi sentirti offesa!
Se per me provi dell'amicizia, devi anche avere confidenza.
E allora dimmi perché non vuoi che facciamo l'amore!
Parlano i tuoi occhi: la tua mano, che trema
 quando la stringo nella mia; il tuo corpo mi chiama,
non sono soltanto le parole ad esprimere quello che sentiamo!

Maddalena piange. Johannes la accarezza.

JOHANNES - Se non vuoi dirmi perché no, non dirmelo.
Hai un segreto: me lo dirai quando verrà il momento
e sarai tu a volere. Qualunque cosa, me la dirai,
perché tu ed io non possiamo vivere divisi...

Maddalena smette di piangere e si stringe a Johannes. I due se ne vanno
abbracciati.

MADRE - Maddalena finì per dirgli del suo male: se di fuori non appariva,
svuotava di ogni forza la giovinezza di Maddalena; come un bruco ne rodeva il
vigore, rimanendo intatta della sua bellezza soltanto una fragile apparenza...

I   due   tornano   avanti.

JOHANNES - Sei andata all'ospedale?

MADDALENA   -   Sì.   Tutto   a   posto,   non   ti   preoccupare...
JOHANNES   -   Sei   pallida.   Vorrei   chiedere
ai medici se si può fare qualche cosa...
cure nuove, un vaccino, un trapianto...
o   andare   in   Francia...
MADDALENA - Morirei anche solo a tornarci.
Non c'è niente, proprio niente per guarire.
L'unica   cosa,   vivere   ogni   giornata   con   tutto
il   gusto   che   possiamo.   Per   ognuno   di   noi   anche   sano,
ogni giorno potrebbe esser l'ultimo...

Ride forzata, mettendo nelle sue parole una cupa allegria.

Un incidente sulla strada... un aereo che cade...
delitti passionali... Può succedere a tutti...

Johannes le circonda delicatamente le spalle.

JOHANNES - Siamo una cosa sola, ormai, noi due.
Hai parlato lealmente con me, e noi
ci comportiamo come bambini saggi,
perfino nell'amore, che è passione... Per questo
io ti dico non viviamo nella fatalità del caso.

MADDALENA - Chiederò al medico.
Dovrà dirmi quanto tempo mi resta...
anni... mesi... settimane... giorni...

Johannes si ritrae. Maddalena si trova davanti al dottore.

MADDALENA - Voglio sapere quanto tempo mi rimane...
Non deve fingere, dottore; non le chiedo
di illudermi: ho deciso di mettere a posto
quello che ancora è restato in sospeso...
Sono anni che manco da casa
e qui mi sono unita ad un ragazzo.
Deve rispondermi, dottore: voglio sapere la verità.
DOTTORE - AI punto in cui sei... non resta molto.
Forse un mese...
MADDALENA - Un mese è sicuro?
DOTTORE - Dieci giorni senz'altro...
Ma poi, queste cose sono così diverse
di volta in volta!... Magari ti riprendi e hai davanti
ancora .. tre, quattro o cinque anni...
MADDALENA - Grazie per questo augurio. Ora so cosa fare.

Il Dottore se ne va.
Maddalena per la prima volta si rivolge al pubblico.

MADDALENA - Ho cominciato a organizzare
ogni cosa prevedendo le operazioni necessarie
per riuscire a concludere tutto
prima della «"scadenza".
Ho chiesto di lasciare l'ospedale
- me lo hanno concesso, c'era una forza in me
che impediva a chiunque di fermarmi -;
sono partita con Johannes perché
volevo tornare al mio paese.
Ho parlato con mio padre e mia madre;
da tanto non sapevano niente di me,
il pudore mi aveva impedito di rivelare
in famiglia il mio stato...
E poi quel rinunciare ad esser madre pesava su di me;

dovevo liberarmene. Volevo adesso legarmi per sempre al mio dolce ragazzo paziente... Johannes
da tempo insisteva che ci sposassimo; ma io,
sempre per quella storia antica, rifiutavo...
Adesso il momento era arrivato...

Tutti i componenti del Coro - gli attori che hanno via via interpretato i vari ruoli - si dispongono in un corteo di nozze; tengono fra le braccia regali e ghirlande di fiori. Una donna porta un abito bianco da sposa - quello che Maddalena aveva all'inizio e glielo fa indossare. Due giovani portano un leggero letto di rami fioriti e Maddalena vi si adagia.

MADRE - Maddalena non aveva più le forze
per arrivare alla chiesa. Le portarono
tutti i fiori dei campi, e in quei fiori lei si adagiò...
CORO - Dolce letto di fiori,
per le tue nozze, Maddalena.
Felicità è un attimo che passa...
Tu sei beata col tuo Johannes nella casa di Dio...
Per sempre... non per questo giorno solamente...
Siate beati... Beati eternamente...

Johannes è accanto a Maddalena. I due, come se rispondessero alle domande del prete.

JOHANNES - Sì, lo voglio...
MADDALENA - Sì, lo voglio...
IL CORO CANTA - Veni Creator Spiritus...
MADRE - Gli stessi fiori del giorno delle nozze
accompagnarono Maddalena all'eterno riposo...
IL CORO CANTA - In paradisum deducant te angeli...

Johannes prende Maddalena tra le braccia e, seguito dal coro, passa tra il pubblico. In mezzo alla sala Maddalena si rialza.

MADDALENA - Adesso io sono felice.
Non mi turba neppure il pensiero di aver lasciato da solo Johannes:
soltanto un poco, se lo vedo triste
mentre ripensa a quando eravamo insieme...
Ma la vita nel mondo, anche se dura a lungo,
è un attimo di un attimo... E chi si è amato
si ritrova alla fine eternamente...

Maddalena prende Johannes per mano. Se ne vanno seguiti dal Coro che canta.

FINE

MADREFIGLIA

E parlavo alle bambole...[13]

Cronos evira Urano suo padre
e inghiotte i figli tenendoli vivi dentro di sé.

(Esiodo, Teogonia)

La scena: Una stanza vuota. Uno specchio che da una parete laterale può ruotare fino a novanta gradi, consentendo con il riflesso dell'Attrice lo sdoppiamento e la rievocazione, e il suggerimento di ambienti.
Il costume: Elementi sovrapposti di cui l'Attrice possa vestirsi e svestirsi; qualcuno tra questi – la giacchetta – va sostituito, una volta tolto, con materiale commestibile.

La madre è a terra rinchiusa su se stessa, le braccia intrecciate come se tenesse un neonato così strettamente da non mostrarlo.
Si dondola cullandosi.
Nel silenzio comincia a salire dalla bocca della donna un suono leggero, tra il sospiro e il lamento, un vezzeggiare , poi una ninna nanna.
Seguendo il ritmo del dondolìo comincia a parlare.

MADRE
"Con me... Con me... sempre... sempre... con me... con me... Con me... sempre sempre... con me... con me... con me... sempre sempre... con me...". Non ti aspettavo ancora, e desideravo che tu nascessi. Lui no: forse un maschio: ma poi... ma quando?, non voleva problemi. Poi ti aspettavo, e zitta, non gliel'avevo detto.

---

[13] Michele Perriera chiese all'autrice di scrivergli un testo per il suo Teatro Teatès.
Fu un'esperienza bellissima vedere come i simboli insiti nella scrittura fossero in sintonia con la capacità del regista di renderli spettacolo. Il debutto avvenne a Palermo nel dicembre 1993, sua regia, scena di Lisa Ricca, protagonista Maria Cucinotti.

"Così quando lo scopre non può più opporsi...". Tardi notò che mi ero fatta grossa: tu eri là, dentro di me...
(Indica il ventre aprendo le braccia , che non abbracciavano che lei stessa).
...ed eri femmina!, lo sentivo, non mi sbagliavo, allora non si facevano esami, ecografie... me lo diceva il cuore, e una vecchia che sapeva il futuro me l'aveva predetto: "Femmina avrai / con lei sempre starai / figlia madre / unite senza padre...". A lui non rimase che sperare nel maschio, "almeno fosse un figlio maschio...". "Maschio, maschio": mi ossessionava con quella parola, minacciandomi che se non gli avessi fatto il maschio... E io zitta, godevo della rabbia che gli avrei dato quando nascevi. A dargli la notizia fu mia madre; era contenta anche lei che tu fossi venuta a proseguire la linea delle femmine nella famiglia, e lui... - mia madre me lo raccontò infinite volte, - lui stava facendosi la barba, e il rasoio gli entrò nella pelle dalla pressione che per la rabbia la mano gli impresse, si fece un taglio profondo e il sangue non si fermava più, imprecava per la femmina che gli era nata e imprecava per lo sfregio, che si sarebbe portato per tutta la vita... Non ti volle vedere, e io, appena potevi capire le mie parole, appena hai cominciato a distinguere dal presente il passato e il futuro, allora ti raccontavo quella scena come mia madre me l'aveva descritta. Non era neanche venuto nella stanza dove mi avrebbe trovata nel letto tutto ricami, preparato per l'evento, fra le mie braccia te già lavata, nelle fasce, rosa come una rosa, urlante, prepotente, femmina: non aveva voluto riconoscere che eri sua figlia, e che era tuo padre... Ma io non gli rinfacciato la mancanza: avevo te, eri mia, finalmente non sarei più stata sola...
(Riporta le braccia intorno al seno. Si dondola ritmicamente, accompagnando il movimento con dei suoni leggeri, fino a sfociare nella ninna nanna).

"Con me... con me... sempre sempre... con me... con me... con me sempre sempre... sempre con me...". E avevo paura di perderti!... Che lui ti facesse del male o che, d'un tratto, si scoprisse padre follemente innamorato della figlia... Geloso, mi accusava di dedicarti tutto il tempo, trascurando il marito perfino nei rapporti coniugali: era vero, non vedevo più in lui il naturale oggetto del desiderio; mi contrastava nella mia maternità, frapponendosi fra me e te, e tentava con manovre maldestre di riportare solo a lui ogni attenzione. E poiché sempre di più al contrario io mi attaccavo a te come unica ragione di vita, a un certo punto se ne andò. Si fece vittima, disse agli amici che l'avevano cacciato di casa, che tutte le donne, anche mia madre, s'erano messe contro di lui. Dicesse quello che voleva, tirammo un sospiro di sollievo: finalmente non stava più a spiarci, criticando ogni nostra decisione, creando disagio con la sola sua presenza, livido, invidioso della nostra alleanza. E per un po' ce ne siamo state così bene, io e te! Era morta poi mia madre; dopo un momento intenso di dolore, di vuoto - il senso fisico della mancanza -, poi mi sono sentita libera e padrona di te, lei ti dava dei vizi, a me diceva "devi fare questo devi fare quello" perché seguissi il "suo" modo di allevarti, come - diceva - aveva fatto lei con me. Si metteva in competizione con me per bisogno di amore, era sola perché anche mio padre l'aveva lasciata, era sola e piena di voglia di comandare, se c'era lei io diventavo bambina... Bambina ero con te, per giocare, per parlare con te, ma io e te soltanto, quando lei non c'era più... E ogni tanto si affacciava nella mia vita qualche innamorato; ma io lo lasciavo fuori dalla porta, non volevo che nessuno prendesse il posto che tuo padre aveva abbandonato, un altro a comandare sarebbe stato peggio. Ci godevamo insieme la pace dei giorni conquistati, come due brave sorelle, io mi inventavo ogni sorta di trucchi colorati per farti divertire, tu volevi imitarmi, il rossetto scuro ti disegnava le labbra facendoti grande; nel tuo viso riscoprivo me stessa anni prima, persa dietro ai sogni, ingenua fino a credere di poter amare un uomo solo; nell'alba dei miei primi anni ero immersa in queste fantasie, innamorata del commesso del droghiere, del postino, del vecchio calzolaio, e parlavo alle bambole, sicura che avrebbero preso a respirare se almeno uno di quei segreti amanti mi avesse dato un bacio. Ma nessuno si era fatto avanti, e io li andavo sostituendo con altri, sperando sempre nell'evento magico; forse il controllore che bucava i biglietti in treno quando con mamma andavamo fuori in gita... oppure il prete che cantava dal pulpito, biondissimo nel riverbero del sole... Nessuno entrava mai nel mio segreto, le bambole restavano mute... Bambola viva, tu parlavi, ridevi, le labbra disegnate dal rossetto mi annunciavano che stavi diventando una ragazza. Nel cambiamento mi ero illusa che saremmo state ancora più simili, e avresti capito se ti dicevo che mi piaceva un uomo; l'ansia di accudirti in ogni ora della mia giornata, come avevo fatto finché eri piccola, si distendeva in quel clima di dolci confidenze che sfociavano nelle nostre fantasie. Crescevi, non potevo permettermi di guardare un momento qualcuno che non fosse mia figlia. Se ne andavano gli anni, me ne accorgevo guardandomi allo specchio, ero bella? Bella ancora per poco... Non volevo un marito, ma un uomo che mi facesse ricordare di essere donna... Te ne parlai come a un'amica, pensai che avresti riso chiedendomi "com'era"; invece sei rimasta muta come le mie bambole; muta o con una ruga dritta sulla fronte. "Se ti va", hai poi detto scrollando le spalle e sei scappata via. Hai cominciato a rifiutare il cibo; vomitavi quel poco che prendevi se insistevo, l'ho scoperto perché a rotoli la carta igienica spariva nel bagno, ti chiudevi e restituivi nel water quanto avevi inghiottito; pulivi, con minuziosa lentezza, inginocchiata accanto alla tazza... ti ho spiato un giorno che non ti vedevo più venite fuori, confusamente collegavo quel consumo di rotoli con le tue assenze e il tuo diventare magra e taciturna. Cominciai a darti da mangiare solo quei cibi che mi pareva continuassi ad accettare, in ore insolite della giornata, non in rapporto ai pasti, e non li vomitavi. Una tazza di latte, del tè caldo; zucchero ne volevi molto, e qualche frutto; ma sempre più limitavi tra le offerte quello che ti andava di accettare: mele, fette rotonde: più che masticarle, ne assaporavi il gusto sciogliendole piano in bocca; negli occhi ti passava uno sguardo infantile; tutto il volto pareva ritornare indietro di quei pochi anni, piccola piccola, senz'altri desideri che succhiare il mio latte, soddisfatta di questo nutrimento e del contatto che ti univa le labbra al mio seno, creatura unica lontana dal domani che avrebbe portato al distacco... In quel sopore in cui tu piombavi, ti riprendevo tra le braccia, ti cullavo, eri di nuovo mia.

(Assume l'atteggiamento della madre cullante. Sussurra)
"Con me... con me... sempre sempre... con me...".

Dimenticavo in quei momenti che mi aspettava un uomo per il quale rischiavo di perderti: lui mi accettò per mesi e mesi con pazienza, ma i nostri incontri erano turbati dall'angoscia per te, dal tuo distruggerti; ti vedevo mentre lo abbracciavo: vomitavi fino a sfinirti, un fiume di carta si sdipanava bianchissima invadendo lo spazio, non godevo più di quel rapporto che all'inizio mi sembrava incantevole, e non volevo spiegare il tuo stato a quell'uomo, per pudore, con dolore. Finì pian piano, gli incontri si fecero sempre più radi fino a cessare, senza traumi, con rassegnazione. Le mie attenzioni tornate tutte a te ti fecero tornare allegra e forte, eri di nuovo affamata, come tutte le ragazze alla tua età; i rotoli nel bagno duravano giornate, la quiete in casa era tornata, e tu studiavi per la maturità. Dei compagni preparavano gli esami con te, andavano e venivano, ragazzi e ragazze, a tutti offrivo la merenda. Un po' per volta non gli ho visti più; ne veniva soltanto più uno, sempre lo stesso, i libri sotto il braccio, quaderni e taccuini infiniti: serio, preciso, segnava nelle pagine i passi più importanti, ripassavate insieme; vi alternavate nelle domande, ma era lui quasi sempre a decidere che cosa si doveva studiare, il tempo come suddividerlo, gli scritti e le lezioni, latino, greco, matematica, filosofia... Osservavo non vista, dal terrazzo, o passando silenziosa. Tu senza accorgertene ti sei innamorata. Quel ragazzo così pratico, attento alla logica, ti attraeva per contrasto; gli eri sottomessa, devota... Eravate una coppia... la stessa età, gli studi insieme, le prime prove della vita. Vi invidiavo, io questa esperienza non l'avevo avuta... Cercavo di immedesimarmi in te, e trattavo lui come un figlio... Una sera siamo andati insieme in discoteca: avevate insistito che venissi anch'io con voi, ero curiosa di quell'ambiente che non conoscevo, e non sapevo cosa mettermi, da tempo non mi preoccupavo più dei vestiti... Tu mi hai dato una minigonna, mi andava benissimo, i miei fianchi erano appena un po' più tondi; e le gambe, me le guardavo allo specchio, l'imbarazzo di vedermele scoperte fino al ginocchio... Poi sento un fischio, non c'è dubbio è di ammirazione, mi volto, è il tuo ragazzo, mi strizza l'occhio... Rido, perché scopro di avere delle belle gambe e chi me lo fa notare è un coetaneo di mia figlia... Tu ti metti dei blue-jeans tutti strappati e tutti e tre andiamo in discoteca. C'è buio e luce a tratti, come schiaffi, rumore, confusione... ragazzi e ragazze, centinaia vagano soli, poi a gruppi, urlano accalcati ai tavolini, tengono in mano bicchieri di carta... Sono spinta su una pista bombardata di luci intermittenti... Ballano da soli, tutti si muovono con gli occhi perduti dentro di sé, così faccio anch'io... poi mi raggiunge il tuo ragazzo, mi gira intorno, mi fa volteggiare... Non so se per una cortesia – sono tua madre – o perché gli piaccio... Altri si uniscono, mi inseguono nel breve spazio lasciato libero da quelli che ballano... L'imbarazzo è scomparso, mi diverto, mi sento libera, senz'altri pensieri che di godermi quel momento... Ti intravvedo fuori dalla pista, imbronciata, poi te ne vai con un altro ragazzo, ballate stretti, qui non lo fa nessuno, capisco che ti ha urtato qualcosa, esco da quella gioia passeggera, torno ad essere tua madre, mi ricompongo, vado a sedermi, poi alla toilette per pettinarmi, e ti trovo dentro, vomiti nel lavandino, di nuovo come anni prima... Mi spavento ti tengo su la testa, hai la fronte sudata, ti divincoli, non vuoi, ma poi cedi, ti abbandoni e allora piangi, di rabbia, di stanchezza, di delusione, forse... Ce ne andiamo, il tuo ragazzo non ci chiede niente, silenzio in macchina, fino a casa... Non è venuto più da noi, quel tuo compagno; io non ti ho chiesto niente, intuivo che non volevi parlarne, mi rattristava pensare che ero stata la causa, in qualche modo, del distacco, a me non era importato di lui come uomo, ma scoprire che esistevo come donna. Mi bastava, preferivo restare lontana dai legami maschili; era rimasta dentro di me una ferita. Un senso di carne lacerata, meglio dedicarmi tutta a te. E una notte, tempo dopo, ti sentivo camminare inquieta; nel buio ti ho chiamato, sei venuta nel mio letto e mi hai detto "L'ho lasciato, non volevo finire come te": era la libertà che tu volevi conservare delle tue decisioni future, quella frase mi ha offeso. Ti ho abbracciata senza dire niente e ti sei addormentata accanto a me.

Eravamo di nuovo sole, contente della nostra solitudine: giorni affaccendati, tu lo studio io a dedicarmi di nuovo a te.

Sei stata promossa, potevamo finalmente goderci la bella estate e siamo andate al mare... Avevamo comprato due cappelli, di paglia, grandi, con dei fiori sopra, a guarnizione, tenuti da una nastro. Fiordalisi e spighe sul tuo, spighe e papaveri sul mio... Ci guardavamo nello specchio ed eravamo identiche, diverse soltanto per quei fiori... Specchiandoci l'una nell'altra, ridevamo di quella somiglianza, che rendeva me fiera per l'età dimenticata e tu tenera per tua madre ragazza. Era un

mondo destinato a durare pochissimo, come la corte allegra dei ragazzi della spiaggia: ci metteva a confronto, era un gioco che accettavamo per ridere. "Quello che fai tu posso farlo anch'io... Quello che faccio io lo puoi fare anche tu... ".
Vita diversa di vacanza, accettata perché breve. Tornate a casa, era tutto come prima, e gli uomini, nessuno scalfiva la nostra alleanza. Andavi all'università, telefonavi ai compagni, i nuovi amici che stavi facendoti. Fra noi c'era un'intesa, potevi frequentarli fuori, a casa non li volevamo; se anche c'eri a chi telefonava dicevo che eri uscita; se mi parlavi di loro, anche dei più simpatici, alla fine saltava fuori qualche cosa che non te li rendeva degni di diventare tuoi compagni. Mi piaceva quel tuo modo di riflettere senza farti coinvolgere, mi ripagava di quanto avevo patito per ingenuità.
(D'improvviso tace).
Perché poi tutto è cambiato? Erano tuoi la metà dei vestiti che indossavo, mescolandoli ai miei; facevi anche tu con le mie gonne, e i golfini, le camicette, gli stivali...
(Si spoglia con furia di alcuni indumenti. Getta a terra i pezzi con rabbia crescente - una giacchetta, una gonna, qualche altro elemento -, rimanendo in pantaloni aderenti).
Tu non volevi più!, gelosa di quello che era tuo! E conservavi tutto nei cassetti, ben divisi dai miei, non capivo perché! Ti ho seguita, fuori, senza che tu te ne accorgessi. Avevi un uomo! Ho sentito una botta allo stomaco, quando mi sono resa conto che non era come le altre volte. Pioveva e me ne andavo rasente i muri. Eri attaccata a lui, per ripararti dall'acqua sotto lo stesso ombrello, non era la pioggia il motivo di quella vicinanza così fatta di calore e di mani intrecciate. Le gocce ti cadevano sopra i capelli, ma tu non te ne accorgevi; tu così attenta a tutto parevi lontana dal tuo corpo, il viso rivolto a quello che parlava, attenta, quieta come non ti conoscevo. Là, nella strada bagnata, sotto l'ombrello di quell'uomo, ti leggevo sul volto un'espressione di felicità assoluta. Non aveva l'età di un compagno, forse un tuo professore... Fosse stato pur così, non era per la pioggia che un professore stringe un'allieva in quel modo. Vi superai dall'altra parte della strada correndo per raggiungere un bar; di là vi guardavo arrivare; parlavate tranquilli e mi passaste accanto quasi fino a toccarmi, sul marciapiede; ma tu eri persa nel suo viso, lui era preso nel dire, gli occhi in basso, cercando le parole... Ero sconvolta, non sapevo perché e cercavo di capire il motivo di quella sorta di rancore, e una tristezza, un vuoto senza fine. Bagnata, infreddolita, sola. Chiesi un caffè. E mentre lo bevevo, mi venne in mente che mio padre lasciava nella tazza poche gocce sul fondo per me, quando gli portavo il caffè dopo pranzo. Poteva essere suo padre quell'uomo... Per questo gli si era attaccata: lei, mia figlia, il padre non lo aveva avuto. Si era innamorata di un uomo che aveva almeno il doppio della sua età, questo padre senza averne mai parlato lei lo aveva cercato per anni, rifiutando i ragazzi suoi compagni... In un lampo mi pareva finalmente di veder chiaro, e il pericolo, insieme, di quell'incantesimo del padre finalmente ritrovato. Quando la sera sei entrata in casa, parevi uguale a tutti gli altri giorni. Allora quella storia era già usuale, e non me ne avevi mai parlato?!... Qualche domanda a tavola, per aprire la strada a raccontare. Forse avevi capito la mia ansia nel chiederti senza chiedere, finito nel silenzio. E ad un tratto hai parlato, come facevi certe volte con me da bambina, quando volevi strapparti un peso dal cuore. "Ho un uomo – hai detto brusca -, ho un uomo e non te l'ho detto, sono già sei mesi..." : ansimavi per lo sforzo e io non ti aiutavo, stavo rigida ad aspettare, una mia parola poteva essere uno sbaglio.

"Non te l'ho detto perché …" : non proseguivi, incerta sulla mia reazione: "Non te l'ho detto e basta". Oh!, perché non ti ho aiutato? Perché non ti ho detto « va bene»? Forse il seguito sarebbe andato in modo differente; non dovrei avere dei rimorsi per quello che è successo e ha avuto inizio da quel giorno. Mi sono resa conto che eri adulta, staccata da me; un essere autonomo che rivendicava i suoi diritti. Non volevi darmi spiegazioni sul tuo comportamento, le tue parole secche mi spaccavano come un coltello. Avvertivo il dolore fisico della separazione, non riuscivo a trovare che cosa avrei potuto dirti perché tu ritornassi indietro. E mentre ti ascoltavo, mi rivedevo con te fra le braccia, come se quella donna che ero stata fosse davanti a me, con la sua bimba, e mi cantava dentro la ninnananna di quel tempo…

(Racchiusa in se stessa, si culla con suoni sussurrati fino alle frasi ritmate).

"Con me… sempre sempre… con me… con me con me… sempre sempre… con me…".

Ma non potevo ripararmi dietro a quell'ombra della memoria, è svanita quando hai gridato" Lo amo, voglio andare a vivere con lui!".

(La frase rimbomba in un moltiplicarsi di echi).

"Lo amo! Voglio! Andare! A vivere! Con lui! Lui! Lui! Lui!... ".

Quel suono si moltiplicava, mi travolgeva. Sei uscita così com'eri. Sei tornata soltanto il giorno dopo, vestita di cose diverse, tue; avevate certo una casa insieme. Era la mia vita che tornava con te, ma divisa; e dovevo giocare d'astuzia, per riaverti ancora, figlia mia specchio, me bambina, giovinezza ritrovata, porta della fantasia, rifugio alla tristezza, tormento dell'affetto, aria del mio respiro…

In quella notte i miei capelli s'eran fatti bianchi; mi guardavo allo specchio, ero un'altra, una vecchia sopra un abisso che non riuscivo a distinguere nel fondo. E mentre scrutavo quell'immagine, mi sei apparsa dietro, di colpo… Ero io quel viso di ragazza, quella che non ero mai stata, libera di decidere della vita, uscendo dalla casa della madre… con un padre accanto, quello che non avevo mai avuto, che non avevi avuto neanche tu. Adesso ti eri illusa di averlo, ma ti era amante, non padre: confondevi nel bisogno gli affetti; se te l'avessi detto avresti riso. Mi hai abbracciato senza dire niente, era un modo di chiedere perdono. E pochi giorni dopo mi hai detto: "Te lo porto, voglio che tu lo veda, devi conoscerlo anche tu".

Dentro, ridevo per la contentezza; avevi detto "Te lo porto", era il segno di una dedizione: a me, a me tu lo portavi!, non sarebbe stato un incontro qualsiasi, riconoscevi in me il potere del giudizio… Era un bell'uomo, tu te lo guardavi mentre mi parlava sorridendo, con le frasi che si dicono al momento di un incontro le persone che non si conoscono… Io lo scrutavo intanto, dietro i sorrisi. Era un uomo importante, lo deducevo dalla sicurezza con cui pronunciava ogni sillaba di quelle parole di circostanza… Nei vestiti eleganti e trascurati leggevo l'abitudine al benessere, una vita da scapolo, da separato forse… e la cravatta nuova, diversa, era il segno di un regalo tuo, erano i tuoi colori, il verde e il rosa… Ogni dettaglio di quel primo incontro mi ritorna negli occhi e nella mente… Ti avrei perduto. Te ne andavi. E lui, non era per te. Era il tuo professore della tesi; come non ti accorgevi che si sentiva lusingato, lui quasi vecchio di fronte a te, di sentirsi trattato alla pari, ignorando la differenza di età, la vita breve che rimaneva a lui in confronto alla tua? Non dovevi tu essergli riconoscente per la tensione che ti dava, scendendo al tuo livello di allieva; era lui a doverti ringraziare: tu cancellavi il tempo, lo facevi ritornare giovane… Così credeva lui, e forse anche tu. Non era la tua una piccola furbizia di studentessa alla caccia di un voto splendente. Era una storia di ragazza cresciuta senza padre: chiedevi adesso, con i richiami del sesso, quello che non avevi avuto prima, l'affetto di un uomo maturo, una guida del tuo spirito fragile, per quell'abbandono dalla nascita... Soltanto allora, guardando quel signore, mi venivano in mente quei pensieri; prima ero stata orgogliosa della nostra autonomia di donne appagate della loro libertà. Eravamo alleate finché c'era stato un nemico contro il quale rimanere unite: un nemico magari gradevole di aspetto, che ci eccitava nei nostri desideri, preso e poi lasciato in tempi mai troppo lunghi. Infranta adesso quell'intesa fra noi, ogni cosa diventava possibile...

Lui mi guardava. Ero più giovane di quanto aveva immaginato? Parlava con modestia del suo ultimo libro; era a me che si rivolgeva, tu gli stavi accanto appagata di quello che diceva. E in me cresceva l'interesse per lui; mi stupivano i sui ragionamenti; scoprivo un mondo, in lui uomo, che non era soltanto espressione di sesso. La sera si è consumata in un lampo, ve ne siete andati con il mio rimpianto.

Non eri più la mia bambina, la sorella, l'amica del cuore a cui confidare quello che neppure a me stessa avrei detto, se non ci fossi stata tu, sollecita, a incoraggiarmi a vivere, per te e con te... Adesso eri una donna che voleva una vita sua, che non era la mia. Ma che cos'era, la mia vita? Di lui non mi parlavi mai, avvertivi l'imbarazzo che si veniva creando fra noi. Io mi sforzavo di chiederti di voi, volevo allontanare la rottura... L'hai portato ancora, per una cena a casa, di nuovo lui parlava sommessamente di libri, di paesi lontani, ma non erano le cose che diceva ad attrarmi, era la voce che non si incrinava... e dava figura alle parole. Mi lasciavo andare a quella sensazione, poi me ne ritraevo: c'eri tu, mi pareva di rubare...

Per mesi andò avanti così. Eludevo il discorso che te ne andassi; lo temevo, ne avvertivo l'urgenza, tu lo volevi, non so se fosse tua la decisione o vostra comune volontà. Era diventata un'abitudine che lui venisse a cena, mi pareva che lo desiderasse, tu non l'avresti mai contraddetto, per amore?, per paura di perderlo?... Ma come potevi perderlo? Non c'ero che io, in quegli incontri che occupavano tutte le serate... Potevi essere gelosa di tua madre?! Eppure, tante gentilezze, e discorsi, scherzosi, forse allusivi, mi insinuarono la possibilità che potesse essersi innamorato di me! Forse si era stancato dell'avventura con l'allieva: una ragazza alla fine è ingombrante, una donna ti crea meno problemi... Questa storia mi attirava come un frutto proibito; mi dava il capogiro, un'ebbrezza che stordiva il mio cuore disabituato ai sentimenti e mi faceva apparire esaltante l'idea di un marito, di un compagno per condividere svaghi e interessi, feste e compagnia, senza pesi di figli e i sacrifici di un matrimonio giovanile. Avvertivo il piacere della caccia spietata, primordiale, di rubare la preda a un'altra donna, come la selvaggina dalla bocca di un leone inesperto da parte di un vecchio capoclan...

(Si mette le mani alle tempie comprimendosi il capo).

Le azioni sono sassi, rotolano trascinandoti. Agivo dietro un ordine.

(Intreccia le braccia come se tenesse stretto un bambino.)

"Con me con me...sempre con me... sempre sempre... sempre con me... con me con me... sempre sempre... con me...".

E tornavo al ricordo di te piccola... La rivale eri tu veramente? Perché intanto lui si era messo tra me e te. Ci incontrava tutte e due, separatamente. Mi era venuto il dubbio che tu lo sapessi. Avevi accettato il gioco pensando di far contenta tua madre e lasciarle il campo libero per le sue digressioni intellettuali?; lui era maestro nell'affascinare, tu poi l'avresti avuto dopo per ben altri giochi... Ma non era così. Me ne accorsi quando un giorno mi invitò fuori, per colazione; tu dovevi essere con noi, ma avevi un esame, con attese interminabili per il tuo turno; non potevi a quell'ora, ma l'incontro era stato deciso, lui non volle rimandare, nella precisione degli impegni si ostinava a non cambiare mai ciò che già era stato deciso. Libera dai problemi dei cibi - se invitavo dovevo preparare -, ero felice di godermi una vacanza e pur non confessandomelo provavo piacere di non averti con noi, a controllare a giudicare di ogni nostra piccola reazione. Dopo mangiato lui mi disse, "Andiamo a casa mia, per un caffè". Non ero mai stata da voi. C'erano in quella casa vestiti miei, che non ricordavo, vecchi di anni, che avevi conservato. Un tuffo al cuore. Scherzando lo dissi, per celare il turbamento, e afferrato un abitino rosso nell'armadio, lo mostravo ridendo a lui, "Indossalo!", disse. Mi guardava al di là della porta riflessa nello specchio: "Sembri lei"; poi venne avanti, mi strinse fra le braccia. Ero te? Ero io che lui voleva? Era un gioco? Forse anche lui era stato affascinato da quel gioco. Poi sei arrivata tu, trafelata, gridando il tuo trenta e lode dalle scale. Non ti accorgesti di me, che in fretta mi rivestivo. Scappai via, presa per il rimorso del peccato non commesso ma anelato, divenuto finalmente chiaro rispetto al confuso sentire precedente. Quando poi tu sei tornata a casa, mi ha stupito il tuo tono tranquillo; dubitavo che mi prendessi in giro. "Sei scappata… Perché? Da tanto tempo volevamo invitarti da noi..." mi hai detto con naturalezza. "Ho fatto il più presto possibile a sbrigarmi all'università… e tu te ne scappi appena arrivo… e mi lasci il vestito strapazzato…". Sapeva tutto. Sapeva ed era tranquilla. Tu eri d'accordo che mi portasse lì da voi… per aspettarti e festeggiare insieme il tuo successo… oppure lui giocava con noi due un rapporto sdoppiato di amanti… Cercavo di capire, mentre parlavi. Forse lei gli ha raccontato dei nostri giochi allo specchio, degli abiti che sceglievamo sempre simili, e la frase a noi cara che ci univa: "Quello che fai tu, posso farlo anch'io… Quello che faccio io, puoi farlo anche tu…". Si era insinuato lui, fra noi come un coltello. E tu ci stavi. Era forse per te un modo di sostituire la nostra antica unione, l'affermazione della tua indipendenza, e il bisogno di continuare a dipendere. Il nostro gioco non poteva coinvolgere nessun altro oltre a noi.

Un terzo ne avrebbe scomposto l'armonia. "Lascialo!", ti ho detto d'impulso. "Non fa per te, saresti infelice!". Hai riso sprezzante, come se ti avessi mentito per rubartelo.

(L'attrice si sdoppia nella madre e nella figlia, entrando e uscendo dai due personaggi che entrambi le appartengono).

FIGLIA Non fa per me?! Pretendi di saperlo tu che hai sbagliato tutto con gli uomini!

MADRE Ricordati che ti ho dato la vita!

FIGLIA La vita! Per tenermi legata a te, per darti un motivo di esistere!

MADRE Potevo abortire!

FIGLIA Se abortivi io non sarei nata, sai che perdita! Per vivere da schiava, "sempre con te, con te sempre con te" in un carcere di cristallo senza una vita veramente mia!

MADRE Tutto questo lo dici adesso, perché vuoi stare con quest'uomo. Potrebbe essere tuo padre! Non fa per te, c'è qualcosa in lui che non mi piace…

FIGLIA Qualcosa che non ti piace in lui?! Ma guarda! Non ti piace qualcosa! Che mi lasciasse però ti piacerebbe! Sarebbe allora quello che va bene: per la tua età nessuna differenza!

MADRE Per lui sei la prova che è rimasto giovane, una figlia, andarci a letto per scommessa: Lascialo! Lo lascerò anch'io! Torniamo alleate, non l'una contro l'altra! Insieme contro!

(La madre intreccia le braccia sul petto. Riprende a piccoli suoni, poi con la ninna nanna, il canto e il cullare ritmato.)

"Con me con me… sempre sempre… con me… con me con me… sempre sempre… con me … ".

(Di scatto apre le braccia. E' di nuovo la figlia. Una violenta risata.)
FIGLIA Eravamo d'accordo, io e lui! "Lusingare la vecchia!". E poi scappare!
MADRE No! Lo credevi tu! Passata la prima infatuazione per te non provava più amore, ma il sentimento di un padre per la figlia!
(Si raggomitola in se stessa, riprende la ninna nanna, per poi mutarla in un atroce litania. Rivive l'azione agitata).
MADRE Per amore ti ho tenuto. Ti ho aspettato con amore, ti ho cresciuto nell'amore, ho vissuto l'amore insieme a te... Il nostro universo era perfetto, non aveva bisogno di uomini. Un uomo ha infranto questo mondo di cristallo e ci ha messo l'una contro l'altra. Non permettiamogli di decidere chi scegliere e chi rifiutare. Lasciamolo! D'accordo tutte e due! Torniamo alla nostra alleanza!
(Silenzio).
Non rispondi! Non mi dici niente! Non vuoi. Credi di riuscire a tenertelo tu? Non esserne tanto sicura! Se non lo lasci come ti propongo, guarda che puoi perderlo ugualmente! Conosco dei modi per attrarlo che tu non sai... Ma... io non posso andarmene con lui. Ti perderei. Un uomo in cambio di mia figlia... Patirei la vendetta su me stessa. Non me ne andrò con lui se tu rinunci.
(Una risata derisoria invade lo spazio moltiplicata dall'eco. E' il sentimento della figlia ribelle al discorso della madre.La madre raccoglie la giacchetta che si era tolta in precedenza; come se fosse la figlia).
Questa è la tua risposta? Non vuoi lasciarlo. Sei sicura che ti voglia perché con te rivivrà la giovinezza. Se ti lascio andare, molto presto scoprirai la delusione. Da padre ti comanderà, come amante sarà succube ai tuoi ordini, non ci sarà amore tra di voi. Io ti perderò, ma il mondo perderà te.
(Tira fuori un coltello. Comincia a staccare pezzi dalla giacchetta e a inghiottirli).
Io ti ho fatta, io ti riprendo, così capirai quanto ti amo. Carne della mia carne, ritorna dentro di me. Sangue mio versato nell'aprirti la strada della vita... Sangue tuo per ritornare nel buio alla tua origine... Nello specchio io sarò te... Dentro di me tu sarai me... Comunione del corpo comunione dell'anima... Così tu capirai quanto ti amo... Stacco di tempo breve tra la mia venuta al mondo e la tua... Tu sei già nell'eterno... Tra poco anch'io ti seguirò...
(Terminata l'intera operazione attraverso cui ha fatto a pezzi la giacchetta e se l'è mangiata, si pone nella posizione fetale, raggomitolata.)
Oh, potessi anch'io ritornare a mia madre! Nessun luogo è più sicuro, nessuna intesa più completa.
(Si dondola. Il canto è ritmato su balbettii, piccoli suoni infantili, fino al silenzio e all'immobilità).

FINE

UNA MOGLIE

i mesi incantati[14]

Lina arriva dal fondo della sala.
Tiene con delicatezza in mano una borsa, e sotto il braccio una cartellina.
Mentre viene avanti si guarda timidamente intorno, cercando un posto libero fra gli spettatori, ma continua ad avanzare per non scomodare qualcuno per lasciarla passare nella fila.
Arrivata al palcoscenico vi sale e va a sedersi su di una sedia che si trova nel mezzo.
Depone la borsa a terra, accanto alla sedia. Apre la cartellina, ne estrae un foglio, lo scorre, lo ripone tirando un respiro di sollievo e mette la cartellina dentro la borsa. Con uno sguardo circolare osserva gli spettatori che le sono davanti. Fa un cenno d'intesa.

LINA - Le analisi. Perché lui, quando deve fare il controllo, manda me.
Lui non viene. Non se la sente! non ce la fa, lui, a venire qui.

Cerca fra gli spettatori un volto a cui rivolgersi.

Uno crede di essere il solo!, l'unico a patire...quello a cui è successa la "cosa", e poi...

---

[14] Dopo vent'anni da *Marisa della Magliana e* quindici da *Mamma Eroina,* portati in scena da Lina Bernardi con indomita volontà, nel 1994 l'attrice mi chiese un altro testo. I problemi sociali, dalle tematiche sul lavoro, la casa, la maternità, e poi la droga e l'incomunicabilità fra genitori e figli, si erano spostati sull'incubo dell'aids.
Il debutto dello spettacolo è avvenuto al Teatro di Porta Romana di Milano il 28 maggio 1994, protagonista Lina Bernardi, regia di Adriana Martino, nell'ambito della Rassegna "Palcoscenico delle donne" curata da Franca Rame. Con regia e interpretazione di Relda Ridoni ha poi debuttato al Piccolo Regio di Torino il 1° dicembre 1996, in occasione della Giornata Mondiale della lotta contro l'aids.

Riprende in mano la cartellina, ne tira fuori il foglio, lo mostra davanti a sé.

I risultati delle analisi. Decine! ne abbiamo fatte ormai!...
Ogni volta, un po' più, un po' meno... Ci capisce soltanto il dottore, io non riesco a imparare che cosa voglion dire queste cifre. Aspetto che sia il medico a dire " Andiamo bene" oppure "Dobbiamo tirar su questi numeri"...

Quanto dirà, frase dopo frase, Lina cerca di indirizzarlo a uno spettatore e poi ad un altro, stabilendo un'intesa personale, una sorta di complicità.

Di solito vengo a un'altra ora. Quelli del mattino li conosco uno per uno. Quasi tutti arrivano da soli. Qualcuno lo accompagnano i parenti. A portare le analisi. E per la cura. Voi non vi ho mai visto, ma dopo un po' di volte ci si conosce. Abbiamo in fondo lo stesso destino. Storie diverse, inizi differenti... Ma poi non ha importanza. Soffriamo tutti nello stesso modo.

Depone il foglio. Respira profondamente.

Ah! C'è stato un tempo in cui ero felice!
Non sapevo di esserlo, non me ne rendevo conto!...
Mi lasciavo impigliare da quelle cose stupide che ti fanno credere di vivere sempre in piena tragedia... Le bollette da pagare alla posta... il contro mostruoso del meccanico per l'ennesimo guasto della macchina...e le borse pesanti della spesa... e il telefono isolato... e il cachet troppo scuro dei capelli... e un chilo di troppo attorno ai fianchi... Mi lamentavo di queste meraviglie convinta che mi rubassero la vita, non capivo! che erano la vita!, fatta di tante cose alla rinfusa... bere un caffè, andare in bicicletta, litigare per un giudizio sopra un film, implorare la guardia che ti tolga una multa... ferirsi a un dito mentre tagli il pane... e preparare un piatto specialissimo perché piace tanto a tuo marito... Ma adesso tutto quanto mi riguarda è come se mi venisse avanti in trasparenza... E' la voglia di vivere che insorge, desiderio violento, necessità di esistere senza l'incubo di una fine già prestabilita.

Si nasconde il volto fra le mani, come per vergogna. Poi di scatto prende coraggio.

Io sono sana. Per ora. Ma chi sa? Domani, fra un mese, fra un anno... Ah!... E' tremenda la paura!, la corsa folle della mente a immaginare possibili contagi!
Il pregiudizio ci spia ad ogni istante: noi che sappiamo siamo così, pensate chi non sa e respinge per timore ogni contatto, chi sente l'amico, l'amante, il marito mutato in un nemico da sfuggire...

Cerca consensi fra gli spettatori.

Anche tra voi chi è sano, chi è legato per affetto a un malato, questo impulso di fuga se lo cova nel cuore. E anch'io... anch'io! Certe volte mi prende una smania di scappare dove nessuno mi possa trovare, che c'entro io? che c'entro col suo male?

Urla.

Imbrogliata! Tradita! Minacciata!
E non ho colpa di quello che è successo, ne porto invece il peso e non è giusto!...

Si ricompone e riprende a parlare con un tono coinvolgente.

Eravamo una "coppia felice"!
Studiavo ancora quando ci siamo incontrati.
Istituto d'arte, mi piaceva dipingere. Mio padre faceva l'imbianchino, e io - mi era nata quell'idea - volevo riscattarmi, mi ero messa in mente di essere un'artista.
Lui, l'ho conosciuto ad una mostra, doveva scriverne un pezzetto su un giornale.
Ci siamo messi insieme: che bella coppia!, io pittrice lui scrittore, giornalista!
Mesi incantati, ci siamo sposati quasi subito.
Abbiamo affittato una casetta, mio padre ce l'ha tutta ripulita. Ma a me mi imbarazzava che i vicini lo vedessero tutto bianco di calce, col cappelletto di giornale in testa a spennellare le pareti mentre io, io discutevo di pittura d'avanguardia!
Mio marito scriveva qualche articolo, ma i soldi arrivavano a distanza di mesi. E le tele costavano, e i blu di Prussia, e le terre di Siena... non potevo risparmiare sui colori!
Un amico mi aveva proposto di disegnare cartoline per Natale; era piaciuto subito un bozzetto con Gesù piccolo in mezzo alla neve e intorno un gruppo di sciatori fricchettoni carichi di videogames e panettoni: ha incontrato l'idea perché era nuova e originale, mi ha detto l'amico, e me l'hanno pagata; poi mi hanno chiesto per Pasqua, se mi veniva un'altra idea... E così da una Pasqua a un Natale ho finito col dipingere soltanto cartoline. Sfogavo in questo modo la mia passione artistica, e intanto riuscivamo a pagare l'affitto e le rate della macchina.
Sfumati i sogni, il successo, le discussioni accanite coi compagni, certo c'era l'affetto, la tenerezza... e poi, i figli. Io ero così preso da tutto quello che dovevo fare in casa e fuori, che non mi accorgevo che a poco a poco qualche cosa andava cambiando.
Piccole crepe incrinavano i discorsi fra mio marito e me. Silenzi imbarazzati. Voler dire e non riuscire a dire. Non voler dire più. Tacere e basta. E non me ne rendevo conto. Tiravo avanti, mi dicevo: "Lasciamo correre, tornerà tutto come prima". Invece, a quei silenzi tesi, alle parole avare ci si stava facendo l'abitudine. Quando arrivava a casa lui, mi trovava sempre indaffarata. Potevo disegnare solamente quando i bambini stavano a scuola; appena riapparivano era l'inferno: li infilavo nel bagno, la lavatrice straripava di vestiti; poi la merenda, i compiti seguirli, le lezioni di nuoto e di chitarra, le feste dai compagni o a casa nostra, spuntava sempre qualche cosa che rubava il mio tempo, per lui non mi restava niente, e gli impegni costituivano il mio alibi.

Per un po' mio marito aveva tenuto duro a scrivere - recensioni, articoli, interviste - sperando che un giornale gli facesse un contratto, ma raccoglieva soltanto promesse; in un concorso per un posto in banca era uscito fra i primi in graduatoria, e così aveva rinunciato al giornalismo: ma rinunciato veramente, a che cosa? Solo alle sue illusioni...
E a me questa sconfitta, lo confesso, non mi era per niente dispiaciuta: provasse anche lui che cos'era la vita!, guadagnasse anche lui i soldi per la famiglia! Perché soltanto io dovevo rinunciare a realizzarmi, riversando la mia sete di gloria in quelle oscene cartoline!?

Faceva orari lunghi, dopo la chiusura gli straordinari. Non raccontava niente, quando rientrava, alla sera. Si gettava in poltrona a guardare la tivvù già accesa dai bambini che per ore si bevevano i cartoni animati ed i pupazzi. Zitti i figli a seguire i filmetti, zitto il padre finché non cambiava canale: allora erano grida di protesta dei ragazzi per quella violenta espropriazione. Niente accordi fra le due parti, e si acquistò un secondo televisore. Pace raggiunta, allora, un accordo perfetto, e silenzio delle nostre voci, dei pensieri, di quanto potevamo contare l'uno per l'altro, nel bene e nel male.

Un respiro profondo.

Mi lasciavo andare arida, senza sentir dolore.
Lui ha reagito in un modo diverso, l'ho capito dopo.
Quel senso di impotenza che si covava dentro non poteva, mio marito, sfogarlo urlando con i figli come facevo io, o tagliando la carne e le verdure per la cena con tutta la violenza di cui ero capace.
Un giorno stavo ripulendogli un vestito, e da un taschino della giacca vedo cadere delle bustine colorate, piatte: le ho raccolte, preservativi! Noi due non ne avevamo mai usati. Insieme ci si stava sempre meno col passare degli anni. Io mi addormentavo che lui stava ancora a vedersi la tivvù, o mi sentivo male e mi voltavo dall'altra parte se voleva avvicinarsi, o era lui a dirmi: "Dormi pure, io resto alzato a finire il giornale".
E adesso, quei preservativi!... M'è salita una vampata di calore: era un'offesa, non me l'aspettavo, l'indifferenza è un conto, ma lo sfregio...Con chi li usava quei cosi molli, viscidi, schifosi... Oh! non avevo immaginato che finisse così il nostro amore nei mesi incantati dell'inizio.
Alla sera gli ho mostrato quelle buste, col gesto, senza una parola. Lui ha fatto un sobbalzo, si è visto scoperto. Poi giù a dire che erano per noi, li aveva comperati per darmi sicurezza, ma non aveva poi avuto coraggio, sentiva come un muro a dividerci quando alla sera stavamo nel letto... Io ci ho creduto, ho voluto accettare quella bugia, non mi sentivo di andare fino in fondo in un discorso che lasciava intuire sviluppi minacciosi, non volevo rischiare un dolore più forte cercando cosa si nascondesse sotto quelle motivazioni fragili.

Lo sguardo lontano.
La voce è un filo su cui si innesca il pianto trattenuto.

Avessi gridato che non gli credevo!
L'avessi insultato perché aveva un'amante!
Lui avrebbe pensato che me ne importava ancora!...
Forse ci saremmo spiegati! Avremmo detto le cose più tremende, ci saremmo offesi... Ma alla fine una via d'uscita l'avremmo trovata! E invece niente. Neanche una parola gli ho risposto. E ho gettato quelle bustine nella spazzatura. Lui ha alzato una mano per colpirmi: io aspettavo, meglio uno schiaffo che l'indifferenza. Invece niente, dopo un attimo era già sulla poltrona, gli occhi ficcati dentro la tivvù. E' finita così.
Sono passati quattro o cinque mesi, lui s'era fatto pallido, sudava; qualche linea di febbre al mattino, la sera aumentava, poco poco; si beveva un whisky, diceva di sentir freddo: era d'autunno, mi sembrava una scusa per sorbirselo in pace. Si addormentava sovente sul divano; spegnevo io il televisore, quando mi svegliavo rendendomi conto che non era venuto a coricarsi. Lo toccavo sul braccio; si

lasciava guidare, nel sonno, appena un poco gemendo, come sognasse, docile come un bambino, un bambino malato... e lo portavo fino al letto.
Avrei dovuto spingerlo, che si facesse al più presto le analisi; tacevo aspettando che prendesse lui l'iniziativa, ma non glielo dicevo, mi costava fare quel passo, sarebbe stato come riconoscere che pensavo potesse essere malato.

Grida.

Perché siamo così avari dei nostri sentimenti?
Perché questo tirarsi indietro, aspettare che sia l'altro a fare il primo passo per un'intesa, superando gli equivoci? Siamo così; e l'esperienza deve farsela ognuno, le situazioni sono nuove ogni volta e ciascuno le vive per sé. Stava sempre più male, a un certo punto si è deciso. I dottori hanno cominciato di lontano: ogni sorta di esami.
Il cerchio si stringeva sulle ipotesi, alla fine è venuta la diagnosi che lui segretamente si aspettava, la cosa impronunciabile, temuta. E a me l'ha detta dopo un po', l'ho capito dalla data delle analisi.
Non sapeva come cominciare. Quella rivelazione, pensava, avrebbe scatenato la mia ira. Ma io sono rimasta muta: c'era troppo da dire per parlare.
Ho respirato forte forte, non volevo svenire. Poi, piano piano, ho cominciato a sussurrare: "Come?", "Perché?", schiantata, senza forze. E un lampo, a un certo punto, "Anch'io forse?", e un bisogno selvaggio di certezze: sì o no, ma una cosa sicura, non potevo restare nel dubbio. E sono corsa a gettarmi sopra il letto, perché mi pareva di morire. Lui mi è venuto dietro: mi carezzava leggero sulle spalle, come avesse paura di toccarmi, restavo immobile, nel cuore la voglia selvaggia di picchiarlo. Come, perché, tutto quello che riuscivo a dire. Poi la rabbia, violenta, disumana. Dove se l'era presa? Avevo il diritto di saperlo! Negava: "Una cosa di tanto tempo fa, non ci eravamo ancora conosciuti... ". Gli ho riso in faccia, l'ho schiaffeggiato: "Non mi prendere in giro, i bambini sono già grandi!" , e lo provocavo con ogni sorta di domande finché finalmente tirasse fuori la verità! Alla fine è scoppiato.
Era andato con qualche prostituta, nessun amore ma uno sfogo da bestia, non reggeva lo stress della banca e a casa si sentiva un estraneo.
"C'è chi si droga - ripeteva -, stavo quasi per farlo anch'io: ma ho pensato ai bambini, e a te, i soldi spariscono in un attimo, non volevo trascinarvi alla rovina, così invece, la vergogna nascosta di un momento, si paga non ci si pensa più". Ma nella fretta l'agguato del contagio. Ora si tormentava, temendo anche per me. Le analisi pochi giorni dopo mi diedero sollievo: non avevo niente!; si sarebbe dovuto riprovare lasciando passare qualche mese, ma da tempo non c'era più fra noi nessun rapporto.
La gioia di sapermi sana! E il rimorso, quasi, per il mio egoismo, nei confronti di lui che era malato. In banca intanto l'avevano mandato a una filiale di periferia; non sapevano della sua disgrazia, ma la gente intuisce quel qualcosa che porti in te, ti costruisce intorno un muro di silenzio: tu avverti un senso di disagio che si crea appena ti avvicini a dei colleghi che prima discutevano: cessato ogni discorso, ti sorridono con troppa premura, poi se ne vanno in fretta, come richiamati da qualcuno.
Lui mi raccontava, finalmente liberandosi, e io pensavo: "Com'è vero! Quante volte ho fatto anch'io così!". I risultati che avevo saputo glieli ho letti senza osare di guardarlo; poi, nel silenzio, ho alzato gli occhi: sul suo volto è apparso un lampo vero di felicità. Da tempo non provavo amore per quell'uomo; ero colpevole

anch'io nei suoi confronti, ma quanto lui era stato punito! Potevo consolarlo solamente facendogli sentire che lo amavo di nuovo. E siamo stati insieme.

Una risata triste.

Vedete, ho ritrovato l'amore quando è arrivata la morte.
Da mesi ormai io vado e vengo con queste analisi di lui.
Un po' più... un po' meno... e una caduta. Medicine flebo analisi... Si risale un poco, ma non proprio come prima; ci si accontenta, è già qualcosa in confronto al momento disperato. Un po' più... un po' meno... e una caduta, un'altra. Di nuovo esami, l'attesa per la scelta della cura, un nuovo ritrovato. Si risale un poco, ma non del tutto, non come prima... E così via così via da tanto tempo...Non si sa quanto dura l'altalena, non si pensa a nient'altro. La vita ogni volta ti riprende, speri ancora.
Ci sono giorni belli, ce ne andiamo con il bimbo piccolo - gli altri ormai sono troppo impegnati per badare a noi -, il figlio piccolo è contento perché ha ritrovato il padre, che non gli era stato mai tanto vicino.
Ce ne andiamo fuori città, dove inizia una pineta e c'è il mare... Camminiamo. Non si parla quasi, stiamo insieme ed è tutto. Ho imparato a vivere ogni giorno cercando di tirarne fuori il meglio; è un gusto, questo, che da tempo non provavo più.

Si passa una mano sul viso.

Prima!... Se penso che mi angosciavo perché non avevano accettato i miei disegni a una mostra collettiva promossa da un giornale della sera!... E mi sentivo annientata dal rifiuto che mi escludeva da una delle infinite esibizioni che si tengono in giro per ben altri motivi che per l'arte. Eppure, io mi tormentavo per non essere entrata in quella mostra, dove poi a vedere quelle opere ci sarebbero andati soltanto i parenti e gli amici... Questo per dirvi quanto fosse vuota la mia vita dalle pretese artistiche: in quello stesso modo, se ci penso, avevo agito con la mia famiglia. Adesso la scoperta del male che aveva colpito mio marito mi aveva portato bruscamente ad una dimensione ben diversa. Tardi. Ma chi può dire quando è l'ora? Noi non sappiamo niente.

Un lungo sospiro.

E poi, quando accetti di lasciarti guidare docilmente dalla voce che non reprimi più dentro di te, scopri cose che prima non vedevi o valutavi in modo differente. Gli altri. Realtà sovente fastidiose. Piccoli sotterfugi. Falsità. Trucchi. Espedienti per avere dei vantaggi. Trascurare i doveri lasciandosi corrompere. Anche tu sei così, come loro, prima non volevi riconoscerlo. E la voce ti dice che si deve cambiare.

Si alza e si avvia verso gli spettatori.
Mentre racconta andrà accanto a questo e a quella.

Ogni volta che vengo in questo posto, vorrei conoscere la storia di tutti; ad uno ad uno li vorrei conoscere, dirgli: "Raccontami: sbagli, incomprensioni, e poi il male, come ti è successo; e la vita, non perderla...". Se parli con qualcuno, meno dura sarà la tua pena.

Ogni volta che mi trovo davanti una persona... come adesso te, che non ho mai visto prima... All'inizio, silenzio... Poi, cominciano gli occhi ad incontrarsi; delle volte ti sfuggono, non ne vogliono sapere di parlarti. Ma uno sguardo si ruba e non infrange il pudore; si dice e non si dice... E dopo, verranno anche le parole.

Una volta mi trovo accanto due ragazzi. Sembravano ancora molto giovani, ma dovevano avere già un po' d'anni... Raffinati, vestiti con cura; uno era biondo, i capelli un po' lunghi, e a voce bassa parlottavano tra loro. Era difficile incontrarne gli sguardi. Intorno a loro c'era come un muro, isolati in un mondo esclusivo e lontano. Arrivano un mattino, come sempre; il brunetto riscappa fuori un'altra volta, a posteggiare l'auto: aveva fatto entrare il compagno perché non si stancasse a camminare. A questo dentro gli è presa la tosse: si scuoteva e gemeva trattenendosi, non voleva disturbare la gente. Io allora l'ho preso per le spalle perché non rischiasse di cadere e con dei klinex gli asciugavo la fronte; era sudato, scottava; poi si è calmato, con gli occhi mi ringraziava e con la mano faceva segno che aspettava a parlare quando la tosse gli fosse passata. Poi è tornato l'altro; si affannava geloso, temendosi estromesso dalle cure al compagno; ma il biondino mi indicava sorridendo, io l'avevo aiutato!, e il bruno allora a ringraziarmi!, non la finiva più. Poi piano piano mi hanno raccontato - qualche accenno, si capisce... -: amici amici fin dalla scuola, in una cittadina di provincia; insieme via di casa, la grande decisione; non ce la facevano a sopportare l'atmosfera soffocante di una classe rigida borghese; un ménage insieme, nella capitale: gli era mancata una famiglia vera, non erano maturi per farsene una da adulti e s'erano alleati fra di loro. Sempre insieme, dopo il lavoro, a casa e fuori; tanti viaggi, alla scoperta di mondi sconosciuti, dove ragazzi come loro vivevano nella diversità: curiosi e ingenui, ingordi di esperienze, incapaci di distinguere una crescita da un gioco perverso che poteva anche uccidere... S'erano gettati in ogni cosa nuova, sforzandosi ad esserne partecipi per non venir giudicati dei piccoli italiani provinciali... Bene e male mescolati senza valutazioni, alla rinfusa... Avevano poi deciso di tornare; pesti, sfiniti, rinchiudendosi alla fine nello spazio familiare della casa comune, contenti di avvertire in quell'unione riallacciata la dimensione che fuori era mancata, dell'affetto e della tenerezza. Ma li aveva toccati quel male, colpiti tutti e due, più violento nel ragazzo biondo, e l'altro lo curava dimenticandosi di sé. A un certo punto non li ho più incontrati. Ne ho chiesto allora all'infermiera: stavano all'ospedale, e io ci sono andata.
Camminavo per i corridoi, lanciavo occhiate dentro agli stanzoni, cercandoli; e intanto mi domandavo se quella visita non fosse solo per curiosità. Poi mi son detta: "Anche se fosse? Non ho diritto di sapere che mi succederà, magari fra non molto?". Li ho visti di lontano. Il bruno stava chino sul letto dell'amico, medicava le piaghe, macchie scure sulle gambe e sulle braccia, io aspettavo fuori dalla porta che avesse terminato. E l'infermiera che mi conosceva raccontava intanto come il ragazzo bruno lo accudisse, quell'altro, gli portava la colazione al mattino, e un mazzetto di fiori sempre freschi insieme al suo giornale preferito, ogni attenzione lui metteva per alleviare le pene dell'amico.
Poi sono entrata, mi hanno fatto festa. Avevo portato delle paste e le abbiamo mangiate tutti e tre come dei vecchi amici; non esisteva più la malattia, per un momento, né le differenze delle nostre esistenze, e stavamo sospesi in un piccolo spazio di allegria.

Quando mi trovo di fronte a chi soffre mi cadono tutti i pregiudizi che certe volte mi accompagnano. Una battuta sugli omosessuali ad esempio può essermi sfuggita; mi pareva che non avrei mai avuto niente a che spartire con gente di quel tipo... Quando ho conosciuto quei ragazzi, il loro amore invece mi ha incantato: più uniti tra loro ad aiutarsi, più affettuosi di tante coppie uomo e donna. Mentre me ne andavo facevo una specie di confronto tra quei due e mio marito insieme a me, e mi trovavo a perdere... Per un'unione così profonda dovevo ripensare ai miei nonni, che stavano in campagna e lavoravano la terra, e poi le bestie, dargli da mangiare e mungere le vacche... potare le piante e tutto il resto... e alla fine, quel poco di raccolto. Eppure quando avevano finito, e le sere d'inverno sedevano davanti al camino, o fuori dalla porta nell'estate, in quei volti c'era una serenità, una fiducia l'uno per l'altra, senza incrinature: non l'ho incontrata dopo mai più. Non è buffo perfino? I due ragazzi, i nonni...

Sono tante le forme dell'amore. Ognuno sceglie quella adatta a sé, la fa sua...
Un giorno ho incontrato una ragazza che piangeva disperata fuori dall'ufficio dove danno i risultati delle analisi. Carina, tanto giovane, potevo essere sua madre. L'ho presa sottobraccio e l'ho portata al bar, in faccia al cancello dell'entrata. Seduta al tavolino, con me accanto, si è bevuta il suo caffè macchiato; è stato allora che ha voluto raccontarmi, io non le avevo chiesto niente, ma certe volte è proprio con qualcuno che non conosci che ti viene di sfogarti.

Si dirige verso una ragazzina seduta fra gli spettatori.

Poteva avere più o meno l'età tua. E graziosa, come te. S'era bucata per un po'. Ribellione alla famiglia ricca, che voleva destinarla a un matrimonio conveniente e l'educava per questo, scuola dalle suore, circoli con il tennis ed il golf, vacanze all'estero per la conoscenza delle lingue... Bucarsi era stata una difesa, un volersi affermare contro la volontà dei genitori; tutto sbagliato, si capisce, le sue ragioni le aveva difese in maniera sventata, e se n'era pentita; in pochi mesi si era liberata dalla droga in un programma di comunità. Impara ad aver cura della vita, si assume degli impegni, si guadagna l'affetto dei compagni, si innamora di un ragazzo più o meno come lei, e dopo qualche mese passato insieme per conoscersi si sposano e mettono su casa. Stanno proprio bene, loro due, così decidono: "Vogliamo un figlio"; sono diventati giudiziosi e vanno a farsi le analisi: è allora che da un momento all'altro scoprono di essere malati; non ci vogliono credere e rifanno gli esami. La ragazzetta in lacrime quando la incontro ha appena letto le cartelle che confermano la diagnosi. E' per questo che la trovo disperata, con quei pezzi di carta che dicono, al di là delle cifre e dei termini, che non potranno avere quel bambino, ma godere ancora, forse, un pezzetto, breve, incerto di futuro. "Lui prima? Lei da lui? Prima lei poi lui? Tutti e due insieme dal tempo dello sbando? E come e quando e perché proprio loro?". L'urlo agghiacciante delle domande cade nel vuoto di un unico pensiero, che dice solo morte...La ragazza non ha ancora reagito a quel colpo tremendo. Non è riuscita la mente, che tutto ricuce, a riportare una speranza nel cuore devastato... Consolo questa ragazza sconosciuta, mentre tira su dal naso e si pulisce la bocca dallo zucchero del cornetto che malgrado le lacrime continua a masticare, meravigliosa fame della giovinezza! La consolo carezzandole una spalla e ripeto "Anch'io sai... anche a me", e racconto. Come trovo il coraggio? E' la prima volta. Le cose che hanno distrutto la mia vita, che mi avevano fatto imprecare, ora le ho dette per consolazione ad una ragazza sconosciuta... Usciamo dal bar, ognuna se ne va per la sua strada. Non so come si chiama. Forse non la vedrò più. Mi sento in pace. Quel conforto regalato alla ragazza è servito soprattutto a me. E via, a casa. Lui depresso, col pensiero della fine. Figli, a cui mostrarmi allegra perché continuino a ignorare. La tivvù fra le tante notizie annuncia con dovizia di particolari che dopo lunga e coraggiosa battaglia l'attore celebre colpito dal male si è arreso: funerali di Stato; compunti, politici e artisti ne parlano con naturalezza, mentre io... Io!!...

Urla tornando di colpo alla situazione dolorosa, come selvaggiamente la sente in tutta la sua durezza, scomparsa la mediazione della riflessione.

Io non posso neppure uscire di casa, certe volte. La signora del piano di sotto apre la porta di scatto mentre scendo, per chiedermi come sta mio marito; e mi accompagna fino al portone con una scusa - la posta, l'immondizia... - dicendomi "Non lo vedo bene" oppure "Ma com'è dimagrito!", e io allora a sorridere, con un'espressione di stupore a quei giudizi protesi a scoprire il mio segreto: "Ma cosa dice! Dorme poco, è il troppo lavoro... Ma sta benissimo, andremo presto al mare; riprenderà le sue forze, vedrà...". Invento ogni bugia facilmente, e intanto penso: "Per quanto tempo ancora, mio Dio, potrà reggere il mio povero inganno? Dovrò cedere? Ci sarà un momento in cui diventerà inutile nasconderlo, sarà così evidente che sta male... Tutti quanti parleranno di noi nel chiuso della camera da pranzo, mentre mangiando apprendono dal telegiornale, con pietoso rincrescimento, che il ballerino famoso, così giovane e bello, l'ha stroncato quel male... Il successo giustifica ogni comportamento. La celebrità cancella i pregiudizi, ma per motivi vacui e pretestuosi. A chi è baciato dalla gloria si consente quello che ad altri è imputato come colpa, qualunque sia stata la sua storia. E fino a quando non siamo messi alla prova, ragioniamo tutti quanti così. Sapeste quanto male si fa! Aperti tutti a visioni umanitarie in situazioni che non ci toccano, carcere, terzo mondo, infanzia maltrattata, di fronte a questo male ci tiriamo indietro.
Io ho taciuto con i miei, non oso! raccontare di lui. Mi direbbero subito "Lascialo!", mi farebbero mille domande! E "Stai attenta!" E "Lui ti ha ingannata, ora ha quel che si merita, ma tu che c'entri? vattene coi figli, potresti non essere più in tempo!".

Vorrei sfogarmi con qualcuno; l'ansia mi spacca, l'angoscia è intollerabile. Poi ritorna la calma, come in convalescenza. Si affaccia disperata la speranza, di che cosa non so... Spero e nient'altro: che un mattino lui si senta bene e il male d'incanto sia sparito... Che inventino una nuova medicina e per prodigio scompaia il dolore... Vengo qui e aspetto che il dottore esamini l'ennesima cartella con le analisi e dica "Andiamo meglio, ancora un po' di pazienza e vedremo se questa nuova cura darà dei risultati...". Intanto guardo gli altri, mi dico "Se vanno avanti loro, anche noi lo dobbiamo". Tutto riprende come fosse normale. Torno a vivere, senza farmi illusioni, ma mi allontano dalla disperazione, dal desiderio di farla finita...

Si ferma di colpo, sorpresa dalle parole che le sono sfuggite.

No!, non fateci caso, mi è sfuggito. Non l'ho mai pensato veramente. O forse sì... Sto facendovi in fondo quasi una confessione. Sì, l'ho pensato, di andarmene senza dire niente, un mattino, lasciando il pranzo preparato, i letti rifatti, come sempre.

Andarmene alla riva del fiume, vestita bene, serena. Che bisogno c'è di scrivere qualcosa? Immagino la gente che mi osserva appena mi sporgo dal muretto sopra il ponte... Avidità curiosa... Nausea... Mi ritraggo da quel fantasticare, rafforzata a lottare, senza sapere come, per istinto.

Non ci ho pensato seriamente mai, a farmi fuori. Che cosa penserebbe il mio bambino, da grande, che la mamma ha deciso di andarsene così?

A mio marito gliel'ho letta negli occhi, certe volte, la voglia di ammazzarsi. Ne parlava, come in delirio, prima, quando stava bene. Dopo che si è scoperto la malattia, più niente. Finché si dice, è lontano quel gesto. Ma adesso è una paura che mi prende. Devo stargli vicino.

Si avvicina ad un ragazzo dall'aria sveglia.

Ho visto ragazzi come te arrivare sopra il cellulare con le catene ai polsi. C'erano a farli scendere aspettandoli sotto la porta con il mitra spianato come fossero belve, dei poliziotti, ragazzi come loro.

Venivano al mattino dalle carceri, li facevano uscire per la cura: ci sono terapie che tu puoi fare soltanto in ospedale. Stavano da una parte; noi cercavamo di non metterli a disagio e quelle mani incatenate non le guardavamo. Ne fissavo qualcuno negli occhi, sorridevo per dirgli "Coraggio!". Bei ragazzi, pallidi, invecchiati, chissà come arrivati a quel punto. Quand'era il loro turno li scioglievano; una volta entrati nell'infermeria, restava fuori soltanto un poliziotto; gliel'ho chiesto, a quel ragazzo come loro, perché li portavano così. "Il regolamento" mi ha risposto, ma si vedeva che provava imbarazzo. E quando sono usciti, lui non gli ha rimesso le catene. Andando via mi ha fatto un cenno, appena appena, come per dire "Si fa quel che si può".

Io sto qui, ogni giorno, e il mondo mi passa davanti.

Ciò che succede agli altri, è sempre un po' quel che succede a te. Una volta mi siede vicino una donna, né giovane né vecchia, poco truccata, i capelli con un po' di permanente; opaca, zitta, e teneva i suoi fogli tra le mani. All'improvviso poi mi si rivolge: "Ché, me poi legge tu? Nun ce capisco...". "Fammi vedere...", le rispondo e lei mi mette la cartella sotto gli occhi. "So' io" mi fa, e con il dito indicava il suo nome. Capisco, per quel poco che capivo, che era già in una fase molto grave. "Nun lo sapevo fino a qualche giorno fa" mi dice allora, e sfinita chiude gli occhi: "Ciò 'n fijo ch'è ancora 'n bambino... E chi ce penza adesso?".

E mi racconta che fa la prostituta, ha tentato altri mestieri, non ce l'hanno voluta ed è andata a finire così.

"Ma adesso come faccio? - si dispera - Da pochi giorni so quello che ho. Chissà quanti clienti ho contagiato...E io che ne sapevo? Chi me l'ha data, a me, la malattia? Peggio pe' lloro, chi viene assieme a noi s'aspettasse de tutto, come a noiartre, quanno col cliente pe' ddù sordi rischiamo la vita e la salute...".

Ammiccava tra il pianto e una risata che per forza voleva farsi uscire, e mentre la ascoltavo mi pareva di vedere mio marito trovarsi in faccia quella disgraziata - lei o un'altra non diversa da quella - e prendersi la morte così.

Torna al palcoscenico e siede sulla sua sedia.

Questa è la vita qui.

C'era una bambina che è rimasta sola. Sua madre, quando veniva per le cure, la portava con sé. Parlavano e ridevano tra loro, aspettando la visita.

La mamma prendeva la bambina sulle ginocchia e in un orecchio le sussurrava delle cose buffe; rideva beata la piccolina, dopo lei faceva lo stesso con la madre e tutte e due tornavano a ridere, tenendosi abbracciate. La donna poi è entrata in ospedale, e la piccola stava sempre con lei, seduta sopra il letto come prima sulle ginocchia della mamma. Sono andata a trovarle; una storia come tante. Poi questa donna è morta, e sua figlia l'han mandata in un posto, "casa-famiglia"... Persone brave si sono presa cura di lei. All'ospedale ci viene ogni tanto, quando deve riprendere una cura.

Dalla borsa tira fuori un cappello grande di paglia, con dei fiori.

Questo cappello di paglia, con i fiori tutt'attorno, la bambina vuole che lo metta quando vado a trovarla.

Si mette il cappello.

Me l'aveva regalato la madre, verso la fine. Prima, in ospedale, delle volte lo indossava. A sua figlia piaceva vederla con quel cappello allegro, di nuovo fresco pareva il viso stanco, smagrito. Era il ricordo dell'ultima estate, quando andavano in giro passeggiando la sera in riva al mare e si compravano il gelato e parlavano piano piano abbracciate...

A me sembrava crudele ricordarle quel passato felice, ma è sempre lei che insiste, e parla della madre come se dovesse ritornare, e fosse andata via solamente per poco. Le cure in ospedale sono lunghe, dolorose: lei le accetta docilmente, purché le infermiere le spieghino, prima, come e perché deve fare la brava. Non ha paura. Non piange. Non cerca di farsi compatire. Quando penso a questa bambina, mi vergogno di me che mi commisero e fatico a trovare il coraggio per continuare a vivere.

Si alza e si allontana fino ad uscire di scena.

FINE

GARDENIA

sette giornate e un tramonto[15]

personaggi

GARDENIA, una giovane donna magistrato, e una bambina nel ricordo
FRATUZZU, l'orsetto di peluche
AGATUZZA, l'amica immaginaria
PALLONCINO ROSSO

CORNICE DEDICATA A ROSA

Rosa di Lucia è stata la prima attrice che ha interpretato Gardenia, al Festival di Taormina, nel 1995, poco prima di morire.
A Lei è dedicato questo testo.

Prima   delle   sette   giornate   e   del   tramonto

Un sipario di velluto rosso, chiuso sulla scena. Di lato, un tavolino. Sul tavolino, un piccolo orsetto di peluche e una conchiglia; carte ammonticchiate.
Gardenia-Rosa adulta è seduta, appoggiata al tavolino. E' avvolta in un mantello nero che all'inizio le nasconde quasi il volto. Calata nel mistero della memoria, assorta. Prende fra le mani l'orsetto, accosta la conchiglia all' orecchio. Si alza, poi, scosta il sipario e scompare al di là, dentro di esso. Mentre il sipario è scostato si avverte un brusio di voci che tace al richiudersi della cortina.

---

[15]   Non si può dimenticare, in *Gardenia*, Rosa Di Lucia, presto scomparsa dalla vita, singolare figura misteriosa e poetica, più che un'attrice. La sua interpretazione al Festival di Taormina nel 1995 colpì al di là del testo. Poi, negli anni, molte altre attrici lo recitarono, ciascuna con la sua espressività.

PRIMA   GIORNATA

La stanza di Gardenia. Sulla sinistra una parete con uno specchio leggermente in sbieco, in modo che Gardenia - che ha sette anni - vi si possa riflettere, come se fosse presente accanto a lei - e talvolta risultasse visibile - una sua "altra" immaginaria.
Un'asse d'equilibrio, parallelo alla parete con lo specchio. L'orso Fratuzzu - un peluche grande quasi quanto Gardenia - è seduto (fuori dallo specchio) di fronte a Gardenia indossa un abito-grembiulino a quadretti bianchi e rosa.

GARDENIA - Questa fiaba si chiama "Le tre belle corone mie". Me l'ha raccontata Onofria mentre mi riportava a casa dal catechismo, per questo tu non la conosci ancora. A me piacerebbe fare come la ragazza della fiaba, quando sarò più grande... Era povera, questa ragazza; era sola e se ne andava in giro per la campagna cercando di trovare qualcosa da fare per vivere. E "camina di ccà, camina di ddà" - Onofria usa sempre queste frasi -,"camina di ccà, camina di ddà"... come dice poi... "vitti un palazzu, ma tuttu annigghiatu cuminsannu di lu purtuni e finennu a li finistruni... ", ormai lo capisci questo nostro modo di parlare, Fratuzzu mio, anche se sei venuto di lontano... Io però non mi ricordo tutte quante le parole che usa Onofria, e la storia continuo a raccontartela con le parole mie. Allora, questa ragazza entra nel palazzo, e vede tanti saloni, uno dietro l' altro. Entra in cucina, e scopre ogni ben di Dio! Va nelle altre camere, e trova tutto "a gamm'all'aria", tutto a gambe all'aria: sporco, in disordine, dalla prima stanza fino all'ultima. Afferra una scopa e comincia a spazzare; prende uno straccio e si mette a lucidare... E insomma, alla fine aveva pulito ogni cosa e messo ordine dappertutto. Allora ritorna in cucina, prende una gallina che stava lì, già spennata ... la mette a cuocere e prepara un brodo; poi va a nascondersi... Ho chiesto a Onofria perché la ragazza si nascondeva, dopo tutto il lavoro che aveva sbrigato; ma quando faccio domande sulle fiabe, lei alza le spalle, ride, fa un gesto con la mano come a dire "Che sacciu?", poi va avanti a raccontare. Non si possono chiedere spiegazioni nelle fiabe, devi accettare il racconto com'è. Insomma, la ragazza si nasconde, e aspetta. A mezzanotte in punto sente una voce lontana: "Oh! li tri belli curuni mei'. Oh! li tri belli curuni mei!", e questa voce andava avvicinandosi al palazzo... "Oh! li tri belli curuni mei! Oh! li tri belli curuni mei !" e si faceva sempre più vicina. A un certo punto entra una signora. vede tutto quell'ordine, quel pulito, e dice: "Oh lu beni! E dunni mi veni 'stu beni?", e poi una frase, per vedere se veniva fuori qualcuno. "Si tu si' ommu, ti pigghiu pi figghiu! Si tu si' fimmina. lu Signuri ti lu paga!" e chiamava. chiamava... Alla fine la ragazza salta fuori, e la signora dice: "Oh! figghia mia, lu Signuri ti lu paga di 'stu ristoru chi m'ha datu! Io nesciu la matina jennu cercannu li tri belli curuni mei. Tu ccà si' la patruna; li chiavi su' appizzati, fa' tuttu chiddu chi ti piaci". La ragazza ogni giorno metteva ordine. puliva, cucinava. E andava girando per il palazzo: apriva le porte, curiosava negli armadi. Un giorno "girannu girannu, vidi 'na purticedda; grapi e vidi tri beddi picciutteddi: l'occhi aperti, e senza parrari...". Allora presto presto richiude la porta e pensa: "Chisti sunnu i figghi di sta signura...", sono i figli di questa signora. E la sera la signora ritornava sempre gridando "Li tri belli curuni mei! Li tri belli curuni mei!". Adesso fai molta attenzione, perché viene il più bello! Un giorno la ragazza stava affacciata al balcone e guardava il giardino; era tutta sola e si sentiva un po' triste. Ecco che all'improvviso vede muoversi nell'erba una serpe con tre serpicine, erano i suoi tre figli... La serpe mamma si allontana per cercare da mangiare; mentre è via, arriva un'altra serpe che ammazza le tre serpicine e scappa. Quando torna la serpe madre, dovevi vedere che disperazione! Si torce in terra, si lamenta perché i suoi piccoli erano morti. Poi smette di piangere, va un po' più in là, strappa coi denti una certa erba, si mette a sfregare la prima serpicina e la serpicina torna a vivere; sfrega le altre due, e anche le altre due, e anche quelle rivivono! La ragazza - che era furba! - getta una pietra sopra l'erba magica per non confonderla, poi scende dal balcone e la raccoglie. Torna su, va ad aprire la porticina dove stavano i tre ragazzi e si mette a sfregare il primo dei tre. Quello si risveglia, si stiracchia tutto, rivive! E subito dice: "Suruzza mia!, m'hai datu la vita". Lei lo chiude di nuovo, corre presto in cucina, prende un galletto, lo fa cuocere, prepara un brodo e lo porta al "picciutteddu": quello beve e riprende le forze; lei lo accompagna a un lettino e lo lascia lì, a riposare; poi fa lo stesso con gli altri due, e anche quelli rivivono. Tutti e tre le chiedono dov'è l'Imperatrice - che era la loro madre - e lei dice: "Ve la riporto io, vostra madre, ma voi non dovete muovervi da dove siete". Così, quando arriva l'Imperatrice - che era la signora -, lei le chiede perché usciva sempre, e quella le racconta che aveva tre bei figli maschi; poi erano spariti e lei li va cercando. La ragazza allora le promette di farglieli ritrovare, e si prende otto giorni per preparare ogni cosa. Per quattro giorni si occupa dell'Imperatrice: la lava, la veste con abiti ricchissimi, la pettina, perché i figli dovevano trovarla uno splendore. Poi le dice che può fare gli inviti per la festa, perché di lì a quattro giorni i suoi tre figli saranno di ritorno. Lei manda tutti gli inviti e promette alla ragazza che, se è vero quello che ha detto, sposerà il primo dei tre. Il giorno stabilito l'Imperatrice fa vestire la ragazza con un abito tutto ricamato di pietre preziose, con seta e velluto, perché anche lei doveva figurare una principessa. Quando tutti gli invitati sono arrivati, si apre una porta e vengono fuori i tre "picciutteddi". "Cunsiddirati la cuntintizza!": la madre si getta ad abbracciare i figli e i figli piangono di commozione. Poi fanno il matrimonio tra la ragazza e il primo dei ragazzi e tutti sono felici e contenti... "Iddi arristaru filici e cuntenti. nuantri ccà munnannu li denti...".

Ride.

È così che Onofria finisce sempre le sue storie. Allora io mi metto a ridere, anche se mi ero commossa. Quando Onofria comincia a raccontare, non m'importa più di non andare in giro, come fanno gli altri bambini... Certo, io ho te per compagnia, e Agatuzza, l'amica che non mi lascia mai... Anche adesso sei rimasta con noi, Agatuzza, e la storia l'avevi già ascoltata; vuoi bene a me e a Fratuzzu, sei rimasta per farci compagnia... Se non avessi voi, che noia! Perché non mi mandano a scuola. Perché non posso giocare insieme ad altri bambini? Perché non vado a passeggio, a guardare le vetrine dei negozi?... Sì, qualche volta ci vado con la mamma, ma sempre così in fretta! L'unica uscita che mi permettono è quella per andare al catechismo... Ti par giusto, Agatuzza? Papà dice che sono delicata e l'aria fuori è piena di veleni... Qui ci sono gli alberi, e i fiori, e tante erbe profumate, come nel giardino delle tre serpicine .. Onofria coltiva delle foglie che guariscono le ferite, e se stai male, se ti manca il respiro come succede delle volte a me... Chissà se le sue erbe avrebbero il potere di far rivivere?
Delle volte al catechismo padre Giuseppe parla della morte; non ho capito ancora bene che cos'è, la morte... Poi arriva sempre Gesù, e la morte se ne va: come l'erba

BUIO

SECONDA   GIORNATA

Fratuzzu è seduto da una parte. Ad un polso tiene legato un filo alla cui sommità c'è un palloncino, sospeso nell'aria, a forma di cuore e tutto argentato: la sua dimensione è proporzionata, come per Fratuzzu rispetto a Gardenia, che è una ragazzina di sette anni.
Gardenia accarezza delicatamente i contorni del palloncino.

GARDENIA - Benvenuto tra noi! Ti chiameremo Cuoredargento. Rosalietta ti ha regalato a me, perché ha capito che ti avrei voluto bene, quando al catechismo lei ti teneva appeso al banco: io non riuscivo a toglierti gli occhi di dosso! Tu sei libero. danzi nell'aria, voli... come vorrei riuscire a fare io! Potrei lasciarti andare in cielo, ma io voglio che tu resti con me, insieme a Fratuzzu e ad Agatuzza.

Cuoredargento oscilla sotto le dita di Gardenia che percorrono il filo.

Guardate, sta dicendo che vuol stare con noi! Ci faremo compagnia! lo ho quasi sette anni, sono grande. Mamma mi insegna a leggere. Scrivere, ho appena cominciato. Il mio nome...

Disegna a gesti con le mani davanti a sé, sporgendosi dall'asse d'equilibrio.

La "G" è una signora grassa, tonda tonda. che si porta le mani al petto. verso l'alto... La "A" è una bambina con la gambetta in avanti, come se ballasse... Quando metto il vestitino di tulle, ballo anch'io... È' bellissimo! Viene l'insegnante, è una ballerina che ha già il nome scritto sui manifesti, nei teatri... Mi fa lezione qui, io non vado da lei come le altre bambine. Dice papà che sono delicata, e così faccio tutto a casa: scuola con la mamma, e poi danza, sempre qui...

Accenna qualche passo di danza.

E mi chiamo Gardenia! La mamma mi ha detto che è stato papà a volermi chiamare così; è il nome di un fiore che a lui piaceva tanto, lo regalava sempre alla mamma quando erano fidanzati. Lei mi racconta: "Tu non c'eri ancora, e papà aveva già deciso: 'Se sarà una bambina la chiamiamo Gardenia!'. E io chiedo: "Ma dov'ero? Dove, se non ero qui!?". È una cosa difficile da capire, "non esistere". Se esisto, esistevo! Esistere, non esistere... La mamma ride e continua a dire: "Non c'eri! Non c'eri e basta! Come posso spiegarti?". lo mi arrabbio, mi metto a strillare, non mi va che io non c'ero e gli altri se ne andavano in giro e facevano ogni sorta di cose divertenti... Adesso che sono più grande, qualcosa comincio a capire, di questo fatto che prima non c'ero. Padre Giuseppe al catechismo mi ha detto che io c'ero da sempre, anche se non stavo qui, con la mamma e il papà!

Fa una piroetta e corre tutt'intorno a braccia aperte nell'atteggiamento del volo.

Ero in cielo con Dio. In mezzo alle nuvole!...

Si ferma.

Papà non c' è quasi mai. È' sempre occupato non so dove. E non vuole che io esca di casa. Posso andare soltanto al catechismo, mi accompagna Onofria... Quando sarò grande, andrò in collegio a Firenze, come la cugina Angelica che è partita a settembre, per andare a studiare da maestra... Qui sto bene, leggo i giornalini, guardo i disegni degli animali e degli uccelli... Mi dispiace però che sono sola! Delle volte gioco con Salina, ma non è la stessa cosa! Con le bambine, appena posso, faccio tanti discorsi: quando ci incontriamo al catechismo. c'è sempre un po' di tempo prima di cominciare; parliamo di vestiti, confrontiamo le cose che abbiamo addosso, e gli anellucci e le catenine; qualche volta ci siamo anche scambiate dei golfini... Mamma però non vuole e mi sgrida; le ho promesso di non farlo più. E' bello giocare con Salina, mi prende l'erba dalla mano, sento il solletico della sua lingua sulla pelle... E' ancora più contenta quando le dò una manciata di sale: appena capisce che lo sto portando per lei, si mette a belare; non la finisce finché non le sporgo la mano e lei se lo prende tutto, tirandolo su con le sue labbra delicate... A lei piace, a me farebbe venire una sete tremenda. Quando bevo il suo latte - la munge Onofria, dice che mi dà forza -, mi pare che sappia un po' di sale. Quel latte Salina lo fa per me. Prima aveva il caprettino: io ci giocavo, lo chiamavo Pomino, perché si mangiava le mele, quelle rosse dell'albero nel prato. Andavamo tutti e tre fino all'albero, poi da lì di corsa giù, fino al fiume che scorre in fondo e passa sotto il muro... Pomino poi, sono venuti un giorno, lo hanno preso due uomini - li comanda il nonno, stanno agli ordini suoi -; lo hanno legato stretto stretto, le zampette davanti assieme e le zampette dietro, tutto un giro di corde... Pomino non poteva più muoversi, e l'hanno portato via. Ho chiesto a Onofria dove lo portavano, lei ha alzato le spalle e ha fatto un gesto con la mano. Non ha detto parole, ma io ho capito da quel gesto che Pomino non lo avrei rivisto più. Per qualche giorno Salina ha continuato a lamentarsi; sembrava che piangesse, poi s'è calmata, è tornata a mangiarmi il sale dalla mano; Onofria la mungeva e lei s'è   scordata   di   Pomino...

Gardenia   si   mette   nella   posizione   dell'incaprettato.

... così. Pomino. Spero che poi l'abbiano poi sciolto. Se è un gioco, mi pare molto scomodo...

TERZA   GIORNATA

Gardenia ha sulla fronte una coroncina di fiori intrecciati. Tra le dita tiene dei fiori   e   delle   erbe.
Ondeggiando avanza sull'asse di equilibrio: la sua immagine si riflette lateralmente sullo specchio che fiancheggia la parete. Fratuzzu e Cuoredargento stanno su posizioni opposte, uno di fronte all'altro; Cuoredargento è legato all'estremità dell'asse d'equilibrio che Gardenia sta percorrendo con passo fluttuante, come se camminasse sull'acqua: è senza dubbio un ricordo di Ofelia.
Recita   ispirata.

GARDENIA – "Ecco del rosmarino... per ricordare:
prego, amore. ricordami... delle viole...
Queste   per   i   pensieri.
E una margherita: vorrei darti una violetta.
Ma   sono   appassite   tutte
da   quando   mio   padre   è   morto.
Ed   ecco   della   ruta,   è   per   te...
Devi   tenerla   sempre   nella   tua   mano...   ".

Salta giù dall'asse d'equilibrio, siede fra i due.

La mamma quand'era in collegio faceva il teatro, me la racconta sempre. Anch'io andrò in collegio, a Firenze, come la cugina Angelica: ci andrò appena avrò l'età giusta... In collegio si conoscono tante ragazze che vengono lì, a studiare, e si divertono tutte assieme. Anche tu verrai con me. Agatuzza: se dovessi lasciarti qui...   piuttosto   non   partirei.   E   voi   due...

Indica   Fratuzzu   e   Cuoredargento.

... vi farete compagnia, e noi ritorneremo, d'estate, per le vacanze, e staremo di nuovo tutti insieme! Quando mamma mi racconta del collegio, le vengono gli occhi lucidi, mi pare che stia per piangere... Allora io le dico: "Non sei contenta di essere qui?". E lei risponde di sì, perché sono nata io. Mi ha raccontato come si sono conosciuti lei e papà. Dal collegio l'avevano mandata per le vacanze in una bella villa dove c'era un giardino grandissimo e sotto, il mare. La gente va lì per incontrarsi: ballano, giocano sopra dei tavoli verdi, e vincono o perdono, secondo la fortuna... Lei ci era andata insieme alla nonna, e conosce questo giovane molto bello che le fa subito una corte!, regali, fiori -le gardenie cominciano da lì! - e bigliettini appassionati... Si innamorano e si sposano pochi mesi dopo, in un santuario dove c'era una Madonna che volevano come loro protettrice... La mamma ha poi saputo che la sua famiglia e quella di papà si conoscevano da anni e lavoravano insieme, si aiutavano: ma che cosa facessero, la mamma non lo sapeva; lei scopre che si conoscevano già e rimane male: perché non glielo avevano raccontato? Le dicono che volevano lasciarli liberi, che fossero proprio innamorati e non sposati perché le famiglie ci tenevano; ma lei si sente lo stesso un po' imbrogliata, ha l'impressione che ci sia qualche cosa di strano in quella storia; ma ormai è sposata, è inutile ripensarci, poi lei è contenta perché sono arrivata io! Tante volte mi ha raccontato di quando studiava in collegio, che le piaceva recitare, quando preparavano il teatro; avrebbe voluto continuare, ma come poteva? Ricorda intere scene, parola per parola; mentre dice quelle cose di gente che non ha mai conosciuto, piange, o ride, o si arrabbia... E' un'altra, la mamma, quando fa il teatro; mi dà spavento, ma mi piace da impazzire... E cerco di imparare quelle frasi... Certe volte ne invento, ricordando un po' quelle che diceva lei...

Risale   sull'asse,   ritornando   a   interpretare   Ofelia.

"Oh!, quale nobile animo è qui sconvolto!... L'occhio, la lingua...
La   spada   del   cortigiano,
del   soldato,   del   saggio...

La speranza e la rosa del buon governo...
lo specchio della moda e il modello di ogni virtù... tutto, tutto caduto! E io, la più afflitta.
la più infelice delle donne, io che succhiai il miele delle sue promesse armoniose,
ora vedo quella nobile, quella sovrana ragione stonata, stridula come dolci campane sbatacchiate...
quella forma meravigliosa di fiorente giovinezza annichilita dalla follia!... Oh!. misera, infelice io sono, perché ho visto quello che ho visto,
e vedo quello che vedo... ".

Salta giù e si toglie la coroncina dal capo, deponendola sul testone di Fratuzzu.

Non so perché questa ragazza sta soffrendo ma dico le sue parole e mi sento felice! Soffrire come se fossi lei, anche se non so perché, mi fa sentire libera, mi toglie questo senso di prigione che provo, non potendo uscire .. Mamma è triste, delle volte, comincia a fare il teatro, supplica, si tormenta, scherza, non importa quale sia l'umore della persona che lei è diventata...; dopo è calma. serena, la sua tristezza è scomparsa. Lei vorrebbe andarsene lontano, me l'ha rivelato una volta, anche se poi ha detto che scherzava. Ma come potrebbe andar via? Lasciarmi qui, non lo farebbe mai! Scappare tutte e due, come si fa? E i vestitini? Mangiare? E Onofria e tutti voi? Mamma a papà vuol bene, ma vorrebbe una vita diversa, una vita come le altre mamme che accompagnano i figli al catechismo, e alla fine tornano a riprenderseli. Certe volte vengono i papà, e dopo vanno in giro per i negozi, oppure al cinema tutti insieme... Cose che io non faccio mai, noi torniamo subito a casa. Mamma mi abbraccia stretta stretta, mi bacia e mi dice in un orecchio: "A papà non devi dire niente di quello che ti ho confidato! Prometti sul cuore di Gesù!". E io faccio la croce sulle labbra. Questa casa è bella, e ha un parco grandissimo... con un muro alto, .così alto che dietro si capisce la città solo per il rumore delle macchine, ma lontano lontano... Noi non vediamo mai nessuno. Poi arriva papà e dice quello che si deve fare; ma lui riceve i comandi da suo padre, mio nonno. Chi comanda non è papà, anche se con la mamma si dà le arie e dice sempre: "Fai questo fai quest'altro"; è il nonno a comandare papà, che poi comanda gli altri. lo non lo vedo quasi mai, il nonno; sta sempre con gente che viene da fuori... uomini vecchi, vestiti di scuro, dentro grandi automobili tutte chiuse; gli autisti li aspettano, hanno il berretto con la visiera... Da lui salgono anche dei giovani, grossi, vestiti male, forse lui gli fa fare qualche lavoro in campagna; non li ho sentiti mai parlare, e salgono dal nonno, all'ultimo piano... Sento che lui dice poche frasi. e quelli se ne vanno: non so da dove escono, arrivano al giardino, vanno su su, per i vialetti, fin dentro al bosco; papà mi ha proibito di andarci, perché ci sono delle buche, l' acqua che inghiotte sotto l'erba.... potrei cadere - dice - farmi male. Un giorno vorrei arrivarci, e porterò anche voi: Agatuzza davanti - la più coraggiosa! -, poi io con Fratuzzu per mano...

Si accosta a Fratuzzu e lo prende per mano.

E Cuoredargento stretto stretto a me...

Prende il palloncino e se lo lega al polso, facendolo oscillare; poi sale con l'orso sull'asse d'equilibrio facendo una piccola marcia.

Ehi! Andiamo nel bosco! Alla scoperta dei tesori!' Andiamo! Andiamo! Andiamo!

QUARTA GIORNATA

Gardenia sta seduta a terra insieme a Fratuzzu, che tiene Cuoredargenro fra le zampe: con voce appena sussurrata racconta lo strano fatto cui ha assistito.

GARDENIA - L'altra notte ero sveglia. Avevo mangiato troppi dolci. Onofria, non volevo chiamarla: me lo aveva detto. di stare attenta con la cassata!... E sento dei rumori sotto la finestra. come faceva qualche volta Salina: un suono, tra un belato e un lamento. non riuscivo a capire... Guardo giù. senza farmi vedere: c'erano quegli uomini che avevano portato via Pomino: stavano chini a terra. sopra qualcosa che non distinguevo... "Questi due vogliono portarmi via Salina - penso subito -, stavolta non glielo lascio proprio fare; pazienza Pomino, ma la capretta no!". E guardo ancora. con gli occhi mi sforzo di attraversare il buio. Un raggio di luna arriva fino a terra, e ho visto la faccia di Toniuccio! Quand'ero più piccola stava sempre a casa nostra; Onofria gli faceva gettar via la spazzatura e certe volte lo mandava a prendere il gelato per me, lui si comprava un lecca lecca. A un certo punto non l'ho visto più; Onofria ha detto che l'avevano mandato sulla montagna, perché doveva imparare il suo mestiere. Io volevo sapere che mestiere doveva imparare Toniuccio; insistevo per saperlo: lei ha detto soltanto: "Quello che il Padrone vuole, è legge!".
E il padrone è mio nonno. Avrei potuto chiedere a lui di Toniuccio, ma non ho confidenza; lo vedo soltanto quando scende dalle sue stanze, così di rado... perché spesso rimane di sopra, tutto solo, a mangiare. Quando viene, qualche volta, per pranzo, mi solleva sopra la sua testa e mi fa girare intorno come se fossi sulla giostra. Ride, mentre mi tiene stretta e grida "La più bella, la più ricca, la più potente picciuttedda della Sicilia". Io non capisco che cosa vuoi dire, però sono contenta perché mi sento importante, e poi, così sospesa nell'aria, sono leggera leggera... Certe volte dico dentro di me: "Se riesco a pensare che volerò, riuscirò davvero a volare e andrò lontano lontano!...". La mamma e anche Onofria saranno tristi perché non starò più con loro, ma io ho tanta voglia di giocare con gli altri bambini, e di andare a scuola, di chiacchierare, di mangiare con gli altri e non sempre da sola!... I bambini al catechismo mi hanno detto che imparano tutti insieme, con una maestra, e copiano i compiti l'uno dall' altro, e si scambiano le merende; insomma è più divertente avere degli amici! Io sola sola non mi sentivo quando per casa girava Toniuccio; da quella notte però non l'ho più visto, neppure ogni tanto, come quando era tornato dalla montagna. Lui veniva sul tardi, alla sera; era affezionato a Onofria, di sua madre non parlava mai, forse non ce l'aveva più. Onofria gli preparava le camicie, e maglie, calzini, queste cose. Anche pacchi di roba da mangiare. Delle volte lui non prendeva quasi niente, stava in cucina per un po' a guardare Onofria mentre lavorava, poi se ne andava via di furia. E quella notte stava lì, con la faccia a terra, sembrava proprio il muso di Pomino così gettato sull'erba, le braccia dietro, legate con la corda. anche i piedi, e le gambe ripiegate... come Pomino, davvero, quando quei due se l'erano portato via... E un

fazzoletto, stretto sulla bocca, per questo il lamento, il belato... Volevo scendere. Gridare. Ma non riuscivo, ero come incantata. Succede così nelle fiabe, coi banditi, quando c'è la luna piena. Quella notte la luna era rotonda, e nell'aria soltanto il rumore dei grilli, leggero, enorme nel silenzio. Io senza voce, e rigida. I pensieri, un turbine, dentro. "Se mi concentro. mi alzo in volo. scendo sotto e sollevo Toniuccio, lo porto via come l'aquila il capretto... ". Agitavo appena le braccia. aprivo le dita come penne... cominciavo a girare su me stessa... "Alzami Dio, devo volare! Così salvo Toniuccio!". Non ricordo nient'altro. Ho aperto gli occhi, era mattino: Onofria mi stava vicino e mi teneva sotto il naso un mazzetta d'erbe dall'odore acuto, quelle che coltivava lei: ho respirato forte, il profumo mi ha svegliato. ho rivisto le scene della notte. "E Toniuccio?", ho detto con fatica. Onofria ha alzato il capo come a dire "Non so", poi ha detto "Partito", e non ha parlato più. Mi aveva trovata a terra, ero svenuta; forse avevo battuto la fronte sul pavimento; mi ero alzata nel sonno ed ero inciampata. Io non capivo se avevo fatto un sogno, oppure se il ricordo di Toniuccio legato come Pomino era realtà. Se lo raccontavo, non mi avrebbero creduto. E non volevo che la mamma dicesse a papà che inventavo delle storie, non mi avrebbero più lasciato andare al catechismo.

QUINTA   GIORNATA

Fratuzzu è seduto con Cuoredargento accanto; in una zampa tiene un mazzetto di erbe. Gardenia passeggia e si rivolge via via ai due amici.

GARDENIA - Mi piace andare al catechismo. E' stato come scoprire il mondo. Ma ci vado così poche volte in tutto il mese! Padre Giuseppe fa lezione e racconta delle storie meravigliose; è un po' come sentire Onofria quando mi racconta le sue fiabe, però c'è sempre Gesù a fare delle cose prodigiose, i "miracoli". Nelle storie di Onofria invece ci sono tanti personaggi, anche ragazze: fanno delle cose che non si possono spiegare e portano gioia dove prima c'era morte. Io non so che cosa sia questa cosa, la morte: ne ho sentito parlare dai grandi; tutti i bambini, al catechismo, sanno cos'è perché non fanno mai domande, quando padre Giuseppe parla della morte; lui, insieme alla morte, mette sempre la "resurrezione": qualcuno che si era addormentato e non si svegliava più, apre gli occhi, si rialza e cammina, ride... e parla con i genitori... con gli amici. Vi racconto quello che padre Giuseppe ci ha detto di una bambina, una come te e te, Agatuzza... mi vengono ancora i brividi a pensarci!: se succede a noi, chi ci fa risvegliare? Noi Gesù non ce l'abbiamo. Ma quella volta lui era lì, in mezzo alla gente, e arriva uno, che era molto importante ma in quel momento era soltanto un papà disperato perché la sua bambina stava male. Lui si era messo in mente che Gesù potesse salvarla. Così si getta ai suoi piedi, e lo prega, lo prega finché Gesù decide di andare con lui. Mentre camninano, arrivano incontro a loro, dalla casa, dei parenti, e gli dicono che non serve più che Gesù vada dalla bambina, perché è "morta". Gesù però non gli dà retta e continua ad andare avanti assieme al papà: entrano in casa: tutti stanno piangendo, urlano e lui Gesù li sgrida, domanda perché fanno tanto strepito e piangono, dato che la bambina è soltanto addormentata: loro gli dicono che è matto, si arrabbiano perché Gesù li vuole illudere, mentre per la bambina non si può fare più niente. Lui però entra nella stanza della bambina insieme al papà e alla mamma che era disperata, lei qualunque cosa voleva tentarla, per riavere la sua bambina... Entrano tutti e tre: Gesù prende la bambina per mano, le dice di alzarsi...

Tutto quello che avviene dietro il comando di Gesù, Gardenia lo esegue come se fosse lei a ricevere quei comandi.

... e lei si tira su di scatto e si mette a camminare! Su e giù per la stanza come se niente fosse! Gesù allora dice ai genitori di non farlo sapere a nessuno, quello che ha fatto: poi dice che devono darle da mangiare, alla bambina: si raccomanda proprio che le diano da mangiare... Come facevano, quel papà e quella mamma, a non far sapere che la loro bambina era viva, mentre avevano creduto che fosse morta? Subito la notizia è andata in giro, e così l'abbiamo saputa anche noi!

Si mette a correre in tondo, saltellando.

È così bello correre e saltare!

Gardenia si illumina.

Ecco la differenza tra vita e morte! Non correre e non saltare è la morte: anche tu, Agatuzza, lo sai! E per questo ti sei tanto rattristata, come me, per i ragazzi della grotta! Dobbiamo raccontarlo anche a Fratuzzu che non c'era, e a Cuoredargento che non era ancora con noi.

Si rivolge a Fratuzzu e a Cuoredargento, si avvicina a loro.

Eravamo andati nella casa della montagna. Quando papà mi porta là con la mamma e Onofria, vuole che con noi prendiamo poche cose. Decide sempre in fretta; quando dice che si parte, la macchina è già fuori... Mi piacerebbe, una volta, portarti ma sei grosso, sul sedile assieme a noi non ci staresti. C'è mamma, poi io, e Agatuzza sulle mie ginocchia: se i miei sapessero che c'è Agatuzza, non la lascerebbero venire: ma loro non ti vedono, Agatuzza. Non devi dispiacerti, Fratuzzu, se non ti abbiamo portato.

Siede in faccia a Fratuzzu.

La casa ha di fronte il mare: è bellissimo fare il bagno nell' acqua verde... giù giù, tu la vedi venirti incontro mentre fai la scaletta nella roccia. Ho chiesto una volta a papà di portarci i bambini del catechismo, ma lui ha detto che non vuole responsabilità, che se capita qualche cosa non ci vuole andare di mezzo, e che qui e che là... Lui non sa che io al mare ci vado con Agatuzza...

Ride rivolta all'amica immaginaria che lei vede seduta accanto a sé.

... e Agatuzza di bagni se ne fa quanti ne vuole, nuota meglio di me!, ha il coraggio di spingersi al largo e si mangia i ricci senza pungersi!, qualche volta me ne porta uno perché sa che mi piacciono tanto! Insomma, quando andiamo alla casa della montagna, io mi diverto un sacco!: nessuno può vederla, perché è dentro la roccia. Quando siamo là, mi par di vivere nelle fiabe di Onofria... Un giorno arriviamo, e scendiamo subito in spiaggia: io nell'acqua tiepida cercavo conchiglie, mamma prendeva il sole e Onofria mi teneva d'occhio, tutta vestita come il solito, che non le ho mai visto neppure una caviglia. Era passato pochissimo tempo e papà scende, dice a mamma che deve tornare subito a Palermo; lei si arrabbia, non le andava di restar sola anche quella volta, dice che vuole partire anche lei: discutono, poi papà cede, partiranno tutti e due, io resto con Onofria, loro torneranno al più presto, quando il nonno - perché è lui che lo ha chiamato - lo lascerà di nuovo andare. A me piace l'idea di restare da sola con Onofria; mi fa sentire grande, indipendente... Loro se ne vanno e noi restiamo sulla spiaggia, poi torniamo su. Onofria si va a fare il bagno nella vasca, anche solo l'odore del sale le dà fastidio e approfitta che mamma non c'è per curarsi un po'. Mi raccomanda di lavarmi e pettinarmi, io protesto, ho ancora voglia di giocare e vado in giardino; lei brontola ma poi cede, e mi raccomanda di non allontanarmi. Il giardino si allarga dietro la casa ed è tutto circondato dalle rocce. A me piace spingermi fino in fondo; da un momento all'altro mi aspetto di incontrare lu Diavulu Zuppiddu... i tri figghi di mircanti... lu re de li setti muntagni d'oru... quelli che vivono chissà dove e tornano nei sogni... Arrivo fino alle rocce e, a un certo punto, sotto le foglie delle more noto una fessura... e ne usciva una musica... canzoni come da una radio... ma non poteva essere: veniva da dentro la montagna... Scostando le foglie, mi accorgo che c'è proprio un'apertura. Tu Fratuzzu non ci potresti entrare, ma Agatuzza sì, che è sottile, e allora io le dico: "Dai, prova tu a entrare nella roccia, io ti vengo dietro ...". Agatuzza è entusiasta, dice che è come entrare in una fiaba... Dopo di lei passo facilmente; mi trovo in una camera grandissima, rotonda, che piglia luce dal cielo: nel mezzo, in alto, c'è come una finestra, e tutt'intorno rami che scendono... E poi c'è un corridoio, si curva subito e non riesco a vedere dove va, ma è da lì che arriva la musica. A terra vedo tre pilastri di cemento: e dentro, tre ragazzi di pietra; sono i picciutteddi della fiaba, sono "li tri belli curuni mei" dell'Imperatrice! Incantata pensavo: "Allora le fiabe dicono la verità!". Quella grotta era il palazzo, io la ragazza arrivata dal bosco... e loro... dovevo salvarli! Ma dove trovare l'erba delle serpicine? Le foglie di Onofria! Le aveva usate anche con me, per farmi rinvenire. I ragazzi mi guardavano, immobili; nella loro fissità sentivo che mi imploravano. Anch'io avrei potuto sposare uno dei tre, se li facevo rivivere. Li guardavo, erano belli tutti e tre. Ma non c'era tempo per contemplare quelle facce grige e immobili. Sono corsa fuori, il vestito si è impigliato nei rami e la stoffa si è strappata, ne è rimasta un pezzetto tra i rovi. Onofria era in giardino, mi cercava. Appena mi ha visto mi ha preso in braccio, non ha voluto più lasciarmi andare. "Dov'eri... dov'eri... " continuava a ripetere. "M'ha fattu spavintari... ". Io mi divincolavo: "Ho da fare - le ho gridato -. lasciami!". Ma lei non mi mollava. "Si lu veni a sapiri tu patri... ". andava ripetendo a bassa voce, e io cominciavo a rendermi conto che lei si era veramente spaventata. Per un attimo ho pensato di dirle dei tre ragazzi di cemento, che mi serviva la sua erba magica... Ma non sarei riuscita ad ottenere niente. Non mi avrebbe creduta. E anche se mi avesse creduta. sarebbe capitato qualcosa di spaventoso: perché la magia richiede il segreto. Era meglio star zitta: appena potevo ci tornavo, in quel posto, ci tornavo con l'erba di Onofria, quando lei non mi vedeva. Quando stavo quasi per parlare, Agatuzza mi ha chiuso la bocca con la mano; poteva capitare una disgrazia, me l'hai sussurrato all'orecchio e allora non ho più detto niente. Il giorno dopo siamo andate insieme fino alle rocce; Onofria si era addormentata dopo mangiato, ancora seduta tavola, e io e Agatuzza siamo corse via. E' stato facile trovare il punto dove eravamo entrate nella grotta il giorno prima: attaccato ai rametti di more c'era il pezzetto di stoffa del vestito, che mentre uscivo si era impigliato... Ma dietro ai rami non c'erano aperture! Come se quella roccia, di fessure non ne avesse avute mai! Dall'interno non usciva nessun suono. Scendevano dei rami, lunghi a corona, come proiettati da un centro che da dov'ero non potevo vedere. U n uccello dall'alto continuava a fare dei giri; poi si è calato, e gridava; il verso si perdeva soffocato, dentro una cavità... sembrava un pianto. Agatuzza tremava; mi ha spinto via, di corsa, fino a casa; mi ha messo in

mano il catechismo... "Non sei Gesù - mi diceva in un orecchio -; non puoi far
rivivere nessuno, le fiabe sono fiabe: le bambine fanno rivivere i ragazzi soltanto
nelle fiabe". Ma mi bastava questo. Era come se non servissi a niente, come se
non esistessi. Sfoglio il catechismo lasciando andare la mano dentro il libro. E poi
è venuta fuori una riga diventata più grande delle altre, mi è saltata fino agli occhi
e così ho letto: "Chi conosce il tuo nome da prima che nascessi?".

SESTA   GIORNATA

*Fratuzzu e Cuoredargento sono insieme. Il Palloncino è al braccio dell'orso. Da
fuori le note finali di un pezzo per Pas de deux. Gardenia entra affannata. Indossa
un tutù in tulle da danzatrice classica. Ai piedi le scarpette da danza sulle punte,
sulle   gambe   uno   scaldacosce.*

GARDENIA - Se ne è andata! La mia cara insegnante partirà domani per una
tournée!... Voi non sapete che cos'è una tournée; Agatuzza sì perché ne abbiamo
parlato un sacco di volte, vorremmo andarci anche noi, quando saremo grandi. Una
tournée è... andare in giro per le città dove ci sono dei bellissimi teatri, lì ballare
tutte insieme, noi danzatrici: volare con la musica. come una fata. un cigno... o un
raggio di luna, Io ballo sempre sola, le altre bambine vanno... a lezione in palestra:
papà non vuole. Quando andrò in collegio a Firenze starò anch'io con le altre,
adesso sono qui con Agatuzza, e lei mi aiuta, mi spinge, mi consiglia...

Abbraccia   se   stessa   facendo   alcune   giravolte   intorno.

Agatuzza, non lasciarmi mai! Devi stare con me, con Fratuzzu e Cuoredargento!...
Sempre insieme, e ci facciamo compagnia!...

Si   accosta   a   Fratuzzu   e   a   Cuoredargento   con   tono   confidenziale.

Voglio raccontarvi una cosa... Onofria non mi deve sentire. Ho paura che vengano
a sapere che ho scoperto un segreto. E' successo stanotte... Agatuzza aveva caldo e
voleva che aprissi la finestra: allora ni alzo e spalanco i vetri sul giardino... E
subito si infila fra le tende un cervo volante tutto d'oro... Era bellissimo e
splendeva sotto la luna: io lo seguivo nel suo volo, finché ronzando lui sparisce in
basso, si infila sotto il pavimento... Sento che il suo piccolo motore prosegue la
corsa allontanandosi, e l'immagine che mi viene nella mente è quella di un lungo
corridoio. Appoggio l'orecchio alla parete: quella si apre e sono proiettata in un
passaggio stretto... L'oro del cervo in volo mi è davanti facendomi luce: poi si
inerpica per una scala piccola. ripidissima: mi precede come una lanterna. Alla
fine sparisce; avverto un brusìo indistinto di voci, lo sovrasta il rumore invadente
dell'insetto, tutto il resto è silenzio. Poi una voce - ma è quella del nonno! -:
"Chissà commu è arrivatu chistu finu accà". Si dilegua il ronzio, immagino una
finestra spalancata, ritornano voci sovrapposte. C'è un'aria di minaccia, si
contrastano... Afferro qualche parola... "Ammazzari", e altre con violenza..
"Vennu a'mmazzanu a mia!"... ripetute, confuse; poi la voce del nonno che chiede
silenzio, con ira, e di nuovo un vuoto che mi fa paura, e le voci sovrapposte, uno
sciame di mosche... Agatuzza mi trascina via, "Se ci scoprono sono guai". Soltanto

allora mi rendo conto che siamo dentro a un incantesimo, perché si sono aperte le pareti e qualche spirito maligno ha preso la voce del nonno...
Corro e corro... Agatuzza mi trascina come il vento, arrivo alla mia stanza e la parete si richiude. Sono di nuovo a letto, mi faccio il segno della croce... "Chi conosce il tuo nome prima che nascessi?". "Dio": lo dico tutto d'un fiato e mi addormento. E stamattina non so se ho sognato. Provo a toccare la parete, ma resiste, pesante. Il salone del nonno è lontano rispetto alla mia stanza; avrei dovuto percorrere tutta la casa, su su dentro i muri e salire, salire per i piani. Rido. Non c'è più niente. Niente di niente di quel sogno. Lo scaccio dalla mente, ed ecco un suono, vibrato: il cervo d'oro!, lo vedo riapparire di sotto alla parete; si rialza e scompare ronzando dalla finestra spalancata. E così strano tutto questo, così... grande in confronto a me! Oh!, statemi vicino!, voglio crescere per riuscire ad esser libera! Adesso devo fare la bambina. Ma dentro il petto ho schegge di cristallo che vogliono riunirsi e fare un cuore, e per ora mi pungono soltanto!...

SETTIMA   GIORNATA

Gardenia indossa un grembiule bianco molto semplice; di quelli che le bambine indossano per la prima comunione, come si usa adesso al posto dei vestiti carichi di pizzi e tulli. Durante il racconto andrà togliendoselo, per rimanere con il suo consueto   abitino   a   quadretti   bianchi   e   rosa.

GARDENIA - Hanno ammazzato il papà di Rosalietta! lo sono arrivata al catechismo. come sempre: doveva esserci la prova delle tuniche...

Mostra   il   grembiule.

- la vedete. è questa - per la Prima Comunione... Dovevamo andare tutti quanti, le bambine e i bambini. C'erano anche le mamme, volevano assistere alla prova, e la sarta era venuta in chiesa dove facciamo l'ora di lezione. Mi aveva accompagnato mamma anziché Onofria: ci teneva a vedere come stavo con la tunica: a papà sarebbe piaciuto il vestito con i pizzi, la coroncina di fiori d'arancio, come ai suoi tempi... Ma questo adesso non importa, che testa pazza tengo!, parlo di cose stupide e Rosalietta suo padre non l'ha più! Siamo arrivate lì. che confusione! Padre Giuseppe era pallido, diceva "L'hanno ammazzato perché era giusto!". Le mamme piangevano, e piangevano anche i bambini. Ripetevano tutti "Rosalietta, povera Rosalietta! Rosalietta, povera Rosalietta", non riuscivano a dire nient'altro. Mamma mi teneva la mano stretta stretta; io piangevo, un po' anche per come mi stringeva, ma il dolore era per Rosalietta: ti ricordi Cuoredargento?; è lei che ti ha regalato a me. E mi è venuto in mente il suo papà; era venuto, una volta, e padre Giuseppe gli aveva fatto tante feste... "Era un giudice - dicevano le mamme -, un magistrato, uno che voleva far giustizia: l'hanno ammazzato perché stava per prenderli". Padre Giuseppe a un certo punto ha fatto un segno, tutti son stati zitti e lui ha detto: "Andiamo, la città sta muovendosi. Andiamo a casa di Rosalia". Ho sentito al braccio uno strattone: mamma voleva andare via; piangeva ma in silenzio, era diverso il pianto suo da quello delle mamme degli altri... Intorno la gente cresceva sempre di più; la chiesa era piena, piena la strada e la piazza più avanti, e i giardini, e i viali; tutto, era pieno, pienissimo, gremito, di gente che si teneva per mano e camminava verso la casa della nostra compagna. Ero anch'io dentro quella catena: mamma mi teneva una mano, ma l'altra stava in quella del padre, che la stringeva come se capisse che la mamma cercava di sfuggire e voleva che stessimo con loro.

Nell'altra mano di padre Giuseppe c'era la mano di Carmelo che teneva la mano di sua mamma che teneva la mano di Floriana che teneva la mano di Matteo, e così continuando... Mani diverse, immense e piccoline, chiare e abbronzate, macchiate di colori, sporche di terra, velate di farina, segnate dalla biro, oppure candide, coi segni del cucito, gelate come di chi vende il pesce fresco, profumate di frutta, calde di pizza uscita dal forno... mani infinite fino a Rosalia che stava in mezzo ai fiori, una montagna!... E se ci foste stati anche voi due, mani anche voi avreste avuto, come Agatuzza che metteva la sua fra la mia mano e quella di Giuseppe... Perfino tu, Cuoredargento, mani ti sarebbero cresciute per quella bellissima catena che ti faceva sentire con la gente! Da quella folla si è staccata una donna: non era una mamma. stava tutta avvolta in un mantello nero, e frange d'oro le pendevano dalle spalle, come nelle fiabe di Onofria le regine... "E' un'Imperatrice?", ho chiesto alla mamma. Lei era persa dietro ai suoi pensieri, non ha risposto. Ma padre Giuseppe mi aveva sentito: "E' un giudice - mi ha detto -, una donna che è magistrato; prenderà il posto del papà di Rosalia". Tutti applaudivano a quelle parole, e la donna chinava la testa; era serio il suo viso, e io pensavo: "Allora anch'io posso diventare come lei! Una donna non è come mi dice il nonno e papà, che deve stare soltanto dentro casa, e cantare e ballare per gioco... Anch'io, allora!", pensavo. Intanto la gente piangeva, applaudiva e imprecava. e aumentavano i fiori, bellissimi. di tutti i colori, una montagna proprio. "Domani in cattedrale!" gridava padre Giuseppe. "Domani in cattedrale!" ripeteva la gente, e rimanevano tutti lì, non c'era spazio e non c'era respiro... A un certo punto non ho visto più niente. Ho riaperto gli occhi e mi sono ritrovata a casa. Onofria mi ha dato la merenda. Volevo dirle quel che avevo visto, ma lei non ascoltava. "Faciticci la cruci", mormorava, e se n'è andata in fretta, lasciandomi pane e marmellata. Ma io non avevo voglia di mangiare e son corsa da voi. Cosa possiamo fare? Io voglio andare in Cattedrale, ma questa casa ha muri di ferro. Agatuzza soltanto può scappare, ma senza di me che può dire? che può fare? Domani voglio andare in Cattedrale, saranno tutti là per salutare quel giudice papà di   Rosalia!...

TRAMONTO

Gardenia indossa il solito vestitino a quadretti bianchi e rosa. Lo specchio che stava di lato, specchiando soltanto lei quando vi si avvicinava, è sparito dietro a una cortina di velluto rosso; lo si scoprirà alla fine, per ora non si deve sapere che si   trova   là.
L'asse d'equilibrio non sta più lungo lo specchio nella posizione di prima, ma è posto parallelo alla ribalta, in una posizione abbastanza avanzata sulla scena. Per terra, un po' di sabbia e una conchiglia gigantesca, di quelle che si pongono all'orecchio per sentire il rumore del mare. Fratuzzu è seduto a terra e sul testone porta un cappelluccio di paglia da spiaggia.
Anche Cuoredargento porta un cappelluccio di piquet bianco. ed è legato con il suo filo all'estremità dell'asse d'equilibrio, che dà verso lo quinta.

GARDENIA - Eravate nello scatolone e non vi siete accorti di niente. Siamo partiti stamattina presto, io ero ancora addormentata. Mi hanno preso con il materassino e le lenzuola: mi sono svegliata soltanto in macchina, molto tempo dopo. Qui voi non siete stati mai; se vi hanno portato, vuol dire che ci fermeremo per parecchio; loro lo sanno, che vi sono affezionata, e sapevano che volevo andare in Cattedrale... Vi hanno portato qui per distrarmi, per non farmi pensare a tutti gli altri che adesso sono insieme intorno a Rosalietta e al suo papà... Non sanno, loro, che voi siete gli amici più cari, che conoscono tutto di me... Agatuzza freme, vuole andare, vuole andare... vuole andare in Cattedrale .. Come possiamo fare?   Come,   per   andare?

Si mette lo conchiglia all'orecchio, come se volesse far emergere dal nulla la voce dell'amica immaginaria che guida i suoi pensieri e la consiglia.

Agatuzza. di' tu. Che facciamo? Fratuzzu te lo chiede, con me... Vuoi venire anche lui in Cattedrale... E Cuoredargento. sì, vuol venire! Sissì non t'inquietare. Coruzzu meu: se andiamo, anche tu partirai insieme a noi...

Continua ad ascoltare. Dal silenzio emerge dapprima lontano e poi sempre più forte e più ampio, come un respiro, il suono del mare. Come se una voce suggerisse, e Gardenia la segue nello sviluppo facendola diventare parola.

"Questa volta potrebbe intervenire... Non è una richiesta per capriccio... un volare per gioco... Non è neppure una scommessa con Agatuzza che mi provoca... Gesù potrebbe farlo... se lo chiedo con vero amore... con vera passione... se ci tengo tantissimo   insomma".   E   allora,   via!

Si alza di scatto mentre prosegue il respiro del mare, e lei continua a parlare sempre più presa dall'entusiasmo di quello che sta convincendosi di essere una bellissima soluzione.

Chiediamo   di   volare!   Andremo   tutti   in   Cattedrale!   Agatuzza   davanti...

Esegue via via quanto va dicendo. Sale sull'asse d'equilibrio, che ondeggia come un   trampolino.

... Sopra la schiena di Fratuzzu... Cuoredargento ben sicuro alla zampa di Fratuzzu ...   e   anch'io   sopra   di   lui...

Ci   si   mette   abbracciandolo   con   mossa   affettuosa.

Come sei dolce e caldo... Come sei tenero, mio caro bestione, Fratuzzu meu... Andiamocene tutti in volo... arriveremo sopra il campanile... e di lì, poi di corsa giù, nessuno ci vedrà, non devono sapere che siamo arrivati dal cielo. Chiudo gli occhi e mi concentro e penso intensamente: "Fammi volare Gesù!". Tutti insieme! Via! Liberi! Nell'aria!

BUIO

Il respiro del mare aumenta d'intensità. Quando le luci si riaccendono c'è soltanto
più l'orso Fratuzzu, diventato un orsetto piccolo, come lo vediamo in proporzione
noi adulti, un piccolo palloncino argentato a forma di cuore, e una piccola
conchiglia.
Il sipario di velluto rosso è caduto e la gente vi si specchia.
In crescendo un suono di campane si sovrappone al rumore del mare e lo sovrasta.

CORNICE A CONCLUDERE

Dopo   le   giornate   e   il   tramonto.

Il sipario di velluto rosso è chiuso. Il tavolino, di lato.
Rosa-Gardenia adulta riappare dall'interno, scostando il sipario.
Siede, avvolta nel mantello nero; tra le mani, l'orsetto di peluche e la conchiglia.
Mormora le ultime parole di Gardenia-Bambina, come ricordando quel tempo.
Sorride.

ROSA-GARDENIA -
Il   mare   ha   fermato   il   nostro   volo...
Lontani   gli   anni   dell'infanzia...
Un   passo   un   altro   passo...   Dolore
per   capire   Le   favole,   finite...

Si drappeggia il mantello dispiegandolo. Vengono fuori le frange, le spalline
dorate di un mantello da tribunale. Si alza il brusio di molte voci dal fondo della
sala.
Rosa-Gardenia si avvia scendendo dal palcoscenico verso il fondo della sala.
Cresce   il   brusio   delle   voci.

FINE

LA PURA NUDITA'

21 monologhi per attore[16]

1   LA RUSA FIL CARUSA I
2   IO SONO MIO MARITO
3   SOSPESO NELL'ANSIA
4   IL ROSSETTO E' L'ALIBI
5   IL GIUDICE RIDEVA APERTAMENTE
6   ERO USCITO VESTITO DA ZINGARA
7   MI CHIAMAVANO LA CARDINALE
8   URLAVA PRETENDENDO GLI OCCHI
9   LE CELLE INFINITE DELLA NOTTE
10 CIAO MONSIGNORE!
11 LA RUSA FIL CARUSA II
12 LA RISTOURNE
13 MI STACCO LE SCARPE DALLA BOCCA
14 LA PURA NUDITA'
15 COME UNA PUPA FRAGILE DAL BOZZOLO
16 LE TOVAGLIE SI TINGEVANO DI PORPORA
17 LIBERE LE BOCCHE NELLE GRIDA
18 UNA RISATA BREVE
19 IL SIGNORE DELLE ONDE
20 LA PROCESSIONE DEGLI INTAGLI
21 DALL'ALTRA PARTE

1. LA RUSA FIL CARUSA I
Un muro bianco . Davanti al muro, un uomo né giovane né vecchio. Giacca e
pantaloni scuri sopra una camicia bianca.

A Tunisi, da bambino, mi mettevo addosso gli stracci
che scovavo per casa, tovaglie, asciugamani dalle lunghe frange... E veli,
nastri, garze... Li drappeggiavo intorno al corpo
e uscivo a ballare per la strada; biondo, bellino,
snello sembravo una bambina; nel quartiere
 mi applaudivano ridendo e canticchiavano
"La rusa fil carusa... La rusa fil carusa...", all'infinito
ripetevano "La sposa va in carrozza... " , canta così
la gente , quando passa una sposa e il suo corteo.
Avvolto nei miei teli candidi, il corpo acerbo,
la pelle luminosa e la voce sottile,
sembravo davvero una sposa.

---

[16] Mario Ferrero, per la festa dei suoi Cinquant'anni di teatro al Festival di Todi del 1997, scelse alcuni di questi monologhi per offrire ai tanti amici convenuti un omaggio di sé. Così queste storie, rubate a un personaggio vero e diventate poemetti, presero voce e sensibilità esemplari attraverso il grande Maestro di teatro.

Bambino, ero approdato a Tunisi
insieme a padre e a madre, poverissimi, dalla Sicilia
in cerca di lavoro. Avevo subito amato la città,
bianca di luce, le case azzurre fra le palme della collina
e i bar discreti dove c'era sempre qualcuno
che preparava piccole cose da mangiare, e tu potevi entrare,
fermarti a godere la frescura dei muri spessi, e danzare
e cantare... Tante volte ho fatto l'amore
con i signori che incontravo lassù; da povero
diventavo prezioso, costavo un mucchio di soldini.
Seducevo, mi ritraevo, mi concedevo
e mi negavo. Un giorno una parente di mio padre mi aveva detto
che ero nato da una donna ricca e nobile
rimasta sconosciuta; prova di un amore da nascondere,
ero stato affidato a quella vecchia che mi aveva poi dato ai siciliani.
Dov'era la mia madre vera? Chiudevo gli occhi
respirando profondo; immaginavo
che quello stesso vento stava sfiorando la sua faccia...
Quanto l'avrei amata se soltanto l'avessi conosciuta! Per la vita
che mi aveva dato, malgrado il tradimento; volevo vendicarla.
Seducevo i maschi: dovevano pagare
per avermi, ed ero io come donna a abbandonarli.

2. IO SONO MIO MARITO

Ero andato a vivere lontano, Roma, Parigi, Londra...
Ritornavo nella mia città per nostalgìa.

Con cura, giorni prima, mi preparavo al viaggio. I vestiti,
dovevo scegliere i più adatti. La Standa era il mio regno.
I modelli di Marta, la contessa: a bracciate li rapivo
alle stampelle, e via! nel camerino a provarli
sgusciando fuori dai miei abiti maschili.
Alla cassa gettavo sul banco i capi scelti,
pagavo rapido. Fuori di corsa col mio pacco di fantasmi.
E finalmente la partenza.

Scendevo ad un albergo piccolo, nel cuore del quartiere antico.

Prendevo due camere, una per me, l'altra per mia moglie
che sarebbe arrivata poco dopo; affari urgenti da sbrigare,
raccontavo al portiere; capisse quello che voleva, una mancia
me lo rendeva amico. Appena in camera spalancavo le valige,
ne spargevo sul letto il contenuto, beatamente
mi ci rotolavo.

Poi mi gettavo in fretta a prepararmi.
Intorno agli occhi la matita nera, un rosa pallido le labbra,
gli occhiali scuri sulle ciglia truccate; morbidi i pantaloni
sopra una blusa ampia, un mantello ad avvolgermi tutto;
il cappello, con la tesa abbassata, che il volto si intravvedesse
appena, ed ero pronto ad iniziare il gioco.
Scendendo di corsa gettavo la chiave sul banco eludendo
il portiere ed ero fuori, nel profumo dei datteri maturi.
Svoltato l'angolo, in un attimo mi infilavo la parrucchetta
che tenevo in tasca; via occhiali via cappotto ed ero lei!,
la me stessa sognata seduttrice, in giro per i viali affascinando
chi incontravo. A volte rimandavo la preda al giorno dopo,
per il gusto di tenerla sospesa, o soltanto per provare
il mio potere provocavo la richiesta di un incontro.
Poi tornavo in albergo. Chiedevo la chiave della stanza.
Il portiere, ossequioso, "Suo marito è arrivato - diceva -,
ma adesso è fuori; suo marito mi dispiace non c'è". Rapido allora
mi sfilavo la parrucca, mutavo gesti voce atteggiamento,
in me la natura si adattava all'uomo evocato dal portiere:
"Ma signore! - esclamavo - Cosa dite?! Io! Io! sono mio marito!".
Mi porgevano la chiave tremando, incerti se inchinarsi alla donna oppure salutarmi
come uomo. Finalmente salivo poi nella mia stanza,
e spiavo dalla porta socchiusa il via vai dei clienti dell'albergo.
A un certo punto apparivo in vestaglia e a passi svelti
raggiungevo l'altra stanza in fondo al corridoio.
Sapevo che qualcuno mi osservava , ne avvertivo l'occhio
lascivo che andava immaginando le mie nudità,
fino alla profferta sussurrata e all'assalto appena avessi fatto
un cenno... Sfuggivo mormorando "C'è mio marito... Attento! ";
e via frusciando nella mia vestaglia in una scìa di profumo di Coty...
Languidamente passavano le ore; sentivo crescere fuori dalla porta
lo spasimo di chi spera che gli arrivi un segnale; se bussavano, rispondevo
come il tanto temuto marito: la voce greve, un sigaro
alla bocca mentre dalla fessura della porta filtrava in corridoio
un fumo acre; l'uomo si allontanava infine, borbottando
trafitto dal sonno; allora in un dolcissimo lamento trapelava
la mia voce di femmina reclusa, vessata da un marito possessivo.
A quel tiranno addormentato sfuggivo, ed ero fuori un'altra volta,
nell'oscurità del corridoio, dove ombre assetate i miei amanti
mi inseguivano senza osare di toccarmi. Incominciava allora

un nuovo gioco, a rischio della vita , sfrontato. Decidevo
di lasciarmi raggiungere da chi più mi eccitava all'avventura
e scivolavo con lui nella stanza destinata alla rappresentazione.
Si scatenavano tra noi battaglie ardite; era concesso tutto per arrivare alla delizia
estrema. Cadeva poi nell'abisso del sonno
chi credeva di avermi da maschio posseduto: me lo guardavo,
avrei potuto ucciderlo, mi bastava abbandonarlo, beffato e vinto. Raccoglievo i
miei seni imbottiti; mi riavvolgevo nelle mie sottane
e me ne andavo vendicato. Ad attendermi nell'altra camera, da signora perbene,
mio marito col sigaro e la voce virile, pronto a intimorire
chi avesse ardito molestarmi...

Queste avventure... soltanto mio marito
avrebbe potuto averne sofferenza...
"Mio marito, signore?! Ma mio marito sono io!
Io sono mio marito!". E allora?!

3. SOSPESO NELL'ANSIA

L'uomo è rimasto con gli abiti del travestimento notturno.
La valigia gli fornirà in più occasioni gli elementi per rendere figurativamente le
sue avventure, anche per il trucco e gli oggetti.
Accanto all'uomo, una lunga striscia di cartoncino dove figurano profili a diverse
grandezze.

Sono tanti che vorrebbero andare con un travestito, ma non osano.
Fingiti donna, accetteranno quel rapporto. Ma fingere per chi?,
se tu lo sai! che loro sanno, e sanno che sai!...

Una sera stavo al lungotevere; un signore distinto mi prende su;
un boa di piume mi avvolgeva fluttuante,
lilla, e un nastro d'oro chiaro teneva a crocchia i miei capelli,
ero divina. Quando poi mi sente parlare, propone di andare
a casa sua, che poi era lo studio da architetto. Passavano le ore con delizia, tra
champagne e nuvole di fumo,
con crescenti allusioni trascinandoci all'atto finale dell'incontro...
Nella calda accoglienza della stanza l'architetto si era animato
di malizia; i lineamenti gli si erano distesi. La sorpresa di scoprirlo
così bello mi sollecitò a fissarne l'immagine; ero bravo
nel disegno dei profili che infiniti rifacevo di me,
la mia mano volteggiò sopra il tavolo fitto di piani
urbanistici; tirò la testa su la figurina svelta, somigliantissima...

L'uomo disegna sulla striscia di cartoncino un profilo dell'architetto, con mano
ferma e veloce.

... e l'architetto si ammirò, stupito. Quel silenzio intenso
ci portò all'incontro più stretto; possedevo quell'uomo
nell'immagine; mi restituì l'intimità prendendomi nella sua persona.
Poi lui si addormentò. Lo guardavo sentendomi una moglie,

di quelle che il compagno, dopo averle destate
con i colpi dell'amore, poi le abbandona torpido,
ripiombando nel sonno. Mi immaginai con piatti da lavare,
bucati da stirare, e il timore di una gravidanza che poteva arrivare all'improvviso
perché,
in occasioni come quella, "lui" non faceva attenzione. Queste fantasie
mi richiamavano la storia di mia madre,
la mia nascita e le sue sofferenze. Goduta la paura come un bambino
la sua fiaba, mi alzai cauto; dalla giacca dell'architetto
recuperai i denari pattuiti fin dall'incontro sulla riva del fiume, quello che mi ero
guadagnato non potevo rinunciarvi perché il signore si era addormentato. Fuggii
svelto,
nella gioia di sentirmi libero.

L'uomo si riveste con l'abito scuro dell'inizio. La striscia con i profili scompare.

Qualche giorno dopo vado a piazza Navona. Volevo vendere
dei disegni a un amico che teneva un banchetto; gli stranieri
comprano, si fanno soldi, specie coi tedeschi; devi dargli
le rovine del Foro, l'Appia, le basiliche, ma c'è chi se ne intende
e preferisce comprare i miei profili. Appena mi vede,
questo amico si mette a ridere e mi fa: "Hai perso per caso
un tuo disegno?". Io lo guardo, non capivo. E lui: "Conosco la tua mano,
il tuo tratto...";
e giù a ridere, non la finiva più. "Bè, che sarà? - gli dico - Falla corta.
E quello allora mi racconta.
Un giorno era stato nello studio di un architetto
che sovente gli chiedeva disegni ed acquerelli
per arredare dei locali che andava affittando ammobiliati;
e gli aveva portato le pitture; siedono in studio a prendere un caffè,
e al mio amico casca l'occhio su un disegno. "Bello!", esclama
rivolto all'architetto, e aspettava, curioso di sapere perché mai
si ritrovasse là quel disegno che era la faccia sua, e mio lo stile.
L'altro nicchia, sospira, strizza gli occhi. E più faceva a quel modo,
più l'altro insisteva a stuzzicarlo. L'architetto alla fine è scoppiato.
"E' stata un'avventura!... - ha cominciato -, ma di quelle!..." e giù a dire
di una donna stupenda, un'attrice che non poteva nominare,
per discrezione, ma che femmina!, che violenta passione!",
ne era ancora tutto erotizzato... A quel punto il mio amico fa deciso:
"Io lo so di che donna si tratta...", e l'altro si stupiva, e negava
che potesse arrivare a indovinare. "Altro che attrice! - gli butta là alla fine - E' uno
che l'attrice la sa fare!" E gli ha detto per filo e per segno, nome e cognome,
chi ero e che facevo. L'architetto alla fine ci ha riso.
E gli ha comprato tutti quanti i disegni.

4. IL ROSSETTO È' L'ALIBI

Dall'alto scende un beauty in pelle bianca; si apre come un frutto maturo,
mostrando sul coperchio all'interno uno specchio e tutto un armamentario di
trucchi, rossetti, boccettine e matite.

Delle volte qualcuno mi ha chiesto di farmi vedere al naturale,
come sono senza trucco e senza la parrucca; ma ho detto sempre di no.
Io do un'immagine, è quest'immagine che gli uomini vogliono vedere. Tanti
mai ci starebbero ad un rapporto con un uomo; basta un poco
di rossetto, eccoli pronti subito. All'inizio sono tutti carini con te;
quando hanno fatto, cambiano; hanno paura, non vedono l'ora
di scaricarti dalla macchina, di fuggire dalla stanza.

L'uomo comincia a truccars .

Il rossetto è l'alibi, per molti.
Tanti credono che io sia donna;
certi non vogliono neanche sapere; molti ci cascano!
Io mi accorgo subito quando gli uomini lo sanno,
e quando fanno finta di non saperlo; io li assecondo, fa parte del gioco.
Il travestimento è un'arte. Anche quei travestiti di borgata,
grossolani, poverini... - ma è così la maggior parte della gente -
sono geniali, in qualche modo.

Il travestimento è una capacità che si acquisisce gradualmente,
ma devi avercela dentro di te; è un mistero che ti viene affidato;
tu non l'hai chiesto; è qualcosa che hai trovato in te senza cercarlo;
è più forte di te: lo devi fare, perché se non lo fai sei un frustrato...
E' una forma di schizofrenia che bisogna tu ti viva come un gioco...
La giornata scorre senza scosse; ti succedono cose magari intense;
ma tu non fai che aspettare quel momento in cui tutto
all'improvviso si ribalta. Ti travesti e ti liberi; è qualcosa
che costa, a cui devi soccombere, volendo o non volendo...

Come in teatro, tutto inventato. Quando tu entri in scena
e parli e ti vesti come il personaggio...
perché sei diventato lui... quindi sei lui… Così quando mi travesto.
Anche la voce,
i gesti, i pensieri mi vengono diversi ...

*L'uomo riveste l'abito scuro, per poi mutarlo negli indumenti che va descrivendo;
è un continuum di trasformazioni fluide nelle quali l'uomo assume via via
differenti personalità.*

Io mi vesto, delle volte, per me. Anche oggi
mi son messo da donna, e stavo solo, dentro casa.
Mi ero comprato un pantalone di velluto, disinvolto,
di un colore caldo, caramella; l'ho indossato di slancio,
cercando qualcosa che ci si intonasse... Una camicetta
rosa pesca da tempo rimasta appesa nell'armadio; e sopra,
un pullover jacquard abbottonato sul davanti. Poi la parrucca,
capelli lisci, biondi, dietro le orecchie; e gli occhiali:
mi son guardato allo specchio, ero una donna, una signora
con un certo charme. Non è perché ti veda un altro, è per te
che ti vesti e ti trucchi e ti trasformi...

Oggi mi sono vestito in un momento mentre stavo facendo da mangiare;
me n'è venuta voglia e in un lampo ho afferrato vestiti parrucca
e tutto il resto, mi volavano le cose tra le mani. Per me.
Mentre mangiavo mi sorridevo, seduta dritta sulla sedia,
stretti i gomiti al busto, come una mannequin. Dovevo poi uscire subito;
ho gettato ogni cosa nell'armadio, alla rinfusa...
Un po' di latte detergente, cotone, una ravviata ai miei capelli corti...
Via! son partito, uomo di nuovo, l'andatura veloce, il passo fermo; camminavo
canticchiando e mi sentivo la voce profonda.

L'uomo è di nuovo nel suo abito scuro.

5. IL GIUDICE RIDEVA APERTAMENTE

L'uomo si trova in uno stato d'animo espansivo;
la distanza tra lui e gli altri si annulla, la parola fluisce confidenziale;
è una parentesi giocosa
tra l'uomo e chi lo sta ascoltando.

Me ne stavo al sole un pomeriggio sulla piazza Navona,
disteso sopra il bordo della fontana piccola.
E mi siede accanto uno che conoscevo, un ragazzetto
che si arrangiava a fare un po' di tutto; tira fuori dei giornaletti pornografici;
me li sfogliava proprio sopra gli occhi,
additando qua e là: "Guarda qui! E questa! Guarda questa!" .
Mentre giravo lo sguardo pigramente,
dietro di noi intravvedo un ometto che sbirciava,
attratto da quei fogli. Il ragazzo continuava coi giornali;
ma gli occhi via via mi si chiudevano nella luce accecante del tramonto.
Forse mi addormentai, il calore del sole sulla faccia
mi svegliò d'improvviso; il ragazzo era sparito,
si era fatto tardi e io dovevo andare.

Il giorno dopo, quando stavo ancora a letto, mi telefona il ragazzo
dei giornaletti, agitatissimo: l'accusavano di vendere
"pubblicazioni pornografiche", rischiava il carcere!:
io potevo dire al giudice che quei giornali lui non li vendeva,
me li aveva soltanto mostrati: e va bene!, accettai di aiutarlo,
per una volta sarei andato in tribunale senza accuse
o condanne da temere.

L'uomo fischietta, le mani in tasca nei pantaloni scuri, da uomo qualsiasi;

Viene il giorno stabilito, e vado. Chi accusava il ragazzo era l'ometto
che avevo intravvisto alle mie spalle: non era un voyeur,
ma un poliziotto, uno di quelli che si travestono per indagare
senza farsi riconoscere; quando il ragazzo stava andandosene
gli era saltato addosso e per via di quei quattro giornaletti
l'aveva arrestato e incriminato. Il giudice se ne stava sul suo banco

annoiato di quelle tiritere. Io osservavo l'ometto indaffarato
a sostenere la sua accusa; non glielo aveva chiesto nessuno, tanto zelo,
era stato lui ad insinuarsi dietro le nostre spalle: meritava quindi una lezione.
Come se continuassi una riflessione, "Ma non vede la faccia
- esclamai rivolgendomi al giudice - , non vede la faccia
che ha quel poliziotto? Ci provava gusto, a guardare! Una faccia
da porco! Da porcaccione!" gridai, non riuscendo a trattenere l'indignazione.
Mi sentivo incoraggiato dall'espressione del giudice:
aveva smesso l'aria annoiata ed ascoltava, quasi cedendo al riso.
"Ma lo guardi bene, non vede che faccia ha?", incalzai ancora,
intuendo che era arrivato il momento per togliermi la soddisfazione,
una volta tanto, di vincere, in un luogo dove tante volte avevo dovuto
piegare il capo alle condanne. "Ehh... bè..." si lasciò scappare il giudice,
riprendendo subito un atteggiamento impenetrabile. Ma intanto
tra di noi si era fatta un'intesa, una sorta di immediata simpatia.
Aggiunsi allora il colpo di grazia, rischiando per il gusto di rischiare.
"Questo mio amico - esordii placido - non mi ha voluto vendere
un bel niente; mi mostrava quei giornali così, per uno svago
di un momento insieme. Sa benissimo che non li comprerei;
mi conosce; le cose che mostrano le foto io le faccio,
 ma davvero non le guardo!". Il giudice rideva apertamente;
e rideva la gente sfaticata che assiepava la sala delle udienze;
l'ometto era paonazzo per la rabbia, e il ragazzo aspettava
il verdetto della corte, che quella volta fu clemente,
e accordò la sospirata assoluzione.

6. ERO USCITO VESTITO DA ZINGARA

*Fogli disegnati con profili di ogni dimensione cadono sull'uomo, che li userà
come oggetti evocati nel corso del racconto.*

Una sera ero andato a piazza Navona a portare dei disegni
all' amico che ci tiene un banchetto: l'amico doveva andare a cena fuori, "Rimani
tu mi fa - , tanto ciai pure i tuoi profili...", e mi lascia
a governargli tutto quanto. Dopo un po' arriva il giudice;
osservava attento ogni lavoro, godendo di passare inosservato;
mi feci riconoscere: si ricordava dell'udienza, e ne rise
senza il contegno che la toga allora gli imponeva.
Scelse da intenditore i miei disegni, pagò con un assegno; a quel gesto
mi sentii un pittore celebre e quotato non avevo una lira,
quei soldi erano proprio una fortuna. Il giorno dopo, di mattina presto
mi precipitai alla banca per cambiarlo; finito di vendere i disegni
la sera prima ero andato a una festa,
e mi ero messo qualche straccetto zingaresco. Col pensiero ai soldi da riscuotere,
quel mattino mi ero vestito in fretta con gli abiti lasciati in giro dalla notte.
In banca la gente mi fece il vuoto intorno, fissandomi
con qualche risolino: "Signora! Si accomodi! Signora!" presero a dire;
strano, mi facevano passare davanti a tutti...
"Allora?" disse soprattono l'impiegato.
Tirai fuori l'assegno, e un documento. "Come?! Chi è questa?

L'avete rubata? Non è mica vostra la patente!"; l'impiegato
rideva e minacciava; "Venga qui, signor direttore; c'è un ladro...
o qualcosa del genere, venga!". C'era folla intorno a me;
i clienti si erano assiepati per assistere al mio interrogatorio.
"Sono io ! E' la mia foto!" protestai. "Ho il conto qui, e un assegno
da incassare: è di un giudice" - ne dissi forte il nome, famoso
per i tanti processi riportati ogni giorno sui giornali;
"Quel giudice?" gridava il direttore.
"Il giudice tal dei tali?" , gli faceva eco l'impiegato allo sportello. "Certo!-
replicavo, gridando anch'io per farmi coraggio - E' un mio cliente! E mi ha
pagato!". Ci fu un boato, un urlo indignato: "Pagato!
Un tuo cliente!? Ma che dici?! Guardati addosso come sei!".
L 'occhio mi cadde finalmente su di me, ero uscito vestito da zingara.
Tutta la mia sicurezza si sfasciò. Balbettai: "E' mio cliente,
mi ha comprato dei disegni... "; cercavo di convincerli,
ma quelli mi avevano preso per un ladro, mentre qualcuno insinuava
addirittura che il giudice coltivasse vizi inconfessabili... "Intanto
si faccia vedere com'è lei", mi rimbeccò compunto il direttore;
"Nome e cognome devono corrispondere alla firma ed alla foto,
alla foto!" ripeteva poi, per umiliarmi. "Sono venuto in questa banca
come donna - replicai deciso, riprendendomi -, come donna
adesso me ne andrò. Tornerò da uomo per la firma, il riconoscimento
e tutto il resto". Rimasero di stucco, scontenti di non aver ottenuto
di vedermi, per quei quattro miserabili soldi, ridotto a uomo.
E per quel giorno i miei debiti aspettarono.

L'uomo getta in aria i fogli, facendoli scomparire verso il fondo.

7 . MI CHIAMAVANO LA CARDINALE

*Nel muro alle spalle dell'uomo si apre uno sportello che a sua volta apre altri
sportelli; all'interno si intravvede una sorta di negozietto di vestiti usati, disposti
in varie file in alto e in basso; l'uomo ne tirerà fuori gli elementi per i suoi
travestimenti.*
 Un paio di scarpe rosse dal tacco altissimo oscillano dall'alto.

Mi chiamavano la Cardinale perché andavo in giro
con i vestiti lunghi, svasati, come le zingare; era una moda
lanciata dalla Claudia, sopra si portavano delle magliette aderenti
con delle immense scollature che mettevano in risalto il seno,
e sandali alti, di sughero, una voga riciclata dal dopoguerra,
io mi ci trovavo benissimo, camminavo sicura senza il rischio
di storcermi le caviglie come con i tacchi a spillo, che non c'ero abituata
perché li portavo soltanto nelle grandi occasioni.
Era un periodo tranquillo; stavo a Roma, godevo quella calma strafottente
che si respira di notte nelle strade, quando c'è la vita;
la sera allora aveva i suoni del primo Dalla,
e la passione esplodeva tutta per i Beatles... Scattava in me,
come un comando, quando stava facendosi buio, la frenesia
di andare nei prati dell'Eur. Al palazzetto dello sport

si tenevano i concerti rock; ci andavano in migliaia i ragazzi, sulle moto;
era un brillare di giubbotti neri e di capelli modellati col gel.
Una sera che gridava di ragazzi già in delirio nell'attesa di una star,
stavo nel prato proprio in faccia al palazzetto, e arriva un bel tipo
su una moto con una vampiretta appiccicata dietro; mi guarda,
l'ho colpito, queste cose si capiscono al volo; non riesco neanche
a fargli un cenno che quello è già scomparso. "Sono felici – penso -,
stanno insieme, che gliene importa a quello di me...". Alzo gli occhi
e lo vedo di nuovo; lo riconosco subito, non ha più la ragazza...
Entra nel prato, in un balzo è accanto a me; appoggia la moto
ad un albero e mi sorride con l'aria di un padrone. Gli dico "Pagami!"
prima che mi chieda. Tira fuori una manciata di biglietti
e me li preme nella scollatura. Ride e intanto mi abbraccia.
Muoio di gioia, dura appena un attimo; mi stringe alle spalle
con le braccia, la sua forza mi impedisce di reagire; come nel film
di Piero Angela, dove un leone azzannava una cerva, il muso
fra i suoi denti: io sono quella cerva! Con la mano
mi preme sul collo, le dita sulla bocca; è una carezza
o vuole strozzarmi... l'ambiguità mi eccita e lo lascio giocare. "Senti
- il tono adesso è supplichevole -, non t'importa se mi metto le scarpe?".
Non capisco che cosa voglia dire, i suoi piedi sprofondano in stivali...
"Come vuoi..." rispondo soffocato. Senza lasciarmi andare
armeggia nelle tasche della moto. Tentenna appoggiandosi a me;
lo sguardo a terra, scopro che si è messo delle scarpe dai tacchi altissimi,
scollate. Le gambe inguainate in calze lucide,
dietro di me una donna gigantesca mi sta pugnalando con vigore;
il mio corpo si apre, ardito per l'immagine rubata.
Grido trafitto finché non mi abbandona, come un osso
spolpato da un cane. Se ne va, infilando svelto gli stivali,
a ritrovare la sua fidanzata.

*Gli sportelli si richiudono, le scarpe risalgono verso l'alto, tutto ritorna come
prima.*

8. URLAVA PRETENDENDO GLI OCCHI

*L'uomo apre uno sportello; dalla cavità estrae i pacchetti che contengono il
trucco, i pennelli e gli oggetti necessari all'azione.*

Era uscita una réclame della Max Factor. Ti guardava,
quella femme fatale, dalle vetrine di profumeria, nei grandi magazzini, sulla
metro... fissandoti con occhi che esprimevano
una sorta di inquietudine; al di là dello splendore del trucco forte
e sofisticato, l'immagine mi comunicava un turbamento indefinibile...
Era, quel pallore levigato, la beauté stessa nel suo mistero;
non sesso non perfetti lineamenti né armonia di luci o di colori.
Presi con ansia a cercare di scoprire cosa si nascondesse
in quello sguardo, e nella bocca appena un po' socchiusa
su cui era sospesa una parola non detta, non dicibile forse...

Sontuosi gli abiti, e gioielli adornavano la femme, perle
su perle accompagnando perle a cascata sul vasto decolleté.
Spuntò giorni dopo un'altra immagine accanto alla donna misteriosa;
era di un giovane dalla barba ispida e corta, lo sguardo netto
sopra il naso aquilino, perfetto sulla bocca ad arco, dischiusa appena....
Ma pochi giorni dopo, accanto ai primi, ecco un altro pannello
ed una scritta che lo riempiva tutto: "Questo è un uomo!
E' diventato donna! Ma una donna, più donna ancora
potrebbe diventare! "Rubai nella notte, ad una fermata della metro,
due manifesti di quelle mute divinità; arrotolati alla svelta,
miracolosamente intatti li portai correndo fino a casa;
lì tornarono a guardarmi, sorridendo assenti, come appunto gli dei.
Da tempo avevo comprato i prodotti della Maison de beauté.
 Mi gettai ad aprire quei pacchi; già svolgendo la carta
ne usciva il profumo. Toccavo le lucide superfici colorate
respirando l'opulenza provocante delle lacche dorate;
scatole di lapislazzuli si aprivano come scrigni rivelando
il loro contenuto in un fruscìo da orgasmo. Tremavo,
anelando di perdermi in quelle agognate meraviglie, turbato
e già sul punto di fuggire da me stesso. Ad un tratto
avvertii l'insopportabile presenza della barba
che mi lasciavo sulle guance per pigrizia; mi parve una camicia di forza, ma
un'insolita languidezza mi impedì di strapparla con violenza;
con la cura delicata con cui le fragili estetiste accarezzano l'epidermide delle
signore, asportai dal mio volto quella ruvida corteccia;
apparve l'ovale, liscio come uno specchio greco; la mia faccia dimenticata
stava davanti a me nuda, impudica nell'aspettarsi dei regali
da cui emergere regina. Applicai un rosario di liquidi, acquei, cremosi, lattei,
alcoli profumati, una sequela orante. Sul viso fatto marmo
a colpi leggeri le dita distesero una pasta rosata scaturita da un'anfora opale;
fissavo l'immagine ambigua che a sua volta mi fissava:
aspettava che io, che ero lei, la completassi per esprimersi pienamente.
Mentre Geppetto sbozzava il suo legno, sempre più affiorava con bramosia
Pinocchio, provocando a insulti il padre putativo:
così apparivano i miei occhi, d'improvviso spalancati come globi di vetro,
e la bocca che si sforzava di esprimere suoni che ancora non conosceva.
Andavo eseguendo gesti, comandato; il rosa brillante
di quel fondo tinta si vellutò di finissima cipria; risaltarono gli zigomi -
esistevano prima?,- nel colore di pesca che vi azzardò il pennello
impregnato di polvere. Come una bambola cieca che aneli al respiro
ed allo sguardo , urlava pretendendo gli occhi e le labbra, diomio!
le labbra soprattutto... Con febbre sceglievo le matite, i fard, gli ombretti, i
mascara e pennelli e spugnette e gommine... Lavoravo, opera
e operaio. Nascevano stupite le pupille; occhi senza malizia o desiderio,
lo stato puro dello sguardo... Andavo dietro ad un impulso
che le mani fornivano di trucchi. Sottile e chiara,
stirata sui denti, la bocca si muoveva piano, staccata
dal contesto. Il bastoncino rosso morbidissimo
strisciò sopra le labbra; avidamente quelle succhiarono la linfa,
pigramente palpitarono imbronciate.
La trionfante regina di bellezza srotolata sul tavolo,

accanto al suo signore, era simile in tutto alla figura
che mi osservava dallo specchio, ed ero io ad essere specchiato;
ma quale io mai, se non riconoscevo il viso, e pure toccandolo
le dita avvertivano la calda sensazione della vita...
Ero cambiato, i movimenti, i gesti; e la voce, altro che un sussurro
da quelle labbra non poteva uscire. Più volte nel trascorrere dei giorni
mi ritrovai dentro a quel volto; lo ricreavo con piccole varianti,
tornava a spiarmi dallo specchio....

Trucchi ed oggetti tornano dentro l'armadio; il muro si richiude.

9. LE CELLE INFINITE DELLA NOTTE

Ero arrivato un giorno, con il mio viso levigato e chiaro,
preso in una retata; i poliziotti, quando mi incontravano al mercato
al mattino, vestito da uomo, mi gridavano dietro minacciosi:
"Ti prenderemo stasera, vedrai! Ci sei sfuggito, ma presto o tardi
ci devi cascare!". Era un gioco, per loro, una caccia. Ti provocavano.
Le mani addosso, proprio lì, e quando ti difendevi, l'arresto
perché li avevi colpiti, insultati... "Oltraggio a pubblico
ufficiale, stai fresco adesso, ti sei scavata la fossa con le mani tue!".
Il giudice appena mi vedeva si spazientiva, non voleva neppur sentire
di cosa mi accusavano. "Sempre la stessa storia !"- ripeteva -
e "Non prendetelo più, che cosa lo mettiamo dentro a fare !?".
Quando però c'era di mezzo il furto, il giudice per forza
doveva sbattermi in prigione. Quando battevo, dopo essere stati
assieme a me certi non volevano darmi i denari stabiliti.
Li teneva stretti nella mano, uno una notte, non voleva lasciarmeli,
fatto il comodo suo... Sono arrivato a supplicare, avevo bisogno
di quei soldi. "Dammeli - ho detto - , ne hai tanti, sei ricco,
si vede, a te che te ne importa? Eppoi me li sono guadagnati!...".
Niente, mi insultava disprezzandomi proprio per il motivo dell'incontro...

*L'uomo indossa una divisa carceraria. Dall'armadietto tirerà fuori gli oggetti che
andrà evocando.*

.

In carcere ognuno organizzava la sua vita, come fuori.
Un'immensa città, maschi soltanto; ma si creavano le coppie,
c'era bisogno d'amore, la libertà andava sostituita; sognavamo...
Arrivato con soltanto un vestitino addosso ed il mio trucco
da soirée, mi son visto cambiare in pochi giorni sotto gli occhi beffardi dei
compagni. Come un affresco mangiato dal tempo
il mio roseo incarnato si spegneva, bucherellato dalla barba in crescita,
ispida come il modello di Max Factor. Per qualche giorno
mi illusi di resistere; poi tornai piano piano a farmi scuro,
ragazzaccio uscito di borgata, fino a che ritrovai gli amici cari,
quelli capitati lì prima di me; molti di loro, fuori,
non si erano mai sentiti femmine; ma in carcere
era un modo per sfuggire all'assenza. Si inventava dal niente.
Il trucco, come si poteva. Per il fard delle guance, grattavamo i mattoni

dai muri lungo il corridoio, quando si usciva per l'ora d'aria...
Allo spaccio si comprava il formaggio olandese, quello con la buccia
rossa e lucida, che ti macchia le dita se appena la premi; così colorato,
il polpastrello si passava sulle labbra. I trucchi li facevamo in cell.
Cipria! quanta ne volevo, in cucina rubavi un pugno di farina, e il talco,
quando lo spaccio lo vendeva in quelle belle buste verdi,
della Roberts... Le meraviglie che potevi inventarti
con le merci ordinate allo spaccio! Dai fustini del bucato
si strappava una strisciolina di cartone: lo bruciavi,
diventava un carboncino, perfetto per la riga di velluto intorno agli occhi
e la sfumatura sulle palpebre depilate ad arte... Marlene
certo faceva così. Poi, acqua e zucchero, si cotonavano i capelli,
e se si trovava del limone, sbattuto insieme faceva una pappetta
splendida per depilare gambe e braccia... Allora sì, ti sentivi donna
totalmente! Ma il limone raramente lo trovavi...
Davanti alla mia cella, il vuoto separava il ballatoio
che stava dalla parte opposta; là di fronte c'era una porta
chiusa, identica alla mia, e a tutte le altre centinaia
dietro cui i carcerati come me aspettando il sonno sognavano.
 Dell'uomo avvertivo solamente il luccicare metallico dell'occhio
che sfondava il buio trapelando dallo spioncino. Forse indovinavo
chi era, perché nell'ora d'aria uno nuovo mi aveva guardato;
uno sguardo che non smetteva di fissarmi. Ritornava adesso,
uguale nella fissità intensa e prolungata...

*Un lungo filo di ferro cala dall'alto e rimane ad oscillare davanti all'uomo, che lo
afferra.*

Arrivò sfiorandomi fin dentro la cella, gelido, aguzzo,
un fil di ferro lanciato dall'altra parte; lo afferrai d'istinto.
Un gemito, e l'occhio di lontano si richiuse per brillare di nuovo
con un guizzo; sentii uno strattone, qualcuno teneva l'altro capo,
imprimendo al filo nel vuoto un movimento per tutta la lunghezza;
preso dal gioco, assecondai quel moto; su e giù come un'onda, un'altalena ...
Mi persi nell'immagine solare di me bambino spinto verso il cielo
dalle mani materne, sopra gli alberi alti del giardino... L'occhio riapparve di colpo
cancellando di schianto l'orizzonte dell'infanzia. Ansimava implorando,
percorso da un fremito crescente; il filo si era fatto tremulo e scottante.
Mi concentrai nel movimento, l'uomo mi cercava
come si cerca una creatura d'amore. Per questo aveva superato l'ombra,
la voragine, il silenzio. Il desiderio alato mi scuoteva perché la tensione
si impennò in un'ultima scossa, smorzandosi quietamente in un sospiro.
L'occhio placato si richiuse e "Grazie!" sussurrò rifrangendosi in un'eco
ripetuta nelle celle infinite della notte.

*"Grazie!" si avverte moltiplicato in risonanze che si accavallano. L'uomo si toglie
la divisa da carcerato.*

10. CIAO MONSIGNORE!

Suonava il violino in un'orchestra; musica classica,
si esercitava per ore, sempre gli stessi passaggi,
fino alla sera del concerto; e silenzio gli altri in casa,
lui doveva stare concentrato; la moglie alla fine lo aveva scacciato,
perché lei, poi, pianista, era costretta a sacrificare il suo talento
per colpa del marito. S'era portato via solo il violino, povero Aurelio,
e di donne non aveva voluto più saperne; gli eran tornati su
tutti i difetti, le debolezze, le manìe, le frivolezze
che aveva dovuto sopportare per anni, dalla moglie, col ricatto del sesso:
solo per quello le donne lo attraevano; ma adesso,
pur di non averne ad angariarlo, voleva farne a meno.
Così s'era trovato a cercare sul lungotevere;
e alla fine aveva conosciuto - "meglio ancora" - un travestito,
che di femmina aveva l'apparenza, e le attrattive, le dolcezze
e le malizie, non quegli obbiettivi rovinosi che fanno di ogni donna
una moglie, anche se soltanto potenziale. Questa femmina
di apparenza ero io. In quell'epoca mi piaceva assomigliare
alla Bardot. Bocca di bambina con il broncio; cerchiati
gli occhi come Bambi; lunga coda di cavallo aggiunta, si capisce,
ai miei capelli e la frangetta a coprire la fronte; in cima alla testa cotonata,
messo a triangolo, il bordo rovesciato, un fazzoletto
annodato sotto il mento, quello che si chiamava " alla Bardot".
Più che di sesso Aurelio era assetato di vendetta, e voleva sfogarsi
a raccontare tutte le sconcezze che sua moglie
gli aveva fatto in tanti anni sopportare. Il pianoforte soprattutto,
ché quella si ostinava a esercitarsi proprio quando il marito rientrando
avrebbe voluto a sua volta suonare. Si apriva con me
e io gli davo tutte le ragioni; più che un rapporto di sesso
s'era fatta tra noi una bella confidenza; da parte sua cioè,
perché le mie cose io le tenevo per me solo.
Un giorno Aurelio mi telefona: "Devi farmi il testimone in una causa,
ti spiego a voce" e chiude, senza lasciarmi il tempo di rispondere.
Me lo vedo davanti poco dopo, eccitatissimo. La moglie chiedeva
la separazione e voleva, s'intende, gli alimenti. "Capisci?
- gridava - Anche i miei soldi pretende quella scema!
Dopo avermi rovinato la vita!". Gli era balenata allora in mente
un'idea: chiedere la nullità del matrimonio; s'eran sposati
in chiesa, con una prova poteva dimostrare che non c'era mai stato
quel legame!: perché - rideva nel dirlo, soddisfatto della sua trovata -
lui era omosessuale, e i preti queste cose non le tollerano.
Io però non capivo che c'entravo. "Come che c'entri tu!,
mi fa lui, sempre più infervorato -; c'entri eccome! Devi testimoniare
che noi viviamo insieme 'more uxorio'!". Insomma, tanto fece
e tanto disse per convincermi, che accettai, non potevo
lasciarlo in quell'angoscia; e poi, sinceramente,
cominciavo a godermi l'idea di quella burla. Nei giorni che seguirono

pensammo ad ogni elemento che poteva riguardare il nostro piano,
e al vestito, alla pettinatura per l'appuntamento in Vicariato
dove c'era da discutere la causa. Non del tutto sicuro
che un solo testimone fosse sufficiente, Aurelio insistette
perché gli suggerissi qualche altro-altra da portare con noi.
Gli descrissi un tale che conoscevo da tempo, una buona creatura
che spasimava per apparire donna, pur essendo,
nella sua bruttezza di maschio angoloso, negato
ad ogni vaga connotazione femminile. Si trattava di Gervasio;
suppliva con la grazia alla durezza della sua struttura; il viso legnoso,
rettangolare, si addolciva nello sguardo, e i capelli tintissimi,
crespi di una tenace permanente, splendevano ai lati delle guance
come due orecchie enormi, che lo facevano somigliare
al sor Pampurio disegnato da Sergio Tofano per il Corriere
dei Piccoli: era di quel candore da bambini che si illuminava
la sua faccia. Per anni era stato in compagnia all'Ambra Jovinelli;
ballerina di fila, un po' indietro perché si intravvedesse appena,
ma si muoveva a tempo e sculettava; invecchiando aveva continuato
ad andare in quei locali dove trovava una parvenza di famiglia,
ma ballare, non più; c'eran tutte ragazze sportive, scattanti e franche come
nuotatrici; con la sua malizia démodée Gervasio
era finito a pulire i pavimenti. "E un duè trè... e un duè trè...",
canticchiava sgomitando, e gli pareva di essere ancora in palcoscenico;
ridacchiavano le donne della Fulgida che l'avevano accolto tra di loro.
Vendeva cravatte, per arrotondare; a casa, riposandosi dalle fatiche
mattutine, tracciava disegni astratti sulla seta; gliele compravano
gli ambulanti alla stazione, lui le portava tutte ben cellofanate;
poi, smaltito il suo carico leggero, andava a battere lì intorno,
tanto per trovarsi compagnia, così l'avevo conosciuto: uno
che se una sera ti vedeva un po' triste, t'invitava a cena
a casa sua; e cucinava bene, era la sua passione.
Aurelio accettò la proposta. Gli chiesi come avrei dovuto comportarmi;
nessuna preoccupazione - mi disse -, bastava che parlassi in modo naturale,
senza alcuna finzione. Il giorno della causa
ci incontrammo a piazza San Giovanni; arrivai con Gervasio,
timidissimo. Avevo scelto una tenuta adatta al caso, un abito lungo, nero,
con dei pizzi davanti, come per una visita al Papa: non si andava da lui,
ma il Vicariato era un po' casa sua. Sulla testa mi ero aggiunto un toupé
per arricchire la mia chioma tirata su. Gervasio aveva insistito
per mettersi una gonna svasata "demilonguette"; secondo me
non aveva fatto bene, perché le gambette gli sporgevano
stecchite, e in tutta la loro grandezza mascolina si notavano i piedi
dentro delle scarpacce con il tacco a rocchetto e la fibbia sulla scollatura;
ma lui le aveva pretese perché "facevano tanto monsignore".
Guardò Aurelio pieno di materna comprensione e con la sua vocetta
acuta gli assicurò che per lui avrebbe fatto qualsiasi cosa. Entrammo
nel vasto portone vescovile, superando l'ostilità del guardiano
che voleva impedirci l'accesso; ma Aurelio mostrò il foglio
in cui stava scritto il suo nome con la data e l'orario dell'udienza,
e quello ci fece passare seguendoci con uno sguardo sospettoso
finché non scomparimmo su per lo scalone di marmo.

Dopo una breve attesa in mezzo a missionari, monache cilestrine
e anziani scouts, entrammo in una stanza damascata;
dietro una scrivania sommersa dalle carte emergeva un pretino;
ci guardò appena, e intravvedendo un movimento di sottane, "Prego,
si accomodi, signora", mormorò rivolto a me, e ripeté lo stesso invito
a Gervasio che sbottò in una risatina felice. Cominciò con le domande:
aveva rapporti regolari con sua moglie? "No!" rispose trionfante
Aurelio; non ne aveva avuti mai; tant'è vero che manteneva
una relazione con la presente signora - e mi indicava -; il prete
allora si voltò verso di me e mi chiese di rispondere a mia volta,
se fosse vera quell'affermazione. Vera, rispondevo io; soltanto
che non ero una signora, ma un signore, ero un travestito; e Aurelio
lo avevo conosciuto sul lungotevere, dove saltuariamente,
e per mio gusto, battevo. Il pretino sudava, ma nessun commento
gli usciva dalle labbra esangui; l'interrogatorio doveva arrivare
fino in fondo. Aurelio gongolava; proprio così l'aveva pensato
quel mio comportamento, e così lo stupore del prete:
quanto più fosse stato insopportabile lo scandalo, tanto maggiori
per lui le probabilità di ritornare libero. Forse però, nell'impeto
dell'invenzione, il mio amico aveva voluto strafare.
 "E quest'altra signora - esclamò rivolto al prete che annotava
ogni cosa con pazienza curiale -, anche lei è una mia amante".
Gervasio non aspettò neppure la domanda; la anticipò con irruenza, proclamandosi
follemente innamorato di Aurelio, e naturalmente,
sia pure con pudore, confessò la sua natura mascolina,
anche se - aggiunse - nell'anima era femmina! Quel riferimento
a materia di sua stretta competenza indispettì il monsignore
che fino a quel momento si era mantenuto calmo per antico esercizio
burocratico; si rivoltò contro Gervasio intimandogli di non bestemmiare,
e "Per favore, signora, smetta di fumare quel sigaro!" aggiunse, calcando
con un tono carico di acredine, su quel "signora" e su quel "sigaro"
che Gervasio, tanto per darsi un tono, aveva acceso aspettando
il suo turno per rispondere. Faceva caldo, l'estate traboccava
dai finestroni immensi del palazzo; arrivavano fin lassù
le grida dei bambini e le scampanellate delle bici; fuori
era il mondo; esplodeva a tratti lo stridìo dei tramvai sui binari;
le sirene delle ambulanze sibilavano entrando e uscendo
dal San Giovanni addossato al Vicariato; io mi facevo vento
con il pizzo dell'abito; il sole fuori e quella vita disordinata
e festosa mi colpì; là dentro soffocavo. D'impeto mi rivolsi al monsignore:
"Noi si è finito? - chiesi con ostentata educazione -Perché allora potremmo anche
andare...". Presi Gervasio per un lembo della gonna: "Saluta il monsignore!" gli
intimai; quello si piegò in una riverenza sporgendo la scarpa dalla fibbia
luccicante: "Ciao monsignore!" gli fece con la sua risata mingherlina, e finalmente
superò la porta oltre cui l'avevo preceduto, mentre Aurelio al prete ammutolito
stava balbettando delle scuse. Oltrepassato il portone, ci avvolse
una luce accecante. Attraversammo la piazza danzando
fino al baretto sull'angolo. Aurelio offrì uno champagnino,
e brindammo soffocandoci di risa...

La libertà se l'era forse conquistata, il mio amico,

nel profondo del cuore, quando aveva deciso di vivere lontano
da quella temibile virago che si era rivelata la sua sposa.
Per quanto riguardava il matrimonio e la nullità del sacramento,
interpellata a sua volta, la moglie si era massacrata dalle risa
quando le avevan detto che il marito si era dichiarato
omosessuale; il gioco lei lo aveva subito associato
al tentativo di non pagarle gli alimenti.
Dopo l'incontro al Vicariato, c'eravamo lasciati con Aurelio;
m'aveva preso in macchina Gervasio che passava vicino a casa mia.
Tralasciando di guardare davanti a sé mentre guidava
la sferragliante cinquecento gialla che possedeva da vent'anni,
Gervasio eccitatissimo non faceva che parlare del mio amico;
se n'era tutto d'un colpo innamorato; la sua virilità
riservata, da signore, il tratto con cui aveva retto
alle domande tranello del prete, l'offerta galante del "Nano"
- un'allusione forse a più livelli - nel bar della piazza con il brindisi
l'avevano portato a idolatrarlo, per uno di quei colpi di fulmine
senza motivate ragioni e senza razionali motivazioni
che negli innamoramenti talvolta accadono. "E' maschio
è un signore è bello è forte è gentile è colto è alto è sportivo è artista
insomma a me piace un sacco e mi ci vorrei fidanzare... se non fosse
uno che sta con te!", intonò tutto d'un fiato superando un semaforo
clamorosamente rosso. Minuscola e sgargiante nel suo giallo,
la macchina fu bersagliata di insulti ma sfrecciò indenne
fra la calca delle automobili rampanti. "Se mi ammazzi muori anche tu
- gli gridai velenoso -; è meglio che stia attento ai semafori.
Quanto ad Aurelio, tientelo pure, a me non me ne importa niente.
Figurati adesso, poi, che sto con Angelo". "Davvero me lo lasci!?"
strillò Gervasio fermando di colpo; si rizzò poi uscendo a pieno busto
dal tettuccio aperto della macchina e si mise a gridare "Aurelio!Aurelio!";
la gente si fermava a guardare, pensando fosse una réclame.

Per un po' non ebbi notizie della coppia; avevo poi saputo,
attraverso una telefonata di Gervasio, che la passione aveva preso
anche Aurelio, e i due filavano il perfetto amore. Silenzio
per mesi, segno che la felicità impegnava quei due cuori.
Li avevo quasi dimenticati, quando Gervasio si rifece vivo.
All'inizio erano brevi conversazioni telefoniche, quasi dei monologhi;
cominciava lodando l'amante per l'impeto della sua passione;
lo inteneriva che certe volte, nel cuore della notte, telefonasse
per fargli ascoltare una sonata che andava provando;
gli dedicava quei pezzi con languore infinito
e una vitalità scintillante, degna di Paganini...

*Un violino appare dall'alto mentre attacca vigorosamente una sonata; tutto il
racconto successivo dell'uomo dovrà combattere con questo suono che, pur
creatore di classiche sequenze, le offre con proterva ostinazione.*

Già a letto per la necessità di alzarsi presto - le pulizie
all'Ambra Jovinelli restavano la sua fonte di guadagno più cospicua -,
Gervasio si era perfino addormentato nel bel mezzo

di un pezzo un po' monotono; erano piccoli nei in una relazione
che sembrava avviata a diventare un ménage;
e infatti, dopo qualche tempo, Gervasio mi aveva raccontato
che Aurelio andava a trovarlo con maggiore assiduità:
non più soltanto per soddisfare un rapporto che si era irrobustito
con l'abitudine e la pratica, ma anche per conversare, e apprendere
tante piccole cose femminili; fissandolo un giorno aveva detto:
"Che bel trucco!" e si era spalmato sulle guance una ditata
del suo fondo tinta; giorni dopo si era provato anche il rossetto,
poi le matite poi gli ombretti; sollecitava l'amante ad insegnargli
i segreti di un perfetto maquillage. Ormai l'uomo arrivava a casa sua
portandosi un beauty con i fards; si era comprato un armamentario
di colori, ciprie, creme, lozioni, profumi; con meticolosa pignoleria
confrontava i prodotti delle diverse case, discutendo
con Gervasio sulle qualità ed i vantaggi di questa e di quella;
l'altro per un po' lo assecondava, poi si irritava per quelle scivolate
dentro il suo territorio, che lo lasciavano sempre più preoccupato.
Aurelio prendeva gusto a farsi donna; un giorno si presentò
con una borsa rigonfia di indumenti, scarpe col tacco alto
e biancheria di pizzo. Impiegò parecchio tempo a prepararsi;
seguiva un rituale tutto suo, come se avesse dovuto entrare in scena.
Truccato, il corpo robusto sparito nella leggerezza delle trine pastellate,
era comparso irriconoscibile davanti a Gervasio che si aggirava
nervoso nelle stanze, in attesa del permesso di essere ammesso
alla presenza dell'amante, ché quello, tutto preso dal suo gioco,
non gli consentiva di entrare nel bagnetto finché non avesse terminato
di abbigliarsi. Così conciato ne usciva; brandiva il violino e si gettava
in un suo repertorio di sonate, dedicandole all'amico.
Cresceva in Aurelio il piacere delle scoperte femminili.
Andò a scovare dei vestiti che Gervasio teneva gelosamente
in un armadio per le feste dove tutti insieme i "travestis" si ritrovavano;
anch'io ci andavo qualche volta, ma preferivo l'avventura singola.
Ormai per Aurelio era l'intera giornata a consumarsi nel travestimento.
Rigoroso e puntuale, arrivava con la sua valigetta rifornita
di tutto quanto gli serviva. Veloci trascorrevano le ore, per lui,
davanti allo specchio da cui sorvegliava ogni fase della sua metamorfosi.
Esigeva partecipazione da Gervasio, che invece andava esasperandosi,
e come unico sfogo riversava il suo cordoglio nelle telefonate a me,
che avevo conosciuto l'altro Aurelio, maschio e sciupafemmine,
di cui si era innamorato in Vicariato. Come consolare Gervasio?
Che potevo fare quando singhiozzava raccontando che l'amico
voleva essere posseduto da lui che ormai considerava suo marito?
Nella mia testa si aggirava un pensiero intorno al senso del suo soffrire,
uguale per Aurelio e per me. Io credo - pensavo - che se fossi donna vorrei,
credendo di essere come sono, sembrare un uomo.
Andò avanti ancora un po' quella storia tra i due; alla fine
Gervasio si spazientì e non volle più vedere Aurelio;
quello arrivava alla sua porta e gli faceva una sonata
per indurlo ad aprire. Lui zitto, come se non fosse in casa.
L'altro allora lo chiamava per telefono: sviolinate a non finire.
"Basta!" urlava Gervasio, e sbatteva giù. Gli dispiaceva

di aver perso l'amante, ma era soprattutto indispettito
perché proprio l'amante
l'aveva superato come donna.

L'uomo richiude le ante dell'armadio-negozio; Tutto ritorna bianco.

11. LA RUSA FIL CARUSA II

L'uomo è fermo, silenzioso. La stessa situazione dell'inizio.

Ero tornato a Tunisi, dopo anni che giravo per il mondo.
Una volta cresciuto ero partito; mi ero messo in testa di diventare attore,
e il teatro aveva reso accettabile alla gente il mio gusto
del travestimento. Recitavo in una commedia che l'Italia aveva inviato in Tunisia,
non so per quale scambio o anniversario;
e dopo lo spettacolo, la sera della prima, l'ambasciatore
era venuto in camerino a farmi i complimenti; era con lui un giovane
che apparteneva ad una famiglia di prestigio; come parecchi
del ceto aristocratico aveva preso la laurea in Italia.
Mentre l'altro me lo presentava, il ragazzo sfuggiva canzonando
il mio sguardo finché non mi fissò con un sorriso che a me parve
stranamente provocante, e mi invitò alla sua festa di nozze,
che dovevano celebrarsi il giorno dopo. Di fronte al mio silenzio
il giovane insisteva: ci sarebbe stato il pranzo, e cerimonie e riti.
Quei banchetti di gente importante , io li avevo conosciuti da bambino;
per mangiare avevo sovente rallegrato le tavole imbandite dei signori
con le mie danze lievi, le canzoncine... E oltre al cibo, quanto ne volevo,
 mi regalavano un mucchio di monete. Accettai l'invito del ragazzo,
oscuramente desiderando di rivederlo, e il giorno seguente
andai al ricevimento. La sposa troneggiava al centro della sala,
nella sontuosa veste sfavillante a metà tra il costume nazionale
e gli abiti della celebre Gramani. Lo sposo si rivolgeva agli amici
con la gentile sicurezza del padrone; ogni tanto lanciava alla sposa
uno sguardo adorante facendole un inchino; sorrideva la bella,
circondata dal suo universo femminile, libera di giocare con le amiche
fino al momento in cui sarebbe appartenuta a lui.
D'improvviso il giovane si stacca dal gruppo degli amici;
con quelle sue mani imperative si apre un varco
tra il groviglio degli abbracci e mi raggiunge. Mi stringe la mano,
a lungo me la tiene fra le sue; arrossisco, conosce forse
il mio passato? Rimango fermo, sorridendo appena, consapevole
dell'assurdità del desiderio che mi chiude il respiro; lo guardo
sforzandomi di non esprimere quello che provo. "Quanto chiasso",
sussurra sfiorandomi; il contatto mi fa star male; "Vieni con me"
dice piano; lo precedo, ma è lui che mi guida
mentre forziamo la ressa della gente. Passiamo oltre una porta;
un corridoio lungo, un'altra porta in fondo; la apriamo
e c'è la stanza degli sposi, preparata per il loro primo incontro
dopo la cerimonia consacrata. L'ampio letto nel mezzo era coperto
di una seta intrecciata dai colori brillanti, fluttuante

al soffio più leggero, come un mare che respira nel sonno; sopra,
a mazzetti e coroncine, fiori dai profumi di zucchero; intorno, specchi dappertutto
e tante brocche d'acqua freschissima; e incensi dentro vasi d'argento.
Lontano a tratti voci acute acerbamente impegnate
in un canto mi riportavano all'infanzia... Era un invito
ad afferrare quel momento, prima che il tempo lo bruciasse...
" La rusa fil carusa... La rusa fil carusa..." cantava la gente
guardandomi danzare nei vicoli della città vecchia, avvolto dei teli bianchi
sottratti a casa... "La rusa fil carusa...",
la sposa passa in carrozza:... Ridevano battendo le mani
al ritmo del mio canto; io danzavo, candido e lieve come una ragazza
nel giorno lieto del matrimonio... Accennai quel canto, la mia voce
si era fatta infantile; il giovane mi teneva per mano.
“Vieni - mi disse - , facciamo l'amore”. Delicatamente afferrò
per i lembi la coperta; così distesa, i fiori sparsi,
 la deponemmo a terra. Immacolato, soffice, perfetto,
apparve il letto, soavemente preparato per le nozze.

*L'uomo prende un rametto di incenso acceso; il fumo leggero si sprigiona dalla
sommità del bastoncino; l'uomo guarda l'incenso bruciare, mentre un suono
leggero e lontano, di voci infantili indistinte, rende sospeso il momento assorto.*

L'amore arse come un ramo d'incenso; un brivido l'ultimo bagliore,
silenzio di cenere alla fine. Rimettemmo al suo posto la coperta.
"Dobbiamo andare", disse. Eravamo già fuori, al di là della soglia.

12. LA RISTOURNE

*Scende dall'alto un vistoso paio di scarpe con il tacco al spillo; l'uomo le indossa
restando con i suoi abiti maschili. Poi scende una parrucchetta bionda. Scarpe e
parrucca verranno indossate o tolte nel corso del racconto, come oggetti parte
del gioco.*

A Parigi mi sento a casa mia. Là posso costruirmi
come voglio, padre e madre a me stesso; cominciando
dal nome, Mignardise... garofano minuscolo, ingenua droga
profumata, evocatrice dell'infanzia con il raffreddore
e il vin brulé, nella quiete casalinga della sera... Mignardise,
gioco e malizia da mignottaggine bambina...
Mi preparavo quando faceva scuro, calze nere di seta,
e poi i soliti straccetti ... Quando indosso delle cose da donna
mi trasformo, cambio totalmente. Ma è l'idea soprattutto...
il pensiero che sia io a vestirmene in un sesso che la natura
non mi ha dato. Il viso... non mi trucco quasi... un po' di rosso
sulle labbra, la matita intorno agli occhi, sono miei
i capelli biondo chiaro, con la frangia bombée...
Sapevo già dove andare, il mio bar dai tavolini fuori...
Non facevo niente per sedurre; immobile, assente, e subito attraevo.
Sceglievo tra quanti si fermavano; l'uomo diventava mio. Un'occhiata,

qualche frase gentile, pretesti scopertissimi... Una bella signora,
abbandonata da chissà quale amante... per una lite forse...
od un inganno. Eludevo la risposta, sulla soglia delle lacrime,
nello sguardo la passione trattenuta... Quale dolore mai si nascondeva
in fondo agli occhi rimmellati di blu?... Ma lo strazio più crudele
a un certo punto cede alle lusinghe di un invito a cena; alla fine
con un sorriso rassegnato ammettevo di sentire un po' di fame.
Quello, felice! - che occasione migliore per l'approccio galante,
prima di finire dentro un letto? - si affrettava a dire
"Proprio qui, dietro l'angolo, c'è un bel ristorantino…" e mi portava
giusto nel locale dov' ero d'accordo col padrone: ogni cliente,
una ricca percentuale sopra un conto gonfiato di champagne. Tutte le sere
di clienti in questo modo me ne facevo almeno due o tre.
Nei piatti piluccavo soltanto; bevevo lo champagne, mi aiutava a inventare
ogni volta una storia misteriosa ed eccitante.
Quando arrivava il momento di pagare, mi alzavo lieve
sussurrando "Scusami, devo andare un attimo...", una signora
non pronuncia mai certe parole; lui sorrideva dicendo
"Ti aspetto", mentre stava mettendo mano al portafoglio. Volando
sui tacchetti raggiungevo la porta di quel bagno agognato; aveva
un finestrino largo appena quanto la testa di un bambino;
mi ci incastravo trattenendo il fiato, i denti conficcati nel cinghietto
delle scarpe scalzate, e finalmente mi affacciavo nell'umida cucina.
I camerieri allora mi estraevano dallo scomodo buco , paonazzo
e madido come un neonato gigantesco. Uscivo dalla porta sul cortile,
di corsa a raggiungere la strada, zoppicando a rimettermi i tacchi.
Mi riassestavo gli abiti, i capelli; a poco a poco si calmava il respiro;
svoltato l'angolo mi riprendevo, sicuro di averla fatta franca.
Andavo a casa un momento a riposare; poi restauravo il trucco, cambiavo vestito...
E di nuovo nella notte, seduta a un bar,
languida, silenziosa , sola... Passando un uomo mi notava,
si fermava indugiando... le prime avances... gli sguardi, il pianto trattenuto...
l'invito a cena... il ristorante! Era facile mettersi d'accordo col padrone;
noi che vivevamo di espedienti chiamavamo quest' affare "ristourne".
Ed era ogni sera divertente escogitare un marchingegno diverso
per sedurre l'uomo e raggirarlo. Se facevi la ristourne, non dovevi
andare a letto col cliente; io mi sono prostituito tante volte,
non era il fatto in sé che rifiutavo, ma qui il lavoro consisteva soprattutto
nell'abbindolare, i soldi poi te li dava il ristorante.
A sedurre mi gettavo con impegno, come se vivessi un incontro fatale;
nel contempo, da attrice esperta, mutavo inflessioni e atteggiamenti
secondo le reazioni del cliente. Finita la mia parte sparivo; la fuga
mi consentiva di restare, per quell'ingenuo amante di ristourne,
la bella triste avvolta nel mistero.

13. MI STACCO LE SCARPE DALLA BOCCA

Era una serata di ristourne. Il giovanotto si era quasi ubriacato
e dopo il dolce - una delizia di crème caramel - , mi alzo
 e con aria maliziosa gli sussurro le solite parole tra il pudico

e un tantino di erotismo, come se in quell'andata alla toilette
mi preparassi al rapporto con lui. Mi avvìo svelta, un gesto a suggerirgli
"Torno subito...". Entro nel cesso; tutto come sempre, le scarpe in bocca,
la testa a forza dentro il finestrino, giù in cucina a precipizio, liberato
dagli sguatteri e via di corsa! Sistemo la frangetta, mi rimetto le scarpe,
e tic e tac e ticchiticchi ticchi tac rallento, mi calmo,
sono fuori pericolo. Ma di colpo dietro di me risuona un urlo feroce!...
L'uomo mi stava raggiungendo! Come aveva fatto quel dannato
a scoprire la truffa così in fretta?! Di solito il padrone del locale
trattiene il cliente per un po'. "Sarà ancora in toilette..." comincia a dire;
poi manda il cameriere a bussare... "Forse la signora non si sente bene.."
Ma quella volta l'uomo era sul punto di raggiungermi. Correvo
a perdifiato e quello dietro! Disperato mi infilo in un portone
che mi trovo davanti spalancato; una rampa di scale...
salgo i gradini come un gatto... Buio e silenzio e il mio ansimare sordo.
Arrivo a un pianerottolo, incespico e mi trovo una chiave tra i piedi,
sbucata da sotto uno stuoino; mi butto a infilarla nella toppa
e la porta si apre di scatto! Entro e richiudo, è un attimo.
La voce del mio persecutore scende e risale col rumore dei passi, paurosa
minacciando per le scale; ne sento il fiato al di là della porta,
poi si perde lontano imprecando...
Se ne va... Respiro di gioia, sciolgo le membra irrigidite,
mi stacco le scarpe dalla bocca.
Come una bestia scampata al massacro mi getto a terra nell'oscurità... Dopo tanto
terrore, finalmente è un momento tutto da godere! Ma pochi istanti dopo,
 ecco ancora dei passi : rimbombano sul marmo dei gradini; il rumore è diverso
da prima... Silenzio. E un raspare, proprio lì davanti: la chiave!,
stanno rivoltando lo stuoino... Colpi alla porta, e una voce imperiosa, concitata:
"Chi c'è dentro? Chi c'è? Chiamo la Polizia!".
Mi rimetto le scarpe, un po' di cipria; ricomposto nella mia dignità
trovo la forza di parlare. "Per favore! Per favore!... Apro subito!"
- e intanto manovravo il catenaccio - ; "Stavo scappando, una situazione di
emergenza..." - ero riuscito ad aprire, davanti mi stava un uomo stupefatto -;
"Scappavo da un corteggiatore..." - un uomo non brutto, anzi piuttosto attraente -
; "...da un corteggiatore... " - dovevo ammansirlo - ; "...troppo violento...un
bruto..." - lo osservavo , incerto: non sembrava cattivo, e stava ascoltandomi - ;
"... uno che voleva a tutti i costi..."
- pareva divertito della mia confusione, già attratto -
"... a tutti i costi andare a letto con me!". " E voi non volevate, bella bionda?".
La mia recita aveva funzionato, e la cipria, e il profumo
di Coty..." Io no... non volevo... perché...": stavo cercando una scusa,
non potevo certo raccontargli la mia reale identità. Abbasso gli occhi
e con un tono appena intelligibile mormoro "Monsieur... in certi giorni, no..."; poi
alzo lo sguardo e arditamente aggiungo " E in ogni caso, soltanto se mi va!".
Ride!: benissimo, l'ho fatto divertire! Alla fine
si acqueta; preso dal gusto del dominio, deciso impone:
"Stai con me e io non ti denuncio!". Tento una resistenza doverosa,
ma lui incalza: "O con me o la Polizia!". Gioco il tutto per tutto:
"Ma lo sai che mi piaci così maschio, così potente!"
gli getto in un orecchio solleticandolo con le ciglia finte.
Chiude la porta e mi avviluppa in un abbraccio .

Gli offro quanto posso, fingendo una natura femminile... L'onda
dei capelli luminosi - ci affonda le mani estasiato -, labbra scarlatte
e lucide - è pazzo di quel sapore di burro di cacao -, e il profumo inebriante
di Coty - avido ne aspira le ventate, attratto, intronato,
alla fine delirante di passione e totalmente in mio potere!
Provo anch'io gusto inaspettatamente a quel rapporto intenso
e imprevedibile. Sazi, placati ritroviamo infine le parole. Vuol sapere
di me, chi sono cosa faccio dove sto, e quando possiamo
rivederci. "Verrò - gli dico carezzevole -; verrò... , e scherzosa :
"So come fare per entrare...". Quasi in pianto mi supplica: "Verrai!...
Prometti!...". Prometto, giuro di farmi al più presto rivedere...
Qualche giorno per tornare in bellezza, per darmi a lui
senza più limitazioni... Mi lasciò andare. Mai più sarei tornata
a quella porta. Amata come donna, banalmente, in un amplesso
destinato a svanire come un labile profumo di Coty.
L'amore di un uomo e di una donna. Una donna? Una donna. Me.

14. LA PURA NUDITA'

*Alle scarpe ed alla parrucca si aggiunge un foulard di seta; l'uomo giocherà con
questi elementi, tormento, alibi, invenzione.
La loro graduale eliminazione riporta l'uomo alla sua connotazione iniziale.*

Ero come pazzo in quel corpo che non mi volevo.
Avrei voluto uscirne, liberando la mia vera natura,
invisibile a causa di una mascolinità impicciosa e soltanto apparente.
La piegavo allora portandola all'immagine che la gente attribuisce
alla femminilità. E battevo; guai a confessare il desiderio di cercare l'amore;
mascheravo prostituendomi.

Una notte stavo ritornando a casa, pioveva fitto ero sfinito.
I tacchi sgangherati si incastravano nelle fessure dei sampietrini.
Colavo trucco, i capelli appiccicati sulla fronte. Passa una macchina,
mi investe una marea di spruzzi sporchi. Inveisco, bestemmio,
alzo la mano a maledire... La macchina si ferma
e fa marcia indietro lentamente. Oddìo mi viene la paura...
Vorrà picchiarmi per quello che ho detto!... Mi si ferma accanto,
dal finestrino si affaccia un uomo distinto, sui trent'anni, e mi fa:
"Signora scusi!". Ero interdetto, non mi aspettavo quella cortesia.
"Ah... fa niente... - rispondo -, scusi lei". Intanto con le mani
andavo sbattendomi la gonna per toglierne via l'acqua,
e così mi bagnavo ancor di più. Lui scende dalla macchina.
"Venga ", dice, e apre la portiera con un gesto galante. Salgo
e mi lascio andare sul sedile. "Le bagnerò tutta quanta la moquette...".
Ma lui non ci badava. "Venga che l'accompagno, mi dica dove sta...".
Intanto era salito, stava avviando il motore. "Sto qui ad un passo,
non doveva disturbarsi...". Chissà perché, mi venivan quelle frasi
da ragazza perbene; l'uomo non era dei soliti che vanno a caccia
di battone o di trans; timido, si vedeva; non abituato

a frequentare la gente come me; per questo, forse, volevo piacergli.
La pioggia aveva lavato i colori dal mio viso; annullato il clamore
dei capelli ondulati e lucenti, cancellati i profumi.
Nel buio il rumore dell'acquazzone che cresceva d'intensità.
Durante il tragitto nessuno dei due parlò. Mi accompagnò fin sotto casa.
Scese, mi aprì la portiera con un inchino. Mi seguì senza chiedere;
lo desideravo, ma ero pieno di paura, per quell'uomo io ero una donna.
Non so se si sia reso conto, quella sera, quando muti facemmo l'amore,
di chi fossi. Tornò la sera dopo e poi ancora. Smisi di battere.
Lo aspettavo. Mi facevo trovare vestita tra il maschile e il femminile; poco trucco,
i capelli vaporosi. Ero certo più bella
che nell'incontro del diluvio, ma a lui non pareva importare,
né gli premeva che parlassimo. E neppure il rapporto amoroso
sembrava poi interessargli tanto. Cercavo di capire per che cosa
venisse ogni sera da me, ma non osavo chiederne,
per timore che svanisse la mia favola.
Una sera trascurai il rossetto per la fretta di correre ad aprirgli.
Quella notte andandosene mi disse: "Non mettertelo più".
La volta successiva me lo vidi arrivare all'improvviso;
dovevo ancora contornarmi gli occhi; nel lasciarmi
ripeté la stessa frase. Gli obbedivo, pur temendo
che non mi avrebbe accettato più. Una sera scordai di cambiarmi;
ero rimasto, per la fretta, come quando vado in giro
per le mie commissioni. Era la parrucca a resistere;
ma una sera la dimenticai: l'avevo messa ad asciugare nel bagno,
sopra una cordicella; stretto e abbassato sulla fronte ,
un foulard di seta leggera mi circondava il capo tutt'intorno.
Mi baciò andando via: "Grazie", disse appena, e non capii
se si era accorto di quel radicale mutamento. Quando ricomparve
la notte successiva portava con sé delle valige. Le depose in entrata,
mi raggiunse. Tremavo nella mia pura nudità. Il velo
aderiva alla fronte, ultima mia difesa. Lentamente
lui ne disciolse il nodo e la seta sfuggì via.
Io lo scrutavo pieno di paura; non c'era stupore, non c'era sconcerto
nel suo sguardo. Poi chiese placido: "Dove metto la roba?".
Si muoveva agilmente per le stanze, indovinando armadi e cassetti.
Ben presto le cose sue si trovarono mescolate alle mie; libri con libri,
scarpe con scarpe e saponi e rasoi. Come due parti di una noce
ci addormentammo attorcigliati, nello spazio di una sola persona.

15. COME UNA PUPA FRAGILE DAL BOZZOLO

L'uomo è raccolto su se stesso; riemerge poi tornando al suo atteggiamento di riflessione .

Può la passione mantenersi intatta? Tra di noi s'era creato un ménage;
io avevo abbandonato ogni parvenza femminile, Angelo
mi sapeva donna, la nostra intesa era perfetta.
Ma il corpo ha i suoi sussulti; siamo tentati da ciò che non amiamo.

C'erano sere in cui Angelo rincasava tardi. Una notte non rientrò.
Per un intero week-end non lo vidi né mi diede notizie. L'angoscia
mi prendeva alla gola; non riuscivo a respirare. Mi dicevo "Ragiona :
una cosa è il sentimento, un'altra i muscoli, i polmoni"; ma non serviva
la volontà, era la mia natura sotterranea a comandare inesorabilmente,
e in quelle circostanze rischiavo di morire.
Che la nostra passione si riducesse alla stessa gelosia
delle coppie normali, per l'intrusione di un terzo che infrangeva
il rapporto precedente!... Oh! Non così avevo immaginato!...
Rimpiangevo di farmi trascinare in questo meschino genere di angosce.
E a poco a poco, all'Angelo facevo confessare. Che si era innamorato.
Che lei non era bella; ma sì, era una donna e - cosa mai accaduta prima -
se ne sentiva attratto. Non potevo combattere, era per me
un territorio estraneo. Mi torcevo nell'impotenza e lo assillavo
di domande. Sì, andava a casa da lei. Non facevano niente di speciale.
E l'amore? gli gridavo d'impulso. Sorrideva: anche quello,
ma non era importante... Proprio come con me!
Con quella donna! Oh! fosse morta!... Per un caso fortuito...
un segno del destino... Smaniavo di conoscerla, mi pareva
che, prendendo volto, la mia angoscia si sarebbe un poco placata.
Così un giorno, quando Angelo stava uscendo dal lavoro,
lo seguii di lontano, protetto da un paio di immensi occhiali scuri,
la gonna lunga, un cappello dalla falda abbassata. Camminava svelto
dando calci ai sassi sulla strada, come fanno i ragazzi spensierati.
Sparì ad un tratto dietro a una portina in una viuzza di Trastevere;
riapparve su un balcone; respirava profondo, come se davanti
gli si fosse dispiegata una vallata; accanto ai vetri intravvedevo
una figura femminile; entro di corsa, divorando i gradini;
mi attacco al campanello, non smetto finché non vengono ad aprire.
Spalancano la porta spaventati, lui e la donna. "Ah così? - ansimavo - Così eh?!"
e mi guardavo attorno. La sua giacca appoggiata
a una sedia, e le scarpe accanto; portava delle pantofole,
non gliele avevo mai vedute, e neppure il pullover morbido, vivace...
Mi getto sulla giacca, strappo le maniche, dilanio la fodera a brandelli. "Ah così?
Così eh?!", non riuscivo a pronunciare nient'altro. La donna... un'altra razza…
 si agitava torcendosi le mani, diva da quattro soldi!, voleva spiegare...
accomodare... lei dolce, lei puttana, lei favorita
dalla natura... leileilei!!!... ottusa sfinge priva di segreti;
avanzava tentando un sorriso,
le mani protese a rabbonire l'animale.
Scartai il contatto e puntai sulla vetrata aperta, mi ci tuffai
bevendo l'aria avidamente...

*Il muro dietro l'uomo si spalanca; ne vien fuori un'ingessatura bianca
a corpo intero, con il collo e la testa, una sorta di armatura che l'uomo indossa
mentre parla.*

Mi risvegliai in ospedale: sopra di me il volto dell'Angelo. Il gesso
mi imprigionava braccia e gambe, e il busto e il collo fino alla testa.
L'Angelo sorridendo mi cullava; ritmicamente la sua mano batteva
sulla superficie rigida, inducendomi al sonno.

Dormii per giorni; ogni tanto mi svegliavo e vedevo il volto dell'Angelo
respiravo seguendo il suo respiro... lo sognavo sdoppiandomi in lui.
Dopo un po' mi mandarono a casa; avevano intagliato delle fessure
nell'ingessatura per consentirmi qualche movimento.
La paura che morissi per colpa sua mi aveva restituito
alle cure dell'amante... Mi seguiva con attenzione trepida,
sciolto all'apparenza da ogni altro pensiero.
Ma la natura umana inganna. Una notte mi rivoltavo per l'afa
nel letto rovente prigionìa; svegliandomi non lo trovai.
Nell'assillo di scoprire dove fosse mi gettai giù dalle scale
rotolando sui gradini; quella crescente sofferenza io la offrivo
per ritrovare l'Angelo. Fitti come aghi seccamente fili di pioggia
penetravano nel gesso; sfacendosi la pietra mi colava sul viso,
mentre barcollavo per le strade buie. Rare macchine di passaggio
mi gettavano addosso i fari e schizzavano via . Arrivai
alla casa della donna; una luce di candela filtrava dalla vetrata.
Tentai di salire la rampa delle scale, in preda a una disperazione bestiale.
Sdraiato alla fine sull'asfalto bagnato,
gli occhi alla luce del mio dio traditore, urlai nel pianto;
mi costringevo al respiro per continuare il grido e farmi udire,
malgrado la volontà di morire. D'un tratto apparve l'Angelo. Mi chiamò.
Stupore e che altro in quella voce?, tenerezza... rimprovero...
rabbia... amore... Me lo trovai accanto. Toccò il gesso rammollito
e ogni spasimo cessò; tacqui ma non potei sfuggirne lo sguardo. Svenni.
Lunga la mia convalescenza. Avevo bisogno d'aria pura, di calore
e di passeggiate. Trovammo un albergo piccolo sul mare;
nessuno in giro, la fresca pulizia di fuori stagione.

L'uomo si libera dall'armatura di gesso, che torna dentro il muro.

Mi liberai dal gesso un mattino di sole,
come una pupa fragile dal bozzolo; caddero a terra
i gusci sporchi e inutili. Mi stirai allungandomi.
Le membra intorpidite obbedivano pigramente.
La completezza del corpo ritrovato mi dava una sensazione di piacere.
Per la prima volta dopo mesi camminavo. Percorsi brevi,
un gelato, il chiosco dei giornali.

*Dall'alto scende un foglio di giornale spiegato. L'uomo lo afferra; eseguendo poi
le azioni dell'Angelo, intrecciando alle azioni le parole.*

In prima pagina il quotidiano della città riportava un incidente.
Una donna era bruciata con tutta la casa:
una candela aveva propagato il fuoco intorno.
Seduti su un muretto, con il mare davanti, leggevamo
il foglio spalancato. Angelo accese un fiammifero,
diede fuoco alla pagina; aspettò che si fosse consumata;
strinse nel pugno la superficie nera finché non fu che polvere di cenere
la gettò nelle onde. Brillò un attimo. Scomparve inabissandosi.

16. LE TOVAGLIE SI TINGEVANO DI PORPORA

L'uomo è fermo, nel suo abito scuro.

Una sera ero a mangiare da Pippetto, a via del Seminario;
ci andavano parecchi intellettuali; quella volta me ne stavo tutto solo,
nell'attesa vana di un amico; mi si era avvicinato un ragazzo,
elegante, alta classe, straniero; parlava inglese; mi guardava
e rideva; ridevo anch'io, e non capivo niente; andò avanti così
per un po'; intanto si era seduto accanto a me; ordinava le stesse cose
che chiedevo al cameriere; si chiamava Edoardo, ripeteva il nome indicandosi,
 finché non lo ebbi pronunciato, e allora "yes yes"
era contento; rimase al mio tavolo, interrogando e rispondendosi.
Alla fine ha pagato anche per me; mi sono alzato per andarmene
e lui mi ha seguito; da quel momento non mi ha lasciato più.
Mi portava con sé nelle sue passeggiate; al museo etrusco
del Ninfeo di Villa Giulia mi confrontava coi profili sui vasi,
incantato della mia somiglianza. Si divertiva alle danze con i veli,
ricordo dell'infanzia tunisina,
che improvvisavo nella casa dov'era andato ad abitare.
Ma preferiva la mia pura nudità o il ragazzo di strada che ero ,
quando lo accompagnavo fuori. Mi incuriosiva, mi intimidiva,
me ne sentivo attratto; era diverso da quelli che incontravo
quando battevo, violenti, possessivi; diverso anche da certi amanti
buoni a niente. Mi leggeva delle poesie; a volte lanciava in aria i fogli
continuando a memoria, le pupille dilatate, nel suo inglese
incomprensibile. Sbarravo gli occhi nello sforzo di afferrare qualcosa
e lui rideva; una volta mi frustò con il libro sulle labbra,
poi bruscamente lo gettò a terra e tacque, all'improvviso assente.
Certi giorni quando pigramente si andava in barca sul laghetto
di Villa Borghese, voleva vedermi specchiato nell'acqua;
vi sporgeva il mio capo con la mano; contemplava il riflesso, sussurrando
Ofilia insieme ad altri suoni flebili; lo prendeva allora un'emozione
che capii soltanto anni dopo, quando conquistai le ali dei poeti.
Era comodo non doversi guadagnare la giornata offrendosi al primo che pagasse;
ma rimpiangevo i rischi e le incertezze di una vita che prima era tutta mia.
Eppure mi stavo affezionando a lui.
La sfrontatezza di andare in giro, noi due, la mano nella mano,
ridava eccitazione a un' esistenza sprofondata
in una troppo tranquilla sicurezza. Edoardo si inebriava dello scandalo;
mostrarsi qual era, qui da noi, poteva; si nutriva della disapprovazione
innocua dei benpensanti, cosa che non poteva concedersi nella sua terra
e con la sua famiglia. Ma il rischio induce al rischio. Decise
di ritornare a Londra: mi voleva con sé, presentarmi a sua madre
- viveva con la vecchia nobildonna - e mostrarmi alla sua fidanzata;
scontato il matrimonio deciso tra le nobili famiglie. Partii,
eccitato ed impaurito. A Edoardo piaceva andare in giro senza soldi,
giocare con le circostanze, fingere le angosce dell'imprevisto,
divertirsi ad una povertà truccata. Io ero povero davvero
e mi toccava viverla sul serio, quella mancanza di denaro;
lui se ne riscattava al momento opportuno, lasciando conti
da mandare alla madre, o facendosi regalare ogni cosa

per la sua bellezza maledetta. I biglietti del treno fino a Dover
li mandò già pagati sua madre. Durante il viaggio una specie di hostess
passava ogni tanto accanto a noi offrendo dolci e tramezzini, bibite,
liquori e caffè; io non prendevo niente; lui si serviva lanciando occhiate
cariche di fascino alla ragazza che gli sporgeva quelle cose prelibate;
invidiavo la sua capacità di sedurre, quel coraggio incosciente
che lo rendeva padrone del mondo; soltanto al momento di scendere
seppi che cibi e bevande erano compresi nel biglietto,
anche la bottiglietta del cognac che con gesto grandioso Edoardo
mi aveva proteso dopo averne sorseggiato; non me lo aveva detto
che era tutto gratis, e si divertiva al mio sconforto.
Mi portò in una pensione; c'era stato, si capiva, altre volte;
sarebbe passato a prendermi, si doveva andare ad un concerto;
scappò via lasciandomi sfinito. Tornò puntuale; aveva indossato
un abito scuro con le code, la camicia candida e un cravattino nero;
io non avevo portato che poche cose pigiate in una sacca
e mi ero sistemato alla meglio, aggiungendo un fiocco vivace
al mio camiciotto sfilacciato. La madre ci attendeva regale in un palco,
in ampio decolleté; sorridendo benevola mi porse la mano che baciai,
con la riconoscenza di chi merita un rimprovero e spera
di farsi perdonare; ne ricevetti uno sguardo indulgente,
ero portato da suo figlio, a cui consentiva ogni cosa;
avvertivo la curiosità tollerante degli amici che festeggiavano
il ritorno di Edoardo con esclamazioni e risate; parlavano tutti insieme,
io non capivo niente e aspettavo che l'inizio del concerto
ponesse fine al mio disagio. Finalmente la serata si concluse;
Edoardo mi riportò alla pensione; non poteva restare con me,
se ne andò promettendo di tornare il giorno dopo. Mi sentivo
disorientato e deluso; fortissima, la nostalgia di Roma, dove luoghi
e persone mi erano familiari, ed il nostro legame non era oppresso
dal pregiudizio che ora andava facendoci sentire degli estranei.
Per non pensare mi svagavo ad accendere il camino finto
che troneggiava nella mia stanzetta, infilando una moneta
in una fessura; una fiamma di lampadina illuminava quattro ceppi incrociati.
Il mattino seguente Edoardo venne a prendermi;
andammo in giro, mi portò ad un museo che pareva un tempio greco.
Aveva incontrato la fidanzata, impossibile rimandare
il matrimonio, doveva fissare la data; ne parlava
come di una cosa spiacevole e noiosa; eravamo in uno di quei posti
in cui la gente va a prendere il tè per riposarsi durante la visita; ascoltavo
ma non mi riusciva di afferrare quello che continuava a dirmi, che,
una volta sposato, con molta più libertà poteva stare con me:
ad un marito non si chiede che la forma, e mi carezzava la mano
sotto il tavolo. Parlava e parlava; che la madre aveva già preparato
la casa; era quasi arredata del tutto, c'era la stanza degli ospiti,
avrei potuto star con loro... Mi fissava, stupefatto che non gli rispondessi.
Ero indeciso se rovesciare il tavolo con la teiera, le tazze e i biscottini
e urlargli tutta quanta la mia rabbia, oppure continuare ad ascoltarlo
e accettare quella insolita proposta, rassegnandomi, per amore,
ad un comportamento che respingevo. Mi portò a vedere la casa;
era zeppa di regali, ne stavano arrivando da ogni parte.

Quella vista mi rese consapevole che Edoardo stava davvero
per sposarsi; mi mostrava i bicchieri di cristallo,
i piatti decorati in oro e smalto, le posate d'argento
nelle morbide custodie di velluto, le tovaglie coi pizzi,
le lenzuola con le iniziali del suo nome intrecciate a quelle di lei...
Mi aggiravo per le stanze disperato; avrei dovuto essere io la sposa,
nei veli candidi... Di slancio lo gridai a Edoardo; rise, eccitato;
quella notte volle restare lì con me, ed io provai un senso di rivalsa.
Il giorno odiato si avvicinava. Io volevo partire, poi volevo restare
per fare ancora un assurdo tentativo. Giocava, come sempre.
Alla fine disse: "Ho bisogno di un erede"; era l'unica cosa
che non potevo dargli. Mi preparò lui stesso la valigia;
finsi di rassegnarmi, accettai i soldi che la madre mi aveva messo
in una busta, salutandomi all'ultimo tè. Mi chiamarono un taxi;
ma invece di andare alla stazione, mi feci portare alla casa degli sposi.
Entrai senza problemi, Edoardo mi aveva dato le chiavi
ed io non gliele avevo restituite. Vagavo dal bagno alla camera da letto;
con l'animo in tumulto vedevo Edoardo in ogni ombra,
mentre come una belva all'improvviso dal buio mi aggrediva
la fidanzata sconosciuta. Si sposava il mattino dopo, il mio ragazzo.
Mi prese uno sconforto disperato.

Dall'alto scende, oscillando sulla testa dell'uomo, un tagliacarte acuminato.
L'uomo lo afferra; lo userà come un pugnale rifacendo i gesti che va descrivendo.

Scintillante nell'impugnatura tempestata di quarzi e di ametiste,
un lungo affilato tagliacarte mi attrasse tra i regali allineati.
Con un colpo deciso mi tagliai le vene, dai polsi sprizzò violento
il sangue. Colava rosso e scintillante il mio sangue di povero plebeo;
lo facevo sgocciolare nelle brocche d'argento, nei calici di vetro soffiato:
che brindisi,che pranzi avrebbero più potuto farci? E le tovaglie
si tingevano di porpora a grandi petali ondeggianti...
Riaprii gli occhi in un letto, imprigionato dalle bende. Edoardo
vestito di scuro mi toccava la fronte. "Ora stai bene - sussurrò -;
mi avevi spaventato". La sua mano mi dava un senso di benessere.
Trasse un pugnaletto dal taschino: "Me l'ero portato al matrimonio
-ammiccò strizzando l'occhio -; se ti fossi presentato in chiesa,
mi sarei ucciso!". Sul risvolto del tight spiccava un fiore bianco,
bellissimo, con una foglia verde. Lo staccò dall'asola e lo gettò sul letto.
"Parto. Arrivederci!". Si chinò e mi diede un bacio sulla guancia;
non feci in tempo a dirgli niente, era già fuori.
Chiusi gli occhi. Così forse era morire...
La mia mano percorreva il lenzuolo... E d'un tratto...

Nella memoria dell'uomo emerge il ricordo del fiore di Edoardo; un gelsomino
gigantesco gli arriva accanto dall'alto.

...la sensazione di una fresca superficie vellutata.
Un profumo delizioso si sprigionava dal piccolo fiore
stretto nella mia mano, invadendo la stanza.
17 - LIBERE LE BOCCHE NELLE GRIDA

Facevamo dei viaggi, la domenica. Luoghi lontani
si ritrovavano l'uno accanto all'altro. Decidevamo il percorso,
quelli del gruppo dovevano essere d'accordo, la scelta
toccava una volta per uno, ed era una festa, allora, camminare.
La passeggiata che amavo sopra tutte partiva dal belvedere del Pincio.
Mi soffermavo sulle panchine del viale che congiunge villa Medici
a Trinità dei Monti, aspirando l'aria pulita; individuavo dall'olfatto la stagione,
polline, foglie marcite, frutti selvatici beccati dagli uccelli; rivelavo
ogni scoperta agli altri che mi seguivano devoti, aspettando dalle mie parole
di camminare in un parco oppure in una strada affollata del centro.
Deviavo, repentinamente, per sorpresa a chi aveva previsto
un itinerario, e mi addentravo nelle strade strette, in salita,
dove si affacciano le botteghe delle sartorie. Ne descrivevo
gli abiti, li indossavo sfilando in mezzo ai compagni estasiati;
mi applaudivano perché la misera roba carceraria
si trasformava, nel veloce rigirarsi della stoffa, in un vertiginoso decolleté,
il pantalone lasciava indovinare le ginocchia... volteggiava una mantella
sopra una sfuggente forma femminile. Scartavo la via venti settembre,
dai ministeri deserti nel giorno festivo; attraversavo
i giardini del Quirinale e talvolta vi incontravo il Presidente
a passeggio con gli amici; era domenica, i rapporti tendevano all'intimità,
ci scambiavamo saluti che cancellavano la differenza
dalle nostre esistenze; in comune c'era l'attesa del pranzo....

Si vestivano tutti al meglio, la domenica, gli ergastolani miei compagni
di passeggiata. Nel giorno festivo il cortile dove passavamo l'ora d'aria
si dilatava smemoratamente. Se era ancora presto quando si arrivava
a piazza Navona, proponevo una sosta al bar dell'angolo; qualcuno
portava un bicchiere con del caffè; se tenevi gli occhi chiusi e ti lasciavi sfiorare
da un filo di vento, sapevi con certezza che stavi nell'aria stessa
della piazza, vicina a te di un soffio; il medesimo sole scendeva
sui clienti sdraiati ai suoi tavolini. Ma se eravamo stati svelti, si poteva
fare ancora un salto a Capri, sulla piazzetta: portati dal soffio marino
planavamo con delicatezza su quella piccola sala aperta al cielo;
a gara allora, le palpebre serrate a sfidare l'aria pungente,
libere le bocche nelle grida, come uccelli sfogavamo l'angoscia .
Tra amore e follia, una rete di rapporti, di segni...
E circolavano le "figlie", i bigliettini per mandare notizie;
così sapevi che ti sarebbero arrivate sigarette; anche se non fumavi
era una merce buona per lo scambio; oppure del caffè,
prepararlo in cella ti riportava la casa perduta; potevi invitare qualcuno
o goderti con sublime egoismo quella tazza fatta apposta da te...
Uno degli ergastolani aveva ucciso la sua fidanzata; con gli occhi persi
me lo confidava. Dimenticato il motivo sciocco del delitto,
era tornato al ricordo delle tenerezze e si tormentava d'amore per lei.

Scende dall'alto sull'uomo, a sfiorargli il volto, un guanto azzurro di camoscio. L'uomo
afferra il guanto, lo infila su di una mano; la agita con movenze di danza, morbidamente,
nell'aria.

A volte tirava fuori un guanto piccolo, di camoscio azzurro,
appartenuto alla sua bella. Implorandomi me lo protendeva;
le pupille serrate a fessura, nella luce opaca della cella zufolava
una canzone di qualche estate prima, e spiava la mia mano che fluttuava
danzandogli a lato del viso; ma se lo sguardo vi si fosse voltato,
sarebbe fuggito, quel fantasma implorato.

18 - UNA RISATA BREVE

Le ante nel muro si socchiudono, lasciando intravvedere una cavità; l'uomo vi si addentra,
continuando a parlare in un sussurro, mentre colpi e grida in echi ripetuti escono
dall'antro oscuro.

Una notte mi entrò in cella un carceriere: la pistola nel pugno,
mi costrinse ad avere un rapporto con lui; e stava male
perché non voleva ammettere di sentirsi attratto da un uomo;
punendo me si dava una pena; solo così, pensando e ragionando,
potevo riuscire a sopportare.
Un guardiano una volta si è innamorato di me, e ad ogni chiamata del processo
tremava al pensiero di perdermi; inventava mie mancanze, liti
delle quali ero stato l'iniziatore!... Temeva di non vedermi più,
se fossi uscito di prigione. Io non sapevo cosa fare,
combattuto tra l'impulso di denunciare il suo comportamento
e il timore di quell'angelo in divisa, biondo, gli occhi freddi e cilestrini,
che ero andato amando anche un po'....
Un compagno di cella, un politico, aveva resistito a un secondino.
Era bello, un brigatista dai lineamenti aristocratici, di quei giovani illusi
sognatori di utopie. Non aveva accettato le regole della vita carceraria,
l'avevano subito isolato. Di lontano mi arrivava la sua voce sorda,
piena di risentimento. Malediva, ma non per sé; era il sistema
a esaltare il suo odio; non potevano capirsi il carceriere
a caccia di svaghi per far scorrere l'orario, e il brigatista
avvinto ad un'idea affascinante, terribile, perfetta.
Lo picchiava, la guardia, ogni sera. Lui niente, nessun lamento;
a tratti una risata breve, derisoria. Dalle celle si sentivano i colpi.
Tacevamo, trattenendo il respiro ad attendere il colpo successivo e il grido
che non veniva; soffrivamo per lo sfogo mancato,
per la pietà negata nell'ottuso scontro tra due mondi;
nessuno dei due ci apparteneva;
ma il pensiero era per quello che pativa.

19. IL SIGNORE DELLE ONDE

Mi mandavano a far le pulizie dentro agli uffici; spazzavo,
gettavo l'acqua e pulivo i pavimenti con lo straccio,
libero di andare di qua e di là... Ero il signore delle onde,
quello che ridava la bellezza, l'ordine, lo splendore alle cose offuscate.
Il capo delle guardie mi teneva d'occhio fumando un sigaro, e alla fine
mi dava un bel bicchiere di vino caldo con le spezie oppure un frizzantino fresco,
e brindavamo insieme... Mi vedevano in giro, i carcerati...
Nell'ora d'aria poi ci si parlava, e quand'era il giorno delle docce...
Mi mandavano lettere d'amore. Pacchi! ne avevo, mi ci facevo dei cuscini;
sotto il capo sentivo il fruscìo di mille voci che imploravano... A sciami
uscendo dalle celle mi venivano intorno...
Un giorno il direttore mi fa chiamare: "Sei trasferito", dice. "Ma perché!?".
E lui: "Disturbi la quiete, sei causa continua di scandalo!". Presi su la mia roba
e mi fecero partire. Una guardia mi teneva con la manetta a un polso
legato al suo; tutto il viaggio in treno, e la gente mi guardava;
io sorridevo, chi stava peggio era il mio accompagnatore.
Ero stato assegnato ad un carcere piccolo, in una cittadina
che stava tra il mare e la montagna; la prigione era dentro un castelletto,
e davanti un giardino che si affacciava sulla piazza; ci stavano rinchiusi
altri due carcerati. A chi arriva per ultimo la legge del carcere impone
di sottostare al padrone del luogo; accettai di mettermi con il più forte.
Mi ero portato nella sacca il mio guardaroba di indumenti femminili,
stracci e straccetti, cose che passavano senza dar nell'occhio ai controlli
delle guardie; poi, stirati, distesi, rispianati, mi offrivano spunto per le danze,
i giochi, le canzoni che mi veniva voglia di cantare;
avevamo un piccola stanza ùdietro a una tenda;
là ci raccontavamo le nostre storie.
Il capocarceriere aveva imparato dalla sua esperienza
che colpevoli e innocenti non sono equamente suddivisi;
unico a doverci sorvegliare, decideva orari, vitto e gratificazioni;
diventammo amici, e qualche volta riuscii a dimenticare
di vivere in una prigione. Il mio compagno finì di scontare la pena;
restammo in due; in carcere un corpo vale l'altro, un cuore un altro cuore;
esiste il compagno perché sogni un affetto tu, che vivi la tua voglia di vivere
e reagisci al taglio dei legami che avevi fuori e torni a immaginare,
sentendoti accanto una creatura che un' altra un tempo tua te ne richiama.
Anche questo compagno se ne andò; erano allora mie soltanto
le attenzioni del capocarceriere.

Restavo la mattina a disegnare, sdraiato sull'erba davanti alla prigione;
l'ora d'aria durava tutta la giornata, se c'era il sole.
Il guardiano mi portava dal bar un caffè ed un cornetto

su un vassoio di latta, con garbo; e allora io gli offrivo
un pezzo di brioche. Scorrevamo insieme il giornale, che puntualmente
metteva accanto alla colazione, aspettando che lo aprissi io;
ogni avvenimento ci appariva lontano.

20. LA PROCESSIONE DEGLI INTAGLI

Una stella d'oro di Natale scivola dall'alto sopra l'uomo.

Natale, il panettone, una stella d'oro tra le sbarre,
un rametto di abete sulla lampadina nel soffitto.
La bottiglia di vino dolce che aggiunse al vassoio della cena
mi aiutò a cadere nel sonno; quel giorno terribile sgusciò tra la vigilia
e Santo Stefano. A Capodanno per dare il cambio al mio guardiano,
mandavano di solito dei giovani; ma quella volta avevano tutti
la licenza; il turno sarebbe toccato ancora a lui. Il vecchio
non aveva fatto storie, stava già pensando ad un suo piano.
Quando era buio arrivò con il figlio; non l'avevo mai visto, studiava fuori,
disse, e mi guardava, gli occhi socchiusi tra le ciglia chiare,
strusciando una scarpa sul terreno. Mi avvolsero in un cappottaccio scuro;
uno davanti e l'altro dietro, padre e figlio mi fecero uscire.
Nella neve leggera come un'ostia, sulla strada ci aspettava l'automobile,
scivolò silenziosa, nessuno in giro. Dalle finestre coglievo nella corsa
stanze piene di luci colorate, voci attutite, musiche, risate.
Stretto fino allora, il cuore cedeva all'emozione. Ad aspettarci
c'era tutta la famiglia, la moglie, la figlia col marito pasticcere
e la loro bambina di tre anni; il padre aveva decorato il dolce
con le rose di zucchero; la piccola strillava perché voleva subito
una rosa, ma quando mi vide si quetò.

Una gigantesca rosa di zucchero scende dall'alto.

Ballai per lei, facendo risuonare tacchi e punte; mi truccai da pagliaccio
con le matite della mamma; intorno ridevano beati, nonni, zie
e la cugina suora venuta dal convento di clausura. Nella stanza accanto
la televisione scandiva i minuti; la famiglia stava intorno alla tavola,
dove la madre accumulava ogni sorta di pietanze. Si avvicinava l'ora
e sentivo sfuggirmi la gioia; brindai scontrando il bicchiere con tutti quanti,
uno dopo l'altro. Il padre doveva riportarmi alla prigione;
l'esaltazione della serata lo aveva affaticato; disse incerto: "Può portarti
mio figlio...". Il ragazzo si precipitò a rassicurarlo, faceva lui,
andasse a letto in pace. Il guardiano mi abbracciò e con la mano alzata
"Mi raccomando - aggiunse - niente scherzi!". Di nuovo nascosto nel cappotto
rientrai in macchina, accovacciandomi sui sedili dietro.
Il ragazzo guidava per le strade deserte; all'arrivo attraversammo di corsa
il giardino urtando gli alberi e la neve ci cadde addosso; ridemmo sollevati,
finalmente al sicuro, scrollandoci il biancore che stava facendosi acqua.

Cominciammo a girare per le stanze. Andavamo per i lunghi corridoi,
nella cadenza del nostro respiro; fiori, tralci, uccelli sui soffitti invasi dalle crepe,
e mazzi di violette... immagini di un perduto splendore offuscato dall'umidità;
e infissi straripanti di pratiche ingiallite... Scostammo una porta
che sporgeva appena dal muro; apparve un corridoio
che portava a una stanza scavata nella roccia, imbiancata, bassa, con un letto di pietra,
e sulla pietra l'impronta di un corpo. Alla parete,
tanti intagli sottili uno sull'altro; accanto, dei numeri,
e lettere, elle, emme, emme di nuovo... e poi gi poi vu ed esse,
e infine una di... Ogni tanto lettere più grandi, "gi" ed "effe" ed "emme", e "a"...
I giorni e i mesi, incisi nella pietra; volavano in alto seguendo la curva
della roccia, fino al soffitto; correvano lungo lo spazio dell'arcata, scendendo poi
sulla parete in faccia... Brevi intagli; accanto i numeri, e le lettere, diverse,
lavorate come cifre di un corredo a cui viole del pensiero e stelle alpine
si intrecciavano in morbidi motivi... Come un filo di Arianna in labirinto
si muoveva la processione degli intagli, percorrendo perfino il pavimento,
deviando agli angoli, inserendovisi a chiocciola, involvendosi in se stessa,
girone infinito, sequela inarrestabile dei giorni di prigionia di qualcuno
così solo da osare di dialogare con la pietra...
La processione si interrompeva brusca. Mi prese un desiderio disperato
di gente viva. Scappammo via.

21. DALL'ALTRA PARTE

Nella cella ritrovai le mie piccole cose. Le palpebre albine spalancate,
il ragazzo aspettava, sfregando sul pavimento la punta della scarpa .

*Dall'alto scende uno scialle rosso, di seta. Scenderà poi una vestaglia ricamata a fiori, ed
una parrucca di fili di cotone.*

Appeso a un chiodo c'era il mio scialle rosso, di seta, con le frange lunghe;
lo feci volteggiare, sfolgorò come ali di libellula, me ne avvolsi improvvisando una danza
mentre cantavo l'adorata Piaf per quel ragazzo attonito.
Poi tirai fuori una vestaglia ricamata a fiori; incrociandola sul petto,
trattenuta da una sciarpa nera era il costume di una gheisha;
fili intrecciati, a turbante sul capo, era una parrucca giapponese.
Frenetico agitarsi, spasimo di creare... Fatica inadeguata
per un solo spettatore, all'oscuro dei simboli che attribuivo
a quelle povere cose... Il ragazzo avanzò di un passo,
entrò nella scena, si trovò dall'altra parte.
Cominciò allora a muoversi sul ritmo della canzone che stavo cantando;
azzardò un balbettìo, poi qualche parola, frasi, ed io gli rispondevo.
La storia tra il giovane straniero e la gheisha si concluse
in un amplesso delirante. Quanto di reale ci mettessimo, quanto di simbolico non so;
fu bello, nel suo tempo circoscritto. All'alba la luce invase il pavimento.
Intorno a noi riapparve la prigione. E il ragazzo se ne andò.
FINE
SPAX[17]

PERSONAGGI in ordine di apparizione

Arin, una ragazza del Popolo uno
Il Giudice, un uomo del Popolo due
La Divinità, una creatura fluttuante di veli
Issam, un giovane del Popolo uno
Messaggero Lacero del Popolo uno
Messaggero Militare del Popolo due
Un Padre del Popolo uno
Un Figlio del Popolo uno
Ragazzo Fantasma del Popolo uno
Ragazza Salvata del Popolo uno
Punkabestia
Il Generale Is del Popolo due
Madre del Popolo uno
Fidanzato del Popolo uno
Soldato Ab del Popolo due
Nonno del Popolo uno
Uomo Luminoso del Popolo due
Cieco del Popolo due
Donna con Fazzoletto, del Popolo uno
Donna con Cappello, del Popolo due
L'Oggetto, di non si sa di quale Popolo

del POPOLO UNO
Arin, una ragazza; Issam, un giovane; Messaggero Lacero; Un Padre; Un Figlio;
Ragazzo Fantasma; Ragazza Salvata; Madre; Fidanzato; Nonno; Donna con
Fazzoletto: 4 donne, 6 uomini.

del POPOLO DUE
Il Giudice, Messaggero Militare; il Generale Is; Soldato Ab; Uomo Luminoso;
Cieco; Donna con Cappello: 1 donna, 6 uomini.

FUORI DAI POPOLI
La Divinità, Punkabestia, l'Oggetto.

*La scena. Uno spazio bianco, ristretto a cella, con una porta e in alto una finestra;
una sedia.*
*Lo spazio si dilata quando - dopo un buio - viene usato fuori dalla cella: è allora
lo spazio al di là di essa che si mostra, con la porta che viene sentita come
all'esterno della cella.*
*Lo spazio si dilata ancora quando appare la Divinità: una sorta di sala-tempio, in
cui accoglie i personaggi che via via le si presentano a raccontare o a raccontarsi.*

---

[17] Lo spettacolo ha debuttato nel 2004 con la Compagnia Ente Teatro Cronaca al Nuovo Teatro Nuovo
di Napoli, regia di Fortunato Calvino.
Un'altra edizione di *Spax* è stata realizzata dal Centro Teatro Studi di Ragusa, sempre nel 2004, per la
regia di Franco Giorgio.

La contiguità degli spazi consente l'alonatura dei suoni, e talvolta la ripetizione alonata delle ultime frasi della battuta pronunciata da un personaggio a conclusione di una scena, dopo la quale se ne presenta un'altra nell'ambiente attiguo.

Il tempo. E' un attuale scontornato da connotazioni e riferimenti riconducibili ad episodi precisi.
Tutto è già avvenuto e tutto ritorna ad avvenire.
I costumi. Appartengono ad un'epoca immersa nell'arcaicità e nel contempo ultramoderna.

I personaggi e lo sviluppo drammaturgico. Non si fanno nomi, non si parteggia; centro del lavoro, la problematicità, non l'impossibilità di scelta, ma la constatazione che una scelta all'interno del dramma non viene fatta da nessun personaggio, di questa e di quella fazione e tuttavia occorre che essa si verifichi, prima o poi, se non si vuole arrivare all'annientamento.
La Divinità ha assunto questa connotazione, lo esige il suo carattere di personaggio; sta a chi ha il compito della rappresentazione di specchiarvi il proprio referente.
Libertà e responsabilità emergono come assunto finale.

I - L' INTERROGATORIO

La cella dalle pareti bianche, con una porta, e una finestra in alto.
Seduta su di una sedia, una ragazza molto giovane. Tiene gli occhi chiusi e il volto verso l'alto, le mani fluttuanti sopra il capo a percepire l'aria che viene da fuori.
La porta si apre ed entra un uomo di mezza età, aria pensosa, movimenti cauti.
L'uomo fa un segno deciso verso la porta - non vuole che entri nessuno - e la porta si richiude con uno scatto; al rumore la ragazza ferma il suo lento gestire e apre gli occhi.
I due rimangono in silenzio a guardarsi.

GIUDICE Volevi commettere un attentato suicida contro di noi? Per odio?
ARIN No.
GIUDICE Allora ?
Chi si fa saltare in aria lo decide
convinto di adempiere a quella che chiamate la vostra causa.
ARIN Era... una questione personale.
GIUDICE Una questione personale!?
Tu stavi per uccidere gente che non conoscevi.
ARIN Io non ho fatto niente.
GIUDICE Abbiamo saputo delle tue intenzioni.
ARIN Tanti miei compagni si sono fatti saltare in aria.
E prima non lo avete saputo.
GIUDICE Non sfidarmi. Tuoi compagni? Allora ammetti. Sei come loro.
ARIN No. Ma sono miei compagni.
GIUDICE I tuoi compagni sono furiosi contro di te.
ARIN Quando ho voluto tornare indietro
mi hanno riaccompagnata con l'auto.
Rimangono i miei compagni. Anche se sono furiosi contro di me.

GIUDICE Insomma, tu volevi farti saltare in aria.
Per qualcosa di tanto importante da perderci la vita.
ARIN Il mio ragazzo. Un carro armato l'ha fatto a pezzi.
GIUDICE C'è differenza dalle vostre azioni terroristiche. E' la guerra.
Dei soldati vanno contro degli altri soldati.
ARIN I soldati di un carro armato non saltano in aria.
Se ne stanno dentro ben protetti.
E uccidono anche gente civile.
GIUDICE I soldati conoscono l'obbiettivo che vanno a colpire.
Il terrorismo invece uccide senza sapere chi.
ARIN Formule. Definizioni. Varianti linguistiche per la morte.
GIUDICE Tu ti permetti di sentenziare?!
Tu che sei venuta in piena città a uccidere gente indifesa?!
ARIN Io non l'ho fatto.
GIUDICE Ma volevi!
Volevi uccidere degli innocenti per vendicare la morte del tuo ragazzo.
ARIN Cosa volevo non lo so.
Mi sono sentita morta quando mi hanno detto che l'avevate ucciso.
GIUDICE I soldati muoiono. Soldati contro soldati.
ARIN Lui era uno studente. Stava camminando per la strada.
Aveva i libri sotto il braccio.
Li teneva ancora stretti quando l'hanno raccolto.
I compagni hanno giurato di vendicarlo.
Mi sono offerta io.
GIUDICE E sei entrata nel terrorismo.
ARIN E' stata una reazione immediata.
Non riuscivo a pensare di poter vivere senza di lui.
GIUDICE Così hai deciso la fine di gente
che non aveva niente a che fare con te e con il tuo ragazzo.
ARIN Poi non l'ho fatto.
GIUDICE Sei arrivata alla decisione di uccidere.
La morte del tuo ragazzo: non hai pensato
che altre ragazze sarebbero rimaste sole come te?
ARIN Non si pensa in quei momenti. Ho sentito soltanto il dolore.
GIUDICE Poi però hai fatto la tua scelta.
ARIN Ho agito d'impulso. Mi sono offerta. Un'ipotesi lontana, credevo.
Ci vuole preparazione. Verifiche. Ti valutano. Se ce la puoi fare.
Tempi lunghi.
GIUDICE Invece ti hanno chiamato subito?
ARIN Non lo so. Altre rappresaglie. Forse.
Mi hanno dato poche indicazioni, ho fatto una prova.
Non potevo rifiutarmi.
GIUDICE I tuoi compagni ti hanno portato fino al centro della città.
E ti hanno scaricata in mezzo alla gente. Dovevi farti saltare.
ARIN Dovevo farlo.
GIUDICE Ma non l'hai fatto!
ARIN Non l'ho fatto! Non ti basta? Vuoi sapere.
GIUDICE Voglio capire.
ARIN Tu sei un popolo. Io un altro popolo.
Di nuovo i due si fissano in silenzio.

In Arin una sfida, nel Giudice la volontà di superare la barriera delle appartenenze.

GIUDICE Da un momento all'altro hai cancellato il tuo progetto.
Ti guardo in faccia e sono certo che non ti sei tirata indietro
per salvarti la vita. Voglio sapere il perché.
ARIN Dei bambini.
GIUDICE Dei bambini?...
ARIN Sull'orlo della strada. In uno spiazzo.
Alberi, un po' d'erba. Si tiravano una palla.
GIUDICE Potevi non cambiare idea.
ARIN Voi mi tenete prigioniera per quello che non ho fatto, i miei compagni
sono furiosi contro di me, se mi avessero mi ucciderebbero!...
GIUDICE Ho una figlia della tua età. Le somigli in qualcosa.
Forse è per quest'aria sfrontata che avete voi giovani.
Di sfidarci con lo sguardo in silenzio.
Lei potrebbe saltare in aria
per uno dei tuoi compagni che non ha cambiato idea.
Eppure tu le somigli.
ARIN Io assomigliare a una ragazza che mangia cinque volte al giorno,
ha un bagno personale e va oltreoceano a trovare i parenti?!
GIUDICE Le somigli nella giovinezza.
Nell'amore che provate per qualcuno. Assoluto. Irragionevole.
Come genitori amiamo i nostri figli. Ma c'è un muro, tra noi e loro.
ARIN I miei non sapevano. Della mia decisione.
Avevo lasciato un biglietto prima di andar via.
GIUDICE Un biglietto?
ARIN Di addio.
GIUDICE Di solito quelli come te fanno feste di commiato
prima di partire per la loro impresa.
Le madri si fanno filmare accanto al figlio sorridenti per l'orgoglio
con il fucile tra le braccia.
ARIN I miei non sapevano.
GIUDICE Ah ?
ARIN Non sono certa che avrebbero approvato.
Ma adesso non so come mi giudicano.
GIUDICE Non credi che avrebbero provato dolore se ti fossi uccisa?
ARIN Quando si è in mezzo alla gente che soffre
non si pensa che a trovare un modo per porre fine alla sofferenza.
L'esasperazione porta a gesti che non hanno a che fare con la ragione.
GIUDICE Ma questi gesti fanno aumentare l'esasperazione.
Si crea una catena che non ha fine. Lo capisci?
ARIN Io non ho fatto tante riflessioni.
Mentre andavo avanti, a un certo punto ho visto dei bambini.
Li ho ancora davanti agli occhi.
Non ricordo il volto di mia madre così nitidamente quanto i loro volti.
Come se una luce abbagliante li avesse impressi nella mia mente.

Arin reclina il capo, si rannicchia sulla sedia circondandosi con le braccia in atteggiamento di chiusura e difesa.

Il Giudice la guarda, indeciso se insistere con le domande. Poi se ne va facendo scattare con un rumore secco la porta dietro di sé.

BUIO

Il rumore ingigantito della porta che si chiude invade il buio e svanisce all'alzarsi della luce nella Scena II.

II - MONOLOGO DEL GIUDICE

Il Giudice è passato al di là della porta che ha richiuso dietro di sé.
Tiene le mani sul volto. Lentamente lo libera dalle mani, lo sguardo dentro di sé.

GIUDICE Sdoppiato. Contraddizione insolubile.

Torna a coprirsi il volto con le mani.
Si libera con un moto di ribellione.

Anni di studio. Una missione
la giustizia, farla nascere dalle mie mani.
Articoli, commi... La legge. Tutto il sapere ben articolato,
cosa dire, che pena impartire...
Punizioni... aggravanti, attenuanti...
Nessuna responsabilità personale, ma l'orgoglio
del libro sapiente, applicarlo!
E adesso, questo solido libro del sapere
è un ammasso di fogli, impotente
a trovare soluzioni al "caso".
Bisogno di trovare risposta. Bisogno in me.
Voglio parlarmi, sentire che cosa dice
questa mia persona, senza la stampella della legge dello Stato.
E' una ragazza a sconvolgere l'ordine costituito,
muro dall'apparenza indistruttibile, argilla secca
crollata in un istante, di fronte alle sue parole
che rivelano verità che tolgono il respiro
tanto sono semplici e incontrastabili.
Voleva farsi saltare in aria per uccidere gente
del nostro popolo, a vendicare gente uccisa dal nostro popolo.
Ha visto dei bambini. Non si è fatta saltare in aria. I bambini vivono.
Ma noi l'abbiamo presa. Per l'intenzione.
L'altro arrivato con lei ha portato a termine il suo impegno.
Non vive più, e non vive gente del nostro popolo.
Quello non possiamo processarlo, non possiamo condannarlo,
non possiamo giustiziarlo. E i nostri sono morti.
La ragazza, è viva... e sono vivi i nostri figli.
Ma lei, l'abbiamo messa in prigione, e forse morirà, odiata
dal nostro popolo e dai suoi, che la disprezzano come una vigliacca.

Si chiude la testa fra le mani.
Con sforzo riprende a parlare.

Dimmi tu, uomo adulto, giudice sereno,
sapiente conoscitore del diritto,
difensore del tuo popolo, padre tenero e severo verso i tuoi figli,
dimmi se la tua giustizia vale ancora, se i tuoi libri
ti offrono appiglio a una risposta che ti dia pace,
Oppure...
Oppure la risposta tu la devi trovare in altri spazi,
che ti creeranno inimicizia e denigrazione.
Sarai messo in crisi,
darai scandalo al tuo stesso popolo e non sarai capito dall'altro popolo
che continuerà a valutarti con diffidenza.
Né salverai la ragazza con questa posizione
che la coscienza sta dettandoti malgrado te stesso.
Sarai solo e infelice, in lotta con tutti. E nemmeno lei,
la ragazza, ti sarà riconoscente, avrà sospetto
che tu voglia raggirarla.
L'eccezione è accolta con timore
da chi è abituato all'agire comune...

III - LA DIVINITA'

La scena si amplifica, dietro la porta della cella, dove già il Giudice si è interrogato. E' come se il Giudice vi fosse appena entrato uscendo dalla cella di Arin, e avesse chiuso la porta dietro di sé: è il gesto ripetuto che abbiamo visto nel suo inizio e di cui abbiamo sentito il rumore secco della chiusura della porta. Come dire che la scena II è un pensiero, e che l'azione riprende adesso, dalla scena I alla scena III.

Davanti al Giudice si erge una figura ammantata in una tunica,
la Divinità.
E' lo spirito divino che permane anche se inascoltato nell'anima umana.

Il Giudice avverte la presenza della Divinità. Solleva il volto, guardandola, mentre la Divinità comincia a parlare.

LA DIVINITA' Sì, è come pensi.
"Sarai solo e infelice, in lotta con tutti.
E nemmeno lei, la ragazza, ti sarà riconoscente,
 ha il sospetto che tu voglia raggirarla.
L'eccezione è accolta con timore da chi è abituato alll'agire comune...".
Ma tu non puoi fare diversamente. Hai provato, a adeguarti.
Non ci sei riuscito. Per fortuna.
Sono molti a seppellire questo impulso sotto l'egoismo,
e vivono soddisfatti, con la coscienza in pace.
Tu dalla tua coscienza sei condannato a giorni di tormento
 nel mondo degli uomini dove ti trovi ad agire
si è smarrito il tema centrale della vita. Trattato come oggetto,
merce deprezzata e vile, l'uomo non suscita pietà al suo simile,
non ne riceve e non offre condivisione, talvolta ha a che fare con l'amore,
ma in forme possessive e mercificate.

Come una valanga ingigantita dalla corsa,
la morte prende forza trascinando con sé
germogli teneri, rami nodosi, tronchi di quercia.
Un uomo ucciso ne genera dieci per vendetta, e quei dieci altri cento.
E i cento mille in un moltiplicarsi inarrestabile.
Popolano la terra sotterranea in crescita trionfante
infiniti cadaveri straziati, cancellati i volti
dei tratti che li distinguevano dalla informe prospettiva della materia.
Per sopravvivere ogni uomo agisce usando i mezzi che possiede,
carri armati, fucili, pietre, missili, coltelli... se non ha niente
proprio niente da contrapporre alla vita, la sua vita stessa,
arma anche quella gettata in sacrificio,
peccato, martirio, pietoso compianto,
distrutta dagli aerei che in cielo terrorizzano gli uccelli
o spenta da uno scoppio che riunisce nella morte fazioni opposte.
E tu, piccolo uomo di giustizia, tradito
dai tuoi stessi strumenti di lavoro
devi pur prendere una strada... pesante e difficile che sia...

Il Giudice si avvicina alla Divinità. Cerca di toccarla, ma quella è impalpabile.
Più volte il Giudice tenta di sfiorare la Divinità, e ogni volta questa sfugge
impercettibilmente, nel fluttuare dei veli, pur rimanendogli davanti.

GIUDICE Tu mi sfuggi come se io rincorressi la mia ombra.
Se potessi toccarti, troverei la risposta.
DIVINITA' - Toccarmi! Se fossi umano, come te...
Deve bastarti che ti venga accanto
ogni volta che mi invocherai...

La Divinità si allontana fino a sparire.
Il Giudice si abbandona a terra sfinito.

GIUDICE Oh! Come chiamarti?
Non conosco neppure il tuo nome!...

IV - MONOLOGO DI ARIN

La cella.
Arin rialza il capo e si accorge di essere rimasta sola.
Si scioglie dalla posizione rannicchiata, muovendosi con movimenti concentrici di
uccello prigioniero, tendendo verso l'alto le braccia in un vorticoso fluttuare di
ali. Infine si butta in ginocchio a terra, il capo sul piano della sedia, le braccia a
circondarla, in dialogo.

ARIN Ho cercato nella mia coscienza
che cosa fosse bene che cosa male.
Issam ucciso.
Urlavo, il mio corpo
supplicava di congiungersi a lui.
La voce mi usciva con il timbro così caro,

che era il suo.
Le mie mani stringevano il mio petto mi accarezzavano il capo,
erano le sue braccia.
Non potevo salvarlo morendo al posto suo.
Ma morire per lui, sì.
Così mi sono offerta.
 Non capivo! che quelli che l'avevano ammazzato
non erano gli stessi che avrei ucciso io!
Accecata dal dolore immaginavo tutto un popolo
come un informe ammasso senza volto in cui un morto vale l'altro.
Era così consolante il pensiero di non dover più soffrire
che ignoravo la sofferenza degli altri,
non calcolavo l'ingiustizia che per far giustizia
io stessa praticavo, propagando come un fuoco senza scampo
delitto a delitto pena a pena e vendetta a vendetta.
Sono partita per la mia missione sentendomi una sposa
nel suo giorno di festa. E mi esaltavo risentendo i baci
degli incontri felici. Altri pensieri accorrevano allora
evocati da quei dolci ricordi... e fremiti e tremori
ed un'immensa voglia di vendetta.
Discesa dall'auto dei compagni che mi avevano portato in città,
trasportavo il mio carico di morte con passo lesto di studentessa.
 Fino a quel momento
mi vedevo davanti solamente il volto amoroso del mio Issam,
come l'avevo contemplato quell'ultima sera,
ne sentivo la voce sussurrarmi le sue amate parole.
Tutto in me era chiuso al mondo esterno,
ero tutta soltanto in quel richiamo.
D'improvviso un intrecciarsi acuto di suoni leggeri
mi porta di colpo alla realtà.
Nugolo di passeri rotondi, dei bambini disordinatamente
gridando si inseguivano sul prato.
Più lontano le madri strillavano ma placide
per far sentire ai figli che vegliavano sopra i loro giochi spensierati.
E quelli mi correvano davanti, avanzando sempre più vicini
Ansanti scarmigliati le guance rosse.
La mia bomba sta per affossarli in una voragine di sangue.
 Basterebbe schiacciare il congegno.
A stormo con grida di rondini curvando risalgono il prato,
e l'ultimo si volta e mi sorride.

Arin è tutta un sudore. Si abbatte stremata sulla sedia.

V - DIALOGO NOTTURNO

*E' notte. Un raggio di luna penetra dalla finestra. Arin è sdraiata sul pavimento.
Insonne, si rialza con il busto e scruta la semioscurità.*

ARIN Issam. Issam, dove sei?
Voglio averti ancora vivo, accanto a me.

Io sento la tua voce, avverto il tuo respiro...
Ti rivivo negli istanti felici
in cui ci siamo scambiati sogni e vita...
Dimmi se esisti se mi ascolti!...
Mostrati in qualcosa che prima insieme non abbiamo vissuto,
dimmi parole che non hai mai detto, mi darai la certezza che tu viva,
così anch'io dopo la morte potrò riunirmi a te...

Issam si materializza davanti ad Arin.

ISSAM Io vivo.
ARIN Issam! Eri tutto insanguinato, quando i carri armati
ti hanno ucciso. Adesso sei luminoso, puro... non c'è traccia di morte in te.
ISSAM Questo è un mistero. Devi accettarlo.
ARIN Ho tante cose da chiederti!
ISSAM Ti risponderò. Soltanto, non chiedere mi vedi qui.
ARIN Come hai fatto a entrare? Le guardie sorvegliano la porta.
ISSAM Non sono venuto io da te, tu sei venuta da me.
ARIN Sono morta anch'io?
ISSAM Sei viva, non temere. Viva in modo umano.
ARIN Non siamo nella prigione?
ISSAM Guardati intorno. Che cosa vedi?
ARIN Te. Nient'altro che te. Ogni spazio intorno a te è luce.
ISSAM Questo è l'amore che posso darti.
ARIN Ma io non trovo pace. E mi tormento a pensare
se ho agito bene o sono andata contro il mio dovere.
ISSAM Altri hanno agito diversamente da come hai fatto tu,
spontaneamente, secondo il tuo modo di sentire.
ARIN Non ho compiuto la missione.
ISSAM Sono i nostri compagni a parlare di missione.
Ma dentro di te tu sapevi che era delitto.
ARIN Anche tu sei stato ucciso.
ISSAM Delitto. Sempre delitto.
Ci sono dei principi che non si possono negare.
Uccidere, non si può.
ARIN Loro uccidono i nostri fratelli e non perdono la vita.
Loro per uccidere possono usare dei mezzi che li mettono al sicuro.
Noi usiamo la nostra vita. Non abbiamo altro.
La facciamo scoppiare contro chi uccide senza doversi uccidere.
ISSAM Il dolore ti fa parlare così, ma la tua coscienza agisce altrimenti.
Quel giorno tu hai visto dei bambini.
ARIN Vederli è stato... esorbitante.
ISSAM Ma se davanti a te vedevi le madri, i padri... i fratelli...
che cosa avresti fatto?
Se li uccidevi, che ne sarebbe stato dei bambini?...
ARIN Comincio a pensarci adesso.
ISSAM Le ragioni profonde del nostro agire d'impulso
si ritrovano dopo, ragioni non casuali.
ARIN Sacrificare quei bambini, non ho potuto.
Non è stata la paura di morire.
ISSAM Questo di te lo sanno anche i compagni.

Ma preferirebbero saperti vigliacca.
ARIN Quei bambini... erano troppo piccoli per considerarli dei nemici.
Mi sono sentita come loro.
ISSAM Ti sei sentita l'altro. L'altro da te, che per ragioni misteriose
ti impone un agire diverso dalle leggi dello Stato,
ma anche dalla pubblica opinione, dal "costume",
che è il comune modo di comportarsi.
Al di là di tutto questo hai sentito un richiamo
a cui non hai potuto disobbedire.
ARIN Ma tu sei stato ucciso! Eri uno studente.
Con i tuoi libri te ne andavi a casa dopo una lezione!...
ISSAM Tanti hanno perso la vita come me.
Agli occhi del mondo la povertà del nostro popolo fa apparire
le sue morti meno gravi delle morti che i nostri compagni
infliggono sacrificando la loro vita.
Tu hai dato il via a una svolta rivoluzionaria.
Tutto deve cambiare, d'ora in poi. Ci vorrà tempo.
E ancora sangue, dolore e tante lacrime...
ARIN Tu non mi parli più di noi, dei nostri momenti felici.
Sei diventato un giudice buono che mi assolve
mentre gli altri mi negano perfino la pietà.
ISSAM Il popolo di quelli che hai risparmiato
non crede a una tua conversione di fronte ai bambini,
pensa invece a qualche astuta manovra.
E i nostri provano odio per te,
 non hai compiuto l'impresa che ti aveva consacrato ai loro occhi...
ARIN Avevo deciso di compiere quella missione per vendicarti.
ISSAM E non l'hai compiuta.
Mi rattrista che tanti siano ancora condizionati
da falsi ragionamenti il cui fine è soltanto la morte.
Nel fondo del tuo cuore hai sentito la mia voce e l'hai seguita.
ARIN A che serve? Sono sola.
ISSAM E' in questa dimensione nuova che posso sostenerti.
Agisci controcorrente. Criticata, odiata, non importa.
Sei un seme che si apre un varco in mezzo a vecchie radici,
pronte a stritolarti. La tua linfa ti rende flessibile,
ti permette di insinuarti nelle asperità fino a renderle sensibili.

*Issam abbraccia Arin, che si scuote in un brivido come se avesse ricevuto una
fresca pioggia, poi se ne stacca e si allontana.*

Addio. Ricordami...
ARIN Proprio adesso che mi hai ridato vita, proprio adesso te ne vai...
ISSAM, *(mentre si allontana fino a scomparire)* Dialoga con te stessa, e sarà
come avermi con te...
ARIN Issam...Issam...Oh! sarò forte abbastanza?

VI - I MESSAGGERI

*Con una corsa affannosa entra il Messaggero Lacero e si ferma davanti alla
Divinità.*
Il suo vestito è a brandelli ed è coperto di sangue.
Si abbatte a terra e comincia a raccontare con impeto disperato.
Gradualmente crescente, sotto il racconto, una canzone cantate da bambini.

MESSAGGERO LACERO Nella scuola cantavano.
Stavano facendo merenda in giardino.
Le maestre avevano intonato una canzone e la insegnavano ai bambini.
E loro con le piccole bocche stonate, senza qualche dente
per l'età del ricambio, provavano le note nuove
e ridendo si davano piccole spinte prendendosi in giro
l'un l'altro nel tentativo del canto comune. Un carro armato intanto
avanzava silenziosamente per la strada d'improvviso deserta,
la gente barricata nelle case nei negozi sotto i portoni
tratteneva il respiro per non rivelarsi.
E il carro bloccatosi al centro della piazza
oscillava guardandosi intorno, incerto su dove colpire.
Battevano i cucchiai al di là del muro ritmando la canzone
i selvaggi cantori, stridule le voci nell'euforia del gioco.
Amplificato dal ferro all'interno del carro il suono
sembrò di armi in assetto di guerra e subito allora
la torretta semovente si rivolse compiaciuta verso quella direzione,
decisa sputò un getto di fiamme contro il muro infingardo,
ghignando lo mandò in frantumi al riparo delle sue pareti blindate.
E suono e grida cessarono di colpo.

Il Messaggero Lacero esce di scena.
La Divinità ha un respiro profondo che fa fluttuare i veli nei quali è avvolta.
Il respiro si fa intenso sospiro, riempiendo di sé la scena.

*Il Messaggero Militare corre davanti alla Divinità. E' insanguinato e indossa una
divisa lacerata da schegge.*
Una canzone cantata da bambini, crescente sotto il racconto.

MESSAGGERO MILITARE Andavano in gita sul piccolo bus della scuola,
lasciandosi dietro le strade affollate del centro, andavano
verso la campagna di olivi e di aranci,
per fare merenda sul prato e poi raggiungere il mare.
Ed erano risa ed erano canti ed un accalcarsi festoso
sudato e senza pensieri ed erano risa... ed erano canti... ed un accalcarsi festoso...
sudato... e senza pensieri... ed erano... risa... ed erano...
canti... ed un... accalcarsi... festoso... sudato... e senza... pensieri...

Il Messaggero Militare è sempre più in difficoltà a raccontare.
Gli manca la forza di proseguire; tenta di recuperare un discorso a cui si rifiuta,
fino all'afasia. Poi a fatica riprende a parlare.

C'era un ragazzo che camminava in mezzo alla strada.

Stava arrivando un tram ma lui non si decideva a scansarsi.
E dalla parte opposta, carico di voci festose arrivava il bus della scuola.
Si sono fermati il tram e il bus per non investirlo, il ragazzo.
E gente intanto attraversava la strada approfittando della sosta,
biciclette automobili carrozzine guidate dalle madri
 a spasso nella fresca mattina di sole.
Il ragazzo si è guardato attorno compiaciuto,
poi ha fatto un piccolo gesto ed è scomparso in una nuvola di fuoco
che si dilatava... si dilatava... fino a raggiungere tutti quanti...
per caso...
 si trovavano insieme...
su quella strada...

Il Messaggero Militare si inginocchia davanti alla Divinità.
Quella sospira facendo fluttuare i suoi veli.
Il Messaggero si rialza ed esce di scena.

VII - SECONDO MONOLOGO DI ARIN

La cella.
Echeggiano e ultime frasi del Messaggero Militare
pronunciate di fronte alla Divinità.
Arin è in ascolto.

MESSAGGERO MILITARE *(con voce alonata)*...
poi ha fatto un piccolo gesto ed è scomparso in una nuvola di fuoco
che si dilatava... si dilatava... fino a raggiungere tutti quanti...
per caso...
 si trovavano insieme....
su quella strada...
ARIN Lui l'ha fatto. Eravamo tutti e due sull'automobile,
portati dai compagni.
Quando sono tornata indietro non ho potuto dirglielo,
che io non ci stavo più.
Lo avrei convinto, ma. Non potevo parlare.
Loro mi sorvegliavano, il timore di farsi scoprire
gli impediva che mi costringessero.
Lui era tutto concentrato; stava per andare e io tornavo indietro,
no! non posso farlo!,
si è inoltrato fra la gente indaffarata...
Hai sterminato dei bambini
che in autobus andavano a una gita.
Ti ammiro e mi fai paura...
Tu mi vendichi del lutto
per Issam e mi getti nel dolore di altri lutti,
non miei di carne ma strazianti come il mio ed evitabili,
sì, evitabili. Per tutta la mia vita ho tenuto alla cura di me.
Ho avuto fame e ho mangiato ho avuto sete e ho bevuto...
Ho provato soddisfazione facendo a cascata la pipì...
Ho gustato dei baci, li ho ricambiati e ne ho rubati...

Mi sono punta con spine di rosa, ho sanguinato... ho raccolto la rosa...
Ero io sempre io sempre al centro del mondo
che esisteva soltanto per me.
Poi, qualcosa è cambiato.
Ho visto in strada un nano che si trascinava
portando un peso enorme e mi ha sorriso,
viveva! possedeva una sua felicità.
E una vecchia ho visto quasi cieca, cercava il sole
alzando il volto verso il cielo e le usciva dalla bocca senza denti
un piccolo sorriso di piacere...
Ho visto un colombo che beccava delle briciole
cadute sbattendo fuori una tovaglia...
Ho visto un cane zoppo che correva tutto sbilenco verso il suo padrone
il muso spalancato l'occhio lucido...
Ho sentito ridere piangere imprecare, ho sentito benedire...
Ho visto gli altri. Li ho scoperti! Il mio sguardo ne è stato catturato.
Esistono, io non ho il diritto di decidere della loro vita.
L' ho capito senza che nessuno mi spiegasse.
Tutt'a un tratto, e ho provato una terribile paura.

Rimane in ascolto.

Tu sei passato. Io rimango.
Di me che cosa ne sarà?

VIII - IL SOGNO

Arin dorme. Sogna.
Due gruppi di bambini irrompono sulla scena gridando.
I gruppi presentano delle differenze negli abiti, ma nell'aspetto sono del tutto
simili, non presentano differenze vistose nei tratti.
Un gruppo di bambini - con un berrettuccio rotondo in cima al capo -
entra e si slancia in un girotondo sempre più veloce; cantano la stessa canzone
che cantavano quando sono stati annientati dallo scoppio del Ragazzo la cui
descrizione è stata fatta dal Messaggero Militare.

Un secondo gruppo di bambini - con dei fazzoletti anndati sul capo - cantano
anch'essi facendo un girotondo; la canzone è la stessa che cantavano quando sono
stati colpiti dal carro armato, come ha raccontato il Messaggero Lacero.

I due gruppi, dopo un po' di girotondi, si fermano e si osservano, tenendosi
reciprocamente d'occhio.

Poi un bambino fa rotolare una pallina dalla sua parte a quella di fronte,
dell'altro gruppo.
Un bambino dell'altro gruppo fa rotolare una pallina verso il gruppo di fronte.
I tiri e le risposte si moltiplicano.

Ogni bambino che ha ricevuto la pallina da un altro bambino del gruppo di fronte
rimanda quella pallina di nuovo a chi gliel'ha mandata.

E' tutto un rotolare di palline che vanno e vengono da una parte all'altra.
Per qualche momento i due gruppi rimangono divisi, ciascuno dalla sua parte.
Poi, con grida di giubilo, i componenti di ciascun gruppo passano dall'una
all'altra parte mescolandosi allegramente nel continuo tirarsi palline, in un gioco
festoso e incurante di divisioni.

BAMBINI *(con voci sovrapposte)* Biglia! Biglia!
Biglia! A te!
Biglia!
Biglia!
Biglia ! A me! Biglia! Biglia!
Biglia a te!...
....

Mentre sullo sfondo della scena i due gruppi si impegnano nel gioco, avanza la
Divinità nel cui volto si intravvede Arin.
DIVINITA' Giocano.
Non è chiaro quando diventano nemici.
Quale momento misterioso della crescita.
E' un adulto a insinuare il veleno ricevuto da chi l'ha avuto
che l'ha preso da chi glielo ha passato che lo ha avuto da chi...
La catena dell'odio si propaga
come robusta gramigna in un campo di fragile grano.
Oscilla implacabile, indecisa fra colpe e fra vendette la bilancia
senza mai concludere il suo moto.
Il pareggio è illusione.
Ripartire dal nulla. Lavarsi dal sangue
di se stessi e dell'altro... dimenticare la storia...

Un bambino fa rotolare la sua pallina fino alla Divinità.
La Divinità la raccoglie.

... diventare capaci di giocare...

Le immagini del sogno svaniscono.

IX - LA PALLINA

Arin è distesa, ancora nel sonno.

ARIN La pallina... la pallina....

Si tira su, ormai sveglia.

I bambini... Correvano gridavano... ridevano...
Sono dell'altro popolo, li riconosco dai vestiti.
Sono morti. Li hanno uccisi i miei compagni.
Lo so e li vedo fra le nuvole.
Altri bambini venivano di corsa
ridendo anche loro e gridando...

Li riconosco, sono bambini nostri,
i lineamenti simili a quelli
delle madri e dei padri del mio popolo...
Anche questi bambini sono morti.
Li hanno uccisi i carri armati.
Lo so e li vedo fra le nuvole.
Sono due gruppi di bambini, molto simili
se non fosse per le piccole vesti
diverse nella fattura e nei colori...
trascurabili cose rispetto a volti... voci... allegria
che possiedono uguali. Indecisi si fronteggiano.
E da un gruppo comincia a partire una pallina
subito dal gruppo opposto ne arriva un'altra
e a raffica le palline grandinano da tutte e due le parti.
Poi il più ardito dei bambini si getta in mezzo agli avversari
e subito tutti si scalmanano senza più mantenere le fazioni
allegramente affaccendandosi...
Sono contenta di questa confusione, mi pare di essere una Dea
che con la sua presenza ha consentito questo gioco incruento.
Mi faccio avanti, sperando che mi accolgano.
E subito mi arriva una pallina, è un invito a entrare nella festa...
La pallina... la pallina... La raccolgo...
E' stato un sogno, e il sogno è finito.

Si rannicchia a terra, mentre scende il buio.

X – SFILATA

La scena è al di là della porta.
La Divinità sta in atteggiamento pensoso e il volto, come sempre, velato.
Davanti alla Divinità avanza un uomo maturo.

PADRE Gli ho spaccato le gambe.
Io, proprio io che quelle gambe gliele avevo sostenute
quando non sapeva ancora camminare...
Non potevo fare nient'altro.

Fa un cenno fuori scena, ed entra un giovane che si regge con delle stampelle.
Ha le gambe fasciate. Il Padre gli si rivolge con tono severo.

Dì' quello che provi. E' giusto che tu parli.
FIGLIO Non ho avuto il martirio che volevo
scegliendo di morire per la causa.
Ho avuto invece le gambe sfracellate da uno scoppio.
E rimanere vivo. Sì, questa condizione mi ha imposto
di riflettere sul dolore che io stavo provando
e che avrei inflitto ad altri.
Se fossi andato. Se avessi compiuto.
Se mio padre non mi avesse sparato.
Non so se lo ha fatto per salvarmi

oppure non voleva che altri fossero uccisi?...
PADRE - Non domandare. La Divinità ha voluto così.
E poi, le cose non sono mai tutte in un modo,
non esiste soltanto una risposta ma tante che magari contrastandosi
vanno a comporre la realtà del mondo.

I due si inchinano alla Divinità e si mettono di lato.
Avanza un ragazzo vestito di bianco.

RAGAZZO FANTASMA Io sono andato. Io ho compiuto. Io sì!
Dov'è il paradiso che mi avevano promesso?
Mi perseguita la disperazione di quelli che ho ucciso insieme a me.
Ero convinto di agire con giustizia.
Ma quei morti non mi lasciano tregua.
Solo quando ripenso alla ragazza provo per un attimo sollievo...

Fa un segno verso l'esterno ed entra una ragazza.
Si batte freneticamente i pugni in testa, ha il volto bagnato di lacrime e di sangue.

RAGAZZA SALVATA Ero su quell'autobus! Lo prendevo di rado.
La mia gente non ha soldi, va a piedi; e poi quando ci sali,
quegli altri ti guardano sempre con sospetto.
Ma la scuola è lontana da casa e volevo tornare prima che fosse scuro.
Salgo sull'autobus, gremito. Io sola zitta, gli altri a chiacchierare
allegramente fra di loro. Mi nascondevo, paura di essere schernita.
Poi un sussurro... La mia lingua!... Parole soffocate...
Che dicesse, non riuscivo a capire. Scendere!?...
Mi spingeva premendomi alla vita. Ma io non lo vedevo!
Alla fermata mi ha gettato fuori. Ma lui non mi ha seguito.
E' allora che l'ho visto. Dalla strada, mentre la porta si chiudeva
e l'autobus di colpo ripartiva. Tutto in un attimo, io giù,
la porta chiusa, il balzo in avanti del vagone... ma troppo forte
per essere la solita partenza. E' allora che il ragazzo mi ha sorriso.
E sull'autobus è stato tutto fuoco e tutto fumo.

Si percuote il volto con le mani, in una crisi di disperazione.

Adesso sono tenuta prigioniera.
Mi accusano, dicono che dovevo dare l'allarme.
Che potevo evitare quella strage.
Non è stato per salvarmi che ho taciuto. Io non sapevo!
E se avessi capito, se avessi gridato,
il ragazzo avrebbe fatto saltare in aria tutti quanti.
Io mi sono salvata. Ma non avevo chiesto niente!
Non avevo mai visto quel ragazzo.
 sono gravata da una colpa
se quanto è accaduto non è stato per mia volontà?

La ragazza ha rivolto la domanda alla Divinità, che tace.

*Il Ragazzo Fantasma le fa un segno leggero, ma la Ragazza Salvata non lo vede e
si pone accanto ai due che stanno di lato, continuando a percuotersi il volto ma
con gesti appena accennati.*
Il Ragazzo Fantasma si fa da parte dal lato opposto della scena.

*Entra d'impeto una ragazza Punkabestia nell'abbigliamento, tipico della
categoria, ma bianco e luminoso.*
*La Punkabestia si rivolge un po' alla Divinità un po' alle persone ai lati,
 come se conoscesse tutti quanti.*

PUNKABESTIA   Ho sniffato trielina. Non avevo altro.
Nel mio sacco a pelo. Da sola.
Oh! un momento! da sola quanto a gente!
Ma i miei cani, quelli erano tutti intorno a me.
Dormivano, gli basta il sonno e mangiare. E stare con me.
Io a vivere come i cani ci ho provato. Ma poi ti viene
che cosa non capisco, hai bisogno non lo so di che cosa...
Ho sniffato trielina. Lì c'è tutto. Amore allegria calore...
e la morte, un sollievo!
Ci sono popoli che lottano, si uccidono ragazzi...
Io non so ho vissuto... I cani, quelli sì,
mi dispiace di averli lasciati, qualcuno spero
gli dia da mangiare e da dormire...

La Punkabestia si mette dalla parte dove sono già andati gli altri morti.

Irrompe in scena il Generale Is tutto preso da un suo rovello inarrestabile.
Parla camminando su e giù come se si trovasse nella sua stanza.

GENERALE IS I libri sacri dicono tante belle cose.
Perdono, pace, fratellanza...
Vorrei vedere la Divinità....

Lancia uno sguardo timoroso verso la Divinità che rimane imperturbabile.

... alle prese con un nugolo di gente che ti impedisce la sopravvivenza.
E' vero, abbiamo distrutto villaggi, bombardato città, sventrato ponti...
E la gente che ci abitava... inevitabile conseguenza.
Erano cose nostre, terreni... case che appartenevano al mio popolo. Rubate!
Anche dopo più di mille anni, come dicono i libri sacri, è la nostra terra.

La Divinità fa un gesto brusco, a mostrare la sua contrarietà.

No, la gente non era cosa nostra. Ma usurpava, se l'è voluta!

Si ferma dubbioso.

I libri sacri dicono che la terra è nostra,
i libri sacri dicono perdono pace fratellanza...
Io non so... non so che cosa fare...
La necessità mi induce a uccidere...

la coscienza mi rimprovera di uccidere...

Se ne va.
Entra una Madre. Tiene fra le mani un abito bianco da ragazza.

MADRE   Glielo avevo cucito io. Lei,
sempre in jeans, maglietta e scarpe da ginnastica,
lei, per i suoi diciotto anni, voleva un vestito di chiffon!
come le amiche lasciate a Vienna, che preparavano
il loro debutto in società. Ma dove vuoi debuttare qui,
figlia mia? - diceva suo padre - Dobbiamo sempre tenere il mitra
fra le mani, tu sei sul campo a esercitarti alla guerra...
Ma lei, il vestito di chiffon! E della guerra non voleva
sentir parlare. Sperava di non doverci andare mai; che quando
era il suo turno, per l'età, nel paese ci fosse già la pace.
 mia figlia aveva scelto il fidanzato fra quegli altri,
e non riusciva a sentirli nemici,
e doversi addestrare a colpirli,
quando arrivava il suo turno di combattere.
L'aveva conosciuto in Italia, il suo ragazzo,
in uno di quegli incontri ad Assisi...
e da allora erano stati sempre insieme.
Piangevano gli amici che morivano, uccisi
i compagni di lui da parte nostra,
dal loro esercito quelli di mia figlia.
Discutevano le possibilità di soluzione
che i capi dovevano trovare, e non davano mai torto
del tutto a noi, né interamente accusavano gli altri.
Cresceva in loro la disperazione
ogni volta che veniva annunciato un nuovo lutto,
e sempre più sentivano la volontà di unirsi.
Mia figlia me ne parlava, di notte,
quando ritornava a casa e suo padre dormiva;
non aveva segreti con me; ma io restavo muta,
 non potevo condividere il suo sogno,
mio marito me lo avrebbe impedito.
E un giorno ha dovuto andare in guerra.
Prima dell'anniversario tanto atteso.
Ancora una volta ha provato il vestito, era così bella
avvolta nella seta!, ha detto lo metterò al ritorno ed è partita.

Un Ragazzo avanza fino alla Madre.
Tiene in mano una camicetta insanguinata.

FIDANZATO   Ho visto tutto.
E non ho potuto cambiare il corso degli eventi.
Lei era nel gruppo con gli altri soldati. Stavano sopra il camion.
Noi davanti a loro, fuori dalle case, aspettando.
Era chiaro, puntavano. E noi pure, chi aveva un'arma,
ma cose misere, pietre, bastoni, fucili sgangherati.
Tutto è avvenuto in pochi secondi.

Lei è scesa dal camion. Gridava non sparate!
Ai suoi, agli altri, io la vedevo con terrore
dove non avrebbe mai dovuto essere. Lei grida non sparate!
mentre di corsa viene avanti e quelli puntano
e gli altri puntano e tutti quanti sparano.
E lei si ferma in mezzo a quegli spari ed è tutta coperta di sangue.

Si protende verso la Madre con la camicetta arrossata.

Ti porto questo di tua figlia.
Tu dammi i suoi diciotto anni
dammi il vestito, io lo devo avere...

*La Madre porge il vestito bianco al Fidanzato che gli dà la camicetta arrossata,
 poi si avvolge nel vestito ed esce di scena.
La Madre tiene la camicetta fra le braccia.*

MADRE Tuo padre crederà che tu sia morta per combattere.
Lui come tanti non riesce a capire...

*Il Soldato Ab si profila da un lato della scena.
La Divinità fa cenno al Soldato Ab di avvicinarsi e lui le si avvicina incerto.
La Divinità e il Soldato Ab, uno di fronte all'altro, si guardano.
Il Soldato distoglie lo sguardo dalla Divinità, poi torna a guardare se la Divinità
lo guarda e constata che il suo sguardo non lo ha lasciato.
Il soldato sbotta a parlare.*

SOLDATO AB Oh insomma! Io ho eseguito gli ordini.
Nient'altro che gli ordini.
Sono nato qui.
I miei nonni li avevano bruciati, nel vecchio continente.
Un paese dall'altra sponda ha ospitato i miei genitori,
altrimenti anche loro facevano la stessa fine e io non nascevo!
Finita la guerra quel paese ci ha aiutato ancora,
fornendoci i mezzi per venire qui.
Quelli che ci abitavano lasciavano i campi incolti e senza frutti.
Mentre noi eravamo perseguitati
loro si erano insediati nella nostra terra,
l'avevano occupata in lungo e in largo.
Gliela abbiamo ricomprata, il denaro non ci mancava.
Loro erano poveri e hanno accettato ma poi, che pretesa!
la rivolevano indietro!
Pensavamo che si trovassero un'altra terra,
niente! Non volevano andarsene!
E così... i carri armati.

*Il Soldato Ab aspetta che la Divinità intervenga a dire qualcosa.
La Divinità tace.*

Sì, i carri armati. Mi hanno richiamato.
Noi ci teniamo sempre pronti, per quando c'è un pericolo.

Eravamo una squadra. Un bel gruppo.
La gente, mentre andavamo avanti,
scappava dentro le case: non capiva, no!
che non doveva andare proprio là! Gli lasciavamo la vita,
via soltanto le case, finalmente se ne andassero!
Ma loro andavano nelle case illudendosi di stare al riparo.
Noi non volevamo ammazzarli, gli gridavamo andatevene!
Qualcuno capiva il pericolo e scappava,
ma altri restarono e noi, la consegna era distruggere le case.
No, non era nostra intenzione ucciderli.

Silenzio.
Il Soldato Ab guarda la Divinità aspettando che dica qualcosa.
La Divinità fa un gesto interrogativo.

Nessuno ha revocato l'ordine. Noi eravamo alla guida dei carri armati,
eravamo i carri armati. Noi
avevamo un ordine.

Tace, in difficoltà. Si ritira ripetendo la sua frase, fino ad uscire di scena.

Noi
avevamo
un ordine...

La Divinità fa un cenno dalla parte opposta a quella da cui è uscito il Soldato AB.
Vengono avanti due uomini, ciascuno di uno dei due popoli.
La Divinità fa un cenno e uno dei due fa un passo avanti.
L'uomo tiene fra le braccia un orsetto di peluche senza testa.

NONNO La casa, nostra unica ricchezza.
Con me Alì, il figlio di mio figlio ucciso in guerra.
Nel quartiere dove abitavamo c'era la scuola, e il luogo di preghiera,
e i negozi del pane e dei datteri... e il giardinetto delle palme...
sovente il bambino ci giocava.
Paiono grandi le case a guardarne le facciate,
ma dentro, le stanze sono d'aria...
e quando un carro armato le colpisce
spariscono in una nuvola di polvere.
Alì era a scuola, corro a prenderlo,
i carri andavano da quella parte,
i bambini si gettavano fuori,
le maestre inginocchiate a supplicare...
E Alì?, non l'avevano veduto: forse era rimasto in casa,
preso dal gioco di nascondersi come a volte faceva,
aspettando che io lo ritrovassi
per poi insieme andarcene alla scuola.
Torno a casa, un cumulo di cenere!...
Ho scavato nel fumo rifacendo il percorso delle stanze.
Da una voragine è spuntato l'orsetto
che mio nipote amava tenere fra le braccia...

Solleva in aria l'orsetto acefalo.

Quel muso affettuoso del suo preferito Alì se l'è portato via con sé.

Abbracciato all'orsetto acefalo, il Nonno se ne va.
La Divinità fa un cenno ed entra un Uomo del popolo dei carri armati.
Irradia luce come un fantasma.

UOMO LUMINOSO Andavo a prendere mio figlio a scuola.
Passa un autobus pieno zeppo di gente.
Non volevo salirci. Era troppo stipato. Ma era tardi.
Così mi sono fatto strada nella calca.
Dentro dei ragazzi cantavano.
Una bella canzone. Dei miei tempi.
L'avevo imparata quando andavo a lavorare
alternando allo studio la campagna.
Anch'io mi son messo a cantare. I ragazzi sorridevano
a vedere un uomo dell'età di un padre
unirsi a loro con l'entusiasmo dei vent'anni.
Ma d'improvviso spunta fra quei volti
tanto simili a quelli dei miei figli una faccia diversa,
un ragazzo del popolo che si era insinuato fra di noi.
Anche gli altri lo vedono e di colpo interrompono il canto:
solamente la durata di un respiro, poi lo scoppio.
Non vedrò mio figlio farsi uomo...
non vedrò crescere mio nipote...

Avanza un Cieco con gli occhi bendati, appoggiandosi ad un bastone.
Si ferma davanti alla Divinità.
Quella emette un sospiro, si muove appena in un lieve agitarsi dei veli.

CIECO Ho seguito i libri sacri.
Tu lo sai, cosa dicono?
Io non sono un uomo di cultura,
ma ricordo che più o meno dicono...

Cerca di riportare le parole dei sacri testi.

... dicono di aiutare il prossimo, se lo vedi in difficoltà.
Ho sempre cercato di farlo, senza aspettarmi riconoscenza,
per il puro amore di Dio, che vive negli altri...

Si assesta le bende sugli occhi, con un gemito represso.

... Riconoscenza, no, non me l'aspetto;
ma aiutarli e in cambio averne odio... è una beffa.

In una folata di suoni si affollano le voci degli altri personaggi,
che chiedono al Cieco di raccontare.

Una beffa?!
Odio?!
Anche a me è capitato...
... a me... a me... a me...

Il Cieco si volta intorno consapevole che intorno ci sono delle persone,
fa un cenno di assenso, poi inizia a parlare.

CIECO Guidavo il mio autobus.
Ho imparato quando facevo il soldato.
Ero povero, io, non come quelli arrivati da laggiù,
pieni di soldi, laureati, con amici e parenti che continuano
a mandargli denaro, e loro qui, con la casa confortevole,
i libri, e l'automobile.
Io guidavo gli autobus, da tre anni;
ho passato l'esame, ho avuto il posto.
Quando mi sono sposato ci ho messo dei fiori, davanti, al mio autobus.
Mia moglie mi stava accanto e rideva orgogliosa di me.
Era una bellezza correre per le strade e poi alle fermate
la gente saliva e scendeva, allegra, indaffarata...
Ci facevano festa, qualcuno lasciava un regalo,
dei frutti, un nastro, un ombrello...
quello che avevano offrivano, per fare gli auguri agli sposi.
Succede più volte che uno non riesca a salire.
E' alto il gradino, per gente adulta, ragazzi sportivi...
E quando un vecchio si arresta,
quando una donna tiene in braccio un bambino... li aiuto,
e loro mi dicono grazie, li vedo sorridere e sono contento.
L'altro giorno salivano studenti a decine e decine!
A terra era rimasto un ragazzo dal corpo sgraziato, pesante,
e cercava un appiglio per salire.
Lascio di guidare mi sporgo gli stendo il braccio e noto allora
che in niente è simile agli altri.
E sotto la giacca di tela che avevo afferrato
per sollevarlo da sotto avverto un oggetto metallico,
un pacco inerte e gelato... Urlo! urlo
come punto da un serpe e lo respingo lontano
ma non abbastanza perchè sorpreso nel suo tranello
quello si fa scoppiare ma fuori! dal mio autobus.
Col corpo io copro la fiamma mortale,
rimangono salvi i ragazzi.
Ma i miei occhi si spengono credo per sempre.

Il Cieco tace.
La Divinità fa fluttuare un velo fino al volto del Cieco.
Il Cieco si porta le mani al viso trasalendo, poi si allontana.

XI - LA FIONDA

Entra correndo il Messaggero Lacero.

MESSAGGERO LACERO Vi porto un'altra notizia.
Un altro dolore si è aggiunto.
Un altro lutto,
e più questi eventi si accumulano,
più la gente ci fa l'abitudine.
Era una giornata di sole. I bambini uscivano dalla scuola.
Finita la mattinata, era ancora presto per andare a casa,
dalle madri, a mangiare il misero pasto. Così
si attardarono raccogliendo pietre sulla strada,
e ne facevano piccoli mucchi colore del piombo.
Ridevano, pregustando la provocazione del lancio,
inadeguato alle armi, beffardo nell'esporli indifesi
per umiliare il nemico.
Tenevano fra le dita elastici colorati
e strisce sottili di pelle e rami induriti di salice
che dai tronchetti si bipartivano come una vu di vittoria.
E andavano scegliendo le pietre aguzzate dalle mine,
contro i giganti in agguato.
Cominciarono giocando tra loro. Tiravano basso, attenti a non ferirsi,
come i cuccioli del leone alle prime battaglie
trattengono indietro le unghie. D'improvviso
un tuono rimbombò nella piazza su cui sfociava la strada.
Le case di fango tremarono, e i bambini drizzandosi
in tutta l'esigua statura avvistarono i carri nemici.
Poi per primo il più piccolo del gruppo si protese
con tutta la forza del braccio gracile e dalla sua fionda
la pietra sibilò rimbalzando con un suono d'argento
sulla corazza di un carro.
Come a un segnale allora tutti i bambini lanciarono la loro pietruzza,
lo sguardo proteso a seguirla fino al muso dei mostri metallici.
E quelli concordi subito sputarono fiotti di fuoco mortale.
Il sangue sgorgava dalle tenere carni dei bimbi
come alla caccia i daini e i cerbiatti sbranati dai cani.
Non soddisfatti del macello, i carri si rivolsero alle case,
le mura di fango allo scontro si afflosciarono.
Andavano fra le macerie i mostri oscillando i testoni di ferro
dal lungo naso cilindrico a spiare un residuo di vita.
E a folate le grida spiravano sempre più flebili
finché tutt'intorno non fu che il sospiro del vento.

XII - LE MADRI

Avanza una Donna con un fazzoletto sul capo, che imbraccia un fucile.
La Donna lo protende alla Divinità.

DONNA CON FAZZOLETTO Me l'ha dato mio figlio...
è tutto quello che mi resta di lui.
Me lo ha dato quando ha deciso di sostituirsi
al suo fucile, inutile di fronte ad armi più potenti.

Non terrò fra le braccia i suoi figli come ho tenuto lui da bambino...

Abbraccia in tutta la lunghezza il fucile come se si trattasse di un corpo umano.

*Avanza una Donna con il cappello, che porta fra le braccia un bambino in fasce.
Lo protende alla Divinità.*

DONNA CON CAPPELLO Mio nipote.
I genitori sono rimasti uccisi per lo scoppio provocato dal figlio...

Indica la Donna con il fazzoletto.

... di quella donna.
Chi alleverà mio nipote?
Chi si prenderà cura di lui, quando morirò?
Io sono vecchia, speravo che mio figlio si sarebbe occupato di me
quando non sarei più riuscita a bastare a me stessa.
E adesso devo allevare anche suo figlio
e lasciarlo alla mia morte nelle mani di gente nemica.

La Donna con il fazzoletto fronteggia la Donna con il cappello.

DONNA CON FAZZOLETTO Almeno tu hai un nipote.
Ma noi, siamo annullati.

*La Donna con il cappello fa un cenno verso il fucile
che la Donna porta fra le braccia.*

DONNA CON CAPPELLO E' questa la tua gloria?
Tu stessa riconosci la tua disperazione.

*La Donna con il fazzoletto tace. Poi depone il fucile ai piedi della Divinità
e si mette da parte mentre anche la Donna con il cappello fa altrettanto.*

XIII - L'OGGETTO

*Dalla porta che si spalanca avanza semovente, portato su di un piedestallo, un
Oggetto indecifrabile. Pare un corpo a cui mancano gambe e braccia. I lineamenti
sono cancellati, il volto appare come una maschera appiattita dagli occhi vuoti.
Comincia a parlare con una voce metallica, stentorea e difficoltosa: la voce di un
sopravvissuto, con un residuo di vita.
Una luce violenta illumina l'Oggetto. Le sue parole risultano inframmezzate da un
respiro affannoso.*

OGGETTO - Da quale popolo...
che importa?...
Tutto è uguale...
Ridotto...
da uomo a oggetto...
io... un altro io... tanti io...

da una parte o dall'altra...
chi e da chi....
lo stesso...

Un arresto. Un sospiro. Una ripresa forzata dalla volontà.

prima...
convinto...
che giusto combattere...
e uccidere tanti...
tanti...
Adesso no.

Un arresto. Un sospiro. Una ripresa forzata.

Da quale popolo?...
Non più differenza...
Non più!
Vita... questa... mi resta...
e la amo!...

Il corpo mette ali e vola verso l'alto scomparendo alla vista.

XIV – FINALE

Vengono intorno alla Divinità tutti i personaggi.
Gli attori indossano il costume che è stato per loro il personaggio determinante:
per le altre interpretazioni che avranno sostenuto, essi terranno fra le mani l'abito
indossato per quel personaggio: il gioco della moltiplicazione delle interpretazioni
fa parte del dramma.

Singolarmente e in coro, si rivolgono alla Divinità.

***** - Noi ti abbiamo raccontato
quello che si ripete ogni giorno...
e si moltiplica con infinite variazioni
che lasciano intatta la sostanza
del dolore e del massacro, della violenza e della prevaricazione.
La vendetta ci avvelena.
Siamo impotenti, destinati a un'eterna rappresaglia.
Intervieni!
Ordina, imponi, determina tu!
Noi te lo chiediamo,
noi vogliamo porre fine alla guerra,
ma non ne siamo capaci!

La Divinità tace. Tutti rimangono in attesa.

**** - Illuminaci! Te lo chiediamo tutti quanti.

La Divinità ondeggia, come se stesse per parlare. Ma tace.

**** - Non vuoi?

La Divinità sospira. Poi lentamente alza il velo che tiene sul volto.
Sotto a quel velo se ne rivela un altro. Getta il velo sui componenti del gruppo.
Questi lo afferrano da parti contrapposte.

**** - E' un dono?...

La Divinità ha un piccolo riso. Finalmente parla.
La sua voce è un sussurro, ma nitido.

DIVINITA' I simboli aiutano.
Siete voi stessi ad avere la possibilità.
Non, altri! per voi. E' in voi la grazia
è in voi la dannazione, non posso privarvi
di questa natura, che è un dono.

La Divinità arretra fino a sparire. I componenti del gruppo avanzano per
fermarla; poi quando questa è sparita, gettano il velo come ultima risorsa a
raggiungerla.
Il velo volteggia nell'aria, infine si posa a terra.
I Personaggi si dividono nei due gruppi ciascuno di un popolo; afferrano da parti
opposte il velo, lo strattonano cercando di impadronirsene a rischio di lacerarlo.
Si sente la voce della Divinità alonata, ingigantita.

VOCE DELLA DIVINITA' E' un dono!!!...

I personaggi lasciano andare il velo, che volteggia e poi si depone sul pavimento.
Rimangono un momento intontiti e perplessi; poi, uno per volta, se ne vanno in
silenzio.

BUIO

LA SENTENZA[18]

Uno spazio senza finestre, circoscritto da mura che si congiungono a un soffitto basso: un rifugio.
Qualche sedile.
Lo spazio è buio.
Dall'esterno, scoppi, mitragliatrici, sirene.
Un trapestìo di passi affrettati di donna.
Una piccola luce illumina di colpo lo spazio: è un fiammifero che la donna ha acceso entrando.
La donna si intravvede fino a che il fiammifero rimane acceso.
Dall'esterno proseguono colpi di contraerea, suoni sibilanti e scoppi.

Passi maschili in corsa dall'esterno.
Una fiammella illumina l'uomo che entrando ha acceso un accendino e sfiora la donna che si trova poco distante.
I due si vedono d'improvviso uno di fronte all'altra.
Di soprassalto esclamano quasi contemporaneamente.

UOMO Ah!
DONNA Ah!

La luce invade dall'alto l'intero spazio.

DONNA *(con sollievo)* Finalmente!

Un forte scoppio dall'esterno.

UOMO I razzi...
Appena in tempo!
DONNA Ho sentito la sirena... e mi sono precipitata.

I rumori all'esterno si attutiscono.

UOMO Pensavo che non facessero tanto danno.
DONNA Che cosa pensava non facesse danno?
UOMO I razzi.
DONNA Eh! Se ti prendono per strada ti ammazzano! Cadono quando non te l'aspetti. Colpiscono a tradimento.
Mi ci sono trovata, una volta, proprio a un passo da un razzo caduto. La gente correva... Urlavano...
UOMO E lei?
 DONNA Anch'io!... Ti invade una paura folle...
Tutt'intorno non vedi altro che corpi dilaniati... senza testa. Braccia... gambe... qua e là... Feriti dappertutto...
Quando arrivano i razzi mi ricordo di quella volta, che stavo fuori e non sapevo dove andare.

---

[18] Il carattere universale dei temi affrontati ne *La sentenza* ha consentito rappresentazioni in occasioni differenti: a Roma al convegno della Fondazione Bucchi con Mario Prosperi e Maricla Boggio; a Pesaro al Teatro Rossini con Elsa Agalbato e Jader Baiocchi; a Milano a Palazzo Sormani con Fabrizio Caleffi per la regia di Ombretta De Biase; a New York, sia in italiano che in inglese, per la regia di Martin Kuschner.

UOMO Io non sono pratico di queste parti. Ho trovato l'entrata per caso.
DONNA Qui è abbastanza sicuro. Lo spazio è piccolo, ma serve.
Per chi è in giro e non fa in tempo a raggiungere il suo rifugio.
UOMO Oggi è capitato a me.
DONNA Non sai mai. Uscire di casa è un rischio.
UOMO Lei abita da questa parti?
DONNA Abbastanza vicino. Ero uscita a fare delle commissioni.
Di solito tirano alla sera. E' presto, ho detto. Ho un po' di tempo.
UOMO Per andare tranquilla.
DONNA Sì. Bisogna calcolare così. Di giorno in giorno.
Speri di indovinare.
UOMO Come si fa a prevedere?
DONNA Non si può. Devi rischiare.
UOMO Rischiare per vivere.
DONNA E lei, dove abita?
UOMO Dall'altra parte.
DONNA In mezzo a quelli?
UOMO In mezzo. Sì.
DONNA Il guaio è quando vengono da noi.

L'Uomo guarda la Donna con espressione interrogativa.

 A farsi saltare.
UOMO Ah! Ne ha incontrati?
DONNA Andavo da mia figlia. A riportargli la bambina, lei lavora
e io l'aiuto come posso. La tenevo in braccio, dormiva. Ho preso un autobus.
Intorno a me c'era la calca degli studenti che tornavano da scuola. Gridavano,
ridevano, si spintonavano. Ma la bambina dormiva beata.
UOMO Ce n'era uno lì? Sull'autobus?
DONNA A una fermata salgono altri studenti. Uno di loro
reggeva un grosso pacco e non ce la faceva a tirarlo su.
Il conducente allora è andato fino alla porta. Voleva aiutarlo.
Lo afferra per la giacca ma poi di colpo lo getta giù e urla! urla!
Il ragazzo cade in strada e sentiamo uno scoppio tremendo!,
fumo e fiamme lo avvolgono in un attimo... Neanche un grido. E' morto così.
UOMO Stava per farsi saltare dentro l'autobus.
DONNA Mentre lo aiutava a salire, sotto la giacca
l'autista aveva avvertito qualcosa di metallico e aveva capito!
Noi ci siamo salvati per un soffio.
UOMO E la bambina?...
DONNA La tenevo stretta fra le braccia. Ha continuato a dormire.
UOMO Non sempre va a finire così.
DONNA No. Tanti rimangono uccisi.
UOMO Da una parte e dall'altra.
DONNA E' la guerra.
UOMO Si fa presto a dire.
DONNA Non è così?
UOMO E' così, ma non è giusto.
DONNA E' giusto che noi viviamo nell'angoscia?
UOMO Io abito dall'altra parte. Con quelli. E ho visto.
DONNA Che cosa ha visto?

UOMO Quelli di là. Finché non li guardi in faccia, sono il nemico.
Astratto, che fa paura: bisogna combatterlo! Soltanto così puoi fare la guerra. Ma, quelli di là, se li guardi uno per uno, cambia tutto. Quelle facce ti restano impresse. Nella tua. Diventano parte di te.
DONNA Che cosa l'ha portata a queste riflessioni?

L'Uomo esita. Poi si decide a raccontare.

UOMO Un giorno, dalle mie parti, stavo camminando. Ero preso da cose mie.
E a un certo punto mi trovo davanti il muro di cinta di una scuola.
Dietro il muro, sentivo dei bambini cantare. C'era il sole e loro cantavano.
In giardino. Cantavano.
DONNA Erano di quelli là?
UOMO Erano bambini. Bambini che cantavano.
Le maestre avevano intonato una canzone e gliela insegnavano.
Dalle loro piccole bocche uscivano dei suoni stonati: gli mancava qualche dente, pensavo, e così stonavano. Ma si sforzavano di imparare la canzone.
Anche se le loro voci erano stonate, dava allegria sentirli cantare.
DONNA Lei ascoltava con molta attenzione. Li conosceva, quei bambini?
UOMO Era stata la scuola di mio figlio.
DONNA Ah! E non andava più a quella scuola, suo figlio?
UOMO Ci era andato molti anni prima.
DONNA Ma lei stava raccontandomi qualcosa.
UOMO Sì.

L'Uomo esita a proseguire.

DONNA Prosegua, la prego. Mi interessa. Nel suo racconto aveva cominciato a dire qualcosa che pareva le importasse molto.
UOMO Credo che fosse importante. Almeno per qualcuno.
DONNA Per me, potrebbe essere importante?
UOMO Giudichi lei. Dunque io stavo camminando e sentivo i bambini
che cantavano, al di là del muro. A un tratto, sul fondo della strada,
sbuca un carro armato. Subito si fa il vuoto, i negozi abbassano le saracinesche...
la gente si barrica in casa e rimane a spiare, in attesa di vedere che cosa succederà.
Io li sentivo quegli sguardi, raggiungevano anche me,
prima di arrivare al carro armato che avanzava...
DONNA Lei se ne stava lì, mentre il carro armato veniva avanti?
UOMO Pensai che facesse un giro di ispezione.
Si era bloccato al centro della piazza.
Quella sua testa gigantesca oscillava di qua e di là: si guardava intorno.
Al di là del muro i bambini battevano i cucchiai sui tavoli al ritmo della canzone.
Dall'interno del carro, i soldati – credo - non capivano
che cosa provocava quel suono metallico. Armi, forse?
Hanno pensato che qualcuno volesse attaccarli. Allora hanno rivolto la torretta verso il muro della scuola e gli hanno lanciato contro un getto di fuoco.
Ho visto il muro crollare. Più niente canti, più niente rumore di cucchiai.
DONNA E' stato un errore, senz'altro. Una decisione dettata dalla paura. Chiederanno scusa. Ma certo, la vita a quei bambini non possono ridargliela.
UOMO Se fosse rimasta uccisa sua nipote,
a lei sarebbe importato di ricevere delle scuse?

DONNA Quelli quando si fanno saltare non chiedono scusa a chi ammazzano.
E amici e parenti fanno una gran festa...

*Un silenzio, rotto poco dopo da scoppi e sibili all'esterno per la caduta di razzi. Si
avverte il rumore di un crollo, forse una casa colpita.
I due tacciono.
Gli scoppi cessano.*

UOMO Se avessimo la percezione dell'altro...
Se non lo considerassimo un nemico... e ognuno di noi
si ponesse con il suo volto davanti al volto di uno di loro....
Tutti quanti, uno di fronte all'altro. Due popoli,
ciascun individuo ne cerca un altro dall'altra parte.
Se lo sceglie come se fosse il suo specchio....

*La Donna è colpita dalle parole dell'Uomo.
Dopo un'esitazione prende a parlare.*

DONNA Tempo fa avevo una donna che mi aiutava in casa. Era di quella gente.
Non stava un momento senza far niente. Se li guadagnava, i suoi pochi soldi!
Si era affezionata alla bambina. Le cantava la ninna nanna
quando mia figlia era al lavoro e la portava a casa mia. La sentivo, delle volte.
Melodie dolcissime... Non capivo quello che dicevano, ma la bambina
ascoltava incantata, e dopo un po' si addormentava con un'espressione felice...

*Forti scoppi da fuori. Una mitragliatrice risponde a singhiozzo.
Una sirena lunga, lamentosa.
I due tacciono finché non si placano i rumori.
L'uomo tenta di riallacciare la conversazione.*

UOMO Non è più da lei, quella donna?
DONNA No. Non è più venuta. Era davvero una brava donna. Ma è scomparsa,
da un giorno all'altro. Si è portata via le poche cose che aveva in casa mia...
un vestito, delle ciabatte, una borsa di tela... e le foto dei figli,
un bambino e una bambina: le teneva sempre con sé e ogni tanto se le guardava.
Bei volti, allegri. Lei ne era fiera. Stava a servizio da noi
per portare un po' di soldi alla famiglia.
UOMO Come mai allora se ne è andata? Senza dirle niente... Avrà trovato strano.
DONNA Delle volte era stata via per qualche giorno. Portava roba ai suoi...
Ma poi tornava. Quando una mattina non è venuta, non mi sono preoccupata.
Poi sono passati parecchi giorni... La bambina chiedeva di lei.
Reclamava le canzoni. Io le cantavo le nostre, ma lei voleva sentire
quelle della donna. Io non le conoscevo, erano in un'altra lingua.
Ma la bambina amava quei suoni... come fossero della nostra gente.
UOMO I bambini non fanno differenza tra chi è di una parte e chi di un'altra.
DONNA Ma poi crescono. Le foto che la donna teneva con sé
erano dei suoi figli ancora piccoli. L'ho scoperto dopo.
UOMO L'ha scoperto quando è andata via?
DONNA Non subito. Da un po' di tempo tra noi e quegli altri
si era stabilita una certa calma. Pareva che si potesse arrivare a un'intesa.
Che non ci si dovesse uccidere più, da una parte e dall'altra.

Accordi fra rappresentanti di governo, dicevano. Personalità internazionali
come tramite perché si mettesse in atto un rispetto reciproco...
Lei di certo conosce queste cose.
UOMO Ero fuori in quel periodo. Ma riflettendo su quanto poi è successo
non sono convinto che ci fosse davvero una reale volontà
– capisce quello che voglio dire? -, una volontà davvero sincera
da tutte e due le parti per arrivare alla pace.
DONNA Neanch'io ho davvero una certezza.
Forse dall'altra parte questa volontà non esisteva.
UOMO Ognuno pensa che l'altro stia barando.
DONNA Le dicevo di allora. Da un po' di tempo non si erano avuti attentati,
né razzi o incursioni aeree, da tutte e due le parti. Vivevamo sospesi nell'attesa
che qualcuno dall'esterno decidesse per noi. Eravamo pieni di speranza.
Ma quella calma apparente si spezzò. Andò così.

La Donna smette di raccontare. E' in difficoltà.

UOMO Si è interrotta. Qualcosa le impedisce di continuare?
DONNA Mentre parlavo, ho capito che stavo ripetendo cose
che aveva già detto lei. Ma era la mia realtà, non la sua.
UOMO Allora coraggio, prosegua.
 DONNA Un gruppo di bambini era partito dalla città per una gita al mare.
Viaggiavano su di un pullmino affittato per l'occasione. A un incrocio
dovettero fermarsi e aspettare il loro turno per passare. Mentre stavano lì, in attesa,
un ragazzo si avvicinò facendo gesti di saluto. Loro rispondevano allegramente.
Allora il ragazzo prese a correre e si tuffò fra i bambini
che lo accolsero come un nuovo compagno. Non fecero neanche in tempo
a gridare, tutto sparì in una nuvola di fumo. Uno dei bambini
si era nascosto in un cespuglio per fare pipì. E' stato lui, poi, a raccontare.
UOMO I bambini. Le vittime più fragili.
DONNA Lei ha dei bambini?
UOMO Una volta, ne avevo. Sono cresciuti, e qualcuno non c'è più.
DONNA Mi dispiace.

Tira fuori da una sacca dei piccoli pani dolci.

Comincia a farsi tardi.

Ne offre all'Uomo.

Ne vuole?
Li ho fatti con le mie mani.
Alla bambina piacciono più che i biscotti del forno.
UOMO Grazie.

Prende un pane.

Io non ho niente per ricambiare.
DONNA La sua compagnia, parlare con lei. E' pesante aspettare da soli
la fine dell'incursione.

I due mangiano ciascuno un pane.
Un silenzio a tratti interrotto da qualche scoppio lontano.

UOMO Stanno allontanandosi.

Ssmette di mangiare. Si pone di fronte alla donna, vicino al suo volto, fissandola.
La Donna ha un moto di timore.

Stia tranquilla. Non voglio farle niente. Abbiamo mangiato insieme, no?
Nelle nostre usanze l'ospite diventa sacro, chiunque esso sia,
se si divide il cibo con lui.
DONNA Erano usanze di un tempo. Ma non ho paura di lei, non c'è motivo.
Ho avuto un moto istintivo. Delle volte, per strada, ho paura
quando qualcuno che non conosco mi si avvicina com'è successo con lei adesso.
UOMO Prima di questo incontro noi non ci conoscevamo. Trovandoci qui,
ci siamo scambiati qualche piccola notizia sulle nostre vite…
Ho saputo che lei ha una nipotina… io le ho detto che ho dei figli…
lei aveva una donna che l'aiutava in casa e poi se ne è andata…
io ero fuori quando sono successi dei fatti di sangue…
Poi lei mi ha offerto del pane, lo stesso che piace alla sua bambina…
e io l'ho accettato. Abbiamo mangiato tutti e due lo stesso pane.

Fa una pausa.

Adesso, lei mi ucciderebbe?
DONNA Ucciderla? La sua domanda mi sorprende. Perché dovrei ucciderla?
UOMO Infatti non c'è nessun motivo perché lei lo faccia.
Che motivo dovrebbe esserci, perché lei mi uccidesse?
O che motivo avrei io per uccidere lei?
DONNA Se lei dice di non avere un motivo per uccidermi,
ma fa questa ipotesi attraverso una domanda,
forse vede qualche possibilità per farlo.
UOMO Io lo escludo.
DONNA Allora si tratta di un gioco. La sua domanda… io uccidere lei…
lei uccidere me… soltanto un gioco.
UOMO Un gioco. Per passare il tempo, rinchiusi qui,
in attesa che fuori smettano di fare la guerra.
DONNA Ma fuori, quelli si uccidono sul serio.
UOMO Lei pensa che continuerebbero a uccidersi, se quelli di una parte,
uno per uno, conoscessero, uno per uno, quelli della parte opposta?
Se ognuno che appartiene a una parte
avesse mangiato insieme a un altro dell'altra parte, potrebbe poi ucciderlo?
DONNA E' una cosa impossibile da realizzare. Lei fa della pura teoria.
UOMO Provi ad avere un po' di fantasia. Parta da noi,
 che mangiano insieme un pane. A un certo punto arriva la sua bambina:
è venuta a trovarla, e poi viene anche un mio nipotino.
Lei tira subito fuori dalla borsa dei panini dolci, li offre ai bambini,
e mangiano insieme anche loro. Li raggiunge una frotta di bambine
che sta cercando la sua nipotina, e poi di corsa arrivano dei compagni del mio:
tutti si scambiano del pane, delle focacce… delle fette di torta…
Dopo un po' si affacciano anche i genitori… portano altro pane, altri dolci…

E se li scambiano. Si confrontano gusti diversi... E' tutta una sorpresa...
una meraviglia... La catena va avanti magari per una giornata...
per un mese... per un anno... o un decennio... Finché a un certo momento
l'ultimo arrivato vuol avere tutto per sé il pane che gli altri hanno portato
e si mette a fare il prepotente. Tentano di convincerlo
che non va bene comportarsi così, ma non c'è verso di farlo recedere.
Per un po' gli altri resistono alla tentazione di reagire con altrettanta violenza;
poi cedono all'impulso e a loro volta rispondono alla violenza con la violenza.
E via via di prepotenza in prepotenza si arriva alla guerra.
DONNA Ho capito che cosa ha voluto dirmi.
Lei crede che quelli abbiano ragione, e noi torto?
UOMO No. I torti ci sono da entrambe le parti.

*Scoppi a raffica di mitragliatrice, forse un aereo in volo
che si sta abbassando, in lontananza.
I due rimangono ad ascoltare.*

Quelli hanno lanciato razzi, questi rispondono. Forse all'inizio
c'era chi aveva un po' più di ragione e chi aveva un po' più di torto.
Ma poi, una volta livellate le reazioni, il torto emerge da entrambe le parti.
E ai morti non c'è fine.
DONNA Spero che la smettano con questi razzi. A casa mia non c'è nessuno.
Mia figlia, non so se ha fatto in tempo a uscire dal lavoro
per andare a prendere la bambina. Forse era ancora in ufficio
quando hanno cominciato... Ah! Lei contava su di me!

Si aggira qua e là in preda all'angoscia.

UOMO Lei sta preoccupandosi per sua figlia e per la sua bambina.
Tra poco dall'altra parte qualche donna si preoccuperà per gli stessi motivi.
DONNA Vuol dire a causa della rappresaglia? Sì, certe volte ci ho pensato.
E mi è tornata in mente quella donna che stava da noi.
Forse le sarà successo qualcosa...
UOMO Non è da escludere. Potrebbe essere rimasta colpita
in un bombardamento... O magari qualcuno dei suoi è stato ferito in uno scontro
e lei ha dovuto curarlo... A volte le cause più diverse
costringono a cambiare un impegno... Avvenimenti anche inconfessabili...
DONNA Lei sta cercando di dirmi qualche cosa di preciso. Che mi riguarda,
lo capisco dal suo sguardo. Qualcosa di implicito, di non detto, nei suoi discorsi...
Eppure noi non ci siamo mai incontrati prima.
UOMO No. Ma io la conoscevo.
DONNA Mi conosceva?
UOMO Non di persona. Mi avevano parlato di lei.
DONNA Davvero? Non sono una donna su cui ci sia molto da dire.
Non ho impegni pubblici... Mi sono sempre soltanto occupata della mia famiglia.
E poi, come faceva lei a sapere che mi avrebbe trovata qui? In un rifugio...
UOMO Stavo andando a casa sua, e l'ho vista mentre usciva.
Era assorta nei suoi pensieri...Camminava senza guardarsi intorno.
E' entrata in una tintoria... ha lasciato un pacco...
Ho pensato saranno dei vestiti da pulire...

DONNA Sì, ha indovinato. Abiti di mia figlia. Me li aveva portati il giorno prima.
Sa, era abituata a questo quartiere, prima di andare a vivere un po' più in là.
UOMO E' bello avere dei negozi su cui contare. Delle persone di fiducia.
Un piccolo mondo ben conosciuto...
DONNA Sì. Ti fa sentire sicura.
UOMO Poi è entrata dal verduriere. E' rimasta un po' a parlare
con un vecchio che stava pulendo delle insalate...
DONNA Gli ho chiesto che mi mettesse da parte dei peperoni per domani.
Il vecchio coltiva un orto proprio dietro la bottega...
Mi piace andare da lui invece che al supermercato...
La roba ha un sapore più genuino. Allora lei mi ha seguita... Perché?
UOMO Non volevo spaventarla. Come avrebbe reagito se a un tratto
le fossi venuto davanti e avessi detto senta, devo parlarle?
Poi è iniziato l'allarme. L'ho seguita dove è corsa a ripararsi.
DONNA Infatti, lei è entrato qui un momento dopo di me.
UOMO Quando ho visto che oltre a lei non c'era nessuno,
ho pensato riuscirò a parlarle più facilmente che se l'avessi fermata.
DONNA Io però continuo a non sapere il motivo per cui lei vuole parlarmi.
UOMO Sono venuto da parte di quella donna.
DONNA Ah! Lei la conosce?!
UOMO Quando mi ha raccontato della donna che lavorava a casa sua,
mi sono rallegrato, era l'appiglio ideale per iniziare un discorso.
Ma proprio in quel momento i razzi hanno ripreso a cadere,
e subito dopo hanno risposto le mitragliatrici, le sirene hanno iniziato a suonare....
E' passato il momento giusto per affrontare quanto avevo da dirle.
Ho pensato che era meglio aspettare fino ad avere un'altra possibilità.
DONNA Aspettare fino ad avere un'altra possibilità?
Ho paura che lei debba dirmi qualcosa di terribile.
UOMO Potrà sembrarle. All'inizio. Ma poi si renderà conto che è il contrario.
DONNA Sono in ansia per mia figlia, per la bambina... E adesso si aggiunge lei,
che non è qui per caso, con un discorso che mi mette in ansia.
UOMO Ecco. Le spiego. La donna che veniva da lei è una mia vicina di casa.
Quando la incontravo, delle volte mi raccontava del suo lavoro qui, della signora,
e della bambina. Con voi – diceva - non sentiva nessuna differenza
rispetto alla gente di là. Aveva due figli, un ragazzo e una ragazza.
Qualche volta la ragazza aveva accompagnato la madre
quando veniva a lavorare da lei, ed era rimasta a chiacchierare con sua figlia,
prima che se ne andasse da casa.
DONNA Sì, mi ricordo di quella ragazza. Graziosa. Un po' timida,
quasi non parlava. Era stata mia figlia a incoraggiarla
ad avere un po' di confidenza con noi.
UOMO Alla ragazza erano bastate poche volte e si era affezionata.
Per lei eravate un modello felice. Quando tornava a casa,
la donna le raccontava quello che succedeva da voi, del matrimonio di sua figlia...
della nascita della bambina. Anche per sé la ragazza sognava una vita
con degli affetti. Aveva un ragazzo e voleva sposarsi appena trovava un lavoro.
E non vedeva l'ora che si arrivasse alla pace, come tutti quanti.
DONNA La pace. Davvero un sogno. Io quella donna non l'ho più vista.
Che cosa è successo? Continui, per favore.
UOMO In uno scontro il fidanzato della ragazza rimase ucciso.
Era uno studente, non stava facendo nessuna azione di guerra,

con la cartella dei libri andava all'università. Lo mitragliarono, a freddo,
da un carro armato. Quella morte mutò l'animo mite della ragazza.
Non le importava più di nulla, il futuro per lei si era dissolto.
Decise di vendicare il fidanzato. Giravano dalle sue parti dei gruppi di fanatici.
Lei si presentò, chiese un'azione estrema. Gliela offrirono.
Doveva farsi saltare in mezzo alla gente, dove loro l'avrebbero portata.
DONNA Sua madre sapeva?
UOMO Soltanto del dolore della figlia per la morte del suo ragazzo.
DONNA Dev'essere stato allora che ha cominciato a non venire più da me.
A non venire per un po' di giorni.
UOMO A tratti tornava. Per tenere a freno l'angoscia.
DONNA Povera donna. Lavorava sempre con lo stesso impegno.
Non mi ha detto mai niente.
UOMO Che cosa poteva dirle? Quelli di qua avevano ucciso
il ragazzo di sua figlia. Lei capiva che non era la vostra famiglia
ad aver voluto quella morte, ma era comunque gente della vostra parte.
DONNA Non riesco a immaginare la conclusione di questa storia.
 Certo lei la conosce. Dal momento che è venuto a parlarmene.
UOMO Un giorno portarono la ragazza in una città di qui.
La lasciarono in mezzo a un giardino, dove passava molta gente,
 e si nascosero dietro agli alberi. Volevano controllare
 che l'operazione si compisse secondo il piano stabilito.
Quando stava per farsi saltare, la ragazza ebbe un momento di esitazione.
Un'intera classe di bambini avanzava veloce verso di lei. Gridavano pieni di gioia
inseguendo degli aquiloni. Allora lei li evitò
e si mise a correre in direzione opposta.
DONNA Non si fece saltare! Era una ragazza buona. Anche timida.
Graziosa. Non avrebbe potuto.
UOMO In circostanze normali, no. Ma il dolore può cambiare una persona.
Alla morte del fidanzato, la ragazza aveva ceduto all'impulso della vendetta.
Poi era rientrata in sé.
DONNA E non si era fatta saltare. Che cosa è successo, dopo?
UOMO Uomini della polizia videro quella ragazza stralunata,
si accorsero del peso che gravava la sua corsa, la fermarono
e scoprirono che sotto la veste nascondeva l'esplosivo.
Quelli che l'avevano portata fin là erano scappati,
lei venne presa prigioniera.
DONNA Dunque è viva.
UOMO Viva, sì. Ma in una situazione molto difficile.
Soltanto una riflessione profonda e consapevole da parte di chi la deve giudicare
può salvarla da una duplice condanna.
DONNA Una duplice condanna? Ma se ha lasciato vivere quei bambini!
Questo è il fatto essenziale. Ha capito il valore di quelle vite!
UOMO Lo ha capito anche per merito vostro. Perché quando veniva da voi
sentiva che il vostro sguardo cercava il suo volto per comunicare con lei.
Voi le parlavate interessandovi ai suoi problemi.
L'avete trattata come una della famiglia. Quando stava per farsi saltare,
lei, sua figlia, la sua bambina le siete venute davanti agli occhi.
DONNA Perché allora dice che subirà una duplice condanna?
UOMO Perché il gruppo dei fanatici l'ha già condannata
per non aver tenuto fede all'impegno di farsi saltare.

E quelli che l'hanno messa in prigione la accusano di essere venuta qui
per farsi saltare. Adesso è sola. A sostenerla ha soltanto la sua coscienza.
DONNA E sua madre? Che cosa dice di quanto è accaduto?
UOMO Non ha più lacrime. E' impotente a portare sua figlia verso la salvezza.
Da ogni parte la pensi, sente che è perduta.
DONNA Lei è venuto per raccontarmi questa storia. Glielo ha chiesto la donna?
UOMO L'ho letto nei suoi occhi. Voleva che lei sapesse.
Adesso la speranza è che il giudice che interrogherà la ragazza
valuti la sostanza della storia, che cioè i bambini sono rimasti vivi.
Il giudice dovrebbe mettersi davanti alla ragazza, guardarla in viso e pensare
che forse assomiglia a sua figlia, se ne ha una. Se sua figlia
si fosse comportata come quella ragazza, in circostanze analoghe,
come la giudicherebbe? Questo il giudice dovrebbe pensare,
superando una visione di parte.
DONNA Lei rivedrà la donna?
UOMO Oggi stesso. Appena potrò uscire da qui.

I due tacciono, cercando di capire che cosa sta avvenendo fuori.

DONNA Non sento più niente. Devono aver smesso.
UOMO E' durato abbastanza.

*Si sentono sempre più vicine risa e grida di ragazzi in corsa.
Poi qualche battuta festosa.*

VOCI da fuori Dài! Tira il filo!
Sale! L'aquilone sale!
Corri che prende il vento!
Dài! Più in fretta! Corriamo!
Eccolo! Eccolo! Sale! Sale! Corriamo!

*Le voci si allontanano.
I due si guardano in silenzio.*

UOMO Dev'essere ancora chiaro. Io esco.
DONNA Anch'io tra poco.
UOMO Allora, addio.
DONNA Addio. Dica alla donna che l'aspetto. Quando vuole tornare.
UOMO Glielo dirò.

*L'Uomo esce. Si sente una porta che si apre e poi si richiude sbattendo. Le grida
allegre dei ragazzi si fanno più alte.*

VOCI da fuori Corriamo! Corriamo!
Dài tira il filo! Più in fretta!
Corri che prende il vento! Eccolo!
Eccolo! Sale! Vai vai! L'aquilone sale!
Sale! Sale! Sale!

*La Donna si alza e compie un piccolo giro dentro il rifugio, come se inseguisse
l'aquilone con il volto sorridente verso l'alto e la mano alzata a reggerne il filo.*

Poi con un piccola corsa esce dal rifugio mentre le grida per un momento si sentono più forti e poi si attutiscono fino a scomparire.

FINE

MARICLA BOGGIO

Laureata in legge a Torino, diplomata in regìa con Orazio Costa all'Accademia Nazionale d'Arte Drammatica "Silvio D'Amico", dove è docente di scrittura scenica per il teatro; docente di Espressività Teatrale a Scienza della Formazione di Viterbo - Università Salesiana. Giornalista, critico teatrale, dirige la rivista di teatro Ridotto della SIAD - Società Italiana Autori Drammatici. Cavaliere dell'Ordine al Merito della Repubblica Italiana.

Fra i suoi più di sessanta testi teatrali, andati in scena e pubblicati, sono stati rappresentati in

Teatri Stabili

"Santa Maria dei Battuti – rapporto sull'istituzione psichiatrica e sua negazione", sua regìa, Piccolo Teatro di Milano/Teatro Lirico.
"Passione 1514", regìa di Franco Molè, Teatro Stabile di Bolzano.
"La monaca portoghese", regìa di Bruno Mazzali, Teatro Di Roma.
"Medea", regìa di Lorenzo Salveti, Teatro di Roma.
"Il volto velato", regìa di Walter Manfrè, Teatro di Roma.
"Mamma Eroina", regìa di Saviana Scalfi, Teatro Stabile di Catania.
"Schegge – vite di quartiere", regìa di Andrea Camilleri, Teatro di Roma/ Teatro Studio Eleonora Duse, Accademia Nazionale d'Arte Drammatica "Silvio d'Amico".
"Caracciolo – dramma in commedia", Nuovo Teatro Nuovo di Napoli.
"Spax", Nuovo Teatro Nuovo di Napoli, regie di Fortunato Calvino.

Teatri privati

"Compagno Gramsci", con Franco Cuomo, Teatro Insieme, Roma, sua regia.
"Il teatrino di don Candeloro", Settimana Pirandelliana, Agrigento, regia di Gianni Salvo.
"L'ultimo sogno di Anita Ribeiro, sposata Garibaldi", Roma, regia di Julio Zuloeta.
"Madre/figlia (E parlavo alle bambole)", Teatès, Palermo, regia di Michele Perriera.
"Una moglie - i mesi incantati", Pierlombardo, Milano, regia di Adriana Martino.
"Gardenia", vari luoghi, regie di Bruno Mazzali, Fortunato Calvino, Franco Giorgio, Vanessa Gasbarro, Massimiliano Farau.
"Doppiaggio", regia di Mario Prosperi; "La sorpresa di Natale", regia di Fortunato Calvino, "Sibilla, regia di Mario Prosperi, Teatro Politecnico, Roma.
"Pirandello/Abba – frammenti", "Ritratto di Sartre da giovane", "Cavour - l'amore e l'Opera incompiuta", Stanze Segrete, Roma, regia di Ennio Coltorti.
"Adelaide Ristori, serata d'onore", Teatro Scientifico, Verona, regia di Giovanna Caserta.
"Scena prima", Teatro Lo Spazio, Roma, regia di Mario Prosperi.

Festivals

Biennale di Venezia: "Egloga", sua regìa.
Festival di Formello: "Fedra", regia di Julio Zuloeta.
Festival di Taormina: "Maria dell'Angelo", regìa di Ugo Gregoretti; "Gardenia, sette giornate e un tramonto", regìa di Rosa Di Lucia; "Abelardo, Eloisa, Eloim", regìa di Massimiliano Farau.
Festival di Benevento: "Storia di niente", regìa di Gino Zampieri; "Mamma Eroina", regìa di Saviana Scalfi.
Festival di Todi:"Olimpia Teresa Carlotta – la Rivoluzione condanna tre cittadine", regìa di Franco Gervasio.
"Laica rappresentazione", regìa di Adriana Martino;
"La pura nudità", regìa di Mario Ferrero.
Festival di Anagni: "Abelardo ad Elosia - Eloisa ad Abelardo", regìa di Arnaldo Ninchi.
Festival di Asti: "La stagione dei disinganni", regia di Adriana Martino.

Festival pirandelliano di Agrigento: "Pirandello/Abba, frammenti", regìa di Ennio Coltorti.
Biennale di Venezia: "La stagione dei disinganni", regia di Massimo Scaglione.

Luoghi di particolare rilievo

Teatro Greco di Siracusa:
"Filottete" di Sofocle per l'INDA, regìa di Walter Pagliaro, sua traduzione.

Chiesa di San Giovannello di Siracusa:
"Le Troiane" di Euripide, per l'INDA e l'Accademia Naz., sua traduzione e regìa.

Chiostro dell'Accademia di Spagna, Roma:
"Lo sguardo di Orfeo", regìa di Mario Ferrero.

Piccolo Regio di Torino:
"Una moglie – i mesi incantati", regia di Relda Ridoni.
Villa Piccolomini/Accademia naz. D'Arte Dramm, Roma:
"Le nozze di Krecinsky" da Suchovo Kobylin, regìa di Domenico Polidoro.

Maschio Angioino di Napoli:
"Caracciolo, dramma in commedia", regia di Fortunato Calvino.

Sala Consiliare Giulio Cesare, Roma, Campidoglio:
"Matteotti, l'ultimo discorso", sua regìa.

Duomo di Ivrea:
"Il volto velato – pia rappresentazione della piccola Santa Teresa nel Convento delle Carmelitane in occasione della vestizione di una novizia", regìa di Walter Manfrè.
"Confiteor, novem confessiones", da Sant'Agostino, regìa di Ennio Coltorti.
"Humanae Via Crucis", Teatro Scientifico di Verona, regia di Giovanna Caserta.

Teatro Seiva Trupe do Campo Alegre:
"Amor de uma mulher" ("Medea").
"A freira portuguesa" ("La monaca portoghese"), Porto-Portogallo.

Accademia di Belle Arti - Napoli:
"Il racconto di maggio", 2011, regia di Fortunato Calvino.

Testi recenti

"D'amor sull'ali rosee - Cavour, l'amore e l'Opera incompiuta", regia di Ennio Coltorti, Teatro Stanze Segrete, Roma, 2011.
"Scena prima", regia di Mario Prosperi, Teatro Lo spazio, Roma, 2011.
"La sentenza", regia di Elsa Agalbato, Teatro Rossini di Pesaro, regia di Martin Kuschner, New York, 2010-11.

Premi

IDI
"La monaca portoghese", Teatro di Roma, protagonista Rosa Di Lucia, 1978.
"Rosa Delly" (con Valeria Moretti), Cooperativa Teatroggi, regìa di Ugo Gregoretti, 1987.
"Schegge–vite di quartiere", Teatro di Roma e Accademia, regìa di Andrea Camilleri, 1989.
FONDI LA PASTORA

"La monaca portoghese", 1978.
GIUSEPPE FAVA
"Schegge-vite di quartiere", 1987.
CANDONI
"Storia di niente", 1988.
STUDIO 12
"Gardenia – sette giornate e un tramonto" 1994.
PRESIDENZA del Consiglio dei Ministri:
"Matteotti, l'ultimo discorso", 2004;
"La Merlin", 2011.

Fra i libri di teatro

"Sporcarsi le mani – cinque serate con i critici di teatro", Bulzoni, 1974.
"Maricla Boggio", Collana SIAD, La monaca portoghese, Schegge, Storia di niente,
Olimpia, E&A, 1992.

"Gardenia – sette giornate e un tramonto", presentazioni di Giovanni Conso e Maria Luisa
Spaziani, Novecento ed., 1997.
"Il volto velato", su Teresa di Lisieux, BESA. 2000.
"Il corpo creativo – la parola e il gesto in Orazio Costa", Bulzoni, 2001.

"Le Isabelle – dal Teatro della Maddalena alla Isabella Andreini", due voll., Besa, 2002.

"Mistero e teatro – Orazio Costa, regìa e pedagogia", Bulzoni, 2004.

"Orazio Costa maestro di teatro", Bulzoni, 2007.
"Orazio Costa prova Amleto", Bulzoni, 2009.

Fra i libri di narrativa, antropologia e saggistica

"Ragazza madre", Marsilio, 1974.
"La monaca portoghese – cinque lettere d'amore", Bulzoni, 1980
"Farsi uomo – oltre la droga", Bulzoni, 1981.
"L'assenza del presente – storia di una comunità marginale", Marsilio, 1981.
"La casa dei sentimenti – itinerario per uscire dalla droga", ERI ed. 1982.
"Storie e luoghi segreti del Piemonte", Newton Compton, sei ed. dal 1984.
"La Nara – una donna dentro la storia", Qualecultura Jacabook, 1991.
"Il volto dell'altro – aids e immaginario", con Luigi M. Lombardi Satriani e Francisco
Mele, Meltemi,1995.

"Come una ladra a lampo–Madonna della Milicia, sacro e profano", con Giuseppe Bucaro e
Luigi M. Lombardi Satriani, Meltemi,1996.
"Gardenia - sette gornate e un tramonto", Novecento ed., 1997.

"Farsi male", presentazione di Claude Olievenstein, Consulenza di Raffaella Bortino, Besa
ed. 2001.
"Maria Urtica – un'infanzia nel '45", Besa ed. 2005.

"Natuzza – il dolore e la parola" insieme a Luigi M. Lombardi Satriani, Armando Editore,
2006.
"Il disincanto – le patologie dell'abbondanza in una comunità terapeutica per doppia
diagnosi", con Raffaella Bortino e Francisco Mele, Armando Editore, 2006.
"Santa Maria dei Battuti - rapporto sull'istituzione psichiatrica e sua negazione", insieme a
Franco Cuomo, Bulzoni, 2010.
"Alessandro Fersen - il teatro, dopo" a cura di Maricla Boggio e Luigi M. Lombardi
Satriani, Bulzoni ed., 2011.
"Vita di Regina – Regina Bianchi si racconta", ERI, 2012.
"Ogni sera della vita", Aracne Editrice, 2012.

Traduzioni

"La Parigina" di Henry Becque, 1979, regia di Lorenzo Salveti.
"Filottete" di Sofocle, BESA, 2004, Teatro Greco di Siracusa, regìa di Walter Pagliaro.
In "Il volto velato", BESA, 2000, i testi teatrali di Teresa di Lisieux su Giovanna D'Arco.
"Troadi" di Euripide, BESA, 2006, Accademia nazionale d'Arte Drammatica, sua regìa.

Film

Su temi sociali:

"Marisa della Magliana", definito "primo telefilm femminista, un'ora, RAI, 1976, testo, regia e presenza in video. Il film, restaurato, è stato più volte proiettato su RAIstoria nel 2011 e nel 2012, come esempio del nuovo modo di fare televisione dopo la riforma.
"Sono arrivati quattro fratelli", un'ora, RAI, testo, regia e presenza in video, sull'adozione, 1978.
"Farsi uomo oltre la droga", cinque puntate di un'ora l'una, sull'uscita dalla tossicodipendenza, RAI, 1981.
"Storie dallo Spallanzani", sul tema dell'aids, un'ora, RAI 1992.

Di argomento antropologico:

con il coordinamento di Luigi M. Lombardi Satriani:
"Il presente inesistente ", RAI, 2 ore e 30, proiettato in convegni, università e al Centre Pompidou a Parigi. Due parti, "Il passato persistente" e "Il futuro inattuato", 1980.
"Natuzza Evolo", RAI, un'ora e 30, 1987.
"Come una ladra a lampo – la Madonna della Milicia – sacro e profano", consulenza teologica di Giuseppe Bucaro, RAI, due ore, 1992.

Sul metodo mimico di Orazio Costa maestro e regista:

"L'uomo e l'attore – Orazio Costa, lezioni di teatro", cinque puntate da un'ora l'una,
con Orazio Costa, e nove lezioni, proiettate in università e scuole di recitazione, RAI, 1985.
"Orazio Costa prova Amleto", in tre parti:
"Amleto yorickesco", due ore;
"Trappola della coscienza, il teatro", due ore;
"Dal monologo al coro e dal coro al monologo", due ore, 1992-2009.

Sceneggiature

"Rocco Scotellaro", sceneggiatrice unica su documenti reperiti al Comune di Tricarico di Scotellaro sindaco, e da carte, documenti, suoi libri. Film girato a Tricarico, regìa di Maurizio Scaparro, RAI, 1978.

Who's who in Italy

BOGGIO Maricla (Maria Clara), (Dott.), playwright, journalistborn Turinmarr.: Francisco Melehome a.: Via Giulia 163, I-00186 Romae-mail: mariclaboggio@libero.iteduc.: degree in law; 1966, diploma in stage direction, Accademia Nazionale d'Arte Drammatica "Silvio D'Amico"; listed in the Order of Journalistscar.: pupil of Orazio Costa; taught acting and the theory and techniques of mime at Accademia Nazionale d'Arte Drammatica "Silvio d'Amico"; devised seminars on mime for schools and theatrical companies, and courses with films for teachers at institutes and therapeutic centres; has held seminars on theatre and anthropology at several Italian universities, and essays and degree theses have been written about her work in Italy and abroad; theatre critic and non-fiction writer for "Ridotto",

"Hystrio", "Prima Fila", "La Sicilia", Catania, "L'Ora", Palermo, and "Inscena"; co-author of anthropological documentaries for RAI and dir. "Marisa della Magliana", considered the first women's-lib film, RAI (1976); writer of scripts on social topics (drugs, social alienation), scripts for specific actresses, some presented at festivals, some translated and staged in several European countries and the USA; her directors include Calvino, Camilleri, Caserta, Coltorti, Farau, Ferrero, Gervasio, Giorgio, Gregoretti, Manfrè, Martino, Mazzali, Molè, Ninchi, Perriera, Polidoro, Prosperi, Salveti, Scaglione, Scaparro, Zampieri and Zuloeta; 1973, co-founder Teatro della Maddalena; 1992,co-founder Associazione "Isabella Andreini Comica Gelosa"; scripts, published in magazines "Hystrio", "Ridotto", "Prima Fila" and "Sipario" or by Marsilio, E&A, Novecento, Bulzoni and Grin, include: "Mara Maria Marianna" (1973); "Anna Kuliscioff" (1977); "La monaca portoghese" (1978); "Rosa Delly" (1983); "Maria dell'Angelo" (1991); "Laica rappresentazione" and "Lo sguardo di Orfeo" (1992); "Abelardo ad Eloisa - Eloisa ad Abelardo", "Madrefiglia (e parlavo alle bambole)", and "Il tempo di Agostino" with a presentation by Cardinal Carlo Maria Martini (1994); "Gardenia. Sette giornate e un tramonto" and "Una moglie. I mesi incantati" (1995); "Guidogozzano" (1996); "La pura nudità" and "Abelardo Eloisa Eloim. Storia d'amore e teologia" (1997); "Il volto velato. Pia rappresentazione della piccola Santa Teresa nel Convento delle Carmelitane in occasione della vestizione di una novizia" and "Caracciolo. Dramma in commedia" (1999-2000); "Doppiaggio" and "La stagione dei disinganni, Alfieri a Parigi incontra Goldoni e sogna Gobetti" (2002); "Pirandello/Abba. Frammenti" and "Spax" (2004); "Humanae Via Crucis" and "Sibilla" (2007); has held courses of 'mimesica' (Costa method of mime) at Scuola Nazionale di Cinema and Accademia Nazionale di Danza, Rome; at present, secr.-gen. Società Italiana Autori Drammatici - SIAD (Italian Association of Playwrights), Rome, and editor-in-chief of its review "Ridotto"; teacher of dramaturgy, Accademia Nazionale d'Arte Drammatica "Silvio d'Amico", and of stage expression, Viterbopubls.: "Ragazza madre. Storie di donne e dei loro bambini", Marsilio (1974); "La monaca portoghese. Cinque lettere d'amore", Bulzoni (1980); "Rosa Delly" (1983); "Storia di niente" (1987); "Schegge. Vite di quartiere" (1988); more recent books: "La Nara. Una donna dentro la storia", Jaca Book (1991); co-author "Il volto dell'altro. Aids e immaginario", Meltemi (1995); co-author "Come una ladra a lampo. Madonna della Milicia, sacro e profano", ibi (1996); "Storie e luoghi segreti del Piemonte", 6th edit., Newton Compton (1997); "Il volto velato: con il teatro su Giovanna d'Arco di Teresa di Lisieux", Besa (2000); "Farsi male", Falzea (2001); editor "Le Isabelle. Dal teatro della Maddalena alla Isabella Andreini", 2 vols., Besa (2002); "La stagione dei disinganni - Alfieri a Parigi incontra Goldoni e sogna Gobetti" (2002); "Pirandello/Abba. Frammenti", Sipario (2003); Sophocle's "Filottete", translation, Besa, and "Matteotti, l'ultimo discorso", Ridotto (2004); "Maria Urtica. Un'infanzia nel '45", Besa, and "La sorpresa di Natale", Ridotto (2005); Euripides' "Troadi", ibi, "Confiteor", ibi, and co-author "Natuzza. Il dolore e la parola", Armando Editore (2006); co-author "Il disincanto. Le patologie dell'abbondanza in una comunità terapeutica per doppia diagnosi", Armando Editore (2007); works on the teaching and directing techniques of Orazio Costa: "Orazio Costa. La parola e il gesto", Bulzoni (2001); "Orazio Costa. Regia e pedagogia", ibi (2004); "Orazio Costa. Maestro di teatro", ibi (2007); "Orazio Costa prova Amleto", ibi (2008)aw.: IDI and Fondi La Pastora for "La monaca portoghese" (1978); IDI for "Rosa Delly" (1983); Candoni for "Storia di niente", Benevento Festival (1987); Fava and IDI for "Schegge. Vite di quartiere", from Teatro di Roma and National Academy of Dramatic Art (1988); National Prize from the Presidency of the Council of Ministers, for "Matteotti, l'ultimo discorso" (2005) and the same Prize from the Presidency of the Council of Ministers, for "La Merlin" (2011); Knight of the Order of Merit of the Italian Republic.

UN PERCORSO DI RICERCA

Le radici di una scelta

Per tradizione al Liceo D'Azeglio di Torino la Terza C rappresentava la tragedia greca dell'esame di maturità. Il professor Leonardo Ferrero la allestiva nell'Aula Magna dove confluivano ad assistervi tutte le classi. Si ricordava in modo leggendario una volta in cui il bacio fra Oreste/Ennio Caretto e una studentessa/Elettra - i due avevano un filarino - suscitò un tale entusiasmo fra i ragazzi che l'austero preside minacciò di cacciar via tutti quanti. Già dal primo anno noi della Sezione C recitavamo. Nella villa del nostro compagno Roberto Herlitzka in Piazza d'armi vecchia, nella palestra all'ultimo piano provavamo il "Miles gloriosus" di Plauto, sotto la guida di Piero Nuti, un attore che aveva affidato a Roberto la parte di Palestrio, il servo furbo, mentre il Miles lo faceva Pierluigi Baima e io ero Filocomasio, la signora. Per il nostro terzo anno il professor Ferrero scelse "Il ciclope" di Euripide, spintovi forse da interessi universitari. Il testo non aveva parti femminili; io mi alzai dal banco e con il volto in fiamme per l'ardire deprecai quella discriminazione; ma le mie compagne erano ben contente di non dover sottostare alle prove, e la mia ribellione rimase ignorata. Per l'astuto Ulisse fu scelto Herlitzka, il Ciclope se lo prese Baima, che finito il liceo scelse poi medicina e si dedicò a ricerche e studi sulla Santa Sindone. Herlitzka invece andò a Roma all'Accademia Nazionale d'Arte Drammatica, perché voleva fare l'attore. Io mi iscrissi a Legge, ma continuai a pensare al teatro.

Il Centro Universitario Teatrale

All'università di Torino era attivo il CUT - centro universitario teatrale. Lo dirigeva Alberto Ruggiero, un genio ventenne divorato dalla frenesia dell'azione. Eravamo pazzi per il "Woyzeck" di Büchner e per "Morti senza tomba" di Sartre; passione rivoluzionaria ed estenuazione romantica rivolta al pre-espressionismo, impegno antifascista e volontà di condivisione si intrecciavano nel clima ancora infiammato dalla Resistenza. A Palazzo Carignano l'Unione Culturale organizzava letture del Dibbuck e di lettere di partigiani condannati a morte; Franco Antonicelli dall'eloquio fluido e raffinato vi teneva conferenze più che affollate. Al Teatro Stabile appena costituito, Gianfranco De Bosio metteva in scena Ruzante e Giacomo Colli "La giustizia" del sardo Giuseppe Dessì. Andavo scoprendo linguaggi forti e contenuti impegnati. La direzione del CUT mi arrivò da Ruggiero; partito per seguire il corso di regia all'Accademia, quando tornava ci descriveva SergioTofano, la Capodaglio e Orazio Costa; aveva stabilito un'amicizia connivente con un compagno, Carmelo Bene, con cui poi andò via dalla scuola - secondo un'altra versione, tutti e due ne vennero cacciati -; insieme misero in scena "Caligola" – altro nostro mito – dopo essere stati a Venezia dove sapevano che si sarebbe recato Camus, che diede loro gratis i diritti alla rappresentazione, negata a celebri attori.
Il nome di Costa rimbalzava nella mia mente; mi tornò nitida, come una premonizione, l'immagine di un coro di vecchi in mantelli blu ribaltati in rosso all'entrata di un nunzio che raccontava la terribile morte di un re: il primo spettacolo della mia vita era stato l'"Agamennone" di Eschilo a Ostia Antica, regìa di Orazio Costa, scene e costumi di Tullio e Valeria, suoi fratelli. All'università mi emozionava la filosofia del diritto insegnata da Norberto Bobbio, che a ognuno di noi faceva tenere una lezione; a me assegnò "Diritto naturale e diritto positivo" e rimase ad ascoltarmi seduto in mezzo agli studenti, sull'ampia gradinata dell'Aula Magna. Giovanni Conso, per procedura civile e procedura penale ci mandava a seguire i processi e ce ne chiedeva una relazione scritta. Luigi Firpo - storia delle dottrine politiche - ci parlava con rotondo eloquio degli Utopisti del seicento, Tommaso Campanella, Tommaso Moro, Giordano Bruno; a lui chiesi poi la tesi. Presi a seguire Massimo Scaglione che aveva creato il Teatro delle Dieci – trasgressivo per i torinesi già a

partire dall'orario –, metteva in scena il teatro dell'assurdo – Jonesco, Tardieu, Adamov - tradotto da Gianrenzo Morteo, e il teatro irlandese di Brendham Behan.

Il Piccolo Teatro di Milano

Scaglione mi aveva insegnato come si lavora a un programma televisivo; in RAI era già ben conosciuto e io vi entrai come assistente alla regìa di piccole trasmissioni, il che mi permise di andare alla TV di Milano, dove si registravano le commedie; in realtà volevo penetrare in quel Sancta Sanctorum che era il Piccolo Teatro, vi ero andata ad assistere memorabili regìe di Strehler, da "L'opera da tre soldi" all' "Arlecchino".
Con gli studenti del CUT di Milano - di cui insieme a quello di Torino tenni la direzione - misi in scena delle Farse Spagnole del Seicento con le scenografie degli studenti di Brera; debuttammo al Teatro Regio di Parma per il Festival del Teatro Universitario, in un clima internazionale ricco di talenti in divenire. Mi stavo rendendo conto della necessità di una scuola per ricercare le ragioni profonde della mia esigenza di fare teatro.
In TV lavorai con Giacomo Colli e poi con Gilberto Tofano, figlio del grande Sergio. Mi capitò un'assistenza con Mario Ferrero per "Il caso di Anna O.": Freud alle prese con l'isteria della sua prima paziente, protagonista Valeria Moriconi; ma Ferrero era così corrosivo con le sue battute che mi limitai ad ammirarne la bravura. Colli l'avevo ritrovato dopo averlo conosciuto al Teatro Stabile di Torino; da lui mi venne l'incoraggiamento a tentare l'Accademia.
Ruggero Jacobbi era un intellettuale di genio; tornato dal Brasile dove aveva fatto teatro e cinema per quattordici anni, era approdato al Piccolo accoltovi dagli amici Grassi e Strehler; gli avevo chiesto di tenere un corso per gli studenti del CUT, e altrettanto avevo fatto con Maurizio Scaparro che cominciava ad avvicinarsi al teatro, e con Luigi Ferrante, un valente studioso di Pirandello, purtroppo scomparso poco dopo.
Jacobbi mi propose di fargli da assistente per la Prima Rassegna degli Autori Italiani voluta da Paolo Grassi per valorizzare la drammaturgia italiana; mi parve un sogno lavorare in quel mitico teatro. Gli spettacoli erano "Il Re dagli occhi di conchiglia" di Luigi Sarzano, "Una corda per il figlio di Abele" di Anton Gaetano Parodi - entrambi diretti da Jacobbi - e "L'equipaggio della zattera" di Alfredo Balducci, regista Virginio Puecher. Il testo di Parodi avrebbe dovuto dirigerlo Raffaele Orlando, allievo prediletto di Orazio Costa, ma dovette rinunciarvi per il male di cui sarebbe morto poco dopo. La fama del Maestro continuava ad emergere con insistenza nella mia mente. Anche Jacobbi apprezzava quest'uomo pur così distante da lui: religioso, ascetico, senza esibizionismi, e docente di regìa all'Accademia; lo stimavano anche Grassi e Strehler, pur così esclusivi del loro teatro; era l'unico ad avere accesso al Piccolo per almeno uno spettacolo all'anno. Dal fondo del Teatro dell'Arte dove si teneva la Rassegna, vidi Orazio Costa provare l'"Anitra selvatica" di Ibsen; dal palcoscenico dialogavano con lui affondato nella platea buia Gabriella Giacobbe, Renato De Carmine, Roberto Herlitzka, Emanuela Fallini. Roberto, l'antico compagno del D'Azeglio, mi parlò con entusiasmo del Maestro con cui si era formato. Gilberto Tofano mi aveva raccontato di suo padre insegnante in Accademia; che un attore così moderno e famoso fosse anche lui in quella scuola accrebbe in me il desiderio di riuscire ad andarci al più presto.

Il Bando di Concorso per l'Accademia

A Torino dove ritornavo per i fine settimana frequentavo un gruppo di studenti allegri e musicisti. A tarda sera in una delle case fumose in cui ci si riuniva arrivava spesso un ragazzo timido dai capelli rossi che accompagnandosi con la chitarra cantava canzoni inventate da lui; era Gabriele Lavia. A Palazzo Campana sede di Legge lessi un giorno nella bacheca in faccia alla scalinata un bando di concorso per l'Accademia: esservi ammessa mi parve cosa folle, a cui non sarei mai arrivata; poi cominciai a risentirmelo dentro, quel bando, come una punta inesorabile e astuta, che mi provocava a cimentarmi. Anche Lavia l'aveva letto; ne parlammo in una di quelle sere di chitarra. Decidemmo di preparare l'esame, lui come attore, io da regista. Avevamo scelto "Il matrimonio" di Cecov e "Knock o Il Trionfo della medicina" di Jules Romains, perché se ne potevano ricavare i due dialoghi richiesti, uno comico e l'altro inquietante. Tornò utile per mettere a punto le scene quanto sperimentato al CUT con le lezioni della paziente signorina Eva Franchi, e l'impeto a osare appreso da Ruggiero. In uno stato d'animo che oscillava tra l'incoscienza e il panico partimmo per Roma.

L'esame di regia

Al Teatro Studio Eleonora Duse – il "Teatrino di via Vittoria" – dove si tenevano gli esami, passò prima Lavia, nella categoria attori, cercandosi una "spalla" tra le allieve per sostituire me che sarei stata chiamata giorni dopo. Incontrai Mario Bussolino; era stato al CUT di Torino insieme a noi e frequentava il terzo anno di Accademia: andai all'esame con lui. Fra le quinte del Teatrino un piccolo portiere gallonato con baffetti alla Charlot - Guelfi, un'istituzione in Accademia - mi porse un bicchier d'acqua prima che entrassi in palcoscenico; si era certamente accorto che tremavo, non dimenticherò mai quel gesto grazioso che per me rappresentò un augurio. In mezzo alla sala intorno a un tavolino era riunita la Commissione, composta - seppi poi - da Giorgio Bassani, Jone Morino, Elena Povoledo, Sergio Tofano e Orazio Costa che riconobbi avendolo visto, sia pure di lontano, alle prove a Milano. Le scene passarono senza intoppi; mi invitarono a sedere e mi porsero un libro per la lettura "all'improvviso": benissimo. Discussione sui temi assegnati giorni prima, " L'avaro' nel teatro di tutti i tempi" e l'impostazione registica di "Fuenteovejuna" di Lope de Vega, che avevo scelto fra i testi proposti. Si meravigliarono per la distribuzione degli attori che dimostrava conoscenza del panorama teatrale - qui mi erano serviti il lavoro al Piccolo e la pratica della televisione -; si andava creando un clima che non faceva più sentire il peso dell'esame. Costa a un certo punto esclamò: "Mi parre che potrrebbe bastarre!" – capii allora perché avevo sentito tante volte alcuni attori che volendo imitarlo insistevano sulla erre - e gli altri si dichiararono d'accordo. I giorni passavano nel timore di essere stata scartata. Andai a trovare Goffredo Bellonci; lo avevo conosciuto a Venezia agli incontri di Storia del Teatro all'Isola di San Giorgio. Mi accolse festosamente, infantile nella sua vecchiaia gioiosa; Maria dalla chioma corvina salutò dal fondo del corridoio, intenta ai libri del Premio Strega. Gli raccontai dell'esame; si stupì che non gliene avessi parlato, dal momento che un candidato cerca sempre qualche appoggio; ma io volevo sapere se possedevo le qualità per regìa – replicai -, e non avevo cercato raccomandazioni: mi lanciò un'occhiata commiserevole, evidentemente conosceva la vita. Telefonò a Costa e gli chiese com'ero andata; dall'altro capo del filo le parole si accavallavano in un tripudio di erre doppie, gli unici suoni che riuscivo a percepire; più l'ascolto si faceva lungo, più temevo la giustificazione di un rifiuto. Finalmente Bellonci ringraziò e abbassò il ricevitore. Lo guardavo muta, senza respirare: " 'E' andata anche troppo bene!' mi ha detto Costa", esplose Bellonci.

L'Accademia e Orazio Costa

Avevo avuto il trasferimento da Milano a Roma, con la possibilità di lavorare in TV purché rispettassi le lezioni: il direttore dell'Accademia Renzo Tian aveva ottenuto questo permesso da Sergio Pugliese, il direttore della RAI con cui avevo sostenuto l'esame per entrare in televisione: con lui si era creata una singolare sintonia: entrambi torinesi, studiosi di legge, direttori del CUT... Facevo orari stressanti, ma ne valeva la pena. Cominciavo quell'avvicinamento al teatro secondo un'ottica non strumentale che, pur mettendo in risalto apprendimento tecnico e disciplina, andava a ricercarne il senso profondo.
Ricordo le prime prove con Costa per una rappresentazione dei Vangeli ad Assisi, dove il Maestro - che negando quel titolo voleva lo chiamassimo soltanto "dottor Costa" - aveva la consuetudine di andare dopo Natale con un gruppo di allievi. Provò tutte le ragazze, e poi scelse me per la Madonna; mi vennero le vertigini: lavoravo al suo fianco e al tempo stesso recitavo, cosa a cui non avevo mai aspirato ma che sapevo pertinente alla regìa. Cominciavo a capire che cosa significa preparare un coro, scegliere le voci articolandole nella gradualità dei toni, alternare gli interventi dei personaggi in un clima di straordinaria intensità, senza

scene né costumi, affidandosi soltanto alla parola.

I tre anni di regìa passarono veloci. Gli appunti sulle lezioni di Orazio Costa potrebbero essere materiale di una pubblicazione, perché offrono spunti di riflessione e aperture all'interpretazione insuperati. "La regìa come coscienza dello spettacolo", "Il personaggio è la battuta"… Qualche volta a casa del "dottor Costa", in viale Parioli, per una colazione durante le prove. Il saggio di secondo anno, tre canti dell' "Inferno" da interpretare con un coro di allievi. Il saggio di diploma - "Il feudatario" di Goldoni - con tutta la classe degli attori, le scene di Paolo Bregni e i costumi disegnati da Gabriele Lavia/Arlecchino e realizzati dalla Sartoria Peruzzi. Poi le assistenze a Costa per i congressi internazionali delle scuole di recitazione. Il monologo di Sigismondo dal Calderòn con Italo Dall'Orto, le estenuanti prove mimiche per l'Oreste alfieriano con Lavia. Scrivo il mio primo testo - "Santa Maria dei Battuti" - insieme a Franco Cuomo dopo un soggiorno nell'Ospedale Psichiatrico di Gorizia "liberato" da Franco Basaglia, e Costa lo legge e me ne ritorna il copione, carico di suggerimenti appuntati in una notte ad Assisi; in scena con la mia regìa il testo suscita scontri, polemiche e condivisioni, dal Teatro Lirico di Milano a cui lo invita Grassi memore dei miei inizi, fino alle palestre di cittadine meridionali; lascio la tournée dello spettacolo e seguo Costa a Bruxelles per il "Songe d'une nuit d'été": la mimica, applicata agli attori del Rideau ne mette in risalto l'originale espressività.

Il film sul metodo mimico

Una decina d'anni di incontri saltuari con Costa. Escono mie recensioni di suoi spettacoli a San Miniato, Roma, Firenze sull'Avanti! e sull'Ora di Palermo. "Tre sorelle" è un momento di amarezza manifestata nelle note al programma di sala. Pochi anni dopo Costa abbandona l'Accademia per ragioni complesse non ascrivibili solo al clima, certo rovente, determinato dagli studenti; le cause di questo allontanamento volontario riguardano rapporti di relazione, ma soprattutto la necessità del Maestro di lavorare al metodo senza le costrizioni della scuola determinate dagli altri insegnamenti. Finalmente ci incontriamo. Costa sfoga la delusione per l'impotenza in cui si trova, senza l'appoggio di strutture, senza un teatro come sede; le sue speranze sono ora più che mai incentrate sulla mimica che ha sviluppato attraverso l'apertura di due punti-chiave di apprendimento dalle diverse finalità, Firenze e Bari. Ha scritto delle relazioni per qualche convegno o rivista, ma non si è curato di mettere insieme un trattato organico, forse perché sarebbe impossibile realizzarlo e soprattutto renderlo applicabile, ma questa è l'esperienza da salvare perché prosegua nel tempo: nasce l'idea di fare un film sul metodo. Ne inizio la preparazione seguendo le lezioni che tiene a Firenze, al MIM - centro di avviamento all'espressione, con la collaborazione di ex allievi; le frequenta gente di provenienze disparate, giovani e anziani, senza l'imposizione di un esame preliminare né conclusivo: è una sollecitazione alla creatività presente in ogni soggetto, in quanto "naturalmente mimico".

La Scuola di Espressione e Interpretazione Scenica di Bari sviluppa il metodo per la formazione dell'attore addestrandolo all'espressività del corpo, portata poi nella voce; questa scuola è un sogno che Costa coltiva da quando si è trovato in armonia con gli ideali di Iacques Copeau; per tre anni sembra concretizzarsi, ma poi vengono a mancare le sovvenzioni della Regione e la scuola chiude.

"L'uomo e l'attore – Orazio Costa, lezioni di teatro", più parti, in tutto una decina di ore, prodotto dalla Ricerca e Sperimentazione RAI, viene presentato al Teatro Piccinni di Bari suscitando vivissimo interesse. Costa realizza ancora qualche spettacolo nel quale si intravvede il suo discorso di poesia: a Palazzo Vecchio ", La beffa del grasso legnaiuolo" di Antonio Manetti, protagonista Roberto Herlitzka nel ruolo del Brunelleschi; dopo "Ipazia" di cui è stata interprete Ilaria Occhini, "Rosales", ancora di Mario Luzi, con Giorgio Albertazzi, Edmonda Aldini ed Elisabetta Pozzi.

Nella settimana di Pasqua del 1989 ci incontriamo di nuovo per parlare del metodo, discorso infinito. Lo accompagno in Corsica, sulle tracce dei luoghi d'origine di sua madre; fra una passeggiata e una visita ad Ajax e a Portovecchio prosegue il discorso sulle potenzialità espressive della mimica; non un'esasperazione maniacale, ma una riflessione sull'esistenza.

Il ritorno di Orazio Costa in Accademia

In Accademia propongo al direttore Luigi M. Musati degli incontri con gli allievi per mostrare i filmati sul metodo. Ho già sperimentato l'interesse che suscitano in un seminario all'università presso l'Istituto del Teatro diretto da Ferruccio Marotti, con cento studenti. L'entusiasmo degli allievi attori è tale che l'anno dopo viene chiesto a Costa di tornare in Accademia. Il Maestro imposta le lezioni sviluppandole in tempi dilatati; dopo un periodo di addestramento al metodo attraverso la mimica, passa al lavoro su "Amleto". Riprendo delle prove in corso mentre Costa va spiegando il lavoro. In agosto questo work in progress viene portato al Festival di Taormina dietro invito del suo direttore Gabriele Lavia. Da questo lavoro, che Costa proseguirà l'anno dopo con lo stesso gruppo, escono attori di particolare intensità e duttilità espressiva; fra questi, Luigi Lo Cascio, Alessio Boni, Fabrizio Gifuni, Pierfrancesco Favino, Sandra Toffolatti.

Del discorso mimico e del complessivo insegnamento di Orazio Costa attraverso la sua pratica di docente e di regista fino agli ultimi anni dedicati alle prove su "Amleto" ho cercato di segnalare l'importanza formativa al di là degli episodi trattati, attraverso i quattro libri pubblicati da Bulzoni, di cui c'è notizia sul mio sito, così come dei filmati sul metodo e su "Amleto".

Le prove di "Abelardo Eloisa Eloim"

Nel 1997 il Maestro volle mettere in prova un mio testo. "Abelardo ad Eloisa – Eloisa ad Abelardo" era andato in scena al Festival di Anagni nel 1994. Stranamente Costa non conosceva in maniera approfondita questi due grandi personaggi medioevali – "Come mai Dante non ne parla?", si chiedeva stupito - e scopertili attraverso il mio lavoro se ne era innamorato. Mi spinse a scriverne una versione con maggior spazio alla dimensione filosofico-teologica di Abelardo, che si era scontrato con Bernardo di Chiaravalle sostenitore della fede, privilegiando la ragione per arrivare alla conoscenza di Dio. Lavorai con passione a un nuovo dramma, che si chiamò "Abelardo Eloisa Eloim": oltre ai nomi dei due protagonisti, quello di Dio la cui radice appartiena anche a Eloisa. Costa si stabilì a Roma a sue spese, e cominciò le prove al Residence di Ripetta, concertando con Albertazzi, divenuto direttore del Festival di Taormina, di rappresentarlo in quell'occasione. Fra gli attori c'erano alcuni fra gli allievi più affezionati, tra cui Mirella Bordoni e Pino Manzari; le considerazioni del Maestro durante le prove vennero raccolte da Teodolinda Saturno e pubblicate insieme al testo dall'edizione Grin. Per la mancanza di una solida organizzazione e nella previsione di un periodo estivo affocato, Costa, già provato dalla salute precaria, interruppe le prove; in agosto lo spettacolo andò poi in scena a Taormina per la regìa di Massimiliano Farau.

Gli anni successivi

Lungo ed inutile sarebbe proseguire in un racconto dettagliato degli anni successivi, che possono comunque essere seguiti attraverso il sito a mio nome. Ciò che si può dire sinteticamente, è che i drammi da me scritti si sono susseguiti con una certa continuità, affiancati poi dalla loro rappresentazione e pubblicazione. Che esistano in stampa i propri lavori rappresenta per me il segno di un impegno personale nel mondo e il tentativo di lasciare una traccia che testimoni un impegno e una ricerca di giustizia e bellezza. In questa ottica ho accettato di occuparmi anche di altri autori, attraverso la mia elezione a segretario generale della SIAD - società italiana autori italiani e dirigendone la rivista Ridotto, che mensilmente pubblica testi di autori italiani contemporanei.
Se rimane difficile venir rappresentati da grandi teatri, ai quali preme mantenere alto il riscontro di un pubblico attratto soprattutto dai classici e da autori famosi all'estero, non è

invece difficile - almeno per me e finora - ed è gratificante venir scelti da chi, in un ambito ristretto di spazio e risorse economiche, sceglie me anziché Shakespeare.

UN APPROFONDIMENTO

Ho cominciato a scrivere osservando quello che succedeva intorno a me. Confrontavo gli avvenimenti e i comportamenti con quanto ritenevo giusto secondo un'etica che ero andata formandomi, dai principi evangelici acquisiti in famiglia e attraverso letture, ai concetti giuridici nei quali si trovavano a confronto diritto naturale e diritto positivo. I casi astratti non mi bastavano. Così anziché una carriera giuridica, dopo la laurea in legge seguii il corso di regìa all'Accademia Nazionale d'Arte Drammatica "Silvio D'Amico", a Roma, avendo come maestro Orazio Costa; la sua appassionata adesione alla parola come punto convergente, in teatro ed in ogni manifestazione espressiva, mi condussero a scegliere la scrittura che per metafora racconta la realtà.

Nel '68 all'ospedale psichiatrico diretto da Franco Basaglia a Gorizia, con Franco Cuomo rimasi a lungo fra i residenti e i medici per scrivere "Santa Maria dei Battuti – rapporto sull'istituzione psichiatrica e sua negazione"; lo leggemmo in assemblea alla comunità che lo approvò, e lo rappresentammo in tutta Italia, perfino al Lirico di Milano dietro invito di Paolo Grassi, suscitando discussioni accese fra psichiatri tradizionali e innovativi. Tesi di Basaglia, la malattia mentale come conseguenza della situazione sociale. Oltre a Basaglia, in scena appaiono San Francesco e Artaud.

Negli anni Settanta, un libro sulle ragazze madri. Dal quartiere della Magliana, nell'estrema periferia di Roma emergono le figure più significative, che parlano di un disagio sociale che contrasta con una forza individuale capace di riscattare la degradazione e di farsi affermazione di vita. Esce con Marsilio "Ragazza madre" presentato da uno scritto appassionato di Maria Magnani Noya.

A metà degli anni Settanta si fonda il Teatro della Maddalena, dove le donne denunciano emarginazioni e ingiustizie sociali. "Mara Maria Marianna" è il primo spettacolo, da me firmato per la regia con testi di Dacia Maraini, Edith Bruck e miei –; tra questi "Marisa della Magliana" diventerà per decenni spettacolo a sé -, dove i temi sono la lotta per la casa e per il lavoro, l'aborto e la maternità responsabile. E' ancora Marisa ad essere la protagonista di quello che sarà definito dalla RAI "il primo telefilm femminista" segnando il nuovo corso della RAI nel 1975, in cui appaio in video firmando testo e regia insieme alla vera donna della periferia romana. Nel 2011 questo film viene fatto emergere dalle "Teche RAI" e ripresentato parecchie volte in orari disparati nell'ambito di Raistoria-RES (restauro) con un'ampia presentazione in cui viene anche messo in risalto il suo "neorealismo anni Settanta".

Negli anni Ottanta la droga invade l'universo giovanile e nascono le prime comunità terapeutiche. Seguo il Progetto Uomo che fa capo a don Mario Picchi con il CeIS – Centro Italiano di Solidarietà; per la RAI realizzo cinque puntate di un'ora l'una sull'uscita dalla tossicodipendenza; i ragazzi del Progetto interpretano verisimilmente i ruoli dei protagonisti volendo dare la testimonianza di un percorso di salvezza. Consulente dei temi trattati è Luigi M. Lombardi Satriani. Il programma va in onda su Raidue con grande riscontro di pubblico e dibattiti sul tipo di cura con basi scientifiche e non vagamente umanitarie come in altre comunità.

Oltre al filmato, realizzo due libri, "Farsi uomo – oltre la droga", Bulzoni editore e "La casa dei sentimenti – itinerario per uscire dalla droga", consulenza di Luigi M. Lombardi Satriani, presentazione di Sergio Zavoli, prefazione di Pierpaolo Donati, ERI edizioni, per anni base di apprendimento degli operatori che andranno formandosi al CeIS.

A New York Daniel Casriel con le tecniche del grido adottate anche dal CeIS, lavora alla sua comunità AREBA. Raffaella Bortino vi rimarrà per più di un anno, acquisendo un'esperienza sul campo che le consentirà di fondare a Torino una comunità. Seguo il lavoro di AREBA e visito le comunità dello Stato di New York, dove lavorano alcuni operatori che ho conosciuto al CeIS.

Frequento la comunità di Raffaella Bortino e, dopo averne seguito i metodi di cura, incentro l'attenzione su di un caso che riguarda una ragazza di ingegno vivace, tossica e borderline. Si profila in Raffaella l'idea della doppia diagnosi, superando l'impotenza di una completa guarigione in casi di disagio psichico. Da questa esperienza verrà fuori, anni dopo, "Farsi male", Falzea ed., un libro con la consulenza di Raffaella e la presentazione del fondatore dell'Ospedale Le Marmottan di Parigi, Claude Olievenstein.

Dall'esperienza acquisita traggo spunto per alcuni testi teatrali che consentono di lavorare sul problema con un effetto di distanziazione più efficace che non il contatto diretto, pur di valore documentaristico, dei filmati e dei libri di stampo saggistico.

"Mamma Eroina", in scena dal 1983, viene rappresentato per anni in teatri, festivals, convegni. La storia di una madre che fa le pulizie negli uffici, chiamata al Pronto Soccorso dove la figlia è ricoverata per una overdose, percorre i temi problematici del periodo, dalla incomunicabilità fra genitori e figli, al lavoro che ostacola la vita familiare, alla droga che si impadronisce delle creature più fragili nella solitudine urbana ben diversa dal clima solidale della campagna. "Donne di spade", richiestomi dalla Regione Calabria per un convegno contro la tossicodipendenza, è composto da tre storie esemplari di ragazze cadute nella droga; vi emerge la complessa problematicità di una situazione sociale che va aggravandosi, pur consentendo margini di uscita dalla tossicodipendenza. "Una vita storta" mette a confronto due ragazze, una morta per droga, l'altra divenuta giudice: l'interrogativo su vicende parallele di giovani che partendo con analoghe possibilità divergono chi in droga chi in riuscita esistenziale vi aleggia irrinunciabile.

La droga è la punta emergente di un disagio soprattutto giovanile che si presenta anche sotto altri aspetti. La mancanza di prospettive di lavoro, la desolazione della periferia dove non esiste alcun riferimento culturale, la disgregazione delle famiglie e lo sradicamento dai luoghi d'origine per la necessità di raggiungere i centri urbani sono temi scabrosi di cui, dopo Pasolini, non ha parlato nessuno - mi dice Maurizio Scaparro - e mi incita a scrivere un testo su questi temi. Torno alla Magliana dopo più di quindici anni, ritrovo persone di allora: il quartiere è peggiorato, anche se circola più denaro. Padre Gerardo Lutte, che già operava al tempo di "Marisa" ha fondato un Centro di Cultura Proletaria, dove dei volontari aiutano i ragazzi a fare i compiti: è l'unico luogo dove si riscontra qualche frammento di dialogo e di solidarietà. Dopo alcuni mesi laggiù, in cui non mi pare che accada niente da poter esser rappresentato, mi rendo conto che è proprio questa impossibilità esistenziale a costituire la chiave del dramma. Scrivo "Schegge – vite di quartiere", poi Premio Fava e Premio IDI, che viene messo in scena dal Teatro di Roma in collaborazione con l'Accademia Nazionale d'Arte Drammatica, per la regìa di Andrea Camilleri.

Gli anni Novanta portano l'aids come una deflagrazione prima latente. "Storie dallo Spallanzani", un film per la RAI, testimonia dell'impegno di medici, psicologi, infermieri per rendere meno cruento il fenomeno; le storie affiorano mediate dai testimoni che vi assistono, lasciando discretamente fuori i malati. "Aids e immaginario", Meltemi editore, è un libro scritto a sei mani, con Luigi M. Lombardi Satriani e Francisco Mele, sotto tre diverse angolazioni, antropologia, filosofia e psicologia, narrazione.

"Una moglie – i mesi incantati" mette in scena una donna coinvolta nell'aids perché il marito è stato contagiato da una prostituta; portando le analisi in un day hospital, la donna diventa punto di riferimento di quanti sono stati colpiti dal male, giovani gay, ragazzi usciti dalla comunità, prostitute, bambine innocenti; è un panorama che si estende nella società, rendendola partecipe del fenomeno al di là di responsabilità personali; i pregiudizi latenti o palesi svaniscono in un vasto affresco doloroso, dove la comprensione e l'amore risultano gli unici modi di sopravvivenza.

Il mio sguardo di testimone del nostro tempo vuole essere parametro di collegamento per quanti intendano accostarsi alla realtà di oggi rilevandone le difficoltà esistenziali e individuandone le modalità di riscatto. E' per un interesse allo sviluppo del sociale che ho partecipato agli incontri con Raffaella Bortino e Francisco Mele, sollecitando la loro esperienza a palesare le vie d'uscita dalla disperazione latente; molte storie insite nel libro sono frutto di una mia ricostruzione, a cui i terapeuti offrono il loro specifico sostegno: ne è nato "Il disincanto - le patologie dell'abbondanza in una comunità per doppia diagnosi", Armando Ed. , Roma, 2006. Anche quando affronto degli ambiti non strettamente teatrali, il personaggio e la sua storia sono al centro di ogni mio scritto.

Ed è ancora per una riflessione che solleciti i giovani di oggi che ho affrontato temi che vanno al di là del proprio privato, troppo spesso accarezzato e blandito pur se talvolta davvero sofferente e degno di attenzione. Temi come la deportazione e i crimini dei campi di sterminio nell'ultima guerra mondiale, e il contrasto ancora oggi insanabile fra popoli che convivono negli stessi territori diventano esempi che mantenendo la loro valenza di documento al tempo stesso lo superano per metafora di analoghe attuali e non auspicabili ma prevedibili situazioni.

Oltre a queste tematiche che attingono all'oggi ed ai suoi lati più difficili, l'ispirazione che trae sostegno dalla fantasia, dal riferimento ad opere letterarie e teatrali che appartengono a tutti noi emergendo da secoli e millenni è quanto ci permette di continuare a scrivere lanciando in avanti il nostro insopprimibile desiderio di esprimerci.

RASSEGNA DELLA CRITICA

MARISA DELLA MAGLIANA

Le due recensioni qui di seguito riguardano la storia di Marisa della Magliana in forma di film, realizzato da Maricla Boggio dopo la versione teatrale che ne è la fedele trasposizione. E' un'autentica donna della periferia romana ad esserne la protagonista.

Corriere della sera, 6 dicembre 1976

"Bel ritratto di donna"

Natalia Ginzburg

(…) "Marisa della Magliana", che a me è sembrato grandemente notevole. Opera di Maricla Boggio, "Marisa della Magliana" è un chiaro e bellissimo ritratto di donna. Maricla Boggio ha avuto il merito di lasciar parlare una donna tenendosi in disparte, e seguendola ora per ora in una giornata della sua vita, senza ingombrare lo schermo né con dibattiti né con commenti superflui. Il ritratto ha così un pieno spazio, e ci è consentito di apprendere sulla condizione femminile alcune notizie chiare e reali. Marisa della Magliana vive facendo servizi a ore. Grassa, dolce, lieta, essa è dotata di una grande facoltà di comunicare con gli altri, avendo una natura generosa, coraggiosa e solare, e senza acrimonie nei confronti delle avversità. Questa la rende diversa da tutti. Le sue giornate e la sua vita, e le disgrazie che le sono toccate, sono però simili a quelle di infinite altre donne. Essa è nata in un piccolo paese del Lazio, un pugno di casette storte su una rupe. Erano cinque figli e il padre se ne andò via. Toccò a lei, ragazzetta, allevare una sorellina piccola, andando a chiedere di casa in casa, ogni giorno, qualche pezzetto di pane per cucinare un pancotto. Poi la famiglia si trasferì a Roma, in un'azienda agricola. Al paese la casa era "di muro"; a Roma, ebbero una baracca. Sui diciassette anni, Marisa si sposò. Più vecchio di lei, il marito le parve un padre. Ebbero un bambino. Poi il marito se ne andò con un'altra. Conobbe un uomo, questa volta giovane: non un padre, ma un allegro compagno o un figlio. Ma quando s'accorse di essere incinta, erano già disuniti. Non volle abortire. Con altre donne e con l'aiuto di un prete, don Gerardo Lutte, mosse battaglia per ottenere un alloggio. Ebbe così l'alloggio dove ora vive con i due figli. Si porta dietro il più piccolo, quando va a lavorare. Le accade a volte di ospitare qualche ragazza incinta, che i familiari respinsero. Tempo fa venne a trovarla il padre del bambino più piccolo; le disse che aveva deciso di dare un nome al bambino. Essa gli rispose che il bambino aveva bisogno di un padre, non di un nome. Il nome, il bambino l'aveva, ed era quello di lei. Un padre, era chiaro che il bambino, da quella figura sfuggente, balorda e sconsiderata, non se lo poteva aspettare.

RADIOCORRIERE TV, 4 dicembre 1976
"Ed ecco il primo telefilm femminista"
Franco Scaglia
"La protagonista reale della vicenda, dice la regista, 'è un po' la vera rappresentante della donna nuova, alle prese con un mondo ancora ostile, ma desiderosa di costruire con l'uomo un mondo diverso, senza rivendicazioni settarie' ".

Marisa, una donna di borgata. Vive alla Magliana. Questo quartiere di Roma è tristemente conosciuto per gli scandali della speculazione edilizia e per le condizioni malsane del terreno invaso dalle zanzare e dalle marrane, dato che il livello della zona è sotto quello del Tevere. Alla Magliana le fogne straripano e ci sono molti topi, le scuole scarseggiano, mancano i dopo scuola tranne quelli organizzati autonomamente dalla popolazione nei locali nei centri di Cultura Proletaria. Alla Magliana le soluzioni sono due: o si fugge cercando una qualsiasi occupazione in città, o si cerca di modificare con la lotta la propria condizione di prigioniero del ghetto. Marisa ha scelto la seconda soluzione. L'ha scelta con una presa di coscienza lenta e graduale, l'ha scelta pagando duramente di persona, soffrendo pene e fame, sapendo che la lotta è lunga, difficile, ardua. Marisa Canavesi è nata a Rocca Santo Stefano, un paesino a sessanta chilometri da Roma. "Quando avevo nove anni, mia madre ha dovuto lasciarci, eravamo già in sei, io ero la più grande e m'aveva lasciato una bambina di sei mesi, la più piccola. Il mangiare noi non ce l'avevamo perché era subito dopo la guerra. Mangiavamo patate lesse, granoturco lesso, pizza di granoturco, quella gialla, e la bambina non aveva minestrine". E dopo, Marisa? "A undici anni mia madre mi ha portato a lavorare con lei, siamo venute a Roma dal paese, siamo andate in una azienda agraria. Là ci hanno dato una casetta, eravamo in mezzo a una pineta: una baracca tutta di legno, era una stalla una volta. C'erano delle mangiatoie costruite di cemento, proprio come sono le bare, noi mettevamo la paglia dentro, poi un panno sopra. Mi davano cinquecento lire la settimana, ma a mia madre facevano comodo. Avrei dovuto studiare, ma non era possibile. Quando sono stata grande mi sono fidanzata e mi sono sposata, ma è andata male perché oggi riconosco di aver cercato un uomo più grande di me, come lui era, anche per sostituire il padre che m'è sempre mancato. Dopo cinque anni abbiamo deciso di comune accordo di lasciarci. Poi c'è stata l'occasione per avere la casa. Un giorno mi vedo arrivare un ragazzo che mi bussa alla porta e mi presenta un volantino. Era il primo volantino che vedevo nella mia vita, c'era scritto che se eravamo tutti uniti, se lottavamo insieme avremmo ottenuto la casa. Lottare non significa lottare con violenza. Lottare significa rivendicare i propri diritti. Se stavamo insieme ed eravamo in tanti forse riuscivamo a farci ascoltare. Vede, per me prima lo Stato era lo Stato, la polizia era la polizia, erano l'imperatore in persona, guai a chi li toccava. Con la mia ignoranza non capivo che sono toccabili eccome, toccabili non nel senso di sfottere, ma proprio per dirgli in faccia le cose come stanno, anche se non c'è bisogno di dirle, perché la realtà è talmente evidente! E incomincio a frequentare queste riunioni e lì c'è questo prete, Gerardo Lutte, che è venuto a vivere in povertà assieme a tutti questi baraccati. Vede, perché un conto è andare a promettere, in fondo tutti promettono sempre le stesse cose, ma questo prete ha dimostrato che lui da quel momento lottava anche per noi". Lei ha due figli, Marisa. Enrico che fa l'apprendista in un bar e Alessandro che ha quattro anni."La nascita di Alessandro - il padre è l'altro uomo con il quale sono vissuta, vissuta, insomma, quando stavo a Pratorotondo, perché alla Magliana non è mai venuto - ha arricchito la mia vita". La storia di Marisa, Maricla Boggio l'ha già raccontata nel libro "Ragazza madre" edito da Marsilio e prima l'aveva rappresentata in teatro nello spettacolo "Mara Maria Marianna" che inaugurò il Teatro femminista della Maddalena. Ora questa storia esemplare è diventata un telefilm, il primo telefilm femminista. Un lavoro scarno e lucido, che dovrebbe permettere allo spettatore tutte le possibili valutazioni sulla realtà che Maricla Boggio mostra in piena libertà senza condizionamenti da mass-media di vecchio stampo. La giornata di Marisa è raccontata nelle rigide e faticose suddivisioni del lavoro occasionale trovato in varie parti della città. E questi brani di vita autentica sono contrappuntati con la vita alla Magliana, con le lotte che Marisa e altri portano avanti."Marisa della Magliana", dice Maricla Boggio, "non è una donna celebre, non è un'eroina, non è neppure una donna qualunque: è una ragazza madre di un quartiere proletario di Roma che ha affrontato con coraggio e capacità di maturazione le difficoltà della vita, riuscendo proprio attraverso queste difficoltà a capire il valore degli affetti al di là del concetto tradizionale e spesso abusato della famiglia codificata, arrivando non solo a capire ma a realizzare praticamente e affettivamente una comunità di tipo nuovo. Tutto quello che Marisa fa e dice passa attraverso un'esperienza e una riflessione vissute e pagate direttamente; è proprio questo modo diretto di mettersi a contatto e di verificare su di sé i problemi e le difficoltà e di agire di conseguenza a dare di Marisa una dimensione mai retorica, lacrimevole o protestataria che sia: si direbbe che la miseria, le umiliazioni, le prove più dure da lei sopportate come persona povera e come donna proletaria e addirittura sottoproletaria l'abbiano arricchita di un'intelligenza produttiva. Marisa, priva fin da bambina di ogni bene essenziale, invece di indurirsi nell'animo per questa latente ingiustizia, se ne arricchisce per offrire agli altri, nei limiti delle sue possibilità, quanto a lei è mancato. Dalla povertà della sua infanzia in campagna al matrimonio sbagliato della giovinezza, quando era "alla ricerca di un padre", all'esperienza di un nuovo amore, abbinato alla graduale presa di coscienza politica acquisita con la lotta per la casa, fino all'attesa del figlio concepito fuori del matrimonio, e accettato come presa di responsabilità, senza tuttavia giudicare chi decide diversamente, Marisa testimonia in ogni sua azione una maturità morale ed una ricchezza di umanità che ce la fanno sentire un po' la vera rappresentante della donna nuova, della donna di oggi, alle prese con un mondo ancora ostile, in condizioni sempre inferiori a quelle dell'uomo, ma tuttavia desiderosa di costruire con lui un mondo diverso, senza rivendicazioni settarie e stravolgenti.

MARIANNA
Una nota
Mc. B.

Il monologo "Marianna" è andato in scena nel contesto dello spettacolo "Mara Maria Marianna" che ha inaugurato il Teatro della Maddalena nel 1973 con la regia di Maricla Boggio, protagonista Saviana Scalfi. Ad un certo punto dello spettacolo, quando già erano state rappresentate alcune storie, l'attrice che si trovava in mezzo al pubblico si alzava rivolgendosi agli spettatori ed iniziava il suo monologo rivendicando il diritto di raccontare la usa storia, dal momento che altre donne stavano raccontando le loro. E il pubblico, almeno all'inizio del monologo, credeva che si trattasse davvero di una spettatrice e mormorava cercando chi di zittirla chi invitando gli altri a tacere, volendo ascoltare la storia di quella donna venuta lì ad assistere, come loro, allo spettacolo.

MAMMA EROINA[19]

RECENSIONI

Franco Cuomo
L'Avanti!, 26 novembre 1983
(...) Il monologo, si sa, è un genere particolarmente rischioso per le difficoltà che comporta in termini di linguaggio ed azione scenica o, più semplicemente, per la facilità di annoiare. Soltanto una tecnica accorta, rivolta a trasfondere nel monologo una tensione reale attraverso il riferimento continuo a quanto accade intorno, quindi ad azioni in corso, descritte esplicitamente o più raffinatamente attraverso le reazioni di chi parla, può scongiurare appunto il rischio del tedio ed infondere una autentica teatralità nelle parole dette dall'unico protagonista. Ebbene, di possedere questa tecnica e di saperla gestire con il disinvolto distacco che ciascun autore dovrebbe sempre avere nei confronti della propria opera, Maricla Boggio ha dato una prova convincente con "Mamma Eroina". (...)

Rodolfo Di Giammarco
La Repubblica, 29 novembre 1983
(...) Mamma eroina è una Mutter Courage di oggi, assuefatta alla spazzatura degli uffici, con prole a carico, una di quelle grifagne e tuttavia dignitose chiacchierone provinciali, inurbata cui sfugge la politica, l'attualità, il perché-ci-si-droga mentre invece, qui e d'urgenza, proprio lei deve far fronte al penoso (forse) ricovero della figlia in ospedale dopo l'ennesimo stroncante eccesso di dose. Prende forma quasi un delirio dolce, un teatro-verità smozzicato e articolato in un monologo di un'ora scarsa (...)

Ubaldo Soddu
Il Messaggero, 26 novembre 1983
(...) I rischi del bozzetto tragico, le ambiguità implicite in una "tranche de vie" così legata all'attualità sono spesso superati dall'autrice con un umorismo molto equilibrato e surreale (...)

DONNE DI SPADE[20]

---

[19] Il debutto di *Mamma Eroina*, protagonista Lina Bernardi, avvenne al Teatro della Maddalena nel 1983. Il testo è stato tradotto e rappresentato anche ad Amsterdam, a Parigi e a Praga.

[20] *Donne di spade* consiste in tre monologhi andati in scena al teatro Rendano di Cosenza, ad apertura di un convegno sul tema della droga promosso dalla Regione Calabria nel 1984, e ripresi più volte da altre compagnie.
Lo scritto di Luigi M. Lombardi Satriani appartiene al programma di sala.

"La verità è letteratura"
Luigi M. Lombardi Satriani

Dopo aver ricordato i tratti salienti della sua vita che "non aveva cercato, che, invece a poco a poco le era venuta fra le mani storta", Sabellina dice: "Sì, sono morta. Ma non giudicatemi, vi prego. Perché a molti, a tutti, per bisogno di amore, può accadere di sbagliare". Tale bisogno di amore attraversa la vita di queste "Donne di spade", inventate da Maricla Boggio e perciò – "la verità è letteratura", ci ha avvertito Leonardo Sciascia - profondamente vere, dense di autenticità, paradigmi di un'umanità disperata e dolcissima, che entra nel tunnel della droga perché la chiusa opacità del mondo può risultare insopportabile e si può non farcela più.

In un universo in cui si è verificato - per un insieme di ragioni economiche, sociali e culturali estremamente complesse e variamente interagenti, che qui può essere soltanto richiamato - una radicale perdita di senso e si rischia di precipitare in una condizione di anomia - di assenza, cioè, di norme e criteri regolatori delle azioni -, in cui i quadri di valorizzazìone simbolica si sono progressivamente sbiaditi, mentre l'esigenza di saldi significanti simbolici serpeggia in tutti i settori della vita sociale, dando esito a volte, particolarmente nel mondo giovanile, a rivoli "impazziti", in cui la morte, ufficialmente rimossa, ritorna come pulsione di morte, come valenza distruttiva e autodistruttiva; in una situazione siffatta la droga può costituirsi come qualcosa di assoluto cui far ricorso quale radicamento nella vita, altrimenti insignificante e, quindi, invivibile.

All'inizio del suo lungo monologo Flora dichiara: "Ma nessun'altra cosa interessa come quella. Tu, le energie, te le distribuisci tra il lavoro, la famiglia, i divertimenti, lo sport, l'amore... che ne so, lo studio... il cinema... la gita e un sacco di interessi, ma diventa tutto frazionato, non c'è niente che ti coinvolge tanto da farti dire 'rinuncio a questo rinuncio a quello' pur di avere quella cosa là; ognuno di quegli interessi, tu lo puoi sostituire, perfino con gli affetti, e così, se ti muore qualcuno, tu stai male ma poi ti rassegni, ti consoli, ci sono gli altri che ti riportano dentro la vita. Ma la 'roba', quando c'è lei c'è solo lei".

La "roba" come ambiguo oggetto del desiderio, della nostalgia, cioè, di unità, pienezza, felicità, assoluto. Oggetto illusorio, certo; ma che sia illusorio non lo rende meno reale, anche se ne potenzia a dismisura l'invidia, la carica di disgregazione, il potere morti-ficante.

Le storie di queste donne evocate dalla parola poetica di Maricla Boggio ci testimoniano una disperata solitudine e un disperato bisogno di amore.

A tale solitudine e a tale bisogno non possono essere date risposte facili e "moralistiche" (dove la tensione etica degrada a sermone predicatorio ed esterno); le risposte bisogna cercarle. Con impegno e fatica. E con amore.

SCHEGGE[21]

"Schegge: frammenti di note di regìa"
Andrea Camilleri
regista dello spettacolo

Affronto l'operazione con la natura del giocatore che è di per sé irrazionale, "punto" sul testo insieme ai miei attori. L'attenzione deve concentrarsi di volta in volta su frammenti di un'unità perduta a tutti i livelli, sociali, culturali, linguistici.

---

[21] Gli scritti relativi a *Schegge* sono tratti dal programma di sala dello spettacolo messo in scena dal Teatro di Roma con l'Accademia d'Arte Drammatica nel 1989

Il frammento ha senso di per sé ma appartiene a una generale economia che ha bisogno di far intuire: i bordi non sono mai tranciati di netto ma hanno punte, rientranze, sporgenze. Un momento che si accetta di vivere in sé e per sé (un anno, lo scambio di un istante, qualche giorno bruciato nel tentativo di un rapporto, una vita?). Il quartiere dovrebbe risultare un concerto magmatico, impasto non omogeneo e non omogeneizzabile di cultura, sonorità linguistiche, radici lessicali che si incontrano in frammenti che talvolta pervengono a sintesi momentanee irripetibili. L'idea della sonorità come solo momento reale. Sarebbe bello ma forse è inattuabile. E ancora: eccessiva. Divertente il gioco dello scambio, in prova, tra le varie "schede", la sequenza temporale non si altera mai. Tanto che i segni del trascorrere del tempo sono costretto a definirli dall'esterno. Dice il personaggio Teresa al personaggio Valerio qualcosa di simile: "Voi la nostra vita di quartiere la leggete nei libri". Maricla è partita per scrivere il suo lavoro dalle registrazioni documentaristiche. Poi ha reinventato il testo. Il rischio che corro è quello di far tornare tutto "al libro". Ma, onestamente, faccio teatro. E, in teatro, non vado d'accordo col documento realista.

Inaugurando con l'IDI una collaborazione...

Diego Gullo
presidente del Teatro di Roma
Maurizio Scaparro, con i Consiglieri del Teatro, ha voluto che la collaborazione con il Teatro di Roma e l'Accademia d'Arte Drammatica prendesse la forma concreta di uno spettacolo. Non bastano infatti le norme inserite negli statuti – occorre piuttosto che si dia vita al lavoro ed alle esperienze che gli allievi dell'Accademia hanno compiuto negli anni di insegnamento e in quelli successivi. Spetta quindi ad una grande istituzione pubblica quale è il Teatro di Roma valorizzare gli attori ed i registi che provengono dall'Accademia. Bisogna aggiungere anche che la collaborazione con l'IDI comporta la scelta di un testo che è stato appunto scelto da quella istituzione e sul quale si misurano gli attori. Sarà importante verificare la bravura di tutti e in questo senso è significativo che sia stato scelto un testo che non soltanto ha numerosi personaggi, ma che consente alla maggior parte degli attori di interpretare più ruoli. Anche la ricerca del linguaggio è interessante. Su questo una tavola rotonda che discuta il problema della lingua italiana in teatro, dei dialetti e di una lingua convenzionale quale sembra essere quella del testo prescelto, metterà a fuoco il problema indicando certamente soluzioni diverse. E non dimentichiamo infine, che gli attori diplomati dell'Accademia non possono essere abbandonati a se stessi una volta esauriti i corsi, ma debbono essere sostenuti proprio perché il riconoscimento ricevuto da quella istituzione non è un atto formale ma costituisce la prova della loro bravura. Un discorso occupazionale? Forse. Ma perché non dobbiamo pur dire ad alta voce che nel nostro paese e a Roma in particolare il teatro deve essere, oltre che cultura, industria e lavoro? Con questi propositi il Teatro di Roma inaugura con l'Accademia d'Arte Drammatica e con l'IDI una stagione che, se i risultati saranno buoni, intende proseguire.

Schegge di vita nate sugli occhi aperti e sugli occhi chiusi

Maurizio Scaparro
direttore artistico del Teatro di Roma
Qualche tempo fa, parlando con Renzo Vespignani, gli chiesi quale fosse per lui
la differenza tra i giovani romani, i pasoliniani ragazzi di vita, degli anni '60, e
quelli dei nostri anni '80. Vespignani, che aveva terminato la sua ultima,
affascinante mostra, mi rispose semplicemente "hanno gli occhi più piccoli". Una
risposta che mi è parsa tremendamente profonda, per quello che credo volesse
significare. In soli venti anni, a Roma, (ma solo a Roma?) eravamo passati dagli
occhi aperti pieni di stupori, di curiosità, di vita, agli occhi chiusi da un benessere
artificiale e da una crescente separazione tra vita reale e possibilità di sogno, alla
ricerca di paradisi effimeri, come la droga, per citare solo il più lancinante degli
esempi. Di questo, e di altro, ricordo di aver parlato con Maricla, che è stata
sempre attenta al linguaggio difficile degli emarginati (e i giovani oggi più che
mai lo sono), ai loro problemi, alle loro disperate speranze. Queste "Schegge" di
vita di quartiere sono nate anche sugli occhi aperti e sugli occhi chiusi.
Speravamo di portarle alla luce già da due anni. E arriva ora, attesa, voluta, questa
scelta dell'Accademia Nazionale d'Arte Drammatica che il Teatro di Roma fa
sua, nello spirito di una intesa che nasce per le due istituzioni, e che permette la
realizzazione di un primo discorso sugli occhi aperti, sugli occhi chiusi.

La realizzazione di un primo laboratorio dell'Accademia su "Schegge".

Luigi M. Musati
direttore dell'Accademia
Lo Statuto dell'Accademia già prevedeva un quarto anno di perfezionamento per
gli allievi attori e gli allievi registi, senza specificarne l'articolazione. Dallo spirito
dello Statuto e delle successive norme sulla didattica si evince però chiaramente la
natura di un quarto anno che non è semplice prosecuzione dell'esperienza
scolastica ma si propone come ponte di raccordo tra la formazione di base e la vita
professionale. Dalla riflessione sulla lettera e sullo spirito statutario è nato il
progetto di un quarto anno da articolarsi in tre laboratori permanenti, destinati agli
allievi neo-diplomati, ma aperti ai professionisti usciti dall'Accademia, i cui temi
saranno: 1) drammaturgia contemporanea con particolare riguardo a 2) quella
italiana; 3) Il repertorio nazionale; 4) La sperimentazione. La realizzazione dei
laboratori deve avvenire attraverso la collaborazione tra l'Accademia e il mondo
teatrale non soltanto nella forma di una collaborazione di personalità individuali,
ma anche soprattutto di organismi e strutture di lavoro e di produzione teatrale. E'
così evidente come la realizzazione del primo laboratorio passi attraverso una
collaborazione permanente con il Teatro di Roma e con l'Istituto del Dramma
Italiano, che in questa fase di avvio sperimentale del quarto anno si realizza
intorno al testo "Schegge – vite di quartiere" di Maricla Boggio, che
dell'Accademia è stata allieva e docente e che proprio per questo testo ha ottenuto
il Premio IDI 1986.

Un testo anticipazione e presagio di un lavoro operativo e organico.

Ghigo de Chiara
presidente dell'IDI

Premiato al concorso dell'Istituto del dramma Italiano, prodotto dal Teatro di Roma e realizzato dall'Accademia Nazionale d'Arte Drammatica "Silvio D'Amico", questo testo di Maricla Boggio è anticipazione e presagio insieme del lavoro che, in un rapporto operativo organico, intendono svolgere insieme tre Enti votati al pubblico servizio culturale e accomunati dall'impegno di promuovere e valorizzare una nuova drammaturgia di autori italiani. Nella piena consapevolezza che un teatro è anche nazionale, cioè voce diretta della comunità che lo esprime, o non è, i tre organismi in questione intendono adoperarsi congiuntamente perché nella futura memoria dell'arte scenica resti traccia – e nella nostra lingua – dei nostri giorni, dei nostri umori, della nostra società. Adeguata severità nel vaglio dei testi e adeguata professionalità negli allestimenti dovranno proporre spettacoli cui l'Accademia fornirà la giovane passione intellettuale dei suoi allievi, il Teatro di Roma la sua capacità produttiva e l'IDI la sua incessante ricerca di nuove opere di scrittori italiani.

STORIA DI NIENTE[22]

L'Avanti!
Dalle parti di Pasolini
Ghigo de Chiara

Con "Storia di niente" Maricla Boggio fa ritorno ad un territorio che per lungo tempo le è stato familiare: mi riferisco all'estrema periferia romana, alveare plurietnico, luogo di insoffribile emarginazione, di invivibilità e di violenza. Siamo, è evidente, dalle parti di Pasolini: e pasolinianamente la Boggio incontra in questo tristo scenario il suo personaggio in cerca di autore. Si tratta di un adolescente, Davide, sospeso tra la miseria sottoproletaria della sua famiglia e i miti del benessere celebrati dalla TV: se non hai quella maglietta, quelle scarpe, quel giubbotto non sei nessuno. Ed è per essere qualcuno che Davide, persino innocentemente, percorre la sua obbligatoria trafila di giovane borgataro: dall'inutile ricerca del lavoro (e se talvolta lo trova, i quattro soldi della paga a cottimo postulano uno strumento disumano) ai primi scippi, dalla tossicodipendenza allo spaccio di "roba", dalla prostituzione all'inevitabile carcere minorile. Il maggior pregio drammaturgico di questa "Storia di niente" è la sua atroce ineluttabilità, il fatto che la sorte di Davide è già inscritta nella dimensione esistenziale del contesto: il protagonista, voglio dire, non può metterci niente di suo se non la propria fisicità destinata a finire all'asta. Ma forse basterà l'incontro con un educatore autentico a dargli l'ultima possibilità di farsi uomo. Tutto questo è raccontato senza piagnistei populistici, senza tirate da comizio: le conclusioni - le tragga pure - se ne avrà voglia - lo spettatore. Il quale è invitato a godersi uno spettacolo aspramente vero ("dal vero") e, nella sua fluidità, persino giocoso.

Quartiere di periferia romana. Anni Ottanta
Luigi M. Lombardi Satriani

---

[22] *Storia di niente* è andato in scena al Festival di Benevento diretto da Ugo Gregoretti nel 1988, con la regia di Gino Zampieri e la scena di Bruno Buonincontri.
L'articolo di Ghigo de Chiara è pubblicato come presentazione sulla rivista Ridotto della SIAD, 6/7/8 1988; l'articolo di Luigi M. Lombardi Satriani è stato pubblicato sul programma di sala del Festival.

L'itinerario di K. nel Castello kafkiano è, non può non essere, un'ininterrotta disperata ricerca del divino; dalle regioni dell'Inferno della vita di Kafka può ripetere come il salmista De profundis clamavit ad te, Domine... Davide – l'antica regalità del nome è degradata nell'universo opaco dell'emarginazione – compie il suo itinerario in Storia di niente e il suo De profundis non è meno disperato. Ché buona parte della realtà contemporanea è percorsa da questa ansia di ricerca, spesso implicita, enigmatica, monologo che tende ad un interlocutore muto o addirittura assente. La laica Via crucis attraverso la quale si snoda la Storia di niente con le sue quattordici "stazioni" testimonia una vicenda di vuoto e di passione, dove il patire umano dice la sua radicale inutilità, la sua disperazione, la sua assurda speranza in un significato che lo riscatti dalla cieca datità. Maricla Boggio - estremamente attenta alla variegata fenomenologia della realtà contemporanea - descrive con acuta sensibilità e intensa efficacia un universo giovanile segnato dalla violenza, da sussulti vitalistici, dall'ostentazione aggressiva, dal vuoto. I protagonisti di un universo siffatto comunicano con "Monclair", "Marina Yacting", "Clark", "Lewis": termini-simbolo, una volta passati a significare attraverso il possesso degli oggetti una improbabile identità individuale; "stronzo", "vaffanculo", "sei fottuto", " 'na cifra forte" per i ragazzi; "gattina", "faccetta d'angelo", "bambolina", "principessa". nel giro marchettaro e "canna", "piotta", "robba buona", per l'ambiente tossico. Il vuoto si alimenta e tende a perpetuarsi anche attraverso la non-comunicazione che si attua di fatto con questi "rottami" linguistici. Una perdita progressiva di senso corrode la vita del mondo giovanile che vede con disperata lucidità l'assenza di sbocchi lavorativi per le proprie energie e il radicale appannamento del quadro dei valori che deve comunque sorreggere una società, costituendone il tessuto connettivo. L'emarginazione inflitta dalla società può allora assumere anche la forma di autoemarginazione in una sorta di cupio dissolvi, di enfasi autodistruttiva. L'itinerario di Davide è emblematico di innumerevoli vicende di giovani la cui esistenza viene progressivamente erosa sino all'annientamento dalla brutalità, dal dolore, dalla solitudine, dalla disgregazione; il tunnel della droga con i suoi fittizi a pagamento e la prostituzione omosessuale possono apparire nel "vuoto dell'esistenza" unica via percorribile, ché nulla può contro questo autofurore di autodistruzione l'amore silenzioso della madre, esangue residuo di struttura familiare. Tutto ciò è reso da Maricla Boggio in una dimensione teatrale, che trasforma creativamente il dato antropologicamente verosimile in un linguaggio suggestivo e metaforico. Ché il teatro non è né deve essere vita, ma discorso su di essa, sua autonoma rappresentazione. Nel suo itinerario di sofferenza Davide incontra – ed è incontro decisivo – il professore del riformatorio, su cui può scaricare la propria violenza impotente, imbrattandolo con la vernice per sperimentare la possibilità comunque di un dialogo. Il professore, "Christus patiens", accetta tale rabbia, ponendosi per amore come oggetto dell'altro, della sua aggressività richiesta di contatto. Nello scorrere dell'acqua versata dai secchi, i due, lavandosi dai colori da cui sono imbrattati e legati, realizzano un moderno battesimo finale: la scoperta della solidarietà ha attuato il riscatto; l'amore dell'uomo ha vinto la degradazione e la morte. Ma quante altre esistenze sono precipitate, invece, nell'opacità di una disperazione senza sbocchi, nella degradazione e nell'annientamento? Per un dolore che ha trovato riscatto nella parola, quanti altri si sono consumati nel silenzio? La luce ritrovata in un'esistenza, compensa, forse, del buio in cui innumerevoli altre sono state costrette dalla propria e dall'altrui cecità?

"Il Piccolo" di Trieste
Novità a Benevento è storia di niente
Giorgio Polacco
(...) La giovane e prolifica scrittrice ha ambientato la sua bella e mesta e dolorosa vicenda in tredici brevi "flashes" nella Roma sottoproletaria degli anni Ottanta, dunque in ambiente ancora più derelitto e disumanizzato da quelli descritti da Pasolini. (...) Non "romanesco", il linguaggio impiegato, ma con innumerevoli, direi obbligatorie, inflessioni colorate dagli acerbi e impegnatissimi attori inquadrati dall'essenziale regìa di Gino Zampieri in una scena assai suggestiva di Bruno Buonincontri, una sorta di enorme tela di ragno metallica.

"La Repubblica" di Roma
Rodolfo Di Giammarco
(...) Il territorio dei diseredati, stavolta con attenzione rivolta ai giovani di una borgata romana, è stato esplorato da Maricla Boggio, autrice di "Storia di niente", una rapsodia lacerante e pasoliniana che cerca di documentare le piaghe cittadine dell'adolescenza, sotto forma di oratorio che ritrae da vicino una vittima della droga, della prostituzione, del banditismo di quartiere.

"Il Giorno" di Milano
Ugo Ronfani
(...) Il mondo "pasoliniano" delle borgate romane, quello delle "vite violente" dei "Ragazzi di vita", è stato evocato sul palcoscenico del delizioso teatrino di Palazzo De Simone con "Storia di niente", una novità di Maricla Boggio vincitrice di un Premio Candoni Arta Terme. "Storia di niente" possiede sufficienti virtù sceniche per allontanare il sospetto di un teatro didattico, grazie soprattutto all'idea forte di un "battesimo laico" che esprime la finale catarsi. E ha trovato nel giovane regista Gino Zampieri e nei sette altrettanto giovani attori gli interpreti più che convinti epperciò convincenti. E' la storia (l'eco del titolo del romanzo della Morante non mi sembra casuale) del "calvario metropolitano" di un borgataro poco più che adolescente, Davide, che cerca, dapprima con allegra fiducia, il suo posto nella società dei consumi, i cui simboli aderisce con ingenua iattanza. Attraverso un monologo-confessione che s'avvale di un linguaggio aspro e teso, la Boggio rende le stazioni di questo anonimo calvario, tutte puntualmente inscritte nel "destino sociale" di Davide, con inumano determinismo: la disoccupazione, il vagabondaggio, le "notti brave", i primi scippi, lo spaccio della droga, la tossicodipendenza, la prostituzione, il carcere minorile. Non c'è chi non veda le affinità di questo testo (scritto nell' '85) con l'agonia del giovane drogato rappresentata da Giovanni Testori nelle pagine brucianti di "In exitu". Ma Testori, cattolico, vede las resurrezione della giovane anima perduta "post mortem". La Boggio, laica, si affida alla consolante ipotesi di una resurrezione terrena, nel carcere stesso.

"La Sicilia" di Catania
Ragazzi di vita in scena

Domenico Danzuso

(...) Da più parti per questo testo s'è fatto il nome di Pier Paolo Pasolini con le sue storie sottoproletarie e viziose, ma in verità non ci sembra che l'accostamento sia del tutto legittimo, perché dove Pasolini registrava certe situazioni un po' da complice, la Boggio indaga (e del resto quasi tutto il suo folto teatro, dall'iniziale "Santa Maria dei Battuti" sulla condizione manicomiale in Itaia, al recentissimo "Mamma Eroina", vuole essere inchiesta e documento) sulla natura dei fatti, accusando certamente il contesto sociale in cui viviamo, ma in prima persona questi stessi giovani privi di personalità che non sentono né il piacere e tanto meno il dovere del lavoro e che in una continua fuga in avanti verso un benessere acquisito a buon mercato, finiscono con l'autoannullarsi: prima come entità autonoma e ambiziosa, tesi come sono a ricercare attraverso le mode quasi straccione, ma purtroppo costose, una sorta di livellamento (magari al basso) che li fa tutti eguali, poi infognandosi nella noia del quotidiano fino alla droga, al furto, alla prostituzione maschile e femminile, al delitto più grave e al carcere."Storia di niente" dunque, per quel senso di inutilità che serpeggia nel testo e nello spettacolo e che si risente vivissimo, da una parte tra i personaggi-massa e dall'altra nel pubblico, il quale non ha soluzioni immediate per sciogliere una problematica di tanto momento. Ma anche "Storia di Davide", il padre di una stirpe di illusi, di uomini inutili ai quali, forse, come accade per il protagonista, non è precluso un riscatto, sol che la provocazione e la trasgressione trovino un referente, qual è qui l'insegnante di disegno del carcere, che sappia comprendere la rabbia (ma anche le ragioni di essa) che Davide si porta dentro, fino a esorcizzare il malessere con serenità e amore; e quest'ultimo non ostentato ma sofferto. Teatro-inchiesta, teatro-documento, dicevamo. E dunque un coro che è espressione di un "corpo" sociale dominato dall'emarginazione indotta e, a un tempo, volontaria e di scelta. E allora due simboli determinanti nella regìa – asciutta, veloce e vitalistica – di Gino Zampieri e nella scena di Bruno Buonincontri: un grande contenitore di spazzatura che è casa, nascondiglio, ricettacolo di sozzure e di violenze sessuali; una incombente tela di ragno un po' polanskiana al proscenio in cui rimane invischiato inesorabilmente chi tenta la fuga. Ed è efficacissimo sulle lancinanti musiche di Pino Cangialosi, quel sortire dei rifiuti – i ragazzi appunto – dal cesto immondo e quel loro spargersi tutt'intorno. Peraltro Thomas Trabacchi, pur con qualche menda nella recitazione, che, data la sua giovane età, scomparirà nel prosieguo, è stato uno scatenato ma soprattutto appassionato e "autentico" Davide, mentre i suoi compagni lo hanno seguito negli indiavolati ritmi e nella descrittività ambientale. Per questo se citeremo Bruno Cariello, Claudio Carioti, Eliana Lupo e Sergio Zecca non possiamo non porre in diverso piano Marilù Gallone che anche per le qualità di danzatrice e per maggiore esperienza è apparsa un po' jolly del gruppo, nonché Vittorio Ciorcalo, un ben caratterizzato e sordido omosessuale, e Natalie Guetta una svagata (e un po' ritardata) ragazza, succube di un ambiente a lei estraneo.

"La Gazzetta del Mezzogiorno" di Bari
Egidio Pani

(...) Questi spettacoli, qui, a Benevento, dimostrano l'emergenza di una nuova "lingua sporca", sporca di passato e straziata dal presente. E' una fase di trapasso che può cogliersi in una novità assoluta di Maricla Boggio, regìa di Gino Zampieri, "Storia di niente" presentata ieri. Se la realizzazione, con un'ampia colonna musicale rock, e con la cadenza in brevi scene tende ritmicamente ad una spettacolazione nervosa in cui la parola è articolata e frantumata, è proprio il linguaggio che può suggerire nuove suggestioni comunicative. La storia di un ragazzo di periferia travolto dalla droga, protagonista di una "vita violenta", più subita che agita, propone non soltanto uno spaccato di realtà sociologica, ma – nel rapporto con gli altri – la difficoltà di una "lingua" comune in un impegno comune che possa articolare nuove modalità di rapporti umani. "Storia di niente" ha avuto successo. A me ha interessato questa suggestione della nuova lingua giovanile, che è una delle "tentazioni" possibili per un teatro che non vuole rinchiudersi nella ovvietà del già saputo e sappia avventurarsi in terre, che sono – poi – appena più in là, se non del mistero, della diversità emergente.

UNA VITA STORTA
Due facce di un'unica identità
Francisco Mele[23]

Nei suoi testi teatrali, al di là delle tematiche legate alla droga e al disagio giovanile, Maricla Boggio ha spesso dato voce a figure che hanno incarnato la lotta politica e sociale; tra questi, in ambito storico Cavour, Turati e la Kuliscioff, Gramsci, Scotellaro, Matteotti, la Merlin, Franco Basaglia; sul versante filosofico-letterario Alfieri, Olimpia de Gouges, Pirandello, Sartre; numerosi poi i personaggi oscuri del nostro tempo, legati alle tematiche della droga e del disagio giovanile.[24] In "Una vita storta" Maricla Boggio ha portato in scena il conflitto sociale, dando voce a chi rimane ai margini della società attraverso la sfaccettatura di personaggi mai manicheisticamente definiti.

In "Una vita storta"[25], protagonista è Sabellina, una ragazza che rappresenta emblematicamente una generazione di giovani delusi da ideali politici falliti e precipitata nella droga; ma vi ha parola anche un'altra realtà, rappresentata da Marta, che anziché annullarsi nell'autodistruzione ha scelto di cercare di cambiare la società attraverso il suo impegno di donna-giudice. Sul luogo del suicidio Marta cerca di indagare sulle ragioni di quel gesto compiuto da una sua coetanea, riflettendo che lei stessa avrebbe potuto essere come Sabellina se non si fosse impegnata in un progetto proteso a migliorare quella società. La ragazza suicida appare in scena, non vista che dal pubblico, come presenza rievocatrice, venendo anche a personificare l'"alter ego" di Marta che si interroga sulle ragioni di quel tragico evento non solo per un dovere giuridico, ma anche secondo un impulso dettato dalla sua coscienza morale. Le due giovani donne si presentano come due figure specularmente all'opposto, ma entrambe accomunate da un'insofferenza esistenziale mossa da un desiderio utopico di cancellare le ingiustizie sociali. Protagonisti di una società in crisi appaiono in scena la madre e la sorella di

---

[23] Francisco Mele è psicoanalista e psicoterapeuta della famiglia.

[24] Al Teatro della Maddalena, nel 1973, *Marisa della Magliana*; dal 1983 in vari teatri in Italia e all'estero *Mamma Eroina*; nel 1984, al Teatro Rendano di Cosenza *Donne di spade*; nel 1994, al Teatro Pierlombardo di Milano *Una moglie - i mesi incantati,* ecc.

[25] Scritto nel 1988 dietro richiesta di una compagnia teatrale che improvvisamente si sciolse, *Una vita storta* non è mai andato in scena. L'autrice ha deciso di pubblicarlo per completare il discorso sulle tematiche della droga e dell'emarginazione giovanile sviluppato nei testi precedenti.

Sabellina, Marco il fidanzato, Giacomo il pusher, ciascuno con una sua verità e una propria giustificazione a un comportamento che in qualche modo ha contribuito alla conclusione tragica del dramma. In parallelo con le due protagoniste femminili, l'autrice ripropone due ragazzi specularmente all'opposto: Marco e Giacomo il pusher, due modi di vivere il conflitto esistenziale secondo moduli di legalità o di trasgressione.

Il testo si sviluppa come una sorta di tribunale in cui ogni personaggio è al tempo stesso imputato e giudice. Le ragioni degli altri si intrecciano al comportamento di ciascuno; nessuno è proprietario della verità, che rimane sempre da svelare.

Suddivido in tre momenti una lettura politica della tossicodipendenza.

Il primo appartiene al periodo degli anni Settanta: prevale l'uso della cannabis e dell'eroina, nascono i gruppi terroristici che si prefiggono di cambiare la società attraverso la lotta armata: ragazzi delusi dalla politica paiono tornare sconfitti dal campo di battaglia.

Il secondo momento, intorno agli anni Ottanta, coincide con la restaurazione di un potere politico che, sconfitta la lotta armata di quei giovani che l'avevano contestato, ha instaurato un modello economico di competizione selvaggia. I tossicodipendenti di questo periodo, inseriti in questo stesso potere, prediligono la cocaina per riuscire a competere all'estremo; non hanno nessun desiderio di cambiare la società, al contrario si pongono l'obbiettivo di occupare posizioni di comando nel sistema sociale. E' la società stessa ad essere soggetta ad un comportamento drogato, in cui non è più soltanto la sostanza a creare la tossicodipendenza, ma l'intero contesto politico-economico.

Il terzo momento, intorno alla seconda metà degli anni Novanta, si manifesta agli inizi della crisi economica: il fallimento di un neocapitalismo selvaggio senza regole precise ha prodotto una separazione ancora più netta che in precedenza fra ricchi e poveri. All'uso della cocaina, dell'eroina o del fumo, si aggiungono le dipendenze tecnologiche. Esplode la rabbia dei giovani che, con l'apporto di tali nuove tecnologie, specie legate a internet, si manifesta sotto forme impensabili in precedenza; hackers, black blocks, guerriglia urbana conducono ad una lotta indiscriminata e patologica che riflette un malessere giovanile generalizzato. Queste forme di lotta sfuggono al controllo del potere ufficiale, dilagando al di là dei confini degli Stati e intrecciando messaggi di contestazione.

La tossicodipendenza rappresenta una strategia di sopravvivenza in un contesto di guerra che si fa sempre più globalizzata. Il cocainomane vive in continua competizione; la sua violenza si rivolge soprattutto contro gli altri; l'eroinomane invece, sentendosi un fallito, si ritira dalla competizione, dirige la violenza contro se stesso e, in forma indiretta, contro gli altri che partecipano della sua esistenza, diventando un vero e proprio kamikaze.

"Un vita storta" si inserisce nel primo periodo.

Il tema della tossicodipendenza risulta qui intimamente legato al discorso politico, costituendo una via di fuga a un impegno di violenza che ha deviato verso la lotta armata l'obbiettivo di modificare una società ingiusta.

Il suicidio di Sabellina fa sentire in colpa la madre, la sorella e la stessa donna giudice. Sabellina ha vissuto una serie di abbandoni. Nell'infanzia, la madre, cagionevole e inferma, l'aveva lasciata a una contadina in campagna; riportata in famiglia anni dopo, si sente sradicata dagli affetti a cui era abituata, passando dalla vita semplice ad un sistema sociale più complesso senza esserne sostenuta nel passaggio. Rimane quindi estranea alla sua famiglia biologica, in competizione con una sorella che eccelle negli studi - figura parallela a Marta, il giudice -, mentre lei, arrivata all'università, sente crescere la distanza da chi ha elaborato un progetto di vita in una società che esclude chi non accetta i parametri da essa imposti per raggiungere il successo. E' così che Sabellina crede di trovare nella lotta politica un senso alla sua esistenza. Ma quando si trova davanti alla proposta di azioni violente per raggiungere tali scopi politici, se ne ritira, guidata da principi morali che non l'hanno abbandonata, rimanendo però isolata, priva di sostegni per sopravvivere e facile preda di false amicizie.

Gli ultimi anni la portano al decadimento morale attraverso furti e prostituzione, azioni commesse alla ricerca della droga in un processo ciclico che serve a neutralizzare i rimorsi ripetendo compulsivamente il percorso vizioso ogni volta che svanisce l'effetto sedativo della sostanza. Quando, in uno stato di ingestibile astinenza, va a cercare l'unica persona di cui si fida per averne aiuto - la vecchia serva che le aveva dimostrato affetto nella casa paterna -, trascinata dal bisogno, di notte le ruba del denaro e perfino l'anello. La conseguenza del gesto va al di là della sua volontà.

"Tu mi hai rubato? - mi diceva. Ma perché? Ti avrei dato ogni cosa, ma perché mi hai rubato, figlia mia?". A me pareva che mi prendesse in giro, e quel tono dolce, di rimprovero, mi sembrava una beffa; forse prendeva tempo per chiamare qualcuno; in prigione io non ci volevo andare. Tiro fuori la pistola: sarebbe stata zitta, volevo solo spaventarla. Ma lei mi si butta sopra, aveva paura, gridava "cosa fai"; in quel momento dalla pistola è partito un colpo. Io credevo a un'allucinazione. Come i suoni che sentivo, forse quel colpo non c'era stato. Ma lei era lì, sul pavimento. E c'era un filo sottile di sangue che si allargava sulla sua camicia.
Riuscii a rivestirmi. Presi ogni cosa, intorpidita, incredula.

La crudeltà del caso ineluttabile affretta la volontà in Sabellina di concludere quella sua "vita storta": il costo della sua ribellione si conclude con il suicidio.

La morte stessa - dice Maurice Blanchot - è eterna fuga davanti alla morte; si muore per non morire, nel desiderio di ricominciare. Chi si uccide vuole controllare il tempo; vuole togliere all'avvenire il suo segreto e l'incognita che porta con sé. Verso la conclusione, "Una vita storta" sviluppa un dialogo immaginario fra Marta, che rappresenta la Legge e Sabellina, che ha trasgredito: due facce di un'unica identità: la propria identità Marta l'ha trovata nell'ordine giuridico, che non ne ha tuttavia riempito gli interrogativi esistenziali; Sabellina l'ha cercata invano nei diversi luoghi del riconoscimento - famiglia, studi, dimensione politica - sentendosene sempre esclusa.

Il dramma di questa ricerca, e la ferita interiore che la caratterizza, appartiene a noi tutti.

LAICA RAPPRESENTAZIONE
Non si sono inventate le parole...[26]
Luigi M. Lombardi Satriani

Maddalena, ragazza di paese che insegue a Parigi miraggi di bellezza e di successo, riflette, ascoltando gli altri, i tratti essenziali della loro vita: "la mia disperazione è solamente una delle tante"; Corinna, dolente figura di madre,

---

[26] La presentazione di Luigi M. Lombardi Satriani è pubblicata insieme al testo teatrale sulla rivista Hystrio, n. 3, 1992, anno in cui lo spettacolo è andato in scena al Festival di Todi per la regia di Adriana Martino.

esclama chiedendo alla figlia pietà per il padre: "La sofferenza annulla l'ingiustizia, il dolore accomuna… Pietà per lui". L'universo evocato, con intensa carica di suggestione, da Maricla Boggio, oscilla tra disperazione e pietà, tra un irredimibile dolore e una commossa solidarietà tra sofferenti. Mercè la libagione di sangue le larve potevano comunicare con i viventi nella Nekyia omerica; è il sangue portatore di devastazione e di morte che lega i destini di queste nuove larve che la Laica Rappresentazione ci restituisce dense di struggente nostalgia per una vita drammaticamente interrotta, voci cui la morte ha comunque lasciato possibilità di discorso. Si dispiegano così sofferte rievocazioni della propria esistenza, insieme magmatico di dolori, amori, solitudini, tenerezze, crudeltà, e viene in qualche modo colto, nel suo nocciolo di verità spesso indicibile, quel "segreto che ciascuno può nascondere in sé" richiamato dalle parole della Madre.

Il sangue, signum vitae e signum mortis, riafferma così la sua ineludibile potenza, la sua centralità negli universi simbolici, si tratti della cultura classica, delle culture folkloriche, della cultura intellettuale contemporanea. Anche nei confronti dell'aids, del suo potere mortifero, della sua minacciosità, gli atteggiamenti risentono dei valori simbolici accumulatisi nei secoli sul tema del sangue, come è confermato da una ricerca interdisciplinare su tale tema, da me diretta, i cui risultati sono stati pubblicati."Non si sono inventate le parole/ per questo genere di cose, soltanto/ sguardi o un sorriso non troppo marcato,/ potrebbe sembrare una beffa, la mano/ può fare una carezza lieve lieve,/ mentre ti accosti ad aiutare il medico…/ Così soltanto puoi tentare un aiuto/ che non provochi l'ira, se è una pietà che costa poco/ a chi lo fa e non soffre come loro". Consapevolezza della facilità di una pietà che può calare dall'esterno e dall'alto da parte di chi non è organico a questo universo disperato. Non si sono inventate le parole, non solo per parlare agli ammalati di aids, ma forse anche per parlare efficacemente di aids, sottraendosi sia al pericolo di una terroristica intimidazione e di una moralistica condanna che a quello di una irresponsabile e di fatto criminale connivenza. Ma bisogna trovare parole adeguate perché si possa contrastare davvero tale vento di morte che rende fuscelli e travolge un numero sempre maggiore di vite. Laica rappresentazione costituisce un'alta riflessione su questo universo del dolore, cui Maricla Boggio si accosta con sommessa pietà. "Questa mia vita marcia disgraziata", grida Cecilia la battona, e a lei fanno eco le parole di Flora su "questa merda di vita senza vita" e quelle di Ciro, che rievoca le "espressioni feroci di un amore che voleva gridare tenerezza", parole tutte che ricordano un mondo violento, esistenze che si dibattono fra necessarie durezze e impossibili pietà, dilacerate tra realtà e desideri, sempre più improponibili, remoti. "Tra l'apparenza e la realtà una fessura profonda e sottile frantuma la visione e induce il giudizio ad arrestarsi", dice il Padre; ma se il giudizio si arresta, non si ferma il commento, affidato, nella Laica rappresentazione, al Coro, che integra e illumina, secondo la funzione svolta con altissimi risultati nel teatro classico. Questa Laica rappresentazione si articola, come ci avverte il sottotitolo, in 10 storie interrotte per Coro e Solisti; ma, più decisamente, è la vita interrotta, frantumata dal potere devastante dell'aids a essere evocata da questo discorso, che sa rapportarsi con delicatezza e umana pietà a tale radicale disperazione, che segna il nostro tempo, solcandolo di angoscia infinita.

IL TEMPO, 1° settembre 1992

Voci dal silenzio e viaggio impossibile verso la felicità
Dante Cappelletti

Todi – La laica rappresentazione scritta da Maricla Boggio, presentata in prima l'altra sera, affronta il tema dell'aids. Ma non siamo di fronte a vicende lacrimevoli, come anche in tv abbiamo più volte visto. Qui il discorso si scioglie lentamente in un'alta pietas, in una solennità che invita alla riflessione, in una quiete di silenzio e amore. Le "Dieci storie interrotte per coro e solisti", come recita il sottotitolo della pièce, hanno la tessitura di una nuova antologia di Spoon River. Sono infatti le anime a parlare, evocate dalla figura della Madre, una specie di giudice tesa alla comprensione, senza l'ombra di condanne e accuse. Le quali appaiono, di volta in volta, nei singoli capitoli, quale grido soffocato, speranza delusa, incomprensione consumata per paura o fragilità. Il testo dell'autrice è costruito come un grande affresco epico, certamente risultato di una conoscenza approfondita della materia e, al tempo stesso, innervato di frammenti da tragedia classica. E' inutile osservare qui come la regìa, di Adriana Martino, abbia conferito un taglio più secco al concertato, asciugandolo forse per contenerlo in un tempo scenico misurato. Rimane il fatto che le vicende tornano con la loro toccante verità. Ecco la prostituta che confessa le ragioni del marciapiede, Corinna infetta dal marito omosessuale, Quinto che passa il tempo a distruggersi nelle discoteche fino alla droga che lo ucciderà, i due giovani che si incontrano in una comunità di recupero per tossicodipendenti, i ragazzi che innalzano lo splendore del loro amore diverso sfidando la malattia fatale, fino all'avventura di un travestito e la chiusura di Maddalena, la sposa che aveva aperto la serie degli episodi. Si tratta di un percorso da cui emerge il rapporto della vita con l'emarginazione, la speranza di un mondo migliore e la condanna a vivere quello che inevitabilmente siamo, il blocco dei sentimenti di quelle anse nascoste del cuore dove "si deve portare il segreto che ognuno ha chiuso dentro di sé". La scrittura della Boggio, molto concreta, antropologica dovremmo dire, si combina perfettamente con la regìa: una grande rete che imprigiona le anime, il Coro, una pedana circolare che propone di volta in volta il primo piano della singola vicenda. La sinfonia tragica, soavemente composta in una solennità metafisica, è accordata su uno stuolo di attori sensibili e bravi. Spiccano Maria Grazia Grassini (la Madre), Piero Caretto, Marina Zanchi, Nunzia Greco, Valentina Martino Ghiglia. Scene e costumi di Lorenzo Ghiglia, musiche di Benedetto Ghiglia.

Il Messaggero, 31 agosto 1992
La tragedia dell'aids
Renzo Tian

Chi ha detto che la nostra epoca rifugge dalla tragedia. Sarebbe più esatto dire che le tragedie (di cui il nostro tempo è prodigo) le attraversiamo senza capirle. Perché la tragedia, come conflitto doloroso e ineluttabile sventura, la viviamo attraverso le mediazioni del sensazionalismo o i soprassalti del moralismo, quando non l'accantoniamo praticando comode anestesie. Fiumi d'inchiostro, talvolta retorico, e valanghe di statistiche, sono corsi intorno a una tragedia autentica come quella dell'aids: tragedia della vita negata e umiliata, ancor prima che soppressa. il titolo del nuovo testo di Maricla Boggio andato in scena a Todi, "Laica rappresentazione", ci dice anche quale sia il suo contenuto. Laica è la volontà di capire il fenomeno senza esorcizzarlo, risalendo alle fonti dell'umana pietà. Rappresentare è il compito precipuo del teatro, che suscita immagini e azioni con una vivezza che altri linguaggi non possiedono. I dieci "casi" che l'autrice allinea, facendoli uscire via via da un coro sempre presente sul fondo, non sono casi clinici ma semplicemente umani. Accanto ai personaggi che siamo mentalmente abituati ad associare alla malattia (l'aids non è mai nominato come tale, ma come "quella malattia"), prostitute, travestiti, tossicodipendenti, vi sono figure irreprensibili, vittime innocenti. E c'è la tremenda condanna che il virus proietta anche sulle vite nascenti; i timori e le viltà che inducono qualche sieropositivo a non rivelare la propria condizione; la purezza di amori che lottano per sopravvivere. Cieca, come il fato, crudele come un professionista di torture, la malattia investe un orizzonte totale. Non cronaca, ma scandaglio gettato al di là della cronaca, la "rappresentazione" della Boggio è in equilibrio tra umana partecipazione e critico distacco da un materia così coinvolgente. Tocca anche corde patetiche, in specie quando i personaggi sono quelli che la cronaca ha più volte introdotto e modellizzato; ma è sorretta, in definitiva dalla lucida volontà di rappresentare, cioè di conoscere una materia di fronte alla quale il più delle volte ci si ritrae con inconfessata rimozione. Lo spettacolo diretto da Adriana Martino con un sobrio impianto scenico di Lorenzo Ghiglia, colloca i brevi episodi in una luce assorta, sospesa tra la morte e la memoria della vita. Ne sono efficaci interpreti soprattutto un gruppo di attori giovani e giovanissimi, che mostrano di avere molte carte da giocare (Manuela Mandracchia, Barbara Chiesa, Piero Caretto, Stefano Tamburini, Gianmaria Talamo, Luciano Melchionna, Stefano Ricci, Valentina Martino), cui si affiancano presenze sperimentate e mature come quelle di Maria Grazia Grassini, Marina Zanchi e Fernando Caiati.

La Repubblica, 31 agosto 1992
Laica Rappresentazione
Rodolfo Di Giammarco

Su un versante di ben distinte attitudini sia recitative che di drammaturgia sul campo, ha rivendicato (e ottenuto) dignità la "Laica Rappresentazione" di Maricla Boggio, "dieci storie per coro e solisti", un'antologia-calvario di individui e coppie che sono finiti preda del virus più micidiale del secolo, l'aids. In forma di deposizioni a futura memoria, con l'impellenza di uno Spoon River tragico e attuale, il testo è stato "ufficiato" di volta in volta su una pedana istruttoria, con alle spalle un Purgatorio di ombre bianche, su incentivo di una conduttrice in abiti astrattamente monacali. Un dolore sobrio ma non evitabile è via via maturato dalle vicende delle madri sieropositive, padri avventuratisi per poco con giovanette tossicomani, prostitute condannate in partenza, mogli consumate da un male a loro contagiato da un marito omosessuale (e qui la scena di un cosiddetto Padre in disperazione pasoliniana aveva a che fare, in altro modo, col Padre dei "Sei personaggi"), cui si aggiungono vittime della povertà, o semplicemente martiri di una virtuosa "differenza" (un bacio castissimo, qui, tra uomini), quando non incombe il lazzaretto del travestito sudamericano, la tragedia nella comunità rieducativa, o nelle sfere mondane del lavoro. Con qualche accento oratoriale forse di troppo, la regista Adriana Martino ha comunque ben calibrato le "stazioni" con Marina Zanchi, Piero Caretto, Fernando Cajati, Nunzia Greco, Maria Grazia Grassini, Manuela Mandracchia e gli altri.

Todi Festival, 31 agosto 1992
Carmela Neri

In "Laica rappresentazione", uno ad uno i morti per Aids si staccano da una sorta di teoria infernale (o paradisiaca) e, mostrandosi al di qua di un vetro al pubblico dei vivi, raccontano le loro storie. Story tellers da lettino psicoanalitico, a volte costretti a penosi confronti, a dolorosi dialoghi, i morti sono sinceri, spietati, catartici, sempre generosi e (o ha dichiarato l' autrice, Maricla Boggio) ispirati alla verità della cronaca. Gli spettatori, come Dante intenti ad ascoltare e a provare pietà, si commuovono non tanto per le vicende terribili, che forse hanno già letto su qualche giornale, ma per come gli attori, stupendi, le interpretano. Fernando Cajati, padre snaturato e omosex, Maria Grazia Grassini in abiti medievali, "donna del Paradiso" che conforta, consiglia, consola con una maieutica fatta di amore laico, eppure simile a quello della celeste Beatrice.

La NAZIONE di Firenze, 29 agosto 1992
L'inferno della malattia in "Laica rappresentazione" della Boggio
Paolo Lucchesini
"Laica rappresentazione" fotografa l'ultimo stadio della disperazione umana: i personaggi della Boggio sono frutto di una pietosa ricerca nell'inferno della Malattia, dell'infezione – non si parla di Aids -, un viaggio dantesco nel girone estremo, il più orrido che si possa immaginare; un Virgilio è una suora, la Madre, che evoca le vicende spaventevoli di dieci dannati. Testo di alta nobiltà, coraggioso, partecipato, illuminato da sprazzi di chiara poesia, condotto con mano sicura da Adriana Martino mettendo in fila, alla sbarra, fantasmi feriti. "Laica rappresentazione", però, non è una rassegna di casi vissuti. La Boggio non si limita a descrivere la sofferenza dei malati, ma risale alla fonte del morbo, quegli altri mali oscuri, la povertà, la solitudine, la violenza, la diversità negata... Impossibile raccontare le "dieci storie interrotte", che coinvolgono intere famiglie o si consumano in un angolo della strada o al capezzale di un amico moribondo. Robusto e numeroso il cast. Segnaliamo Marina Zanchi, dolente Maria, Fernando Cajati, dilaniato Padre, Maria Grazia Grassini, attenta Madre, e un bel gruppo di giovani. Lorenzo Ghiglia ha architettato una scena su due piani, una grata dietro la quale si agitano fantasmi e un grande disco luogo deputato delle tragedie; costumi di Lorenzo Ghiglia, musiche di Benedetto Ghiglia. Applausi calorosi.

MADRE/FIGLIA
...e parlavo alle bambole[27]
Michele Perriera
Con il testo di Maricla Boggio "E parlavo alle bambole" presento il mito della madre mediterranea.
Seguo la mia ricerca di nuovi testi chiedendoli ad autori noti e meno noti perché, oltre la strada dell'invenzione poetica, la drammaturgia deve e può avere un più stretto rapporto con la cronaca. L'impegno della mia scuola da più anni è volto verso questa direzione che dà l'opportunità di una collaborazione che qualifica la comunità teatrale.
La mia proposta a Maricla Boggio sul tema della madre siciliana che uccide in Piemonte la figlia per gelosia, ha messo in moto i meccanismi creativi che hanno condotto alla teatralizzazione di un fatto di cronaca, ma hanno permesso a me di

---

[27] La nota scritta da Michele Perriera compare nel programma di sala dello spettacolo da lui diretto per il suo Teatro Teatès, a Palermo, nel 1993, protagonista Maria Cucinotti. Lo spettacolo è stato poi rappresentato a Roma nella stagione successiva.

verificare nella contemporaneità il mito della madre mediterranea che protegge e soffoca. All'autrice di misurarsi secondo le scelte antropologiche che distinguono la sua scrittura, e all'attrice Maria Cucinotti di costruire un personaggio che sa proiettarsi nella coscienza contemporanea che affonda le sue matrici in quel mito e nella "classicità ferita" che è un elemento imprescindibile del mio teatro.

Io credo che il risultato scenico debba nascere dall'intelligenza critica che, rappresentando la realtà, deve innescare nuovi processi di libertà e di coscienza. La scrittura che non sa interrogarsi sulle proprie esperienze creative non ha significato. Bisogna rischiare.

L'OPINIONE
11 novembre 1994
Franco Cuomo
L'assassino che parlava alle bambole
Ci sono molti modi di raccontare il delitto al femminile. Letteratura e teatro ne danno testimonianza fin dai primordi, e basti pensare a Medea.

Per questo, per la complessità e l'intensità dei modelli fin qui proposti, e per la difficoltà di eguagliarne lo spessore tragico, descrivere il delitto al femminile non è impresa delle più semplici.

Il rischio maggiore è che la citazione possa divenire componente primaria e non accessoria del testo, snaturandone l'originalità. Ma ve ne sono degli altri, come l'agiografia femminista e la tentazione del "sociale", con tutta una serie di contraccolpi prevedibili sulla condizione della donna e altri luoghi comuni.

Li ha evitati tutti Maricla Boggio - bisogna rendergliene atto - proponendo un monologo nel quale il delitto ha la duplice sembianza dell'assassino e della vittima.

" E parlavo alle bambole", interpretato da Maria Cucinotti per la regia di Michele Perriera, è infatti il lamento di una madre che ha ucciso e divorato la figlia, riassorbendola nel proprio ventre alla ricerca di una complicità perduta.

Il rito cannibalico è infatti qualcosa di più e di diverso da una rappresentazione simbolica: è l'atto che praticamente sancisce la pacificazione fra due donne divenute rivali - per gelosia, rancore, folle attrazione per un medesimo fantasma d'amore, poco importa - e ciononostante legate da un vincolo di solidarietà naturale che impone alla madre di preservare la figlia con ogni mezzo, anche uccidendola, dalle pene del mondo.

Con uno spunto simile, Maricla Boggio ha sfiorato molto da vicino i rischi cui accennavo - poteva venire fuori da un momento all'altro Medea, l'angoscia metropolitana, la liberazione della donna - ed invece no, non è successo. E per due buone ragioni, una formale (dico così, per intenderci, anche se una demarcazione netta non esiste) e l'altra di contenuto.

La prima è che lo spessore poetico del testo è prevalso sul pretesto di cronaca; la seconda è che l'individualità del dramma, nella sua complessità psicologica, è valsa se Dio vuole a soffocare le farragini sociali.

L'assassina che "parlava alle bambole" ha quindi espresso - grazie anche all'interpretazione inquietante, tormentata, della Cucinotti - una sua identità così specifica, così ammantata di nitida follia, da non consentire alle contaminazioni di appiattire il racconto a propria misura. Da non consentire, in altre parole, alla citazione (mitica, letteraria, psicologica o di qualsivoglia natura) di divenire, come si è detto nell'enunciare i rischi dell'operazione, parte primaria anziché accessoria del testo.

"Più che Medea - scrive l'autrice nel programma di sala - questa madre è Cronos".
Ma fino a un certo punto: non divora la prole per paura di esserne detronizzata,
ma che possa assomigliarle, finendo come lei sacrificata all'ovvietà della vita
quotidiana. Questa madre, in definitiva, non è che se stessa, personaggio e mito
contemporaneo, megafono - per dirla con una parafrasi, Cocteau non c'entra - di
"voce disumana".

UNA MOGLIE - I MESI INCANTATI[28]
Mc. B.

Protagonista è una moglie simile a tante donne con figli. Ad un tratto, a sorpresa,
con violenza, la rivelazione della "cosa": suo marito ha l'aids; il contagio è
avvenuto per un rapporto con una prostituta che l'uomo, pur non abituato a questo
genere di frequentazioni, ha avuto in un momento di solitudine. Avviene allora un
cambiamento radicale nella vita della donna: è lei stessa prima di tutto a scoprirsi
piena di pregiudizi, portata a considerare valori ciò che sono soltanto vanità e
pretese; poi è la considerazione degli altri, visti con superficialità, spesso ignorati,
e la rivelazione, folgorante, della solidarietà verso chi soffre, del dialogo
attraverso un sentire comune. E' un ribaltamento dell'esistenza, una rivoluzione
dell'interiorità e dei comportamenti, il superamento delle banalità a cui la
monotonia del quotidiano l'aveva indotta. C'è la scoperta di un'altra se stessa,
l'aprirsi alla molteplicità del mondo, fino all'accantonamento della pena personale
per darsi con amore a chi ha più bisogno di lei perché ha patito di più. E' in una
sala d'attesa; intorno a lei, altri, ad aspettare con angoscia o rassegnazione i
risultati clinici su quanto resta loro da vivere. A questa gente la donna racconta
quello che ha provato , dopo aver saputo della malattia del marito. Ripercorre
situazioni passate, rinnovando lo strazio per la crudeltà con cui i vicini di casa, i
colleghi, i parenti recepiscono la malattia del marito.Con occhi nuovi si accosta a
forme di amore prima respinte per pregiudizio; la dedizione del compagno
omosessuale nei confronti dell'amico colpito dal male la coinvolge fino a farle
stabilire un rapporto di amicizia; la ragazzetta in lacrime che al bar, di fronte a un
latte caldo e ad un cornetto, le racconta la sua storia di tossica incapace di rivelare
al compagno la sua condizione di sieropositiva,piena di rimorsi per averlo
contagiato; il giovane detenuto che ha visto aspettare in catene il turno per la cura,
disperato perché non gli basterà la vita per guadagnare i soldi che vorrebbe offrire
in espiazione all'orfano della donna che ha ucciso in una rapina... tante le storie
che racconta. Prelude al commiato, ma induce ad una tenue rasserenazione, quella
di una bambina rimasta sola, malata come sua madre che già se n'è andata. Di
fronte a quanti l'hanno ascoltata, la donna tira fuori dalla borsa l'ampio cappello di
paglia che piaceva tanto alla bambina quando era in vacanza con la madre, al
mare; quel "ricordo dell'ultima estate" si rinnova nel gesto di indossarlo, per
esaudire il desiderio della bimba in ospedale.

GARDENIA
sette giornate e un tramonto[29]

---

[28] La nota dell'autrice appare nel programma di sala del Pierlombardo di Milano, dove lo spettacolo ha
debuttato nell'ambito della Rassegna di teatro femminsta curata da Franca Rame nel 1994.

[29] Gli scritti che seguono sono tratti dal libro *Gardenia - sette giornate e un tramonto*, Edizioni

Grazie a Gardenia non è un addio
Giovanni Conso

Sapevo – erano stati molti a dirmelo, ne avevo letto, ne avevo sentito parlare – che Rosa Di Lucia era brava, e molto. Ma non potevo sapere che lo fosse al punto che, ascoltandola per la prima – e, purtroppo, unica – volta dal vivo ne sarei rimasto così colpito da non dimenticare più il sofferto suono della sua dolce vita, il senso profondo della sua interpretazione, il calore umano del suo personaggio. Del resto, a caratterizzare il ruolo dell'attore di teatro è proprio il suo svolgersi in costante, continuo divenire, senza che mai nulla abbia a cristallizzarsi, perché, se mai ciò dovesse accadere, l'avventura scenica resterebbe priva del suo palpito vitale. Ovvia la conseguenza: per aver contezza del reale peso specifico di un'attrice occorre essere lì a vederla ed ascoltarla nel momento del suo recitare. Per quanto possa essere stato preparato a lungo, per quanto possa essere stato ripetuto, ogni volta l'"exploit" nasce o rinasce come un evento a sé, irripetibile per toni, sfumature, gesti. Lo richiede il particolare tipo di rapporto dal vivo che intercorre fra l'attore e lo spettatore o meglio ancora il rapporto fra l'attore ed il pubblico (non si recita davanti ad una persona sola) che rendono insufficiente surrogato una conoscenza per sentito dire oppure il ricorso ad una registrazione. E ciò per il semplicissimo motivo che né l'una né l'altro possono far fronte a quella tipica funzione di ideale fonte di comunicazione volta a coinvolgere le menti e i cuori, che è proprio di quest'arte nel momento del suo culmine espressivo. Ho avuto la ventura di constatarlo una volta di più, con un'intensità come mai prima mi era accaduto di provare, la sera del 19 gennaio del 1995 proprio a Palermo grazie a Rosa Di Lucia, che rendeva vivi come meglio non si sarebbe potuto alcuni brani particolarmente significativi di Gardenia. Tutto concorreva a farne un evento assolutamente irripetibile e, appunto per questo, ancor più prezioso, destinato a restare nella memoria e nel cuore. L'occasione era unica: ricorreva l'anniversario della nascita di Paolo Borsellino, un anniversario fortemente segnato dall'inaugurazione del Centro che, dedicato al Suo nome glorioso, non vuol essere solo simbolo, ma anche dimostrazione concreta della "resistenza" attiva alla mafia, alla sua atrocità, alle sue perversioni, soprattutto a tutela dei figli delle vittime e anche dei figli, specialmente se minori, degli aguzzini. "Gardenia" è la storia immaginaria, ma realistica, della figlia di un boss potente, una storia in sette tempi, dall'infanzia alla maturità, dall'alba al tramonto. Da Gardenia-bambina a Gardenia-donna che avanza negli anni, in un succedersi di sensazioni minate dal tarlo scoperto un poco alla volta, sulla propria pelle, dell'avere un padre marchiato di feroce perversione. Parabola mirabilmente resa dalla penna di Maricla Boggio e dalla voce di Rosa Di Lucia, "interprete", nel significato più vero e più pieno che la parabola sottintende, sia di un testo dolce e crudele allo stesso tempo, nobile sempre, sia di un dramma realmente vissuto da chissà quante Gardenia, anche se non tutte, anzi solo pochissime, capaci di reagire allo stesso modo della Gardenia di Maricla Boggio e di Rosa Di Lucia. Che ce ne sia almeno una, questa Gardenia appunto, che possa assurgere ad esempio trainante, e quindi ad emblema, e dunque a modello del come affrontare il tormentato cammino che va dalla scoperta di un incolpevole "vizio d'origine" alla ricerca di una per nulla facile risposta in chiave di recuperata socialità. Rosa Di Lucia è così entrata nella storia del Centro Paolo Borsellino, nato per far fronte moralmente e

Novecento, Palermo, 1997.

materialmente ai problemi dei giovani e dei giovanissimi in terra di mafia, facendogli il dono di un messaggio ora vivificato dal ricordo che il doloroso evento della sua struggente scomparsa a poco più di un anno di distanza ha ulteriormente arricchito, trasformandolo in una sorta di testamento ideale. Ascoltandola ammirato, non sapevo, non potevo sapere e neppure immaginare, che quell'attrice, così fortemente e dolcemente impegnata nel dare un contributo di alta civiltà alla serata in memoria di Paolo Borsellino, fosse alle prese con un male inesorabile. Come dicevo all'inizio, le cose che non si conoscono subito, ma che si scoprono a gradi, restano, non appena scoperte appieno, ancora più impresse. Così è stato per la lenta scoperta di Gardenia adolescente, così è stato per me lo scoprire prima la superiore bravura di Rosa Di Lucia ed il sapere poi della malattia che subdolamente l'aveva accompagnata a Palermo. Con un risvolto a quest'ultimo proposito che non posso tacere: dare ulteriore forza al suo messaggio, a sublimare la sua dizione c'era molto probabilmente anche la consapevolezza di un prossimo addio alla vita. Una vita che attraverso Gardenia continuerà nel nostro grato rimembrare.

La voce della conchiglia
Luigi M. Lombardi Satriani
La voce della conchiglia che segna l'inizio e la fine del monologo, porta a Gardenia, oltre l'eco del mare, come ci ricorda la tradizione popolare, un'antica fiaba che dice la condizione di sonno-morte, il dolore e la vita ritrovata. Gardenia – il personaggio-metafora che Maricla Boggio ci presenta con estrema delicatezza – guarda con i suoi occhi bambini il mondo, i cui tratti si riorganizzano in un'atmosfera fiabesca, nel giuoco della fantasia che assume una realtà spietata, dicendola e trasformandola secondo le proprie coordinate. E' uno sguardo innocente, che riflette un mondo dominato dalla sopraffazione, dalla ferocia, dalla morte. Anche se apparentemente familiare e raccontata da una inconsapevole bambina, la mafia non è in queste pagine meno dura e violenta, meno portatrice di lutto e desolazione. Ma la voce sommessa di questa bambina, costretta ad avere come interlocutori un'amica immaginaria e un orsetto di peluche, ci porta anche l'eco di una gigantesca onda di solidarietà e di speranza. Che si possa essere assieme contro il progetto di morte perseguito con feroce determinazione dalla mafia e si possa delineare assieme una diversa società nella quale non vi siano più vittime e che non abbia bisogno di eroi.

La bambina e l'orso di peluche
Maria Luisa Spaziani
Un abisso difficile da ricostruire per noi, divide la "realtà" di tutti dal mondo quale lo vedono i bambini: colorato, fatato, aperto all'invisibile, sottratto ai luoghi comuni della logica e alla gravità terrestre. I bambini volano, Gardenia vola perché desidera e sogna di volare. Ma se su quell'abisso è già difficile buttare un ponte per i bambini di città, quelli borghesemente protetti da un ambiente educato e civile, tanto più arduo sarà trovare un'espressiva via di passaggio fra un sogno infantile (fatto di prodigi, miracoli e della presenza di un'amica invisibile e una brutale realtà meridionale intrisa di capretti incaprettati e omicidi. La modernità di questo racconto, commedia o favola, sta nella sua originale catarsi. La bambina che gioca con l'orso di peluche (e inconsciamente identifica l'arroganza e il male

con la figura del nonno-padrone) troverà l'erba magica del suo destino: diventerà magistrato, il suo Super-Io dolorosamente maturato sovrapporrà il mantello nero del giudice al vestitino a scacchi bianco e rosa testimone dei primi sogni premonitori.Vorrei essere a Taormina per sentire questa bella storia affidata alla voce di Rosa Di Lucia. Talento grande di attrice, filo canoro, intenso e magico come pochi, oggi, nel nostro teatro. Un caro augurio a lei, di lontano, e a Maricla Boggio.

LA PURA NUDITA'
Su Mario Ferrero
Mc. B.[30]

Mario Ferrero è stato festeggiato per i suoi cinquant'anni di teatro; diplomato all'Accademia Nazionale d'Arte Drammatica - allora diretta da Silvio D'Amico, di cui la scuola prenderà il nome -, ha diretto quasi duecento regìe, dopo essere stato allievo ed assistente di Orazio Costa, a cui è legato da profonda stima ed affetto.
Ha firmato la regìa dei testi più importanti del panorama teatrale di tutti i tempi, dalle tragedie classiche al Teatro Greco di Siracusa per l'Istituto Nazionale del Dramma antico, ai drammi di Shakespeare, Ibsen, Strindberg, Cechov, Eliot, Shaw, Anouilh, Pirandello, Betti fino ai contemporanei, da Diego Fabbri a Natalia Ginzburg, per arrivare a Maricla Boggio con "Lo sguardo di Orfeo"(Ridotto n. 9 del '92) scelto dall'Accademia per un saggio rappresentato al Chiostro dell'Accademia di Spagna.
In televisione ha realizzato commedie e sceneggiati con notevole riscontro di spettatori, da "Le sorelle Materassi" di Palazzeschi a "La Velia" di Cicognani, ad una complessa rappresentazione dell'"Orestea", valorizzando, come in teatro, parecchi autori contemporanei italiani.
Da alcuni anni insegna recitazione in Accademia; preferisce alimentare nei futuri attori e registi l'amore per un teatro di parola e di pensiero piuttosto che accettare regìe che, salvo eccezioni, non gli danno più quelle soddisfazioni che ha sempre trovato negli spettacoli della sua lunga e felice carriera.
Si può quindi vedere una regìa di Ferrero, quando a conclusione dell'anno accademico debutta il suo saggio. Qualche titolo delle ultime stagioni: "Shakespeare o delle ambiguità", "Perché all'amore non si risponde con l'amore", "Venti personaggi in cerca d'autore", "In casa degli Atridi", "Non c'è bisogno di un letto per fare l'amore", per arrivare all'ultimo "Ginzburg!", spettacoli che sono il risultato di un paziente e geniale lavoro di intarsio, intreccio e collegamento tra scene e personaggi dello stesso autore su di un tema individuato nel panorama della scrittura drammaturgica del prescelto.
Applaudito dagli allievi diplomati con "Nobel-issimo" da lui realizzato alla conclusione dell'anno accademico - un lavoro drammaturgico ottenuto con scene di Shaw, O'Neill e Pirandello, che nel corso di un decennio vennero insigniti del "Nobel" -, è stato poi festeggiato dal Festival di Todi, dove il suo direttore artistico, Silvano Spada, gli ha offerto il titolo di Presidente Onorario; con la consueta ironia mista ad una gioiosa partecipazione a tutto ciò che riguarda il teatro, Ferrero ha accettato, mettendo a disposizione degli spettacoli del Festival i suoi consigli preziosi e la sua attenta partecipazione.

---

[30] La nota dell'autrice appare nel numero 7/8 di Ridotto 1997, assieme allo scritto di Mario Ferrero e al testo.

Facendo un'eccezione alla riservatezza che lo ha sempre tenuto dietro le quinte fino agli applausi finali, ha poi scelto per sé di interpretare questi monologhi de "La pura nudità", offrendo alla parola poetica un irripetibile momento teatrale.

Una ballata poetica
Mario Ferrero
Festival di Todi, luglio 1997

Siamo qui per la presentazione dell'ultima opera letteraria di Maricla Boggio, autrice che noi tutti conosciamo, donna di teatro prima di ogni altra cosa, scrittrice, critica teatrale, studiosa di teatro, animatrice instancabile di convegni, premi, seminari, insegnante di drammaturgia all'Accademia Nazionale d'Arte Drammatica e mille altre cose eseguite sempre con competenza e passione. Il Festival di Todi in questi dieci anni di vita le ha presentato ben due sue novità. Eppure io sono convinto che quest'ultima opera rappresenti una svolta importante nella sua attività di scrittrice, più di quanto possa forse pensare lei stessa. Dunque, "La pura nudità". Una ballata poetica in ventun brani – si potrebbero chiamare brevi poemetti: la vita, gli incontri, gli amori di un travestito, tenero, sensibilissimo, ambiguo, sfuggente, pieno di fantasia, che riesce a trasformare in danza, in sorriso, in rappresentazione ora spiritosa ora dolente, sempre intensissima, lo squallore che lo circonda, ogni incontro con gli altri, che questo incontro avvenga in Tunisia, o a Parigi, o a Roma in piazza Navona, o per la strada, o in tribunale, o in carcere. E' eccezionale come la scrittrice con i suoi versi – sì, perché "La pura nudità" è scritto in versi liberi e anche molto belli – riesca a penetrare nella psicologia più segreta del suo travestito seguendo i meandri complicati della sua mente per spiegare la necessità inesorabile del travestimento come unico mezzo per uscire da se stesso, e darsi agli altri. La Boggio intesse gli atti come seguendo il filo di Arianna nel labirinto, - infatti lo cita, in uno di questi brani. Io ho amato molto questo testo, a parte il suo intrinseco valore, perché il mondo dei travestiti l'ho sempre sentito piuttosto lontano da me, dalla mia sensibilità, dal mio modo di essere e di vivere, anche se non potrò mai dimenticare la grande emozione che me ne dette Peppino Patroni Griffi con il suo splendido "Scende giù per Toledo". Maricla me l'ha fatto capire, mi ha interessato, mi ha commosso, l'ho riscoperto con lei, per mezzo di lei e del suo testo ironico, divertente, misterioso e anche straziante, e ho capito soprattutto che il travestimento è un simbolo. Tutti ci travestiamo, in un modo o nell'altro. Ha ragione Pirandello quando fa dire a Cecè: "I travestimenti che la vita ci porta a fare, uno con quello, uno con questo, chissà dove va a finire il nostro io, in quale sia veramente il nostro io".

SPAX
L'anima tragica di Maricla Boggio[31]
Franca Angelini

L'esse del titolo *Spax* ha forse valore privativo: sta per "sine" - sine pax, senza ~~pace; ma il suono suggerisce qual~~che cosa di più, che ha a che vedere con il

---

[31] La presentazione di Franca Angelini è pubblicata nel volumetto che contiene il testo *Spax*, nella Collana Inediti del Teatro italiano Contemporaneo, a cura della SIAD - Società Italiana Autori Drammatici, Bulzoni Editore, Roma, 2004.

disvalore assoluto, la negatività dell'informe, in questo caso lo sfacelo dell'idea di "pace". Così si connotano i nostri giorni, segnati da un tipo di guerra assolutamente distruttivo, che si pone nello spazio del negativo e nello sfacelo delle regole elementari della convivenza umana, tra guerra e terrorismo. E' per la Boggio una conferma del suo specifico talento, capace di coniugare realtà e fantasia o meglio di rappresentare sublimando, anche l'orrore. E questa volta capace di creare un fulmineo cortocircuito tra "arcaicità e ultramodernità", come si legge nel testo. Ora la Boggio riesce a rappresentare il conflitto dei nostri giorni e insieme a cantare un poema che rappresenta cielo e terra, con gli uomini, i giudici, gli angeli, dal basso all'alto, ma soprattutto con le donne e i bambini, in assurdo conflitto e in penosa negazione del loro ruolo giusto, di dare la vita e di viverla. Pietre dello scandalo, dunque, la donna che uccide e i bambini destinati al massacro: così si rappresenta la fine della pacificazione, l'oscuramento dell'arcobaleno che dovrebbe segnalare la pace tra cielo e terra. I Messaggeri, anziché annunciare la pacificazione, annunciano i lutti delle due parti, ognuna delle quali argomenta le sue ragioni, sterili nella conclusione obbligata che l'odio non può che generare odio: "Un uomo ucciso ne genera dieci per vendetta e quei dieci altri cento/ e i cento mille in un moltiplicarsi inarrestabile./ Popolano la terra sotterranea in crescita trionfante/ infiniti cadaveri straziati, cancellati i volti." I personaggi che si interrogano - donne, vecchi, soldati, madri, la kamikaze e lo studente suo innamorato ucciso - sono insieme reali e simbolici, strumenti per disegnare un grande affresco; popolo contro popolo, ognuno con oggetti che li connotano e anche oggetti che sono "non si sa di quale popolo". Il dramma inizia con una ragazza kamikaze che vuole vendicarsi ma non esegue il suo gesto terrorista paralizzata dalla possibilità di uccidere anche dei bambini; alla fine la Divinità lascia un testamento, un velo e le parole "E' in voi la grazia, è in voi la dannazione". Così - da un episodio della cronaca a un testamento divino - il particolare diventa universale, ogni episodio va letto come "exemplum" e serve a costruire un affresco, come una visione medioevale illustrata però da episodi dei nostri giorni. Non una "divina commedia" ma una commedia umana che ritrova la sua antica forma di tragedia. Così la dilatazione progressiva dello spazio, che finisce con il disegnare un polittico, nelle variazioni virtualmente infinite di un tema unico, la morte e il massacro reciproco. E' questo un teatro "di poesia" nel senso pasoliniano: un teatro di parole che argomentano e costruiscono via via scene esemplari, dette da parole che percuotono il pubblico perché entrano "dentro" le ragioni del conflitto e disegnano un labirinto di argomenti di pensieri e di sentimenti, quei pensieri e sentimenti che rimuoviamo quando leggiamo o vediamo in televisione il rendiconto - l'esterno - della tragedia. Cosa pensa un kamikaze nell'atto di procurare una strage? Dove sta ora il suo cuore, il suo sentimento, il suo rapporto con il mistero della morte? Cosa pensa un giudice, il più vicino a noi nell'obbligo di pronunciare una condanna? ("Voglio parlarmi, sentire che cosa dice/ questa mia persona, senza la stampella della legge dello Stato"). Con questi irrisolti quesiti il testo sembra raggiungere i motivi dei non-motivi, il cuore del non-cuore. Così il testo propone un nuovo tipo di allegoria, rappresentando quanto i nostri giorni offrono alla nostra indignazione, oltre il terrore e la pietà, come chiede la catarsi aristotelica per la tragedia greca. Ma lo spazio mobile e quasi provocato dalla luce, l'allegoria moderna anzi contemporanea, la statura umana e allegorica dei personaggi, l'intreccio di casi personali e condizione umana fanno pensare - con tutte le differenze - ai *Paravents* di Genet, un testo mosso come questo da una causa immediata, nel francese la guerra di Algeri, e da una visione generale del mondo: la organizzazione scenica, la simbologia degli oggetti, la capacità di rappresentare un conflitto totale e senza soluzione se non nella volontà degli uomini invitano a rivedere la convinzione del XX secolo che la tragedia sia un genere obsoleto e improponibile se non in forma ironica. *Spax* sembra dimostrare che la tragedia è proprio oggi un genere, o una forma che ci rappresenta e funziona come uno specchio fedele dei nostri giorni.

LA REPUBBLICA
Giulio Baffi
"… Contro l'assuefazione all'orrore quotidiano di crudeli "suicidi" che ogni giorno insanguinano comunità incapaci di affermare il valore della vita, si leva ogni tanto la voce di artisti solitari e feriti (…), inquieto monito, cantico doloroso che Maricla Boggio ha scritto per dire di uomini che uccidono altri uomini e di donne che si ribellano a tanta violenza…".

LA SENTENZA
L'origine e le varie edizioni
Mc. B.
L'origine della composizione parte dal testo "Spax", che nelle sue prime storie fa riferimento all'episodio centrale de "La sentenza"; qui la vicenda viene esposta in forma differita, attraverso un dialogo fra un uomo e una donna di due popoli in lotta fra loro.

"La sentenza" ha avuto diverse rappresentazioni. Come "mise en espace" è stata presentata alla Sala del Grechetto a Milano per la regia di Ombretta De Biase per l'8 marzo 2010.

E' poi andata in scena in italiano a New York per la Rassegna del Nuovo Teatro Italiano diretta da Mario Fratti, con Claudia Godi e Stefano Meglio, anche regista dello spettacolo, nell'ottobre del 2010.

Nel novembre del 2010 è andata in scena al Teatro Rossini di Pesaro, nell'ambito del Festival, con Elsa Agalbato e Jader Baiocchi, anche regista dello spettacolo.

Nel 2011 è andata in scena in inglese, a New York, per la regia di Martin Kushner.

INDICE

www.ingramcontent.com/pod-product-compliance
Lightning Source LLC
LaVergne TN
LVHW081303210726
843509LV00019B/199